普通高等院校经济管理类“十二五”应用型

[工商管理系列]

上海市精品课程

创业学

创业思维·过程·实践

Entrepreneurship: Thinking, Process and Practice

主　编　魏拴成 姜　伟

副主编　曹　扬 周小理

参　编　李　俊 张洪雁

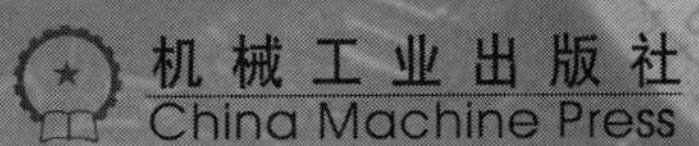

机械工业出版社
China Machine Press

图书在版编目（CIP）数据

创业学：创业思维·过程·实践/魏拴成，姜伟主编．—北京：机械工业出版社，2013.1
（普通高等院校经济管理类“十二五”应用型规划教材·工商管理系列）

ISBN 978-7-111-40537-5

Ⅰ．创…　Ⅱ．①魏…　②姜…　Ⅲ．企业管理－高等学校－教材　Ⅳ．F270

中国版本图书馆 CIP 数据核字（2012）第 285935 号

版权所有·侵权必究
封底无防伪标均为盗版
本书法律顾问　北京市展达律师事务所

本书是一本系统介绍创业基本理论、创业过程、创业家思想和创业实践案例的创业通识教材。内容囊括创业者与创业团队建立、创业机会识别与评价、创业环境分析、商业模式选择、商业计划制定、创业融资策略、创业法律与伦理、企业成长管理、创业的收获与传承、企业内创业和创业新领域发展，同时在教材的每章设置了引导案例、创业家语录、创新思维游戏、案例分析等教学内容。

本书具有注重创业理论知识的系统性，突出内容的实用性，强调结构的新颖性等主要特点。本书适合作为应用型本科院校或高职高专学生的创业通识课程教材，也可作为经管类专业创业学课程教材，或作为准备创业和正在创业的有志人士阅读参考，还可以作为大学生创业计划大赛和各种创业培训项目的培训教材使用。

机械工业出版社（北京市西城区百万庄大街 22 号　　邮政编码　100037）
责任编辑：戚　妍　　　　版式设计：刘永青
北京瑞德印刷有限公司印刷
2013 年 1 月第 1 版第 1 次印刷
185mm×260mm·16.75 印张
标准书号：ISBN 978-7-111-40537-5
定　　价：35.00 元

凡购本书，如有缺页、倒页、脱页，由本社发行部调换
客服热线：(010) 88379210；88361066　　　投稿热线：(010) 88379007
购书热线：(010) 68326294；88379649；68995259　　读者信箱：hzjg@hzbook.com

PREFACE 前　言

早在1985年，“现代管理学之父”彼得·德鲁克就提出了“创业型经济”的概念，认为“管理型经济”正在向以创新为重要特征的“创业型经济”转型变化，创业型经济是建立在创新与新创事业基础上的一种经济形态，创业型经济需要创业素质教育和创业精神的培育。随着我国现代化建设、改革开放和全面建设小康社会的不断发展，需要更多的创新企业和创新创业人才。创新创业教育就是以培养创新精神和创业能力为基本价值取向，以培养创新型人才为主要目标的教育。所以，在高等院校开展创新创业教育，积极鼓励在校大学生自主创业，是不断提升大学生就业竞争力和可持续发展潜质的重要举措，具有划时代的意义。

创业教育在西方发达国家的高等学校开展较早，颇具规模。我国创业教育起步相比较晚。进入21世纪，创业教育受到了越来越多的关注。党的“十七大”以及《国家中长期教育改革和发展规划纲要（2010－2020年）》中明确提出要“提高自主创新能力，建设创新型国家”，要“实施扩大就业的发展战略，促进以创业带动就业”，把鼓励创业、支持创业放到了更加突出的地位。

本书作者从2003年开始，就为学生开设了创业学课程，在教学过程中进行了大量的教学模式探索。通过案例分析、多媒体视频、企业家进课堂、角色扮演法等多种形式，向学生们展示了创业学原理、创业思维和过程；并在实践教学环节中，通过深入孵化基地进行调研、创业沙盘模拟、拓展训练等教学活动，让学生们体验创业过程。课程收到了良好的教学效果，并荣获上海市精品课、上海市创新思维技能课等荣誉称号，也激发了作者编写本教材的信心。

在教学过程中，我们曾接触过不同学科专业背景的创业学生，采用过多种版本的教材和参考资料，这些学生、教材和参考资料都给了我们很大的帮助，促使我们去思考、去探索。但是，编撰一部既具备理论与知识的系统性，又满足内容的新颖性、实用性，同时要求编排体例具有一定的创新性，教材具有较强的可读性，并能通过创业家的智慧给学习者带来思考，且比较适合应用型人才培养需要的创业学教材，无论如何对我们来说都是很大的挑战。

拉里·雷法尔的《创业时代——唤醒个人、企业和国家的创业精神》和梅田望夫的《G时代创业的5大定律》给了我们很大的启发。我们尝试运用将创业家们灿烂的创业思想与国内外丰富的创业实践和创业理论有机结合的编排体例，期望学习者在系统学习创业理论知识的同时，通过创业家语录分享创业家的经历和感悟，感受创业的激情，分析创业成功与失败的经验教训，在培养学生创新创业精神和能力方面发挥一定的作用。

本教材具有以下三方面的特点。

第一，注重创业理论知识的系统性。本书的理论知识体系围绕创业过程构建而展开，涵盖了创业过程中的核心内容，对创业企业与管理新创企业的相关知识、技能作了较为全面的阐述，有助于学习者对创业过程整体的认识和全面的把握。

第二，突出内容的实用性。本书注重创业理论和创业实际的联系，通过案例将创业家思想、创业案例和创业理论结合在一起，不仅增加了可读性，而且保持了一定的深度。使读者能够在学习创业理论知识的同时，理论联系实际，领悟创业家们的思考方式和解决问题的方法，满足对创新创业人才培养的基本要求。

第三，强调结构的新颖性。本书的章节组织基本上按照创业历程的先后顺序进行布局，结构合理，层次清晰。在编排上，每一章均设置了引导案例、创新思维游戏、案例分析，延伸阅读与相关网站链接栏目。同时，书中还引入了许多创业家在创业过程中的感悟，管理学家、经济学家从不同视角对创业分析研究的精辟观点，充分吸收了创业理论与实践的最新动态。相信这样的编排对提升学习者的学习积极性和深入思考具有一定的推动作用。

本教材的编写得到了上海高校本科重点教学改革项目“应用型卓越创新创业人才培养模式研究与实践”的资助。

在本书的编写过程中，姜伟编写了第2章、第8章和第9章，曹扬编写了第5章和第10章，周小理编写了第3章，李俊编写了第7章，张洪雁编写了第6章并负责全书的校对工作，魏拴成编写了其余章节并负责全书的统稿和修改。

北京师范大学博士生导师李宝元教授、华东理工大学管理学院博士生导师刘刚教授、上海理工大学管理学院博士生导师孙绍荣教授对本书的编写提纲和书稿进行了审阅，并提出了许多宝贵意见。机械工业出版社高伟先生和吴亚军先生对本书的出版给予了大力支持和帮助。

教材中绝大多数创新思维游戏，来自 Dave Gray 等著、方敏等译《Gamestorming：创新、变革 & 非凡思维训练》一书。

在教材中，引用了许多中外成功创业家、管理学家的语录，这些语录有的来自正式出版的图书，也有的来自互联网，因为篇幅原因，只注明创业者的姓名和所创立企业的名称，管理学家和经济学家的姓名，没有注明语录的出处、案例原作者。在案例分析中引用了许多创业成功与失败的案例，我们对案例进行了部分整理和改编。

在此一并表示衷心感谢！

本书在编写过程中，参阅了大量的文献和研究资料，书后列出了主要参考资料。限于水平和时间，仍难免有疏漏之处，敬请谅解。

由于作者水平有限，书中的缺陷在所难免，殷切期望能够得到读者和同行专家学者的批评和赐教，以便进一步修订和完善。

魏拴成　姜伟

教学建议 SUGGESTION

本课程是关于学生创业精神与能力培养的课程，即通过教授创业的基本理论与实务，提升学生的创新精神和创业能力，对创业的过程以及其中的一般规律有较清晰的认识，从而能够把握机会、整合资源、开创基业。

教学方式方法及手段建议

创业学是一门综合性很强的学科，学生需要掌握的知识点非常多，且涉及经济与管理的各个方面。为使教学达到预期效果，建议在以理论教学（即课堂讲授）为主的基础上，采用案例讨论的方式，启发引导学生分析问题、解决问题，从而领悟创业真谛，学会创业沟通，撰写创业计划，掌握创业技能。同时，建议组织适当的体验式课堂教学活动辅助理论教学，如创业沙盘、创业项目路演等，让学生切身体验创业过程，从而锻炼学生商机识别和分析能力、人际交往能力、预见和判断能力以及创造性解决问题能力，起到全面掌握创业的基本理论和实务知识的效果。

学时分配建议

章节	教学内容	学习要点	学时安排
第1章	创业导论	创业的基本概念	4
		创业者与创业团队	
		创业过程模型	
第2章	创业机会	创业机会的概念与分类，创意的形成	4
		创业机会来源、识别与评价	
第3章	创业环境	创业环境及其分类	4
		企业孵化器	
第4章	商业模式	商业模式及其类型	4
		商业模式的构建与检验	
		商业模式的创新与发展	

（续）

章节	教学内容	学习要点	学时安排
第 5 章	商业计划书	商业计划书	8
		商业计划书的内容	
		商业计划书的制订	
		创业计划书的评价	
		商业计划的陈述	
		商业计划书包装与更新	
第 6 章	创业融资	创业者面临的难题	3
		创业融资的特点与种类	
		创业融资渠道	
		创业融资过程	
第 7 章	创业的法律与伦理	公司创立的法律	3
		创业公司治理结构设计	
		创业企业的知识产权管理	
		创业过程中的法律知识	
		创业过程中的伦理道德与社会责任	
第 8 章	新创企业成长管理	创业企业成长模式	8
		新创企业战略管理	
		新创企业市场营销管理	
		新创企业财务管理	
第 9 章	创业的收获与传承	企业出售	4
		企业上市	
		管理层收购	
		企业传承	
第 10 章	企业内创业	企业内创业及其模式	2
		克服企业内创业障碍	
第 11 章	创业新领域	技术创业	4
		特许经营创业	
		社会创业	
		女性创业	
合计			48

目 录 CONTENTS

Chapter1

第1章 创业导论

学习目标

- 掌握创业的概念与创业的类型
- 熟悉创业与创新的关系
- 熟悉创业者应具备的素质
- 掌握创业团队组成的基本原则以及创业团队的类型
- 掌握创业的过程模型

引导案例

京东商城创始人刘强东的创业历程

1973年，刘强东出生在江苏宿迁的一个海事家庭，虽然家里几代经商，可家人希望他走"学而优则仕"之路。1992年，刘强东考入中国人民大学社会学系，入学后发现社会学与从政无关，自认前途渺茫，就开始找一切机会参加社会实践。大三时，经亲戚介绍，刘强东去北京西郊门头沟一家单位学习编程，很快成为一名优秀的程序员。依靠这项专长，他参与了一些政府和农村的信息化建设项目，并挣到了十几万元，这是他的第一桶金。

刘强东在大四时决定自己开餐厅。向家里借了些钱后，他以24万元的价格承包了学校附近的一家餐厅。刘强东接手了餐厅和所有员工，但却没有仔细想过要如何管理，饭馆处于一种放任自流的状态，员工乱报账、做假账的情形时有发生，餐厅不到一年就关张了，还欠下20多万元的外债。

1996 年大学毕业后，刘强东选择了一家日资企业，业余时间编程赚钱还债。1998 年 6 月，还完债后的刘强东辞去了当时月收入 4 000 元的工作，带着剩下的 1.2 万元，瞒着女友和家人盘下了中关村的一个摊位，开了一家代理光磁产品的柜台“京东多媒体公司”（京东商城的前身）。

在经营过程中，刘强东发现了“中关村的秘密”，大部分摊位好像什么货都有，但 80% 的货都不是现货。一般顾客去问，店主一定说有，然后派店员去拿货，店员去其他柜台找货。一般顾客要等 10 分钟甚至更长时间，在等待时候约有 30% ~40% 的客户离开。如何解决 10 分钟的难题呢？刘强东“灵机一动”，去批发市场买了几十款刻录机，每个柜台放上样品，保证任何一个柜台要刻录机，两分钟之内送到，否则赔 10 块钱。这样，越来越多的店铺开始跟他合作，短短两年内，京东就成为全国最具影响力的光磁产品代理商。1998 年他赢利 30 多万元。到 2001 年销售额达到 6000 多万元，赢利 1000 多万元。

2001 年，刘强东开始尝试复制国美的快速扩张模式，但在接下来的 3 年时间仅仅开了 12 家店。突如其来的“非典”使得营业额大幅度下降，他就尝试网上销售。之后通过一年的时间开始尝试线上和线下相结合的模式经营产品，2005 年，刘强东凭借 6 年来积累的 2000 万元，关掉为京东提供了 95% 利润的 12 家线下连锁店，转型为一家专业的电子商务公司。由此，便有了如今京东商城的雏形。

资料来源：刘强东的创业史，http：//www.ccedpw.com.

1.1 创业的基本概念

创业教育是开发和提高大学生创新创业基本素质，培养和激发大学生的开拓精神、创新创业精神和能力，从事某项事业、企业、商业规划活动的教育。

21 世纪是创新创业的时代，国家和地区间的竞争聚焦在创新创业水平上。发展创业教育，以及培养创新创业精神和能力，改善创新创业环境，对促进“机遇型”创业机会，推动国家发展和民族进步，具有十分重要的意义。

【经济学家语录】

创业对大多数人而言是一件极具诱惑的事情，同时也是一件极具挑战的事。不是人人都能成功，也并非想象中那么困难。但对于任何一个梦想成功的人，倘若他知道创业需要策划、技术及创意的观念，那么成功已离他不远了。——拉克（哈佛大学教授）

1.1.1 创业的概念

对于什么是创业，目前还没有广泛接受的、一致的定义。可以说，有多少学者探讨过其含义，它就有多少种定义，我们精选了部分创业的定义制成表格，方便学习者比较学习。表 1-1 精选了部分创业定义。

表1-1 创业的定义

来 源	定 义
奈特（1921）	承受不确定性和风险而获取利润
熊彼特（1934）	实现企业组织的新组合——新产品、新服务、新原材料来源、新生产方法、新市场和新的组织形式
霍塞利茨（1952）	承受不确定性……协调生产型资源……引入创新和提供资本
科尔（1959）	发起、维持和发展以利润为导向的企业的有目的性的行为
Shame（1974）Siropolis（1989）	创业者依据自己的想法及努力工作来开创一个新事业，包括新公司的创立、组织新单位的成立，以及提供新产品和新服务，以实现创业者的理想
卡森（1982）	对稀缺资源的协调整合
荣斯戴特（1984）	一个创造并实现财富增长的动态过程。财富是由这样一些人创造的，他们承担资产价值、时间承诺或提供产品服务的风险。他们的产品或服务未必是新的或唯一的，但其价值是由企业家通过获得必要的技能与资源来注入的
盖特纳（1985）	新组织的创建
史蒂文森（1989）	一个人（不管是独立的还是在一个组织内部）追踪和捕捉机会的过程，这一过程与当时控制的资源无关
西斯瑞克（2000）	一个发现和捕捉机会并由此创造出新颖的产品、服务或实现其潜在价值的过程。创业必须要贡献时间和付出努力，承担相应的风险，并获得金钱的回报、个人的满足和独立自主
哈特、斯蒂文森和戴尔（1995）	不顾现有可控制的资源而寻求和利用机遇，但是受到创建者之前选择和行业相关经验的限制
蒂蒙斯（1999）	一种思考、推理和行为方式，这种行为方式是机会驱动的，注重方法和与领导相平衡，创业导致价值的产生、增加、实现和更新，不只是为所有者，也为所有参与者和利益相关者
李志能、郁义鸿等（2000）	一个发现和捕捉机会，并由此创造出新颖的产品或服务，并实现其潜在价值的过程
宋克勤（2002）	创业者通过发现和识别商业机会，组织各种资源提供产品和服务，以创造价值的过程
赫里斯、彼得斯（2004）	通过奉献必要的时间和努力，承担相应的经济、心理和社会风险，并得到最终的货币报酬、个人满足感和自主性，创造出有价值的新东西的过程
马克 J. 多林格（2006）	在风险和不确定性条件下，为了获取利益或成长而创建创新型经济组织（或者组织网络）的过程
雷家辅、王兆华（2008）	发现、创造和利用适当的创业机会，组合生产要素，创立新的事业，以获得新的商业成功的过程或活动
林嵩（2008）	一种新价值的创造活动。这种新价值的创造活动，不仅仅指通常意义上的从创业机会到创建新企业的过程，也指成熟的大企业内部新业务开展的过程
杰克 M. 卡普兰、安东尼·巴沃伦（2009）	投入必要的时间与精力，承担相应的资本以及心理、社会风险，创造一些与众不同的东西，并以获得金钱和满足感作为回报的过程
Weber	接管和组织一个经济体的某部分，并且承受自己可以承受的经济风险，通过交易来满足人们的需求，目的是为了创造利润
约翰·斯图尔特·米尔	不断前进的欲望……为自身或他人的利益不断尝试和成就新事物
张玉利	将创业仅仅理解为创建新企业是片面的，创业的本质更在于把握机会、创造性地整合资源、创新和快速行动，创业精神是创新的源泉
《全球创业观察（GEM）报告》	依靠个人、团队或现有企业，来建立新企业，例如自我就业、新的业务组织或现有业务的扩张
库拉特科，霍杰茨	一个涉及远见、变革和创新的动态过程。它需要投入精力与热情来进行创新并实施新的解决方法。创业的必要因素包括能承担一定的风险；有能力组建一个高效的风险团队；整合所需要的资源和创造性技能；制订一份稳固的商业计划的基础技能；最后，具备一种在别人认为混乱、矛盾和迷惑的地方发现机遇的远见

很多学者分别从不同角度对创业的概念进行了诠释。在众多学者关于创业的定义中，我们可以发现一些共性的关键词："创建、创造"，"新事业、新企业"，"创新、新组织、新市场"，"发现机会、创造机会、利用机会"，"不确定性、冒险精神、承担风险"，"创造价值、追逐利润、回报、过程"等。

我们认为：创业的过程是创业者个人价值的实现过程，是企业成长不可逾越的阶段，同时也是新兴产业产生、成长和发展的微观过程。创业者要完成整个创业过程，创造出新的有价值的事物，需要付出极大的努力和时间。同时在创业的过程中，不仅包括财务上的风险，同时还包括精神方面、社会方面以及家庭方面的风险。作为一个创业者，所获得的不仅仅是金钱方面的回报，重要的可能是其由此获得的独立自主，以及随之而来的自我价值的实现。

【风险投资者语录】

现在的创业有点像在老房子里修水管。这些水管狭窄弯曲，每个结点上都有漏洞。在未来，这堆乱七八糟的水管将逐渐被一整根崭新的水管取代。水流依然将从A点流到B点，但是速度将变得更快，并且也不会在每个漏洞上喷出水花。——保罗·格雷厄姆（Y Combinator 创始人）

1.1.2 创业精神

创业精神是指在创业者的主观世界中，那些具有开创性的思想、观念、个性、意志、作风和品质等。创业精神有三个层次的内涵：哲学层次的创业思想和创业观念，是人们对于创业的理性认识；心理学层次的创业个性和创业意志，是人们创业的心理基础；行为学层次的创业作风和创业品质，是人们创业的行为模式。创业精神一般可区分为个体的创业精神及组织的创业精神。所谓个体的创业精神，指的是以个人力量，在个人使命引导下，从事创新活动，并进而创造一个新企业；而组织的创业精神则指在已存在的一个组织内部，以群体力量追求共同愿景，从事组织创新活动，进而创造组织的新面貌。个体的创业精神一般包括激情、积极性、适应性、领导力、雄心壮志等五个要素。

【管理学家语录】

企业成长和一般管理分属于两个截然不同的领域。创业家使企业得以成长，经理通常只是管理企业。因此，即使再多的管理理论、重组行为或派大家都去商学院学习，也换不来企业一分一厘的成长。要想使企业成长，你必须制定高远的目标，绝对以顾客和产品为中心，行动、行动、再行动，并且拥有一批自我激励的员工。而这就是所谓的具有创业精神。——拉里·法雷尔（法雷尔公司创始人）

1.1.3 创业的类型

1. 基于新创企业建立渠道的分类

（1）**独立创业**。独立创业是指创业者个人或创业团队白手起家进行创业。独立创业可能基于各种原因，如发现了很好的商业机会、独立性强不愿受别人管制、失去工作或找不到工作、对大组织的官僚作风和个人前途感到无望、为改变家庭和个人的经济状况或命运、受其他人创业成功的影响等。

独立创业往往具有充满挑战和刺激，可以施展创业者的才能，可以选择自己热爱的行业，经历各种挑战，能在短时间内获得大量财富和实现自我价值等优势。但也存在着缺乏足够的资源支持，创业的难度和风险较大，创业失败会带来打击和挫折感等劣势。

【创业家语录】

很多美国人这样问："我想开一家公司，我该做什么？"而我提出的第一个问题是："你所热爱的是什么？你开的公司想要做什么？"他们大都说："不知道。"我给他们的建议是，去找份工作让自己忙碌起来，直到你找到答案为止。你必须对自己的想法充满热情，强烈感受到愿意为它冒险的心情。如果你只是想要拥有一家小公司的话，那就算了吧。——史蒂夫·乔布斯（苹果公司创始人）

（2）母体脱离。母体脱离是公司内部的管理者从母公司中脱离出来，新成立一个独立企业的创业活动。母体脱离的创业者多拥有创业所需的专业知识、经验和关系网络，生产与原公司相近的产品或提供类似的服务。母体脱离的原因可能是创业者与原组织管理层不和从而分离出来，或者是创业者发现了商业机会但原组织管理层不认同或不重视。母体脱离更多地发生在产品生命周期的早期阶段和新兴行业。

母体脱离的成功与否和创业者的筹集资金和组建团队的能力密切相关。寻求资金支持是母体脱离的创业者面临的最大挑战之一，创业者必须在筹集资金以及运用资金方面具有创造力。团队成员往往来自以前共事的同一个企业，基于以前建立的友谊、对商业机会的共识或对原组织的不满。

（3）企业内创业。企业内创业是指在大企业内部创业。现在的大企业已经不是创业热潮中的旁观者和被动的应对者，甚至一些知名的大公司也在积极寻找和追逐新的、有发展前景的创意和商业机会，这些工作需要内部创业者去完成。

2. 基于价值创造的分类

克里斯琴（Christian，2000）依照创业对市场和个人的影响程度，把创业分为4种类型（见图1-1）。

（1）复制型创业。这种创业是复制原有公司的经营模式。新创公司中属于复制型创业的比率虽然很高，但由于这类型的创业创新贡献较低、缺乏创业精神的内涵，这种类型的创业基本上是探索"如何开办新公司"。

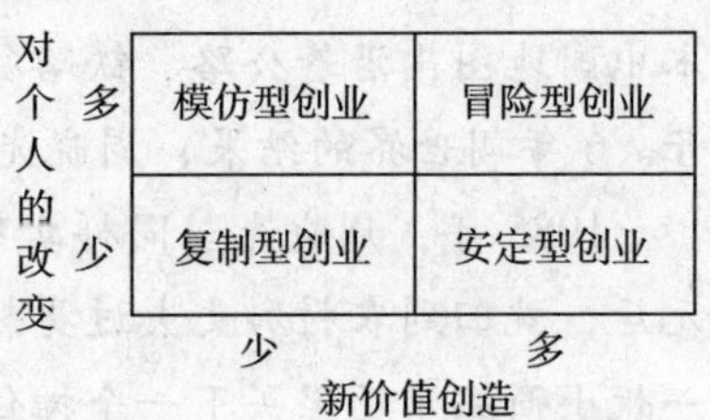

图1-1　基于价值创造的创业类型

（2）模仿型创业。这种类型的创业虽然不能带来全新价值的创造，创新的成分也较低，但是创业过程对于创业者而言具有很大的风险。这种形式的创业具有较高的不确定性，学习过程长，犯错机会多，代价也较高昂。这种类型的创业者如果具有适宜的创业人格特性，经过系统的创业管理培训，掌握正确的市场进入时机，还是有很大机会可以获得成功。

【创业家语录】

创业者不要总把眼睛盯在美国，梦想着把美国模式搬到中国来，一夜走红，一炮打响。相反，创业者要能俯下身子，放低身段，从用户角度出发，从小处着眼，做大公司看不到或者不愿意干的创新。互联网行业对创业者的要求是创新，要想创业，首先要创新。创新，用最俗的话来说就是做与众不同的东西，千万不能去抄袭。——周鸿祎（奇虎360公司创始人）

（3）**安定型创业**。这种类型的创业，虽然为市场创造了新的价值，但对创业者而言，本身并没有太大的改变，做的也是比较熟悉的工作。这种创业类型强调的是创业精神的实现，也就是创新的活动，而不是新组织的创造，企业内部创业即属于这一类型。

（4）**冒险型创业**。冒险型创业是一种难度很高的创业类型，有较高的失败率，但成功所得的报酬也很惊人。这种类型的创业如果想要获得成功，必须在创业者能力、创业时机、创业精神发挥、创业策略研究拟定、经营模式设计、创业过程管理等各方面，都有很好的搭配。

3. 基于创业动机的分类

2001年，《全球创业观察（GEM）报告》的撰写者雷诺兹等依据创业动机，将创业活动分为生存型创业和机会型创业。

（1）**生存型创业**。该类型的创业是指那些由于没有其他就业选择或对其他就业选择不满意，而从事创业的创业活动。生存型创业面对现有的市场，最常见的是在现有市场中捕捉机会，表现出创业市场现实性的特征。生存型创业从事的多是技术壁垒低、不需要很高技能的行业。生存型创业指受到生活所迫、物质资源贫乏，而从事低成本、低门槛、低风险、低利润的创业。

【创业实践案例】　周晓光的创业历程

1978年，高中毕业只有16岁的周晓光，怀着让家人过上温饱生活的想法，凭自己的勇气和自信，借了母亲几十元当本钱，在义乌廿三里集市批发来绣花针、绣花样和绣花撑子，坐上火车到东北等地做起了卖绣花样的生意。为了不耽误时间，经常是白天摆地摊做生意，晚上坐车赶路，6年之间，周晓光跑遍了大半个中国。当时，她只拿着一本中国地图，沿着公路、铁路往前走，心里只有一个念头：让家里人过上衣食不愁的日子。6年闯世界的结果，周晓光赚了两万元。

1985年，周晓光与同样卖绣花样的浙江东阳人虞云新结婚。周晓光希望赚到5万元后，就回到农村和丈夫过男耕女织的生活。两人拿出了几年来所有的积蓄，在义乌第一代小商品市场里买下一个摊位，开始经营发卡、头花、胸花等饰品。此时，周晓光生意人的潜质渐渐地发挥出来，选定继续经营饰品。1995年7月，夫妻俩拿出700万元投资办饰品厂，义乌从此有了一个闻名全国的饰品生产基地。如今，新光集团已发展成为中国饰品行业的龙头企业，并稳居全球流行饰品行业前列。

资料来源：新光集团董事长周晓光："让生活更美丽"，http：//www. ce. cn.

（2）**机会型创业**。该类型的创业是通过发现、追求或创造新的市场机会，为追求更大发展空间，通过新产业的开拓实现对新市场的开拓的创业形态。呈现出创业起点高，对经济社会的推动力大，市场空间大，造就的就业岗位多，利润高，风险大等特征。

中国创业者的创业动机已经完成了从生存型向机会型创业的转变。2002年，中国的创业类型结构是生存型创业占60%，机会型创业占40%，从2005年起，这种构成发生了逆转，之后一直保持逆转的势头。2007年的数据测算表明，目前的生存型创业占39.6%，机会型创业占60.4%。这种转变标志着中国的创业活动在向机会型创业发展。

这种变化发生的背后受下列因素的影响：第一，女性创业者的机会型创业增加，而且机会型创业超过了生存型创业，男性创业者的机会型创业比重上升；第二，我国对知识产权保护的重视程度在不断改善；第三，我国政策制定者意识到高成长型创业活动的重要性，把潜在的高成长性作为选择创业支持对象的标准；第四，在创业中注重创新，创业者对产品创新给予较高的重视。

【创业实践案例】 马云的创业历程

1994年，而立之年的马云创立了杭州第一家专业翻译社——海博翻译社。1995年，马云受浙江省交通厅委托到美国催讨债务。在西雅图，对计算机一窍不通的马云第一次接触互联网，马云想到为他的翻译社做网上广告。上午10点他把广告发送上网，中午12点前就收到了6封来自美国、德国和日本的邮件。马云于是萌生了把国内的企业资料收集起来，放到网上向全世界发布的想法，他决定和西雅图的朋友合作，并起名叫中国黄页（Chinapage）。回国当晚，马云约了24个做外贸的朋友，给他们介绍，结果23人反对，只有1个人说可以试试。马云想了一个晚上，第二天早上还是决定干。

1995年4月，马云投入7 000元，又联合妹妹、妹夫、父母等亲戚凑了两万元，创建了“海博网络”，产品就是“中国黄页”。1996年，马云艰难地推广中国黄页。在很多没有互联网的城市，马云被称为“骗子”。但马云仍然不屈不挠，他天天都这样提醒自己：“互联网是影响人类未来生活30年的3000米长跑，你必须跑得像兔子一样快，又要像乌龟一样耐跑。”然后出门跟人侃互联网，说服客户，业务就这样艰难地开展了起来，1996年，营业额不可思议地做到了700万元！

资料来源：马云创业史，http：//www.douban.com.

1.1.4 创业与创新的关系

【创业家语录】

创新的目的不是带给我们好的产品和酷的科技，真正的目的应该是让人更快乐。让别人的笑容在脸上绽放。永远要保持对卓越的追求和对颠覆常规永不满足的渴望。——盖伊·川崎（Mac前首席宣传官）

1. 创新是创业的源泉

创新是创业的源泉，是创业的本质。创业通过创新拓宽商业视野、获取市场机遇、整合独特资源、推进企业成长。要进行创业必须具备创新能力、技术、资金、创业团队、知识和社会关系等条件，这些都是重要的创业资本，但其中创新能力是最重要的创业资本，创业者在创业过程中需要具有持续旺盛的创新精神、创新意识，需要独特、活跃、科学的思维方式，这样才可能产生富有创意的想法或方案。才可能不断寻求新方法、新模式，最终获得创业成功。创业企业的不断发展壮大更需要依靠持续创新。纵览世界，绝大多数今天的工业巨擘，四五十年前大都是名不见经传的小公司，有的甚至尚未创建。它们之所以能够获得今天的辉煌，其根本原因在于以创新开始创业，以不断创新追求卓越，从而推进了企业持续快速发展。

2. 创新的价值在于创业

从某种程度上讲，创新的价值就在于将潜在的知识、技术和市场机会转化为现实生产力，实现社会财富增长，造福人类社会。否则，创新也就失去了意义。实现这种转化的根本途径就是创业。通过创业实现创新成果的商品化和产业化，将创新的价值转化为具体、现实的社会财富。创业者可能不是创新者或发明家，但必须具有能发现潜在商业机会并敢于冒险的特质。创新者也并不一定是创业者或企业家，但科技创新成果则必须经由创业者推向市场，使其潜在价值市场化，创新成果才能转化为现实生产力。历史上每次划时代的创新成果往往都是通过创业进入市场，进而催生出一个或若干庞大的产业部门，为社会、企业和创业者带来巨额财富。如1876年发明的电话成就了全球通讯产业和诺基亚、摩托罗拉、贝尔、朗讯等一大批跨国公司；1885年发明的汽车造就了通用、福特、戴克等一批世界级汽车业巨头；1903年发明的飞机开创了波音、空中客车等公司辉煌的业绩；1946年制造出来的第一台计算机使得IBM和英特尔成了IT界的霸主；个人PC机诞生于1981年，催生了微软和苹果等世界级企业；1995年前后电子商务投入市场，亚马逊书店、阿里巴巴等一批网络企业应运而生。

3. 创业的本质是创新

创业的本质是创新，是变革。创业是具有创业精神的个体与有价值的商业机会的结合，其本质在于把握机会，创造性地整合资源，创新和超前行动。创新包括技术创新、制度创新和管理创新。对于创业者来说，仅仅有创新是不够的，但没有创新的创业活动难有后劲。创业者不改变自己长期形成的思维模式，就难以识别创业机会，也无法做到创新。很多创业者依仗创新的产品或服务而创业，创造财富，造福社会。从这点看，创业实际上是一种不断挑战自我的创新过程，正如德鲁克所说：创业精神是一个创新过程，在这个过程中，新产品或服务机会被确认、被创造，最后被开发出来并创造新的财富。可见，企业家精神的本质是创新，创新就是将新的理念和设想通过新产品、新的流程、新的市场，以及新的服务方式有效地融入到市场中，进而创造新的价值或财富的过程。缺乏创新动力就不会有新企业的诞生和小企业的成长壮大。所以创业本质上就是创新。

4. 创业推动并深化创新

创业可以推动新发明、新产品或新服务的不断涌现，创造出新的市场需求，从而进一步推动和深化科技创新，因而提高了企业或整个国家的创新能力，推动经济增长。美国国家科学基金会和美国商业部等机构在20世纪八九十年代发表的报告表明，第二次世界大战以后，美国创业型企业的创新占美国全部创新的一半以上，占重大创新的95%。

1.2 创业者

【管理学家语录】

研究风险企业的创建是从“创业者”心理特征的一些合理假设开始的。许多年后，这些个人特征被摈弃，被批判，至少没有得到有效的评价。这就导致研究把创业者个人排除在外。经济环境很重要，市场很重要，融资很重要，甚至政府机构的帮助也很重要，但单凭任何一项也不能创建一个新的风险企业。因此，我们就需要这样一种人，他胸有成竹，他相信创新是可以实现的，并且他有动力坚持到成功的那一刻。创业者，创业过程，创业选择：我们需要以真正的心理学观点来看待风险企业的创建。——克里G. 夏沃和琳达 R. 斯考特，《创业理论与实践》

一个机构就是一个人影响力的延伸。——爱默生（美国思想家）

1.2.1 创业者的概念

“创业者”一词由法国经济学家坎蒂隆（Cantillon）于1755年首次引入经济学。1880年，法国经济学家萨伊（Say）首次给出了创业者的定义，他将创业者描述为将经济资源从生产率较低的区域转移到生产率较高区域的人，并认为创业者是经济活动过程中的代理人。

在欧美学术界和企业界，创业者被定义为组织、管理一个生意或企业并承担其风险的人。创业者的对应英文单词是 entrepreneur。它有两个基本含义：一是指企业家，即在现有企业中负责经营和决策的领导人；二是指创始人，通常理解为即将创办新企业或者是刚刚创办新企业的领导人。创业者是一位有愿景、会利用机会、有强烈事业心的人，愿意担负起一家新企业，组织经营团队、筹措所需资金，并承担全部或大部分风险的人。创业者是创业活动的灵魂人物，也是创业管理的最核心要素。

著名经济学家熊彼特（1934）则认为创业者应为创新者，即具有发现和引入新的、更好的、能赚钱的产品、服务和过程的能力。

管理学大师彼得·德鲁克进一步发展了熊彼特关于创业者的定义。他认为，不是只有从事经济活动才能成为创业者。一个人在任何一个领域进行了创新性的活动，提高了资源的利用效率，都可以称之为创业者。例如，一个改变了医院的工作流程从而提高了医院效率的人，是创业者；一个改进了教学方式，从而收到了较好的教学效果的教育工作者，也是创业者。

致力于创业研究和教学的全球最大私营基金会——美国伊文·马里恩·考夫曼基金会（Ewing Marion Kauffman Foundation），将创业者定义为“一个利用知识和资源来识别和追求机会，以改变自己及他人生活并创造价值的人”。

当前，国内外学者将创业者的定义分为狭义和广义两种。狭义的创业者是指参与创业活动的核心人员。该定义避免采用领导者或组织者的概念。因为在当今的创业活动中，技术的需求越来越大，离开了核心的技术专家，很多创业都无法进行，核心的技术专家理应成为创业者。事实上，很多创业活动最早都是由拥有某项特定成果的技术专家发起的。广义的创业者是指参与创业活动的全部人员。在创业过程中，狭义的创业者将比广义的创业者承担更多的风险，也会获得更多收益。

【创业家语录】

有一位面试优米员工的小伙子问我："您接触了很多成功企业家，他们跟我们究竟有何不同？"我说："本质上没有不同，都是人，但做事更有悟性，面对逆境更有韧性，在实现目标途中更有耐性，在与人打交道时更通人性。"——王利芬（优米网创始人）

创业是一个最好的认识社会、认识自己的方式，没有比这个方式更加血淋淋、更加直面人性、更加真实的了。其他方式都没有这样的直截了当。——王利芬（优米网创始人）

1.2.2 创业者的素质

素质是指人与生俱来的以及通过后天培养、塑造和锻炼而获得的身体上和人格上的性质特点。人的素质是以人的先天禀赋为基质，在后天环境和教育影响下形成并发展起来的内在的、相对稳定的身心组织结构及其质量水平。

创业者素质是指创业者在创业过程中所表现出来的自身独特的品质和能力的总和，并随着创业活动的深入而不断提高和逐步完善。创业者的素质在一定程度上决定了创业企业的成败。创业者的素质一般包括心理素质、身体素质、知识素质和能力素质等几个方面。

【创业家语录】

全球最伟大的创业家都拥有如下4个基本特征：使命感、顾客和产品愿景、快速创新和自我激励行为。——拉里·法雷尔（法雷尔公司创始人）

创业者，第一要有激情，有梦想；第二逻辑思维得强，实干，不能像个诗人整天天花乱坠的；第三必须有很强的号召力和凝聚力，有领袖气质，包容性强；第四，学习能力强，能把握新的机会。第五，身体一定得要好，企业领导人必须得比别人付出更多时间和精力。——熊晓鸽（IDG资本创始合伙人）

1. 心理素质

心理素质是指创业者的心理条件，包括自我意识、性格、气质、情感等心理构成要素。杰弗里·蒂蒙斯教授认为成功创业者具有一些共同的态度和行为，他注意到进入百森商学院杰出创业者学会的第一批21位学员，在谈到各自成功的原因时都提到过3种品质：对挑战做出积极反应以及从错误中学习的能力；个人带头；极大的恒心和决心。通过对这些成功创业者学员的跟踪研究，蒂蒙斯总结了成功创业者表现出的共同的创业特质，他归纳为"六大核心特质"和"五种天赋"，此外他还归纳了八种非创业特质。

六大核心特质是：①责任感与决策力；②领导力；③执著于商机；④对风险、模糊性与不确定性的容忍度；⑤创造性、自立与适应能力；⑥超越别人的动机。六大核心特质是"可取并可学到的态度和行为"。

五种天赋是：①才智、智慧和概念化；②创造力和创新精神；③经历、健康与情绪稳定；④价值观；⑤激发灵感的能力。这五种天赋是"其他人向往的，但不一定学得到的态度和行为"。

【创业家语录】

我在西安军事电讯工程学院读了5年大学，接受了军队的锻炼。那时每班都有指导员，指导员大都是亲历过战争的军人。我们的指导员曾经给我们讲述辽沈战役中占领制高点的一幕："那些战士根本不怕死，一个个往上冲，为达目标不顾一切！"这种一往无前的精神，对我影响很大。——柳传志（联想集团创始人）

八种非创业特质是：①外部控制，有些创业者相信命运是由外部控制的；②不受伤害，一些创业者觉得没有什么灾难性的事会落到他们头上；③无所不知，有些创业者常常不知道自己不知道什么；④表现欲强大，有些创业者总想证明他们比别人强，并能击败对手；⑤反对权力，有些创业者反对外部权力干预他们的行动；⑥冲动，有些创业者在决策时觉得不管怎样他们必须做些什么，并且迅速去做；⑦完美主义者，过分追求完美是企业家的大忌，会付出相当大的机会成本；⑧绝对独立，有些创业者抱着万事不求人的心态，拒绝外界的帮助。

【创业家语录】

成功创业者的7种特质：第一，天生就要做老大的人；第二，是一个可以站着做孙子的人；第三，一个有大优点，同时有很多缺点的人；第四，是一个思维与众不同的人；第五，能够在失败上站立起来的人；第六，是一个有激情和强烈内驱力的人；第七，一个敢于做艰难决策的人。前两条属于情商，第三、四条属于智商，第五、六、七条则属于胆商。——李善友（酷6网创始人）

人际关系是人成长的一部分，做一个好的创业家，其中相当大的一部分是学习怎么处理不同的环境中各种复杂的人际关系，如果创业家不能处理好这个关系，就不是好的创业家，这是必定要面临的问题。——阎焱（软银亚洲信息基础投资基金CEO）

美国国际开发署通过在印度等国家的跨文化调查研究发现14个成功创业者的特质表现：积极主动，执著，关心质量，注重效率，有独创的解决问题的方法，预测风险，有说服力，发现和利用机会，亲自寻找信息，履行合同，系统地计划，有自信心，有决断力，使用有影响的策略等。

【创业家语录】

一个成功的创业者，经常会面临以下3对矛盾。第一，激情和坚持。没有激情很难有勇气改变现状，启动创业旅程，但是，创业公司遭遇挫折的时候，当激情碰到冰冷地面的时候，是否具备足够的弹性和坚韧性？第二，个人魅力和团队合作。创业过程中，创业者很容易变成英雄式的人物。但自己变得光芒四射，反而灯下黑了，看不清身边伙伴的价值，难以和优秀的人合作，也就很难打造出一支优秀的团队。第三，得和失。创业者投入最多的是机会。对于大学生创业者来说，未来有的是机会和时间，应该在创业的时候更加义无反顾；而对于在企业上班的白领尤其是高级白领来说，创业的顾虑更多。薪水越高、职位越高，创业的概率越小，而成功者也就更加凤毛麟角。——季琦（汉庭酒店创始人）

2. 身体素质

所谓身体素质是指身体健康、体力充沛、精力旺盛、思路敏捷。创业者应该具有健康的体魄和充沛的精力，能够适应新创企业外部协调和内部管理的繁重工作。几乎所有企业家都认为，良好的身体素质是成功创业的第一大前提。由于创业具有高风险，在创业之初，受资金、环境等各方面条件的限制，经营活动存在着巨大的不确定性，许多事都需创业者亲力亲为，需要很高的容忍度和承受力，他们要不断地思考来改进经营，良好的身体素质能让创业者经受住巨大的压力，有效地组织创业活动。若无充沛的体力、旺盛的精力、敏捷的思路，创业者必然力不从心、难以承受创业重任。

【创业家语录】

多年来，我坚持长跑，发现长跑不仅对身体健康有力，更有利于思考。人生就像长跑，人生职业规划非常重要，将每个阶段规划细细拆分，我们就会发现，何时慢跑，何时冲刺，何时领跑，何时跟跑，都是学问。——王树彤（敦煌网创始人）

3. 知识素质

一些针对创业管理的研究发现，创业者及其创业团队的知识结构、创业目标和价值观对创业成功具有关键作用。创业者个人的知识和先前的工作经验会引导创业者形成一个“知识走廊”，使得个人拥有独特的信息储备，能够识别和发现其他人不易识别的创新性机会，而且创业者在组织中的经验类型还影响着新企业创建的新颖程度。也就是说，当创业者拥有较少的某个组织领域的核心经验，而拥有较多的组织边缘领域的经验和其他产业领域的经验时，更有可能成为一个创新型的创业者。尤其是当创业者质疑或挑战现有产业里的主导商业模式的合理性和有效性时，更有可能从事创新型的创业活动。

然而，对于一名创业者来讲，不论准备开展何种创业项目，除了必须具备人文社会知识、科学技术知识之外，还应该有针对性地提前学习和掌握一些经营管理知识。对拟涉足的创业领域，创业者不仅要精通专业知识，还要熟悉这个产业的市场发展趋势及经营模式。否则，创业者在创业过程中就会遭遇创业受挫或失败。因此，创业者必须熟悉企业开业法律、生产运营、市场营销、财务管理、经济法规等经营管理知识。

【创业家语录】

当一个人几乎身无分文的时候，你无法教会他不要害怕，也无法教他无论发生什么都依然坚持自己的想法。——威利·阿莫斯（Famous Amos Cookies 创始人）

即使人们拥有音乐天赋，你也不一定能将他们教成贝多芬。但如果他们拥有那样的天赋，他们却仍然有可能从钢琴课中受益。——霍华德·史蒂文森（哈佛大学教授）

4. 能力素质

成功地创建一个企业，仅仅明白和熟悉一些商业知识和法律知识，是远远不够的。这个道理犹如一个人掌握了游泳知识，并不一定就会在水中游泳一样，理论只有经过了实践的阶段，才能转化为智慧和技能。一般而言，创业者特别重要的创业能力包括：拥有凭直觉做出决策的能力，因势利导的能力，人际交往的能力，机遇识别和分析的能力，创造性地解决问题的能力，合法地综合利用各种资源的能力，管理财务的能力，团队合作、沟通协调的能力，战略性思维的能力，危机管理的能力等。总之，创业者可以通过“干中学”获得创业能力。

1.2.3 创业可以学到吗⊖

创业真的能在教室里学到吗？20 多年前，当几位思想超前的教授首次把创业课程引入商学院的时候，就爆发了激烈的争论。旧金山哈默·温布莱德风险投资公司的安·温布莱德等企业家认为：创业能力与生俱来，不是后天塑造的。这种能力就在 DNA 里。创业需要勇气，这是教授教不了的，在教室里 100 万年也学不到经营企业的热情，创业需要经历步骤，需要承受风险。

三位知名企业家——迈克尔·戴尔、比尔·盖茨和史蒂夫·乔布斯，没有一个人的成功会归功于课堂教学，三人在大学里都自愿退学。乔布斯认为：“我觉得在大学里的学习毫无价值。”（后来，乔布斯发现了教育的一些价值，即他选了一门书法课，对苹果电脑设计字体大有帮助。）尽管捷蓝公司（JetBlue）的创办者，犹他大学的辍学学生大卫·尼尔曼说，创业教育可以指导学生具备正确的创业精神，但他认为，对他最有用的经历是创建莫里斯航空公司，后来又卖给西南航空公司。

【创业家语录】

如果我以前没有经营航空公司的经验，我绝对不会创立捷蓝。而且我敢保证，如果我听取了专家的意见，我也绝对不会在肯尼迪机场创办捷蓝。他们说费用低廉、以顾客为核心的航线在纽约根本行不通。但是，我知道这是可行的，而且我有值得信赖的丰富经验做后盾，捷蓝才得以成为现实。——大卫·尼尔曼（捷蓝公司创始人）

创业需要准备，从身体到心理都需要，身体要经得住“加速折旧”。心理上对市场的敏感度及决断力是创业者最重要的素质。有些素质是天生的，有些是可以通过后天培养和锻炼获得。——郭广昌（复星集团创始人）

一个真正的企业家，不能只靠胆大妄为东奔西闯，也不可能是在学院的课堂里说教出来的。他必须在市场经济的大潮中摸爬滚打，在风雨的锤炼中长大。——王均瑶（均瑶集团创始人）

2002 年亚利桑那大学的研究者发现，毕业 5 年之后，在学校把主要精力放在创业方向的大学生和 MBA 学生的平均年收入大约是 7.2 万美元，比其他商务专业学生和常规 MBA 学生的收入高出 27%。而且，创业方向的毕业生创建新企业的概率要高出 3 倍。甚至那些进入大公司工作的创业方向的毕业生，比其他商务毕业生的年薪高出 2.35 万美元。最初有雄心选择创业课程的学生，也比他们的同学更有动力、更加自信。

学习创业课程不可能把一个毫无商业天分的学生变成一个善于寻找机会、善于赚钱的商业天才。但是，这些课程能够加速那些有商业潜质学生的学习进程。在基础层面上，创业课程能够教给学生基本的技能，促使他们为自己的梦想进行设计并设定最后期限。否则，他们的梦想也许永远也不会实现。

最好的创业课程不仅仅是教授如何写商业计划书，还可以帮助学生建立有价值的商业

⊖ Patricia B Gray. 创业可以学到吗？[J]. 古春若，译. 财富中文网，2006-06-01.

联系，可以帮助学生准备好如何解决大多数企业家最终都将面对的伦理行为决策问题，可以为年轻的创业者提供一个安全的地方创立自己的企业。有时，可以学到有借鉴价值的企业失败的经验教训，学生们用不着承受他们在现实世界中可能面对的后果。

【管理学家语录】

美国一流的管理大师指出，大部分你听到的关于创业管理的说法都是错的。它不神奇，也不神秘，更不是与生俱来的。它是一门学问，就像其他学科一样，都能通过学习来掌握。——彼得·德鲁克（现代管理学之父）

与该传统观点相反，创新不是与生俱来的天赋，而是一整套可以通过锻炼而培养起来的技能。如果你也期望像那些真正成功的人士一样成为商业翘楚，必须要有自己的想法，不要人云亦云。——杰弗里·戴尔（杨伯翰大学）

一些顶级创业课程学习班还把商业道德课程列为必修课。但是，道德行为也可以在课堂上学到吗？电器零售巨人百思买公司（Best Buy）创立者理查德·舒尔泽（Richard Schulze）对圣托马斯大学进行资助。他坚持所有学习 MBA 课程的学生都必须学习商业道德课程。

【创业家语录】

我想让商业社会对这些毕业生保持高度的信任。无论怎样，诚信就是在银行的储蓄。诚信意味着更大数目的贷款和银行开出的更优惠条件。诚信能够开启跟强大伙伴合作的大门。——理查德·舒尔泽（百思买公司创始人）

最好的创业家说，他们从错误当中学习，而会有比大学这个相对舒适的保护壳更好的任意犯错误的地方吗？也许创业教育能达到的最有成效的一个教学目的，就是清除那些没有商业 DNA 的人。百森商学院小史蒂芬·斯宾奈利（Stephen Spinelli Jr.）说：“一些人无法学会在不确定和风险丛生的环境中舒适地生存。我们得把他们放到那个环境当中，然后让他们自己做出选择。”而尽早知道自己是否具有商业天赋，当然会让一个年轻人少走很多弯路。

【创业小贴士】　拓展训练

拓展训练起源于第二次世界大战。当时，盟军在大西洋的船队屡遭德国纳粹潜艇的袭击，船只被击沉后，大部分水手葬身海底，只有极少数人得以生还。英国的救生专家对生还者进行了统计和分析研究后发现，这些生还者并不是那些年轻力壮的水手，而是意志坚定、懂得互相支持的中年人。专家们经过调查研究找到了答案：这些人之所以能活下来，关键在于这些人有良好的心理素质。于是，提出“成功并非依靠充沛的体能，而是强大的意志力”的理念。

第二次世界大战以后，这种管理训练利用户外活动形式，模拟真实管理情境，对管理者和企业家进行心理和管理两方面的培训。训练对象由海员扩大到军人、学生、工商业人员等群体。训练目标也由单纯的体能、生存训练，扩展到心理训练、人格训练、管理训练等。

资料来源：拓展训练，http：//baike. baidu. com.

1.3 创业团队

1.3.1 创业团队的概念

创业团队是一种特殊团队，也是一个十分重要而又容易引起混淆的概念。在团队概念的基础上，多位学者从不同角度对创业团队给出了自己的定义。Kamm 等学者从所有权角度指出，创业团队是两个或两个以上参与公司创立过程并投入同比例资金的个人。Ensley 等学者从人员构成的角度指出，创业团队应该包括对战略选择产生直接影响的个人，也就是应该把董事会（尤其是占有一定股权的创业者）包括在内。Gaylen N. Chandler 和 Steven H. Hanks（1998）从参与时间的角度指出，创业团队指的是在公司成立之初执掌公司的人，或在公司营运的头两年加盟公司的成员，但不包括没有公司股权的一般雇员。Mitsuko Hirata（2000）则把创业团队定义为参与且全身心投入公司创立过程，并共同克服创业困难和分享创业乐趣的全体成员。

我们认为，创业团队可以从狭义和广义两个视角来区分。狭义的创业团队是指在创业初期，由一群有着愿为共同的创业目标而奋斗的人所组成的特殊群体。广义的创业团队不仅包含狭义创业团队，还包括与创业过程有关的各种利益相关者，如风险投资商、供应商、专家咨询群体等。

【创业家语录】

创业公司所需要的人，一句话——态度决定一切。是不是“海归”，是不是来自名校名企，这些都不重要。重要的是：一，有热情；二，对中国本地市场很了解，是专家；三，是一个踏踏实实做事情的人。企业需要的是做，需要的是结果。——周鸿祎（奇虎360公司创始人）

1.3.2 构建创业团队的组成要素

1. 目标（Purpose）

创业团队应该有一个既定的共同目标，为团队成员导航，知道要向何处去，没有目标这个团队就没有存在的价值。目标在创业企业的管理中以创业企业的远景、战略的形式体现。

【创业家语录】

创业者一定要有信仰。希望创业者有自己的理想和对自己产品的特殊追求，随着技术的平台化、工具化，纯技术的东西越来越不重要，而内容会变成核心竞争力，但其内容本身有黏性，并形成一种气氛。——蒋纯（传媒梦工场CEO）

2. 人（People）

人是构成创业团队最核心的力量。3个及3个以上的人就形成一个群体，当群体有共同奋斗的目标时就形成了团队。在一个创业团队中，人力资源是所有创业资源中最活跃、最重要的资源。应充分调动创业者的各种资源和能力，将人力资源进一步转化为人力资本。

【创业家语录】

苹果公司之所以伟大，其中一个原因是创造它的是一群音乐家、是人、艺术家、动物学家和历史学家，而他们恰恰是世界上最好的计算机学家。——史蒂夫·乔布斯（苹果公司创始人）

核心团队最好是三五个人，不超过七个人。——史玉柱（巨人集团创始人）

3. 创业团队的定位（Place）

创业团队的定位包含两层意思：

（1）创业团队的定位。创业团队在企业中处于什么位置，由谁选择和决定团队的成员，创业团队最终应对谁负责，创业团队采取什么方式激励下属。

（2）创业者的定位。作为成员在创业团队中扮演什么角色，是制订计划还是具体实施或评估。是委派某个人管理，还是共同参与管理，或是聘请职业经理人管理。这体现在创业实体的组织形式上，是合伙企业或是公司制企业。

4. 权限（Power）

创业团队当中领导人的权力大小与其团队的发展阶段及创业实体所在行业相关。一般来说，创业团队越成熟，领导者所拥有的权力相应越小，在创业团队发展的初期阶段领导权相对比较集中。高科技实体多数是实行民主的管理方式。

5. 计划（Plan）

计划的两层含义：第一，最终目标的实现，需要一系列具体的行动方案，可以把计划理解为达到目标的具体工作程序；第二，按计划进行可以保证创业团队的进度。只有在计划的操作下创业团队才会一步一步地贴近目标，从而最终实现目标。

1.3.3 成功创业团队应该具备的特征

1. 形成凝聚力与一体感

团队是一体的，成败是整体而非个人，成员能够同甘共苦，经营成果能够公开且合理地分享，团队就会形成坚强的凝聚力与一体感。

【创业团队失败案例】尚阳科技崩于内部之争

尚阳科技成立于2003年年初，自诞生起就笼罩着光环。第一，公司创办人、CEO以及管理团队均出身豪门。第二，成立之初，公司获得多家知名风险投资机构的5 800万美元首期融资。尚阳科技曾被美国知名的“Red Herring”杂志评选为亚洲100强私人企业之一，其目标是致力于成为通信领域领跑的下一代服务平台（NGSP）的提供商，致力于开启“自由沟通无界限”的自由通信新时代。

但最终，尚阳科技并未像其名字一样“上扬”，而是在2006年退出市场。尚阳科技沦落最根本的原因是管理。第一，公司重研发、轻市场，而研发方面首期融资用完了，还没有像样的产品；第二，公司内部帮派严重，事业部之间各自为政。同时，从高层到员工“成分”极为复杂，有“海龟”也有“土鳖”，有出身国企的也有来自外企的，有来自创业公司的，也有来自全球500强公司的，还有从华为管理团队带来的旧部，处于失控状态。被市场打败不可怕，被自己内部瓦解才可怕。

资料来源：百亿美元的教训，http：//www. chinavalue. net.

2. 团队利益第一

每一位成员都应将团队利益置于个人利益的前面，而且充分认识到，个人利益是建立在团队利益的基础上，因此团队中每一位成员的价值，表现在其对团队整体价值的贡献。

3. 坚守基本经营原则

坚守顾客第一、质量至上、保障工作安全与员工福利、诚信无欺等基本经营与诚信原则，并作为组成团队的理念基础。

【创业家语录】

我们公司经常讲守正出奇，还有就是“勿忘在莒”，就是说人在很困难的时候，创业者、所有有理想的人一定要坚持正道。同时要刻苦忍耐，勿忘在莒就是刻苦忍耐。要坚持正道，艰苦忍耐，坚持大智慧，企业和人生才能不断发出光芒，不断走向你理想的境界。——冯仑（万通集团创始人）

4. 对企业的长期承诺

对于企业经营成功给予长期的承诺，承诺不会因为一时利益或困难而退出，并同意将股票集中管理，如有特殊困难而提前退出团队者，必须以票面价值将股权出售给原公司团队。

5. 成员愿意牺牲短期利益来换取长期的成功果实

团队成员将不计较短期薪资、福利、津贴，而将创业目标放在成功后的利益分享。

6. 全心致力于创造新企业的价值

团队成员均一致认为，创造新企业价值才是创业活动的主要目标，因此一致承诺致力于这样的目标，并认识到唯有新企业不断增值，所有参与者才有可能分享到其中的利益。

7. 合理的股权分配

团队成员的股权需要合理、透明与公平。通常创始人与主要贡献者会拥有比较多的股权，但只要与他们所创造价值和贡献上能相配套，就是一种合理的股权分配。

【创业家语录】

创新工场三年观察：①创业四大失败理由——不专注、执行力不足、不足够关注用户、团队问题；②有经验再创业，读书时实践和全面发展不够，互联网江湖险恶，不如累积点经验再创业；③创业者必须做企业的主人，控制董事会占大股，做自己选择的方向，认为公司是自己的 baby。——李开复（创新工场创始人）

8. 公平弹性的利益分配机制

创业之初的股权分配与以后创业过程中的贡献往往并不一致，因此会导致某些具有显著贡献的团队成员拥有股权数较低、贡献与报酬不一致的不公平现象。因此好的创业团队需要有一套公平弹性的利益分配机制，来弥补上述不公平的现象。

9. 经营成果的合理分享

除了团队成员要有合理的分配机制外，对员工也要有合理的分配制度，能使大家共同分享经营的成果，从而使企业长期发展。国外企业一般是拿出10% ~20%的利润分配给关键岗位的员工。我国的许多创业企业，尤其是一些高新技术企业，也利用员工持股的办法使员工合理享受到企业的经营成果。

10. 专业能力的完美搭配

创业家寻找团队成员的考虑，主要在于弥补当前资源能力上的不足，也就是说考虑创业目标与当前能力的差距，来寻找所需要的配套成员。好的创业团队，成员间的能力通常都能形成良好的互补，而这种能力互补也会有助于强化团队成员间彼此的合作。

在新企业发展过程中，创业成员也可能因为理念不合等原因不断替换。有人统计，在美国，创业团队成员的分手率要高于离婚率，由此可见团队组成的不易。虽然存在诸多不易，团队组成与团队运作水平对创业成败都具有关键影响力，因此创业者必须重视如何发展创业团队的问题，并培养自己在这方面的能力。

1.3.4 创业团队的类型

1. 星状创业团队

这种团队在形成之前，一般是核心人物有了创业的想法，然后根据自己的设想进行创业团队的组织。因此，在团队形成之前，核心人物已经就团队组成进行过仔细思考，根据自己的想法选择相应人员加入团队。这些加入创业团队的成员也许是核心人物以前熟悉的人，也有可能是不熟悉的人，但这些团队成员在企业中多是支持者角色。这种创业团队有以下几个明显的特点。

① 组织结构紧密，向心力强，主导人物在组织中的行为对其他个体影响巨大。

② 决策程序相对简单，组织效率较高。

③ 容易形成权力过分集中的局面，从而使决策失误的风险加大。

④ 当其他团队成员和主导人物发生较严重冲突时，一般都会选择离开团队。

2. 网状创业团队

这种创业团队的成员一般在创业之前多是亲朋好友。在交往过程中，共同认可某一创业想法，并就创业达成了共识以后，开始共同创业。在创业团队组成时，没有明确的核心人物，大家根据各自的特点进行自发的组织角色定位。因此，在企业初创时期，各位成员基本上扮演的是协作者或者伙伴角色。这种创业团队的特点如下。

① 团队没有明显的核心，整体结构较为松散。

② 组织决策时，一般采取集体决策的方式，因此组织的决策效率相对较低。

③ 由于团队成员在团队中的地位相似，因此容易在组织中形成多头领导的局面。

④ 当团队成员之间发生严重冲突时，某些团队成员撤出，容易导致整个团队的涣散。

【创业家语录】

“鲨鱼模式”的管理，指职员层是被管理阶层，完全服从并服务于其上级。而“海豚模式”强调的是团队精神，把每一个成员都视为一个大家庭的成员，每个人都是重要的，不能让任何一个人出问题；不会再说“我”无足轻重，而是说“我”是重要的，“我”是集体中的一个重要成员。——王石（万科公司董事长）

3. 虚拟星状创业团队

这种创业团队是由网状创业团队演化而来，基本上是前两种的中间形态。在团队中，有一个核心成员，但是核心成员地位的确立是团队成员协商的结果，因此核心人物从某种意义上说是整个团队的代言人，而不是主导型人物，他在团队中的行为必须充分考虑其他团队成员的意见，不如星状创业团队中的核心主导人物那样有权威。

【创业小贴士】你是哪种领导特质

领导特质分析系统（PDP）是美国南加州大学与科罗拉多大学多位行为科学家在1978年共同创建的。它把领导者分为五类：老虎、孔雀、考拉、猫头鹰和变色龙。一千多万个案例证明，以正确方法进行测试，PDP 准确度高达96%。感兴趣的同学可以阅读由忻榕编著的《五型领导者：个性化的领导力提升之道》一书，也可以在互联网上自行测试自己的性格。

1.3.5 创业团队组建的基本原则

1. 共同目标原则

任何一个新创企业都是因一定的使命和目标而组织起来的。无论其团队成员各自的目标多么不同，但一定有一个为其成员所接受的共同目标。对创业者来说，目标就好比路标，它指明了创业团队努力的方向，确定了新创企业应在哪些领域取得成就的标准，创业者在创业过程中要想得到满意的效益，就应将创业的目标内化为创业团队的共同目标。

【管理学家语录】

正式组织是有意识地协调两个以上的人的活动的体系。这个定义适用于各种形式的组织，从公司的各个部门或子系统到由许多系统组成的整个社会。不管哪一级的系统，都包含着三种普遍的要素：协作的意愿、共同的目标和信息沟通。——切斯特·巴纳德（系统组织理论创始人，现代管理理论之父）

2. 互补原则

建立优势互补的团队是创业成功的关键。理想的状况是，一个团队的成员在知识、技术和经验方面存在高度互补性，这样才有可能通过相互协作发挥出协同效应。

【创业小贴士】 携程网建立互补型团队的主要经验

团队成员在专业知识方面达到互补和平衡，性格互补也很重要。

按专业强项分工，发挥每个人的优势。

选择目光长远、能把握决策方向者做领导者。

保持大目标一致，理性对待分歧。

3. 精简高效原则

精简、统一、高效是企业组织设计的最重要原则，机构精简、人员精干，才能实现高效率，同时实现管理成本的下降。在企业发展的各个阶段，为了减少创业期的运作成本、最大比例地分享成果，创业团队人员构成应在保证企业能高效运作的前提下尽量精简。

4. 动态开放原则

创业过程是一个充满了不确定性的过程，团队中可能因为能力、观念等多种原因不断有人离开，同时也有人要求加入。因此，在组建创业团队时，应注意保持团队的动态性和开放性，使真正完美匹配的人员能被吸纳到创业团队中来。

【创业家语录】

我选领导团队的四个原则：一是必须有理想，有事业心，有共同的价值观；二是个人能力一定要互补，不能都找能力和你相似的人，个人可以有不足，团队不能有短板；三是每个人要有独立作战、独当一面、独立发展的能力，有这样的团队公司才能有发展空间；四是我管的团队不能太多人，喝酒时一桌一定要都坐得下。——孙宏斌（融创公司创始人）

1.3.6 创业团队组建的主要影响因素

创业团队的组建受多种因素的影响，这些因素相互作用、共同影响着组建过程，并进一步影响团队建成后的运行效率。

1. 创业者

创业者的能力和创业理念，从根本上决定了是否要组建创业团队、团队组建的时间表以及由哪些人组成团队。创业者只有在意识到组建团队可以弥补自身能力与创业目标之间存在的差距时，才有可能考虑是否需要组建创业团队，以及对什么时候需要引进什么样的人员才能和自己形成互补做出准确判断。

2. 创业机遇

不同类型的商机需要不同的创业团队类型。创业者应根据创业者与机遇间的匹配程度，决定是否要组建团队以及何时、如何组建团队。

3. 团队目标与价值观

共同的价值观、统一的目标是组建创业团队的前提，团队成员若不认可团队目标，就不可能全心全意与其他团队成员相互合作、共同奋斗。而不同的价值观将直接导致团队成员在创业过程中脱离团队，进而削弱创业团队作用的发挥。没有一致的目标和共同的价值观，创业团队即使组建起来，也无法有效发挥协同作用，缺乏战斗力。

【创业家语录】

互联网创业，万变不离其宗，第一是用户，第二是团队。建立团队，我的心得是：一，不能以发财为目标，一定要有某种程度的理想主义情怀；二，财散人聚，要有激励机制，把大家的利益捆绑在一起；三，解决新老交替的问题，留一部分利益给未来。——周鸿祎（奇虎360公司创始人）

4. 团队成员

团队成员的能力总和决定了创业团队的整体能力和发展潜力。创业团队成员的才能互补是组建创业团队的必要条件。而团队成员间的互信是形成团队的基础。互信的缺乏，将直接导致团队成员间协作障碍的出现。

5. 外部环境

创业团队的生存和发展直接受制度性环境、基础设施服务、经济环境、社会环境、市场环境、资源环境等多种外部要素影响。这些外部环境要素从宏观上间接地影响着对创业团队组建类型的需求。

【创业家语录】

创业企业在早期组建团队阶段，有几个硬伤一定要尽量避免。一、股权平均矛盾是造成公司分裂最主要的原因。二、早期选择天使投资或者资本的合作伙伴时，对股份的稀释要充分地建立。三、回到本质，现在做创业最终还是要看商业模式，你给用户提供什么价值，一定要在创业之初就确定地位，在创业第一天把产品形态和运营模式设计好，这样创业的路才会越走越宽，越走越顺。——左凌烨（经纬中国的合伙人）

1.4 创业过程模型

创业过程是指创业者发现和评估商机，并且将商机转化为企业以及创业者对新创企业进行成长管理的过程。创业过程不仅涵盖的时间比较漫长，而且涉及的因素也比较复杂，因而具有较大的挑战性和诱惑性。创业者只有对创业过程有清醒的认识，才能更加积极地面对创业过程中可能出现的困难和挑战，直至创业成功。因此，创业过程的学习具有重要的意义。

1.4.1 蒂蒙斯创业过程模型

1999 年，蒂蒙斯于“*New Venture Creation*”一书中提出一个创业模型，他认为成功的创业活动，必须要能将商机、创业团队和资源三要素做出最适当的搭配，并且也要能随着事业发展做出动态的平衡。创业流程的起点是商机，在组建起创业团队之后应取得必要的资源，创业计划才能顺利开展。蒂蒙斯创业过程模型的核心思想在于，创业过程是一个高度的动态过程，其中商机、资源、创业团队是创业过程最重要的驱动因素，它们的存在和成长，决定了创业过程向什么方向发展，如图 1-2 所示。

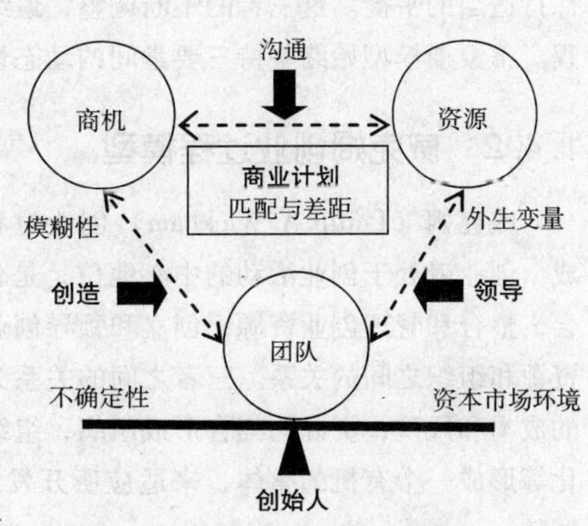

图 1-2 蒂蒙斯创业过程模型

1. 商机

蒂蒙斯强调了商业机会在创业过程中的重要作用，认为机会是创业过程的核心推动力，是创业成功的首要因素，特别是在企业创立之初。真正的商机比团队的智慧、技能和可获取的资源都重要得多，所以创业者和工作团队应当投入大量的时间和精力寻找最佳的商机，并将这些关键因素整合到一个变化的环境中。

在识别并开发创业机会的过程中，资源与机会之间存在适应、差距到再适应的动态过程；商业计划则是提供沟通机会、团队、资源三个要素的质量、相互匹配和平衡姿态的语言和规则。

2. 资源

资源的多寡是相对的。蒂蒙斯认为，对资源最有效的保证是企业要有一个强大的创业团队。在创业团队推动机会实现的过程中，相应的资源也会随即到位。也就是说，当一支强有力的管理团队构思出一个有发展潜力的商机并推动商机实现时，资金自然而然就会到来。成功的创业企业更着眼于最小化使用资源并控制资源，而不是贪图完全拥有资源。为了合理利用和控制资源，创业者要竭力设计精巧的创意、采用谨慎的战略。

3. 团队

【创业家语录】

如果你找对了人，他们自然会经常变革产品。几乎我犯的每一个错误都是因为我用错了人，而不是思路错误。——阿瑟·洛克（美国著名投资家）

创业团队是创业成功的最重要因素之一。事实上，在选择合适的投资项目时，吸引风险投资家的往往是创业团队的卓越才能。创业者面临的最大挑战是如何建立一支优秀的团队。

蒂蒙斯模型的特点是，三个核心要素构成了一个倒立的三角形，创业团队位于三角形的底部。在创业初始阶段，商业机会较多而资源较为缺乏，三角形将向左边倾斜；随着企业的发展，企业拥有较多的资源，但这时原有的商业机会可能变得相对有限，这就导致另一种不均衡。创业者及创业企业需要不断探求更多的商业机会，进行资源的合理运用，使企业发展保持适当的平衡。这三者的不断调整，最终实现了动态均衡，这就是新创企业发展的实际过程。蒂蒙斯模型始终坚持三要素间的动态性、连续性和互动性。

1.4.2 威克姆创业过程模型

威克姆（Philip A. Wickham）创业过程模型由创业者、机会、资源、组织四个要素构成。创业者处于创业活动的中心地位，是创业活动主导者，其作用在于识别和确认商业机会，整合和管理创业资源，创立和领导创业组织。创业者的基本任务就是有效地管理机会、资源和组织之间的关系。三者之间的关系为：资源要集中在机会的利用上，并且要注意资源的成本和风险；资源的集合形成组织，组织的资本结构、组织结构、程序和制度以及组织文化等形成一个有机的整体，来适应所开发的机会，为此组织需要根据机会的变化而不断地调整。

同时，创业过程是一个不断学习的过程，创业者在学习中不断发展、完善和壮大。创业型组织是一个学习型组织，创业组织不仅要对商业机会做出及时的反应，还要根据变化的情势及时总结、积累、调整，要通过“干中学”不断改进组织的规则、结构、文化、资源等要素，组织在不断的成功与失败中学习和锤炼，从而不断发展、完善和壮大。威克姆创业过程模型如图 1-3 所示。

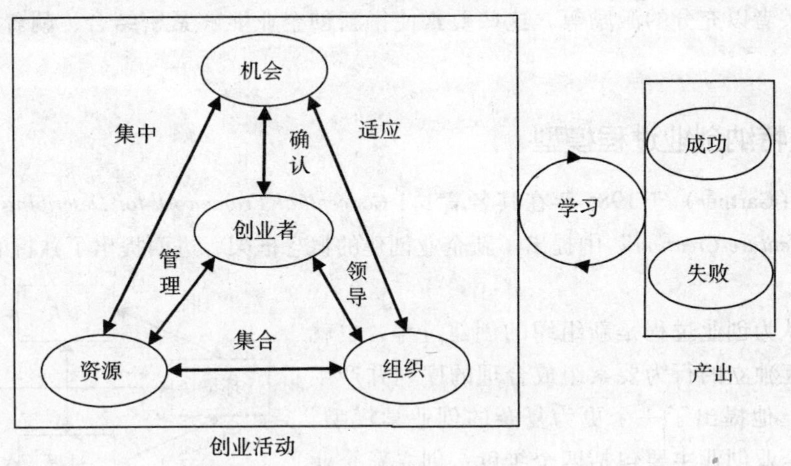

图 1-3　威克姆创业过程模型

1.4.3　萨尔曼创业过程模型

在创业过程中，为了更好地开发商业机会，提升企业价值，创业者需要把握好人、机会、外部环境以及创业者的交易行为四个关键要素，如图 1-4 所示。

1. 人

人是指为创业提供服务或资源的人员，包括经理、员工、律师、会计师、资金提供者、供应商等与新创企业直接或间接相关的人员。

2. 机会

机会是指任何需要投入资源的活动，这种活动不仅仅是企业亟待开发的技术、市场，也包括创业过程中所有需要创业者投入资源的其他事物。当然，投入资源的根本目的是实现企业将来赢利。

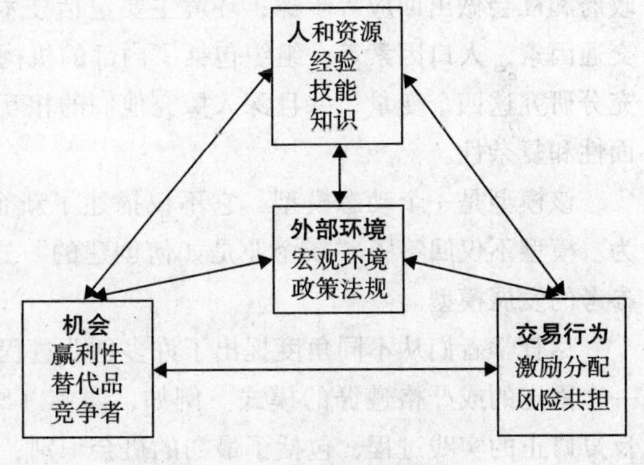

图 1-4　萨尔曼创业过程模型

3. 外部环境

外部环境是指所有影响机会产出，又在管理的直接控制之外的因素，诸如银行利率水平、相关政策法规、宏观经济形势以及一些行业因素等。

4. 创业者的交易行为

创业者的交易行为指的是创业者与所有资源供应者之间的直接或间接的关系。

萨尔曼（Sahlman）创业过程模型的核心思想是要素之间的适应性，也就是人、机会、交易行为以及外部环境能否协调整合，共同促进创业的成功。根据这一模型，较容易识别成功的创业。即配置良好的人才资源，管理团队拥有所需要的知识和技能，拥有赢利前景良好的商业模式，容易获取高额利润又能防止其他人进入市场，市场环境良好，交易方式能够给所有利益相关者以充分的激励等。这些要素使得新创企业能够紧密结合，朝着同一个目标前进。

1.4.4 盖特纳创业过程模型

盖特纳（Gartner）于1985年在其名篇"*A Conceptual Framework for Describing the Phenomenon of New Venture Creation*"中提出了新企业创建的概念框架，进而提出了独特的创业模型，见图1-5所示。

盖特纳认为创业过程是新组织的创建过程，也就是将各个相互独立的行为要素组成合理的序列并产生理想的结果。他提出了一个更为复杂的创业学模型，认为描述新企业创业主要包括四个维度：创立新企业的个人，创业者、他们所创建新企业的类型，组织、新企业所面临的环境，新企业创立的过程。任何新企业的创立都是这四个要素相互作用的结果。

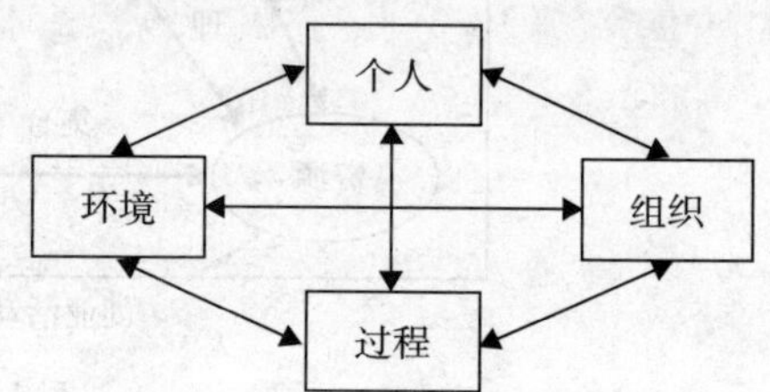

图1-5　盖特纳创业过程模型

其中，创业者个人需要具备诸如获取成就感的渴望、善于冒险以及经历丰富等特质；创业过程主要包括发现商业机会、创业者聚集资源、开始产品的生产、创业者建立组织以及对政府和社会做出回应等步骤；环境主要包括技术因素、供应商因素、政府因素、大学因素、交通因素、人口因素等；组织包括了内部的机构以及组织战略的选择等多项变量。我们只有充分研究这四个变量，并且深入探究他们的相互作用关系，才能够充分诠释新企业创建的全面性和复杂性。

该模型是一个动态模型，它不仅描述了新企业的创建，也适用于单个创业者的创业行为。模型不仅回答了"新企业是如何创建的"这一问题，而且为新企业的创业提出了可供参考的发展模型。

尽管学者们从不同角度提出了许多创业过程模型，但是在创业实践中，创业过程并没有一个固定的或严格遵循的模式。例如，谢佛（Shave）认为创业是一个理性的、非线性的、反复修正的实践过程，包括了最初的机会识别、产品生产线的建设、组织的创建、市场的交易以及顾客的反馈等。雷诺兹（Reynolds）通过实证研究发现，创业活动的发生并没有一定的顺序，不同的创业个案在各创业阶段所花费的时间差异极大。从长期看，并非所有创业行为都遵循一套固定的流程。

创新思维游戏

游戏名称： 低技术社交网

游戏目的： 该游戏的目标是通过共同创造一个大型可视化人际关系网来互相介绍参与者。

游戏人数：一个大型活动的正常参与人数。

游戏时间：25分钟创建第一个网络版本，社交网在整个事件过程中一直存在，可以增加、修改或研究。

游戏规则：准备游戏过程中，每个参与者需要一张5×8的索引卡以及马克笔，或者其他能画出其化身（阿凡达）的东西。他们还需要在墙上挂张大的牛皮纸来创建实际的网络。

1. 活动主持人向参与者发出明确的指令："作为一个团队，我们现在开始在屋子里建立社交网络。我们利用这面墙来做这件事。但是首先，我们需要为网络创造最基础的元素——你是谁。每个人先取走自己的卡片，画一个你要放到网络中的化身（轮廓图片），在卡片底部写下自己的名字。"

2. 创造化身：等参与者完成上一步骤后，这时主持人可以加个变化，让参与者再在卡片上写两个词语来"标识"他们是谁，以及他们对什么感兴趣。

3. 建立联系：接下来，主持人指导参与者站起来，把他们的卡片和马克笔带到墙上的牛皮纸前面，通过把卡片贴到墙上来"上传"他们自己。

4. 下面的任务比较简单：找到你认识的人并画线建立连接。如果可能，在连线做上标志，即"朋友"，"一起去学校"或者"一起爬山"。这个过程需要一点时间，但很可能发现以前未发现的有关联的人和新朋友。

游戏策略：社交网的创建一开始会有点儿混乱，它的结果也许像挂了许多面条的壁画，随着会议的进行，参与者可能需要浏览这个网络。要鼓励他们这么做，并看看他们建立了哪些新的人际关系。

本章要点

创业的过程是创业者个人价值的实现过程，是企业成长不可逾越的阶段，同时也是新兴产业产生、成长和发展的微观过程。在创业过程中，存在着各种各样的风险和不确定性，同时也能获得自我价值的实现。

创业精神是指在创业者的主观世界中，那些具有开创性的思想、观念、个性、意志、作风和品质等。创业精神包括哲学层次、心理学层次和行为学层次的内涵，创业精神不仅存在于个体层面，而且还存在于组织层面。个体的创业精神一般包括激情、积极性、适应性、领导力、雄心壮志等五个要素。

从不同的视角观察创业，会有不同类型的创业，《全球创业观察（GEM）报告》将创业区分为生存型创业和机会型创业。

狭义的创业者是指参与创业活动的核心人员，广义的创业者是指参与创业活动的全体人员。创业者的素质一般包括心理素质、身体素质、知识素质和能力特质等方面，创业者所应该具备的素质可以通过学习来获得。

创业团队可以从狭义和广义两个视角定义。狭义的创业团队是指在创业初期，由一群有着愿为共同的创业目标而奋斗的人所组成的特殊群体。广义的创业团队不仅包含狭义创业团队，还包括与创业过程有关的各种利益相关者。创业团队可以分为星状、网状、虚拟网状创业团队等多种形式。在构建团队时应遵循共同目标、人员互补、精简高效和动态开发等基本原则。

蒂蒙斯创业过程模型认为，创业过程是由商机、资源、创业团队驱动的一个动态过程。威克姆创业过程模型由创业者、机会、资源、组织四个要素构成。萨尔曼创业过程模型认为，在创业过程中，创业者需要把握好人、机会、外部环境以及创业的交易行为四个关键要素。盖特纳创业过程模型认为创业过程是新组织的创建过程。

关键术语

创业；创业精神；生存性创业；机会性创业；创业者；创业者的素质；创业团队；创业团队的类型；蒂蒙斯创业过程模型；威克姆创业过程模型；萨尔曼创业过程模型；盖特纳创业过程模型

案例分析　23岁大学生高调开公司，9天即告“破产”

开业时的鲜花还在绽放，但仅仅坚持了9天，公司却要宣告“破产”。面对媒体镜头，舒正义有种说不出的滋味。

西安某媒体以《8名大学生创业办公司，西洽会上受到副省长肯定》为题报道说：23岁的大学生舒正义信心十足，他和其他7名大学生共同创办的公司正式亮相了。舒正义带着公司代理的环保防水手电走上第12届西洽会，向副省长等领导做了现场演示，得到了肯定，引来媒体记者的关注。几天之后，另一家媒体又报道：舒正义一天没有吃饭，他拖着疲惫的身体跑学校、跑银行，但是由于没有房子、汽车做抵押，也没有公司做担保，贷不来款，舒正义决定召开记者招待会、宣布公司“破产”。

舒正义在西安工程大学时曾担任学生会副主席，成绩优秀、实践能力强。毕业不到一年，舒正义换了好几份工作。刚开始托关系去区政府机关谋职，工作是做城管，整天去赶小商小贩。舒正义不满意，又去了一所高校做辅导员，但只做了5天就离职了。又去了一家装修公司拉业务，酷暑中天天到小区门口发传单，每天都很迷惘。不到3个月，一起去的人都走光了，舒正义也从装修公司辞职。舒正义毕业之后不敢回家，怕人家笑话自己。

在应女友的邀请、去内蒙古的火车上，舒正义看到有人在销售一种不用电池的环保手电。他如获至宝，回到西安后就跟厂家联系，希望代理这个产品。对方要到他的公司考察，他借了同学父亲的公司，被对方察觉后拒绝。在他再三恳求下，对方要求如果一次性进3万元的货，就授权他做陕西总代理。与此同时，他应聘到西安一家著名的网络公司做网站设计，19天后，舒正义再次辞职，开始筹备自己创业。

舒正义的提议得到了很多同学和朋友的支持。他东拼西凑了4万多元，其他7人共拿出3万多元，8名大学生用7万多元租房、买设备，开始创办自己的公司。结合自己的特长，公司主营域名注册、网站建设开发等项目，并取得了环保防水手电陕西总代理业务，开始了尝试经营。舒正义说那段时间是他毕业以后最充实快乐的日子。从网络公司辞了职，白天做网站设计，晚上去摆小摊卖环保手电，在西洽会上，舒正义第一次挂上了“陕西郑氏科技有限公司”这个牌子。碰巧陕西省副省长前来视察，舒正义抓住机会向副省长演示了这种环保手电，被当地一家媒体作为配图刊发。

真正促使他注册公司的动力是，陕西某市一个政府网站项目招标，要求招标对象注册资本在100万元以上。做这个网站可以得到1.3万元。舒正义去工商局咨询时，碰到有人说只要出1万元即可代办注册公司，想要注册多少资本都行，舒正义给了对方5000元之后便再也联系不上对方。

舒正义办公司用的7万多元中，除了有1000多元是他自己的积蓄外，其余都是借的。其中有不少还许以高利息。他之所以宣布“破产”，是因为借款人提前催款，而他连吃饭的钱都没有了。借款人搬走了笔记本电脑和手机等办公用品，要他拿钱去赎。舒正义跑到多家银行去贷款，均被拒绝。他再次想到媒体，就像他宣布公司开张一样，通知媒体说要宣布破产，想通过此举给政府施加压力，帮他解决资金问题。面带稚嫩的舒正义激动地对记者说：“我响应国家政策，自主创业，为什么在我遇到困难的时候，政府却不帮我？我要从钟楼上跳下去，要唤醒大家对大学生创业体制上存在问题的认识。”

资料来源：一大学生高调开公司9天即告“破产”. 中国青年报，2008-05-12.

延伸阅读与相关网站

1. 扩展阅读

如需进一步了解和掌握有关创业方面的知识，请阅读彼得·德鲁克的《创新与创业精神》(该书在国内有多个版本)、《创业学（第6版)》(杰弗里·蒂蒙斯等著，人民邮电出版社，2005)、《创业管理》(张玉利著，机械工业出版社，2010)、《创新与创业管理》(李时椿、常建坤等，南京大学出版社，2011)，也可以直接登录互联网，阅读有关创业领域的文献资料。

2. 相关网站

优米网 http://www.umiwi.com

挖贝创业网 http://www.wabei.cn

创业邦 http://www.cyzone.cn

创业家 http://www.zcom.com

IT经理世界 http://ceocio.dooland.com

黑马大赛 http://baike.baidu.com

中国青年创业国际计划 http://www.ybc.org.cn

KAB中国创业教育网 http://www.kab.org.cn

复习思考题

1. 请在诸多创业概念分析的基础上提出你自己对创业概念的思考。
2. 请在学习过程中，在互联网上收集若干典型创业案例，并对案例中的创业类型进行分析。
3. 简述创业与创新之间的关系。
4. 请将自己的素质与成功创业者的素质进行比较分析，制订提升创业素质的计划。
5. 创业团队组成的基本原则有哪些？如果你组建创业团队，会如何构建创业团队？
6. 如何掌握好蒂蒙斯创业过程模型中的平衡问题？

Chapter2

第2章 创业机会

学习目标

- 熟悉商业机会的概念与类型
- 熟悉创意形成的过程与方法
- 熟悉创业机会的来源
- 熟悉创业机会的识别与评价方法
- 掌握创业机会的提升策略

引导案例

没有钱怎么创业?

中田修曾在美国驻日军队里当过仆役，还做过黑市小贩、印刷公司职员，换了十几次工作，不是被辞退，就是工作不顺心。他经常失业，流浪街头，找不到归属，已经有过3次自杀的经历。28岁那年生意亏损，他流落在东京街上，万念俱灰，第4次想到自杀。就在这时，他无意间瞥见街边挂着的一块“桑泽设计研究所”的招牌，突发灵感：为什么不创办一家广告设计公司？这应该是值得一搏的机会。

中田修在印刷公司工作时，接触过设计人员，对他们精彩的设计作品和优厚的报酬留下了深刻的印象。他下决心做个设计师，并且创办一家属于自己的公司。他依靠自学，反复研究各种设计作品，坚持了半年，终于掌握了设计的工艺流程以及相关技术。

1959年4月，中田修在大阪成立“东京设计所”。起名“东京”，是为了纪念东京那家给予了自己灵感的设计所。他率先进行工业设计研究，凭借为大企业进行产品设计，获得巨大成功。他发现人们在上厕所时常常百无聊赖，便在手纸上印卡通漫画，从而使这种手纸成为畅销产品。他看到汽车在露天停放，日晒雨淋，便利用从婴儿车得到的启示，发明了帐篷式防雨棚，装上4只轮子，可以移动，投放市场后大受欢迎。他在购买快餐的时候，看到店里拥挤不堪，便发明了流动快餐车，随时随地供应快餐，既减少店面投资，又方便了上班族。

中田修头脑中的每一个细胞都处于最灵敏的状态，随时随地捕捉生活中的创意。这样一来，东京设计所名气大振。中田修的设计为他赚来了巨大的财富，59岁时，他已经拥有了100亿日元资产。他最喜欢讲的一句话是："有钱谁都会创业，关键是没有钱怎么创业。"

总是有人在抱怨缺少机会，其实不然，随着现代经济社会的发展，在我们周围充满着机会。机会可以说俯拾皆是，一些机会消失了，另一些机会又会产生，但无数的人却错过了。仔细想来，这些错过机会的人，实际上缺少的不是机会，而是一双能够捕捉机会的眼睛。只有那些能够抓住机会、创造机会的人，才能创业成功。

资料来源：有钱谁都会创业，关键是没有钱怎么创业. http://www.studentboss.com.

2.1 创业机会的概念与分类

2.1.1 创业机会

创业者在创业过程中，创业机会识别是创业领域的关键问题之一，是创业的起点。创业就是围绕机会进行识别、开发、利用以及创造价值的过程。虽然创业机会识别在很大程度上依赖创业者的个体特质，但是，创业机会本身确实具有一些客观特征，不依赖创业者的主观特质而存在，这些客观特征是创业者需要格外注意的。

1. 创业机会的概念

对于创业机会的理解存在不同的视角。很多研究从静态角度考察创业机会。例如：柯兹纳（Kirzner）认为，机会的最初状态是"未精确定义的市场需求，或未得到充分利用的资源和能力。"后者可能包括基本的技术，未找准市场的发明创造，或新产品、新服务的创意。蒂蒙斯（Timmons）认为，一个创业机会"其特征是具有吸引力、持久性和适时性，并且伴随着可以为购买者或使用者创造或增加使用价值的产品或服务"。赫尔伯特（Hulbert）等人认为创业机会是一种亟待满足的市场需求，是技术、经济、政治、社会以及人口环境发生变化，使得新产品、新服务、新原材料和新的组织方式可能出现的情境。如果这种潜在的市场需求十分旺盛，那么实现这种需求的商业活动必然是有利可图的。

从动态视角分析创业机会的概念内涵，则是在创业机会的识别中加入了许多主观因素，强调了创业者的努力在机会识别中的重要性。例如谢恩和维卡塔拉曼（Shane & Venkataramen）认为，创业机会实际上是新产品、新服务、新材料，甚至是一种新的组织形式，它能够被引入生产并且以高于成本的方式实现销售。机会无需高科技的支持，既可以是技术或组织结构的创新，也可以是对现有组织框架进行调整。

综上所述，创业机会指能够通过一种创造性的资源融合，进而契合市场需求来实现附加值的恰当时机，是对未成型事业通过一段时间演变为成型事业的过程描述。

【创业家语录】

如果你问周围朋友词语，如果10个人中9个人说不知道，那么，这是一个机遇；如果10个人，9个人都知道了，就是一个行业。——俞敏洪（新东方学校创始人）

2. 创业机会的特征

【创业家语录】

商业机会就如同公共汽车，总会有下一辆到来的。——查德·布兰森（维京集团创始人）

一个好的创业机会必须是能够实行和实现价值的商业机会，一般来说，应具备以下特征。

（1）**真实的市场需求**。即那些具有购买力和购买欲望的消费者有未被满足的需求。

（2）**能够收回投资**。即在承担风险和投入资源之后，可以带来回报和收益。

（3）**具有竞争力**。即消费者认为购买你的产品或服务比购买其他产品或服务能够获得更多的价值。

（4）**实现目标**。即满足那些具有冒险精神的人和组织的目标。

（5）**有效的资源和技能**。即不超出创业者所能具备的资源、能力、法律等必备条件范围。

蒂蒙斯认为，好的创业机会有以下四个特征：第一，它很能吸引顾客；第二，它能在你的商业环境中行得通；第三，它必须在机会之窗存在的期间被实施；第四，必须有必要的资源（人、财、物、信息、时间）和技能。

2.1.2 创业机会的类型

【创业家语录】

硅谷数十年保持快速发展的秘密在于失败，正是失败刺激并翻新了这片土地。失败是创新之母。硅谷的商业生态体系依赖于失败，这与被浓密常绿阔叶丛铺盖的山丘依赖于森林火灾是一个道理。火灾可以清除旧的草丛，开拓出孕育新生命的土地。——保罗·萨福（美国著名未来学家）

1. 阿迪奇维利分类法

阿迪奇维利（Ardichvili）等人根据创业机会的来源和发展情况，对创业机会进行了分类。他们首先构建一个创业机会矩阵，该矩阵有两个维度：横轴以探寻到的价值为坐标，表示创业机会的潜在价值明确程度；纵轴以创业者创造价值的能力为坐标，表示创业者是否能够有效开发并利用这一创业机会。然后，以矩阵的4个象限分别表示4种类型的创业机会（见图2-1）。

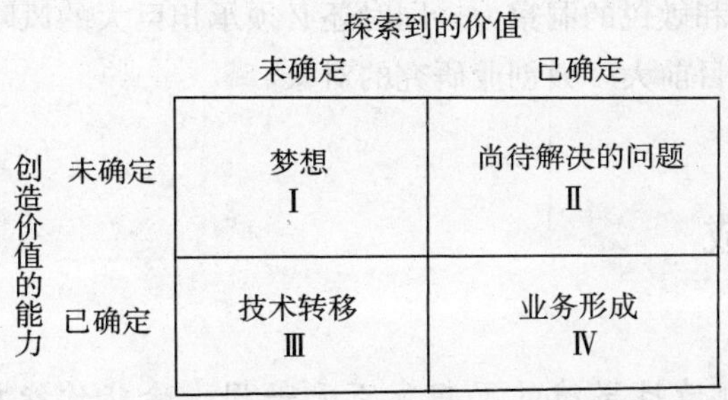

图2-1 阿迪奇维利的创业机会矩阵

（1）第1象限。在该象限中，机会的潜在市场价值不明确，而且创业者的价值创造能力也不能确定。在这种情况下，机会只是一个“梦想”。人们感兴趣的是寻找新的发展方向或者使技术突破现有的限制。

（2）第2象限。在该象限中，机会的潜在市场价值已经明确，但是创业者的价值创造能力尚未确定。在这种情况下，创业机会就是要设计出具体的产品或服务以适应市场需求，称之为“尚待解决的问题”，其含义是问题明确但缺少解决办法。

（3）第3象限。在该象限中，创业者的价值创造能力已经确定，但机会的潜在市场价值却不明确。在这种情况下，创业机会应侧重于寻求技术的应用而不是发展产品或服务，称之为“技术转移”。

（4）第4象限。在该象限中，机会的潜在市场价值和价值创造能力都已确定，这时可以将市场需求与现有的资源进行匹配，形成可以创造并传递价值的新企业，称之为“业务或者说是企业形成”。

阿迪奇维利认为，比起“企业形成”的创业机会，“尚待解决的问题”市场机会成功的可能性不大。

2. 目的手段关系分类法

根据目的手段关系的明确程度，可以将创业机会划分为识别型机会、发现型机会和创造型机会三种类型。

（1）识别型机会。识别型机会是指市场中的目的手段关系十分明显，创业者可通过目的手段关系的连接来辨识机会。例如，当供求之间出现矛盾或冲突、供给不能有效地满足需求或者根本无法实现这一要求时，辨别出新的机会。

（2）发现型机会。发现型机会是指目的或手段中的任意一方状况未知，等待创业者去发掘机会。比如一项技术被开发出来，但尚未有具体的商业化产品出现，因此需要通过不断尝试来挖掘市场机会。

（3）创造型机会。创造型机会是指目的和手段皆不明确，这时，创业者只有比他人更具先见之明，才可能创造出有价值的市场机会。

上述3种类型的创业机会并不排斥，可能同时并存。一般来说，识别型机会多处于供需尚未均衡的市场，创新程度较低，这类机会并不需要复杂的辨别过程，只要拥有较多的资源，就可以较快进入市场获利。把握创造型机会相对来说比较困难，它依赖于新的目的手段关系，由于创业者拥有的专业技术、信息、资源规模往往都相当有限，所以，更需要创业者的创造性资源整合能力和敏锐的洞察力，同时还必须承担巨大的风险。发现型机会则是最为常见的创业机会，也是目前大多数创业研究的对象。

2.2 创意的形成

【创业家语录】

商业世界，拥有创造性思维的思想家百无一用，除非你能把创意卖出去。——大卫·奥格威（现代广告之父）

创意是一种想法、概念或思想。创造力是产生好创意的基础，人们常常认为创意源于灵感，但事实上创意也可以被创造出来。创意活动是创业的开端，是创业机会的来源，也是创业成功的前提条件，任何创业者要做的第一件事是为新的业务产生一项创意。创意形成后，需要经过一系列的评估筛选，只有具有商业价值的创意才能发展为真正的创业机会。发掘创意、识别创业机会是一种学习过程，进行创意思考是成功创业者的必备技能之一。

2.2.1 创意的形成过程

【创业家语录】

唯一让你想出改变世界的新点子的途径，就是让思维跳出所有人头脑中固有的束缚。你必须在所有人给你设好的界线之外思考。——斯蒂夫·沃兹尼亚克（苹果公司创始人）

很多人把创意归结于偶然。其实创意的由来并非是大家认为的“灵光一现”，积累是非常重要的过程。做楼宇液晶电视前，我在广告行业摸索了十多年，积累了丰富的经验和知识，深知整个行业的运作过程，知道市场最需要什么，受众最喜欢什么，广告主最在意什么，正是这十年的积累才会有两年前的“灵光一现”。“一夜暴富”这样的称号我实在不喜欢，天道酬勤这四个字，比较贴切。——江南春（分众传媒创始人）

创造性是产生新奇或有创意的过程。从某种程度上讲，机会识别是一个创造过程。对个人来说，创造过程可分为5个阶段，如图2-2所示。在图中，从一个方框指向另一个方框的水平箭头，表示创造过程持续发展经历了5个阶段。垂直箭头表示，如果在某个阶段，某个人停顿下来或没有足够信息使认识继续下去，他的最佳选择就是返回到准备阶段，以便在继续前进之前获得更多知识和经验。

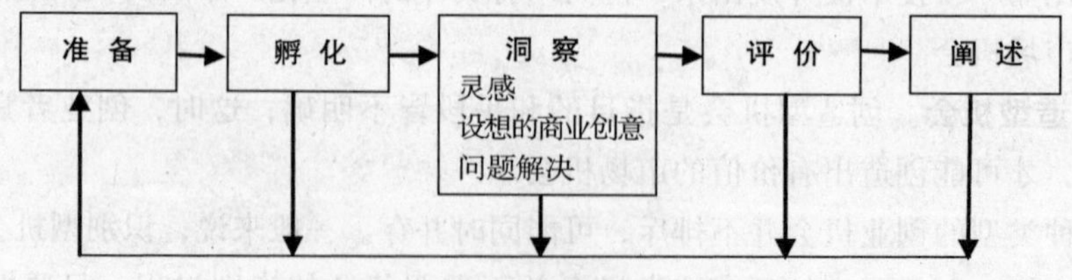

图2-2 产生创造性创意的5个阶段

1. 准备

准备是指创业者带入机会识别过程中的背景、经验和知识。运动员必须练习才能成为优秀运动员，创业者需要实践经验以识别机会。研究表明，50% ~90% 的新创企业创意，来自个人的先前工作经验。

2. 孵化

孵化是个人仔细考虑创意或思考问题的阶段，它也是对事情进行深思熟虑的时期。有时，孵化是有意识的行为；有时，它是无意识行为并出现在人们从事其他活动的时候。

3. 洞察

洞察是识别闪现，此时问题的解决办法被发现或创意得以产生。有时，它被称为“灵感”体验，在商务环境中，这是创业者识别出机会的时刻。有时候，这种经验推动过程向前发展；有时候，它促使个人返回到准备阶段。例如，创业者可能意识到机会的潜力，但认为在追求机会之前需要更多知识和考虑。

【创业家语录】

不要为一个点子创业，因为：①你的点子不见得有你想象得那么好；②就算点子好，别人也能想到；③创业成功是靠执行力，不是点子；④大部分成功公司都不是基于原来的点子。——李开复（创新工场创始人）

真正的创业者要少说多做，不要把自己的思维搞得太乱，而是把自己美妙的想法分享成结果。点子没有那么重要，点子就是一个开头的方式，同样的点子两个人做，谁的执行力更强，经验更丰富，谁就更容易成功。——周鸿祎（奇虎360公司创始人）

4. 评价

评价是创造过程中仔细审查创意并分析其可行性的阶段。许多创业者错误地跳过这个阶段，他们在确定创意可行之前就去设法实现它。评价是创造过程中特别具有挑战性的阶段，因为它要求创业者对创意的可行性采取一种公正的看法。

5. 阐述

阐述是创造性创意变为最终形式的过程：详细情节已构思出来，创意变为有价值的东西，诸如新产品、服务或商业概念。

【创意形成小故事】　在餐巾纸上形成的创意

一些伟大的商业创意最初就是在餐巾纸上勾勒出来的。有一次头盖骨游戏公司的创始人理查德·泰特（Richard Tait）从纽约市乘飞机横跨美国去西雅图，在飞机上，他在一张喝鸡尾酒时用的餐巾纸上勾勒出了一个桌游的创意。这种游戏需要玩家动用各种各样的能力完成多种任务，然而不管是谁，都至少擅长其中一种，所以谁都有机会在游戏中大放异彩。这个叫做“头盖骨”的游戏在全世界流行开来，后来公司被孩之宝（Hasbro）公司收购。而这种游戏最初的创意居然如此简单，以至于飞机上提供的一张小小的餐巾纸都写得下。

资料来源：餐巾纸的故事，http://blog.gxsky.com.

2.2.2 创意形成的方法

在创意形成过程中，已有的经验会形成人们对问题的定势思维，特别是经验丰富的人更容易产生对思维路径的依赖。例如对创新思维影响较为普遍的思维定势有权威定势、从众定势、经验定势、书本定势、非理性定势等，有必要运用创新思维方法打破思维定势。创新思维的方法很多，但由于其分类标准不一，而且新的方法不断涌现，各类方法可以相互兼容。

【创业家语录】

我能成功，主要是胆量的关系。什么叫胆识？先有胆，后有识。没有胆的识是没有用的，满腹经纶，不敢去做，成功的机会只有零。反过来，有胆的人，即使没有见识，他可能还有50%的机会。——尹明善（力帆集团创始人）

1. 头脑风暴法

头脑风暴法是用来快速产生大量创意的方法。头脑风暴会议针对某个特殊主题，指导一组人就这个主题提供创意。小组负责人要求参与者共享他们的创意。一个人提出创意供分享，另一个人对该创意做出反应提供新的创意，而别人又对新创意反应提出其他创意等。其主要目的是创造一种创新和热情的氛围，以便可以产生大量创意。活动挂图常被用来记录所有这些创意。进行头脑风暴会议有4项严格规则，包括不允许批评、鼓励随心所欲表达稀奇古怪的创意、会议要快速推进、鼓励蛙跳思维。

2. 焦点小组

焦点小组法是5~10人构成的小组，他们是与将要讨论的议题相关的人。焦点小组法已被广泛运用于各个场合，它也可用来帮助产生新的商业创意。通常，焦点小组法由训练有素的主持人指导实施，主持人的首要目的是保持小组“聚焦”并产生活跃的讨论，主持人充分理解研讨的根本目的也很重要。焦点小组会议的有效性，大部分依赖于主持人提问以及使讨论持续进行的能力。

3. 调查法

调查法是从个体样本收集信息的方法。调查可以通过电话、邮件、网络来进行，或者亲自实施。最有效的调查是对人群总体进行随机抽样，这意味着样本不能随意选择或只是从自愿参与的人中选择。样本需按照某种方式被选取，这种方式要能确保人群总体中的每个人具有同等被选中的可能，以便使调查结果能一般化到更大的人群。

4. 问题库分析法

问题库分析法是通过对问题的集中来获得新创意和问题解决的方法。问题库分析法中，新创意不是由顾客产生的，而是按照产品分类为顾客提供一系列问题，要求他们从中选择并讨论有关这类产品的特殊问题。这种方法通常很有效。因为，把已有产品和提出的问题联系起来产生一个新产品创意，比产生一个全新的产品要简单许多。

5. 图书馆和网络调查法

大量的图书馆与网络调查可以使我们对创意有更深刻的了解，从而使大致的创意产生得更完善，形成最佳创意。在收集商业创意时，人们对图书馆的利用往往不够充分。

【创业小贴士】 五步颠覆性创意法则

提出颠覆性假设：你想颠覆什么？有哪些陈规旧律？你的颠覆假设是什么？

发现颠覆性机会：发现颠覆性商机，你的结论是什么？你发现了怎样的商机？

形成颠覆性创意：你要关注什么？你可以融合什么？你的颠覆性创意是什么？

设计颠覆性市场方案：人们的真实想法是什么？你应该采用哪个创意？制订颠覆性方案。

演示颠覆性方案：如何让听众感同身受？如何制造冲突？如何获得听众的信任？

——卢克·威廉姆斯（青蛙公司创始人）

2.3 创业机会的来源

2.3.1 创新创业机会来源

管理大师德鲁克在《创新与创业精神》一书中，提出了创新机会的 7 个来源。他认为，绝大多数成功的创新都是利用变化完成的。系统化的创新意味着关注创新机遇的 7 个来源。出乎意料的事件或结果、不一致性、流程需要和行业市场结构的变化等前 4 项来源存在于单位内部，能够看到他们的人主要是身处那个行业或服务部门的人。社会人口的变化、观念和认识的变化、创新知识等后 3 项发生于企业或行业以外的变化。这 7 个创新机会来源的分界线十分模糊，而且彼此之间还有相当大的重叠部分，没有哪一个来源本质上比其他来源更重要或更具有生产力。

【创业家语录】

经常听到身边有人抱怨自己得到的机会太少，羡慕他人机会好！于是不断变换工作或者自己的业务模式。我认为机会是自己创造出来的，而不是寻觅到的！——刘强东（京东商城创始人）

1. 出乎意料的事件或结果

这是指意料之外的成功、意料之外的失败、意料之外的外部事件等，许多研究表明，意外事件所能提供的成功创新的机遇是无论什么都比不上的。同时，意外事件的创新机遇风险最小，求索过程的艰辛程度也最小。但是，无论是意外的成功还是意外的失败都几乎完全受到忽视，更糟糕的是，很多企业管理人员往往主动将其拒之门外，把意外的成功和意外的失败视为“偶然结果”而不予重视。在他们看来，已经存在相当长时间的事件必定是“正常的”，并且还会保持下去，而与过去经验相抵触的事情则是不妥当的、不正常的。

【创业家语录】

Facebook 创立的初衷是为了解决哈佛男生看女生照片的问题；360 刚开始是为了解决用户遭遇到的流氓软件泛滥的问题。如果 360 一开始就有用安全改变互联网的宏大梦想，我估计 360 现在都不知道在哪儿。——周鸿祎（奇虎 360 公司创始人）

2. 不一致性

与意外情况一样，实际与设想间的不一致也是创新机会的一个先兆。与意外的成功或失败一样，不一致性是变化的一个征兆，预示着一个新的机遇将要出现。隐藏在不一致性下面的变化是发生在行业、市场或程序内部的变化，如果能够积极把握这些不一致性所带来的创新变化，就能够充分深入创业机会潜在价值之后的逻辑中，所阐释的创业举动也更加有价值。

3. 流程需要

该要素可能存在于一个企业、一个行业、一个流程或一个领域中。管理人员可能认为意外之事或者不一致性是管理实践中常常出现的，而流程结构则是相对稳定的。但是实际上这些流程结构可能在一夜之间发生巨大变化，而这种变化则为创新提供了巨大的机会。为了满足流程变化的需要，革新者总是在力图解决某过程中的一个瓶颈或薄弱环节，利用新的知识、技术或者更好的流程代替原来较为繁琐的流程，这些都带来了众多的创新机遇。

4. 行业市场结构的变化

尽管在一些传统的行业，行业和市场结构有时可持续很多年，似乎较为稳定。实际上行业和市场结构都相当脆弱，在受到冲击后会以相当快的速度瓦解。行业市场结构的变动，对行业内的企业及其管理者提出了新的挑战，要求他们实施创新以适应新的环境。这些变动为行业之外的成员创造了显而易见的巨大机遇，也对行业内部的成员构成威胁。为了预见行业结构的变化，可以分析这一行业是否出现快速增长，行业内现有的经营者战略是否合理，技术领域是否有新的进展等。

5. 社会人口的变化

社会人口的变化也是创新机会的重要来源。一般来说，不同年龄、不同性别、不同区域的人群对于特定产品的消费偏好是不同的，因此，如果社会人口结构发生了变动，也随之带来不少商机。这一点已经被很多商家认识到。例如，伴随着中国社会即将进入老龄化阶段，很多企业都纷纷突出了针对老年人的消费品种，这些新的机遇将会带来巨大的市场。

6. 观念和认识的变化

人类的观念是相对稳定但又在持续变化的，因而利用观念进行创新是最困难的，但一旦看准时机，抓住机会，将取得引人注目的成就。只要感受、情绪、理解等发生变化，无论是什么原因促使其发生变化，它都将创造大量创新机遇。例如，随着人们生活水平的提高，消费观念也会持续发生变化，这种变化表现在从满足基本生存需求向追求个人的全面发展转变。如果能够充分把握这一点，那么针对新的观念和认识出现的产品就大有市场。

7. 创新知识

由于创新知识通常是不同门类知识的融合，需要科学、技术和管理的综合运用，并且要求在技术和社会各领域都与其协调一致，因此，以创新知识为基础的革新需要更加系统化的支持储备以及多方位的资源支持。以创新知识带动的创业机会数不胜数，从美国硅谷的高科技创业浪潮中就可以清楚地看到创新知识对于创业活动的推动作用。以创新知识为基础的革新不仅给企业带来了巨大的利润，同时也带来了响亮的名声，成为企业精神的巨大载体。

2.3.2 不同行业领域的创业机会

波特认为，行业特征是影响行业竞争强度和赢利性的重要因素。不难想象，如果两位各方面条件相当的创业者，一位选择了适合创业的行业，一位选择了不适合创业的行业，结果当然大不相同。有四个因素影响行业创业领域，它们分别是行业的知识因素、行业的需求因素、行业生命周期和行业结构。

【创业家语录】

或迟或早，商界的基础会发生变化。

只要涉及企业管理，我就相信偏执万岁。企业繁荣之中孕育着毁灭自身的种子，你越是成功，垂涎三尺的人就越多，他们一次次窃取你的生意，直至最后一无所有。——安迪·格鲁夫（前英特尔公司董事长）

1. 行业的知识因素

行业的知识因素是指一个行业提供产品或服务所需要的知识情况，主要指生产过程的复杂程度、行业创造新知识的水平，创新企业的规模和不确定性的程度。一般而言，技术密集型行业比较适合创业企业生存；技术创新来源于公共部门而非私人部门的行业比较适合创业企业生存；较小规模的企业也可实施技术创新的行业比较适合创业企业生存。

2. 行业的需求因素

影响创业企业生存情况的行业需求因素主要有三个：市场规模、市场成长性和市场的细分情况。市场规模大的行业新创企业更容易生存；在快速成长的行业里的新创企业表现比成熟或衰退行业里的新企业更容易生存。在市场细分明确的行业中，新创企业容易生存。

【创业家语录】

我很幸运，在计算机还是一个很幼稚、充满理想主义色彩的行业时就一头扎了进去。那时还没有太多与计算机有关的学位，所以从事这个行业的人都是从数学、物理、音乐、动物学等领域过来的聪明人。他们热爱计算机，没人是冲着钱来的。——史蒂夫·乔布斯（苹果公司创始人）

3. 行业生命周期

任何一个行业都和人一样存在出生、成长、成熟和衰亡的生命周期过程，但不同的行业具有不同的生命周期。了解行业生命周期有利于创业者了解创业企业适应生存的阶段。行业成长期进入比行业衰退期进入更适宜创业企业的生存，越是在行业发展初期进入，越容易生存和发展。行业进入成熟期的标志是出现了通行标准，通行标准出现前比通行标准出现后更适宜创业企业的生存。

4. 行业结构

不同行业，结构也不同。有的行业比另一些行业更适合新企业生存。行业的资本密集程度越高，规模经济效应越显著，垄断程度越高，新企业越不容易生存。以中小企业为主的行业适合新企业的生存。

【创业小贴士】　市场结构

完全竞争又称纯粹竞争，完全竞争市场结构形式是在其中同质的商品有很多卖者，没有一个卖者或买者能控制价格，进入很容易，并且资源可以随时从一个使用者转向另一个使用者。完全竞争市场是一种理想的市场状态，现实中的市场都不是完全竞争市场，充其量接近完全竞争。

完全垄断是指整个行业中只有一个生产者的市场结构。在这些条件下，市场中完全没有竞争因素存在，厂商可以控制和操纵价格。这种市场形成的原因在于：第一，技术的原因；第二，法律的原因；第三，自然垄断，厂商控制了生产某种产品必需的原料供给；第四，市场经济的原因。

垄断竞争是一种介于完全竞争和完全垄断之间的市场组织形式，该市场具有以下特征：第一，市场中存在着较多数目的厂商，彼此之间存在着较为激烈的竞争；第二，厂商所生产的产品是有差别的；第三，厂商进入或退出该行业都比较容易，资源流动性较强。垄断竞争市场是常见的一种市场结构。

寡头垄断市场是介于垄断竞争与完全垄断之间的一种混合市场。该市场具有以下特征：第一，厂商极少，每个厂商在市场中都具有举足轻重的地位；第二，相互依存，任一厂商进行决策时，必须把竞争者的反应考虑在内；第三，产品同质或异质；第四，进出不易。

资料来源：市场结构，http://wiki.mbalib.com.

2.3.3 创业机会的时机特征

【创业家语录】

机会天天有啊！就要看我们有没有本事抓住这个机会，我们在努力地寻找机会、抓住机会，只要方向正确、意志坚定，一步一步、一点一点朝着一个方向去做就可以实现。——李书福（吉利汽车创始人）

创业依赖机会，但一个机会能否为创业者带来所期望的利润，从而创业成功，不仅取决于该机会潜在的市场价值，同时还取决于创业者能否及时抓住这个机会。特定的机会仅存在于一定的时间段内，蒂蒙斯称其为创业的“机会窗口”。他认为，机会存在或产生于现实的时间之中，“机会窗口”就是指特定的创业机会存在于市场之中的一定时间跨度，创业者只有在适当的时间段内实施创业才有可能获得相应的投资回报。

【创业小故事】

1967 年，“八叛逆”之一瓦伦坦从仙童公司辞职前往国家半导体公司时，仙童的核心成员罗伯特·诺伊斯曾表示不解：“现在去办一家半导体公司太晚了。你为什么不留在这里，我们已经做得够好了，还能做得更好。”对此，瓦伦坦的回答是：“我的命运就是继续前进。”到了 1969 年，诺伊斯前去创办英特尔时，瓦伦坦特意致电对方：“鲍伯，两年前你跟我说太晚了，为什么你现在又去办一家半导体公司？”

图 2-3 中的曲线是一条典型的产品或行业市场生命周期曲线。在产品或行业的发展初

期，曲线的坡度比较平缓，市场规模比较小，商机出现的概率不大，机会窗口尚未打开。随着时间的推移，产品或行业被越来越多的消费者所认可，市场会高速增长，市场机会也随之越来越多，越来越明显，就如同为创业机会打开了一扇窗户。但是，经过一段时间的发展，市场开始成熟，成长的空间开始变得越来越小，机会窗口就会关闭。因此，整个机会窗口的发展过程实际上也是创业机会的生命周期。

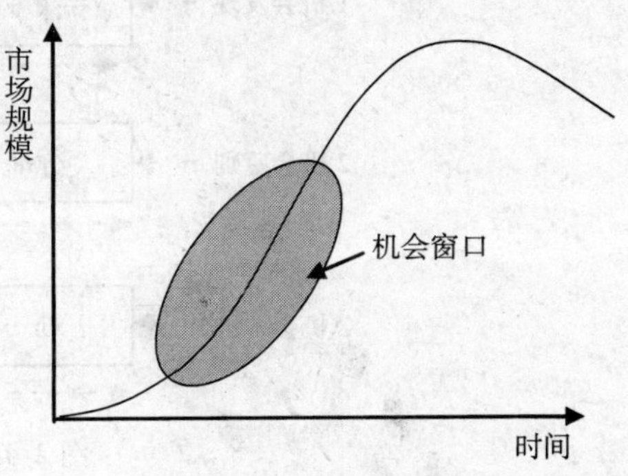

图 2-3　机会窗口

因此，如何及时掌握机会窗口打开时机，以及如何判断这个机会窗口是否拥有足够获利的时间长度，就成为创业成败的关键因素。美国的一项研究调查发现，当机会窗口的时间短于 3 年，新企业投资失败率高达 80% 以上；如果机会窗口的时间超过 7 年，则几乎所有投资的新企业都能获得丰厚回收。

2.4　创业机会识别与评价

2.4.1　创业机会识别

【创业家语录】

看见 10 只兔子，你到底抓哪一只？有些人一会儿抓这个兔子，一会儿抓那个兔子，最后可能一只也抓不住。CEO 的主要任务不是寻找机会而是对机会说 NO。机会太多，只能抓一个。我只能抓一只兔子，抓多了，什么都会丢掉。——马云（阿里巴巴创始人）

很多创业者都栽在不够专注上，因为他自己脑子里面没有想清楚，今天在这儿打一个井，明天在那儿打一个井，最后哪儿也没有挖出水，地面上只是留下了许多坑而已。5 个指头都叉开和一个拳头是不一样的，专注就是把所有资源都凝聚在一个点上。——周鸿祎（奇虎 360 公司创始人）

1. 创业机会识别的过程

创业者从成千上万繁杂的创意中选择了他认为满意的创业机会，随之不断持续开发这一机会，使之成为真正的企业，直至最终收获成功。在这一过程中，机会的潜在预期价值以及创业者的自身能力得到反复权衡，创业者对创业机会的战略定位也越来越明确，这一过程称为机会的识别过程。机会识别过程是一种广义的识别过程，它包括机会发现、机会鉴别、机会评价三个阶段，如图 2-4 所示。

阶段 1：机会发现。对整个经济系统中可能的创意展开搜索，如果创业者意识到某一创意可能是潜在的商业机会，具有潜在的发展价值，就将进入下一阶段。

阶段 2：机会鉴别。这里的机会鉴别是狭义上的鉴别，即从创意中筛选合适的机会。这一过程包括两个步骤：第一步是通过对整体的市场环境以及一般的行业分析来判断该机会

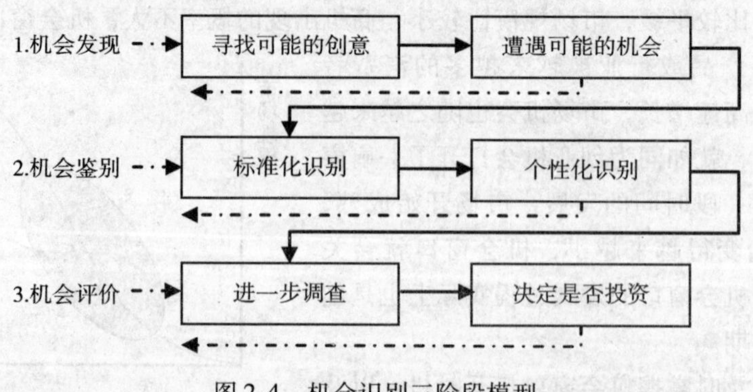

图 2-4 机会识别三阶段模型

是否在广泛意义上属于有利的商业机会，称为机会的标准化识别阶段；第二步是考察对于特定的创业者和投资者来说，这一机会是否有价值，也就是机会的个性化识别阶段。

阶段3：机会评价。考察的内容主要是各项财务指标，创业团队的构成等，通过机会的评价，创业者决定是否正式组建企业，吸引投资。

机会鉴别和机会评价通常是共同存在的，创业者在对创业机会鉴别时也在有意无意地进行评价活动。在机会识别的初始阶段，创业者可以非正式地进行市场需求调查，目的在于判定这个机会是否值得考虑或是进一步深入开发；而在机会识别的后期，这种评价将变得较为规范，并且主要集中于考察这些资源的特定组合是否能够创造出足够的商业价值。

2. 影响创业机会识别的因素

对于是什么因素导致一些人更善于识别出有价值的创业机会，不少学者进行过研究，下面是取得共识的四类主要因素。

(1) 先前经验。在特定行业中的先前经验有助于创业者识别机会。1989 年，对美国500 强企业创建者的调查显示，43% 的被调查者是在为同一行业内企业工作期间获得其新企业创意的。在某个行业工作，个体可能识别出未被满足的利基市场（Niche market）。同时，创业经验也非常重要，一旦有过创业经验，创业者就很容易发现新的创业机会，这被称为“走廊原理”。指创业者一旦创建企业，他就开始了一段旅程，在这段旅程中，通向创业机会的“走廊”将变得清晰可见。这个原理提供的见解是，一旦某个人投身于某行业创业，将比那些从行业外观察的人，更容易看到行业内的新机会。

(2) 认知因素。机会识别可能是一项先天技能或一种认知过程。有些人认为，创业者有“第六感”，使他们能看到别人错过的机会。多数创业者认为自已比别人更警觉，警觉很大程度上是一种习得性的技能，拥有某个领域更多知识的人，往往比其他人对该领域内的机会更警觉。例如，一位电脑工程师，就比一位律师对 IT 行业内的机会和需求更警觉。有些研究人员认为，警觉不仅是敏锐地观察周边事物，还包括个体头脑中的意识行为。

【名人语录】

我极少能发现机会，往往在我发现的时候，他已经不再是机会了。——马克·吐温（文学家）

(3) 社会关系网络。个人社会关系网络的深度和广度影响着机会识别。建立了大量社会与专家联系网络的人，比那些拥有少量网络的人容易得到更多的机会和创意。在一项对

65家新创企业的调查中发现，半数创建者报告说，他们通过社会联系得到了商业创意。一项类似的研究，考察了独立创业者与网络型创业者（通过社会联系识别创意的创业者）之间的差别，研究人员发现，网络型创业者能比单独创业者识别出多得多的机会，但他们不太可能将自己描述为特别警觉或有创造性的人。

在社会关系网络中，按照关系的亲疏远近，我们可以大致将各种关系划分为强关系与弱关系。强关系以频繁相互作用为特色，形成于亲戚、密友和配偶之间，弱关系以不频繁相互作用为特色，形成于同事、同学和一般朋友之间。研究显示，创业者通过弱关系比通过强关系更可能获得新的商业创意，因为强关系主要形成于具有相似意识的个人之间，从而倾向于强化个人已有的见识与观念。而在弱关系中，个人之间的意识往往存在着较大差异，因此某个人可能会对其他人说一些能激发其全新创意的事情。

【创业家语录】

不要痴迷于从阅读成功人士的传记中寻找经验，这些书大部分经过精致包装，很多重要的事实不会告诉你。盖茨的书不会告诉你他母亲是IBM董事，是她给儿子促成了第一单大生意；巴菲特的书只会告诉你他8岁就知道去参观纽交所，但不会告诉你是国会议员的父亲带他去的，由高盛董事接待的。(佚名)

（4）创造性。创造性是产生新奇或有用创意的过程。从某种程度上讲，机会识别是一个创造过程，是不断反复的创造性思维过程。在听到更多趣闻轶事的基础上，你会很容易看到创造性包含在许多产品、服务和业务的形成过程中。

【创意形成小故事】 大企业的创意源自被教授否定的学期论文

1965年，一位耶鲁大学的学生在其学期论文中写道，美国需要一条运送包裹的定期航线，而教授们则认为："这个构想虽然很具创意，但因为不可行，所以只能给C以下的成绩。"1971年，该学生以少量自有资本和大量贷款创办了联邦快递，开始实现这个构想。他集结了一个创业团队，开始"化不可能为可能"。这位耶鲁大学的学生名字叫Fred Smith，成立了联邦快递（FedEx），改变了货物运输行业的经营方式。这个过程从一开始就充满精心的规划：聘请顶尖专家研究潜在市场，调查行业竞争情况，测算支撑企业运营的业务量。但是，创业期间的各种艰辛使联邦快递九死一生：第一次业务量只有6个包裹，公司账面仅剩5000美元，无钱还贷，雇用的飞行员过剩，航空管制，燃油配给，但它最终成功了，它创造的隔夜送达深入人心，"紫血"精神独放异彩，快速反应和团队协作使它在创业5年后踏上赢利与快速增长之路。如今，联邦快递已经成长为一个商业巨人，具有不可撼动的领导地位。

资料来源：联邦快递的生意经，http://www.shupeng.com.

2.4.2 创业机会的评价

【创业家语录】

一个公司在两种情况下最容易犯错误，第一是有太多钱的时候，第二是面对太多的机会。一个CEO看到的不应该是机会，因为机会无处不在，一个CEO更应该看到灾

难，并把灾难扼杀在摇篮里。——马云（阿里巴巴创始人）

1. **创业机会的评价原则**

（1）**市场定位**。一个好的创业机会，必然具有特定市场定位，专注于满足顾客需求，同时能为顾客带来增值的效果。因此评估创业机会的时候，可由市场定位是否明确，顾客需求分析是否清晰，顾客接触通道是否流畅，产品线是否持续衍生等，来判断创业机会可能创造的市场价值。

（2）**市场结构**。针对创业机会的市场结构进行分析，包括进入障碍、供货商、顾客、经销商的谈判力量、替代性竞争产品的威胁，以及市场内部竞争的激烈程度。由市场结构分析可以得知新企业未来在市场中的地位，以及可能遭遇竞争对手反击的程度。

【创业家语录】

我认为世界上有四种壁垒，第一叫制度壁垒；第二是资金壁垒，动辄要几百亿美元，一般人干不了；第三是技术壁垒，有专利保护，别人也不能干；第四是稀缺性资源的占有。这就是我这个行业的壁垒，比如说整个写字楼我把它都占了，签了独家的协议，别人就很难干。——江南春（分众传媒创始人）

（3）**市场规模**。市场规模大小与成长速度，也是影响新企业成败的重要因素。一般而言，市场规模大者，进入障碍相对较低，市场竞争激烈程度也会略为下降。但如果要进入的是一个十分成熟的市场，那么，即使市场规模很大，由于已经不再成长，利润空间必然很小，就不值得再投入。

（4）**市场渗透力**。对于一个具有巨大市场潜力的创业机会，市场渗透力（市场机会实现的过程）评估将会是一项非常重要的影响因素。聪明的创业家知道选择在最佳时机进入市场，也就是当市场需求正要大幅成长之际，你已经做好生产准备，等着接单。

（5）**市场占有率**。从创业机会预期可取得的市场占有率目标，可以显示这家新创公司未来的市场竞争力。一般而言，要成为市场的领导者，最少需要拥有 20% 以上的市场占有率。

（6）**产品的成本结构**。产品的成本结构，也可以反应新企业的前景是否亮丽。例如，从物料与人工成本所占比重之高低、变动成本与固定成本的比重，以及经济规模产量大小，可以判断新企业创造附加价值的幅度以及未来可能的获利空间。

【创业家语录】

创建事业的四大原则：第一，必须敏锐地洞察时代的动向；第二，必须抑制贪心，不能超越自己的能力去经营企业；第三，必须绝对避免投机心理；第四，办企业要有多种准备，当上策受挫或失败时，你要果断地放弃上策，毅然采取中策或下策，做到有备无患。——李秉哲（韩国三星集团创始人）

2. **市场效益评估准则**

（1）**合理的税后净利**。一般而言，具有吸引力的创业机会，至少需要能够创造 15% 以上税后净利。如果创业预期的税后净利是在 5% 以下，那么这就不是一个好的投资机会。

(2) 达到损益平衡所需的时间。合理的损益平衡时间应该能在两年以内达到。不过有的创业机会确实需要经过比较长的耕耘时间，才能够赢利。

(3) 投资回报率。考虑到创业可能面临的各项风险，合理的投资回报率应该在 25% 以上。一般而言，15% 以下的投资回报率，是不值得考虑的创业机会。

(4) 资本需求。资金需求量较低的创业机会比较受欢迎。通常，知识越密集的创业机会，对资金的需求量越低，投资回报反而会越高。因此在创业开始的时候，不要募集太多资金，最好通过盈余积累的方式来创造资金。

(5) 毛利率。毛利率高的创业机会，相对风险较低，也比较容易取得损益平衡。反之，毛利率低的创业机会，风险则较高。一般而言，理想的毛利率是 40%。当毛利率低于 20% 的时候，这个创业机会就不值得考虑。

(6) 策略性价值。能否创造新企业在市场上的策略性价值，也是一项重要的评价指标。一般而言，策略性价值与行业网络规模、利益机制、竞争程度密切相关，而创业机会对于行业价值链所能创造的附加值效果，也与它所采取的经营策略及经营模式密切相关。

(7) 资本市场活力。当新企业处于一个具有高度活力的资本市场时，它的获利回收机会相对也比较高。新创企业在活跃的资本市场比较容易创造增值效果，因此资本市场活力也是一项可以被用来评价创业机会的外部环境指标。

(8) 退出机制与策略。所有投资的目的都在于回报，因此退出机制与策略就成为一项评估创业机会的重要指标。由于退出的难度普遍要高于进入，所以一个具有吸引力的创业机会，应该要为所有投资者考虑退出机制，以及退出的策略规划。

2.4.3　创业机会分析工具

1. 定性分析法

【管理学家语录】

企业家在决策中更容易受到偏见和直觉的影响。——洛厄尔 W. 布森尼兹（俄克拉荷马大学教授）

一个围棋手无论输赢，都要把围棋重摆一遍，我觉得这对企业家有很大启发。当我们完成一件事时，会以为自己有这个本事，实际上未必如此。如果你再把事情重新考虑一遍，也许会发现，这是某些特定条件的结果，其中还夹杂着偶然因素，下次再这样操作未必行得通。——柳传志（联想集团创始人）

(1) 新眼光调查。新眼光调查包括初级调查、二级调查和记录想法三个方面，通过新眼光调查可以提供很多新的想法、新的信息、新的统计数据和看问题的新方法，要把这些观察和想法记录下来。想法越多，就越有可能找到最适合的业务和目标市场。

(2) 通过系统分析发现机会。实际上，绝大多数机会都可以通过系统分析得到发现。人们可以从企业的宏观环境和微观环境的变化中发现机会。借助市场调研，从环境变化中发现机会，是机会发现的一般规律。

【管理学家语录】

不要选择已经很成熟的商业模式，如果你跟大公司做一样的事是没有任何优势的。off-map 就是说，你把整个行业画成一张地图，你可以看看哪些领域被谁占了，谁有什么优势。你应该找一个不在这个地图上的事情去做。——周鸿祎（奇虎360公司创始人）

（3）通过问题分析和顾客建议发现机会。问题分析从一开始就要找出个人或组织的需求以及面临的问题，全面了解顾客的需求以及可能用来满足这些需求的手段。这些需求和问题可能很明确，也可能很含蓄，创业者可能很容易忽略它们。

（4）通过创造获得机会。这种方法在新技术行业中较为常见，它可能始于满足明确的市场需求，也可能始于一项新技术发明，进而积极探索其商业价值。通过创造获得机会比其他任何方式的难度都大，风险也更高，但其回报也更大。

2. 定量分析法

（1）标准打分矩阵。通过选择对创业机会成功有重要影响的因素，并由专家小组对每一个因素进行最好（3分）、好（2分）、一般（1分）三个等级的打分，最后求出每个因素在各个创业机会下的加权平均分，然后对不同的创业机会进行比较。得分高的机会为优。

表2-1列出了10项主要的评估因素，在实际使用时可以根据具体情况选择其中的全部或者部分因素来进行评估。

表2-1 标准打分矩阵

标准	专家评分			
	最好（3分）	好（2分）	一般（1分）	加权平均分
易操作性	8	2	0	2.8
质量和易维护性	6	2	2	2.4
市场接受度	7	2	1	2.6
增加资本的能力	5	1	4	2.1
投资回报	6	3	1	2.5
专利权状况	9	1	0	2.9
市场的大小	8	1	1	2.7
制造的简单性	7	2	1	2.6
广告潜力	6	2	2	2.4
成长潜力	9	1	0	2.9

（2）Westinghouse法。该方法实际上是计算和比较各个机会的优先级。其公式如下：

$$\text{机会优先级}=\frac{\text{技术成功概率}\times\text{商业成功概率}\times(\text{价格}-\text{成本})\times\text{投资生命周期收入}}{\text{总成本}}$$

公式中，技术和商业的成功概率以百分比表示（0~100%），成本以单位产品成本计算，投资生命周期收入是指可以预期的所有收入，总成本包括研究、设计、制造和营销等各个环节的成本之和。将不同创业机会的具体数值代入公式进行计算，特定机会的优先级越高，该机会就越有可能成功。

例如，假设一个创业机会的技术成功概率和市场上的商业成功概率分别为80%和60%，在9年的投资生命周期中年均销售数量预计为20 000个，净销售价格为120元，每个产品的全部成本为87元，研发费用50 000元，设计费用140 000元，制造费用230 000元，营销费用50 000元，代入上述计算公式，得：

总成本 = 50 000 + 140 000 + 230 000 + 50 000 = 470 000

［0.8 × 0.6 × 20000 ×（120 − 87）× 9］/470 000 ≈ 6

即该机会的优先级约等于6。

（3）Potentionmeter 法。该方法通过让创业者填写针对不同因素的不同情况，预先设定好权值的选项式问卷方法，来快捷地得到特定创业机会的成功潜力指标。对于每个因素来说，不同选项的得分范围是 −2 ~ +2 分，通过对所有因素得分的加总得到最后的总分，总分越高说明特定创业机会成功的潜力越大。只有那些最后得分高于15分的创业机会才值得创业者进行下一步的策划，低于15分的都应被淘汰，如表2-2所示。

（4）Baty 的选择因素法。Baty 的选择因素法通过对11个选择因素的设定来对创业机会进行判断。如果某个创业机会只符合其中6个或者更少，这个创业机会就很可能不可取；相反，如果某个创业机会符合其中7个或者更多，那么这个创业机会将大有希望，如表2-3所示。

表2-2 Potentionmeter 法

因素
对税前投资回报率的贡献
预期的年销售额
生命周期中预期的成长阶段
从创业到销售额高速增长的预期时间
投资回报期
占有领先者地位的潜力
商业周期的影响
为产品制定高价的潜力
进入市场的容易程度
市场试验的时间范围
销售人员的要求

表2-3 Baty 的选择因素法

因素
这个创业机会在现阶段是否只有你一个人发现？
初始的产品生产成本是否可以接受？
初始的市场开发成本是否可以接受？
市场是否具有高利润回报的潜力？
是否可以与其产品投放市场和达到盈亏平衡点的时间？
潜在的市场是否巨大？
你的产品是否是一个高速成长的产品家族的第一个成员？
你是否拥有一些现成的初始用户？
是否可以预期产品的开发成本和开发周期？
是否处在一个成长的行业？
金融界是否能够理解你的产品和顾客对它的需求？

2.4.4 增强机会识别的实践技能

【经济学家语录】

我看见水壶开了，高兴得像孩子似的叫起来；马歇尔也看见水壶开了，却悄悄地坐下来，造了一部蒸汽机。——约翰·梅纳德·凯恩斯（西方著名经济学家）

1. 构建广博的知识基础

识别机会的能力如同创造力一样，在很大程度上依赖于你在管理中需要多少信息。拥有的信息越多，就越有可能先于别人识别构成机会的连接点和模式。无论什么时候，学习你能学到的任何事，结果将是机会识别能力的提高。

【创业家语录】

要想把握这万分之一的机会，成为物质财富和精神财富的百万富翁，必须同时具备以下两个条件：一是目光长远，二是必须锲而不舍。——盛田昭夫（索尼公司创始人）

2. 将知识组织起来

组织起来的知识比没有组织起来的知识更有用。这就是说，当获得了新知识，应该积极地去寻找与之相关的原有知识。这样新旧知识的联系就清晰地成为焦点。以这种方式联系和组织的信息比那些没有组织的信息更易记忆和利用。

3. 拓宽获取信息的渠道

一般情况下，接受的与潜在机会相关的信息越多，就越有可能在机会刚刚出现时就发现它们。你可以通过从事“前沿”的工作，或构建一个巨大的社交网络，或通过拥有丰富多样的工作和生活经历，来获取信息渠道。

【创业公司语录】

为了发现王子，你必须和无数只青蛙接吻。——3M公司

4. 在已有知识中创造联系

知识结构的内在联系越多，其中的信息就越容易结合起来发展出新模式。这表明，将存储在记忆中的信息同其他认知系统建立联系是有用的策略。建立这种联系的一种方法是称为“深度处理”的方法，即积极思考信息及相互间的联系。

5. 训练你的实践智能

【创业家语录】

机会是一件不可捉摸的活宝贝，无影无形，无声无息，它有时潜伏在你努力工作中，有时徘徊在无人注意的境地里，如果你没有苦干的精神努力去寻求，也许永远遇不着他！——卡耐基（美国钢铁大王）

创业者有时被人批评为“梦想家”，是想得太多而脱离现实的人。事实上，他们通常都是实践智能很高的人，具有解决日常生活中各种问题的能力。实践智能绝不是固定不变的，它可以培养。提高实践智能最好的办法就是，不要接受按照思维定式思考出的问题解决方案。

6. 用对错误警觉的担忧，缓和对成功的渴望

【创业家语录】

养成习惯，时常注意成功者采用的新奇、有趣的构思是什么。然后你就可以根据你的问题，改编成适合自己的构思。——爱迪生（发明家、企业家）

如果想成为成功的创业者，在识别真正的机会时，就必须同乐观偏见作斗争，而且要考虑到问题的反面。这样做可能与创业者的个性倾向相冲突，但结果可能使毫无疑心的创业者避免潜藏的危险陷阱，即虚假机会陷阱。

创新思维游戏

游戏名称：图形关联

游戏目的：针对没有头绪的主题产生新的想法。

游戏人数：每组5~7人

游戏时间：15分钟～1小时

游戏规则：

1. 在会议开始前，收集一些不含文字、类别广泛的相片或者图像。可以从杂志、商品目录或者垃圾邮件中裁剪出来。不要找漂亮的图片，试着为每人收集3～5张图片。

2. 在桌上放一大张纸，挂图纸最理想。在纸的中央写出1～3个词语来描述你希望产生新想法的主题（例如“寻找新的客户”）。

3. 把图片正面朝下放在纸的边缘四周，给每个参与游戏的人一些便签条或索引卡。

4. 告诉参与者这个游戏的目标是鼓励大家打开思路，最好突破他们的固有思维。通过显示图片，要求参与者迅速说明图片和指定主题相关的几种方式。

5. 让每个参与者随机选取一张图片，把它翻过来，让他们在便签条或索引卡上写下想法（多多益善），描述图像与主题有何关联。让参与者在每张便签条或卡片上写一个想法，贴在挂图纸上主题的周围。

6. 给参与者5分钟时间，让他们安静地工作。让人们用同样的过程选择其他图片，直到用尽图片或者时间到。

7. 收集小组成员写有想法的便签条和卡片，重新排列这些想法，把相关的放在一起形成一组。让参与者为每一组选出一张代表性的图片来说明想法，并想出一个简短的标题写在图片下面。

8. 如果你有多个小组，可以让各组分享他们的图片和标题。

9. 讨论标题图片是如何反映团队对主题想法的，列出针对这些想法可能采取的行动。

游戏策略：图像具有点燃思想火花和创造新关联的能力。鼓励人们大胆想象以找到潜在的新想法。

通过这种游戏，可以让人们交互使用视觉和口头表达能力。像游戏中这样短时间的快速切换，能得出更多新想法。

组织这个游戏的时候，有些参与者需要再次明确：这个游戏的目的不是要他们提供设计方案或者特定答案。保持短的时间间隔可以减少这种顾虑，从而要求人们在没有考虑成熟的领域内想出更多关联。如果大家已经考虑到解决问题的方案，团队就不会觉得没有头绪了。该游戏的想法是越过人们通常讲的故事而去经历一些不同的新东西。

也许你会听到有人说找不到一张图片来描述他们的想法。这实际上是个好信号！那个“问题”本身意味着参与者有一个创造的机会去找到另一种崭新的关联。

本章要点

创业者在创业过程中，识别创业机会是创业的起点。创业机会是对未成型事业通过一段时间演变为成型事业的现象描述。从不同的视角观察创业机会，会有不同类型，阿迪奇维利等人将创业机会分为梦想型、尚待解决的问题型、技术转移型和业务形成型创业机会。

创意活动是创业机会的来源，也是创业成功的前提条件，创意的过程可以分为准备、孵化、洞察、评价和阐述五个环节。创意的形成方法主要有头脑风暴法、焦点小组法、调查法、问题库分析法、图书馆和网络调查法等诸多方法。

德鲁克提出了创新机会的七个来源。波特认为行业特征是影响行业竞争强度和赢利性的重要因素。机会识别过程包括机会发现、机会鉴别、机会评价等三个阶段。机会的知识因素、机会的需求因素、行业生命周期、行业结构等因素影响着创业领域的机会选择。

机会识别过程包括机会发现、机会鉴别、机会评价等三个阶段，影响创业机会识别的因素主要有先前的经验、认知因素、社会关系网络和创造性。商业机会可以运用定性方法和定量方法进行评价。可以通过学习和实践，提升创业机会发现能力。

关键术语

创业机会；创业机会的类型；创意的形成过程；创业机会来源；创业的行业特征；创业机会窗口；创业机会识别；创业机会评价

案例分析 麦当劳之父雷·克罗克的创业历程

雷·克罗克（Ray Kroc）并不是麦当劳的初创者，甚至这家公司的原始创意也不是出自他之手。克罗克原来是奶昔机器的业务员，1955 年在一次偶然的机会下，他突然发现业务报表上居然有一家叫做麦当劳的餐厅向他们公司一次订购了八台奶昔机器，好奇的克罗克便动身前往洛杉矶，一睹这家订购了八台奶昔机器的神奇餐厅。看到麦当劳餐厅之后，便立下扩张麦当劳的雄心壮志。

第二天，克罗克找到麦当劳的老板麦当劳兄弟。克罗克建议麦当劳兄弟将麦当劳开遍世界各地，却遭到拒绝，因为当年仅此一家、别无分号的麦当劳餐厅一年就可以赚上十万美金，已经非常满足，根本不想接受克罗克那个“遍地都是麦当劳”的疯狂建议。克罗克并没就此放弃，不停地向麦当劳兄弟阐明扩张的理由，最后麦当劳兄弟终于答应克罗克帮他们贩售麦当劳连锁店的加盟权利。

虽然“仅此一家、别无分号”的麦当劳餐厅相当成功，但是变成第二家、第三家、第 N 家连锁店却不是一件容易的事情，必须由克罗克自己一步一步来建立制度，而且根据合约的条文，连锁店的作业费用与营销费用也由克罗克支付，所以对于“过了五十岁才转业”的克罗克来说非常辛苦！可想而知，克罗克的太太也受不了克罗克“年过半百才开始创业”的举动，不停地跟克罗克吵架，最后在克罗克五十八岁的时候，结束了为期三十九年的婚姻。

在克罗克的事业处于最低谷时，麦当劳兄弟居然偷偷出售加盟权给克罗克的商场敌手。克罗克极力想要摆脱麦当劳兄弟，考虑是否将麦当劳汉堡改名成克罗克汉堡。但当时麦当劳汉堡已经有两百多家的规模，于是克罗克做出了人生最大的赌注，向一些学校基金与退休基金借了 270 万美元，把麦当劳这个商标全部买断，赶走麦当劳兄弟，并且成立了房地产租赁公司。

从麦当劳兄弟手中买断麦当劳之后，克罗克就成为了名副其实的麦当劳之父，而且从此之后麦当劳的业绩开始扶摇直上。在克罗克创业 10 周年之际，美国已经有了 700 多家麦当劳汉堡，而且麦当劳的股票也已经上市，变成大家抢购的热门股票。之后，克罗克马不停蹄地在全世界开设了几万家麦当劳汉堡店，创造了快餐业的奇迹，也使得麦当劳成为世界公认的美国文化象征。在克罗克去世一年（1985 年）之后，麦当劳被纽约证券交易所纳入了道琼斯工业指数，麦当劳成了美国企业的巨人。

资料来源：麦当劳的成功创业故事，http://www.technew.cn.

延伸阅读与相关网站

1. 延伸阅读

如需进一步了解和掌握有关创业机会领域的知识，请阅读《颠覆性思维——想别人所未想，做别人所未做》（卢克·威廉姆斯著，房小冉译，中国邮电出版社，2011）、《创业研究——创业机会的发现、识别与评价》（郑炳章等著，北京理工大学出版社，2009）、《狂奔在创业路上——找到你自己的机会和财富》（王琦主编，人民邮电出版社，2010）、《创意成就创业梦想》（多伊奇、惠特尼著，钱峰译，电子工业出版社，2010）等文献资料。也可以直接登录互联网，通过阅读成功与失败创业者案例来进一步掌握创业机会的识别与把握。

2. 相关网站

创业机会 http://wiki. mbalib. com

创业：怎样发现创业机会 http://www. rs66. com

如何识别创业机会 http://finance. eastmoney. com

如何把握创业机会 http://info. china. alibaba. com

优米网 http://www. umiwi. com

复习思考题

1. 什么是创业机会？创业机会有哪些类型？
2. 创业创意形成的过程有哪几个步骤？
3. 简述创业机会的来源。
4. 结合自己所学的专业领域或身边所发生的事情，发现、识别和评价这些创业的机会。
5. 大学生如何培养提高识别机会的能力？

Chapter3

第3章 创业环境

学习目标

- 熟悉创业环境的特点
- 熟悉创业企业与创业环境之间的关系
- 熟悉创业环境的分类
- 掌握产业环境钻石分析和五力分析模型
- 熟悉企业孵化器的类型与服务内容

引导案例

从“冯五块”到“数一数二”

“冯五块又来了。”1993年的一天，中关村颐宾楼正在装机器的小赵对他的老板说。冯军一手拎着键盘、一手抱着机箱，满脸堆笑地正往柜台这边凑。“我只赚你5块钱。一个月之内你卖不出去，我保证退款。你看我每天都来，不会跑掉的。”“冯五块”的绰号由此而来。

1987年，冯军考入清华大学土木系建筑结构专业。大一时，他想转系，但没成功。后来，冯军一直都不太顺。1992年8月10日，冯军毕业后被分配到一家建筑工程总公司。在那个单位待了半个小时，听说自己将被派往马来西亚，他毫不犹豫地起身走了。

从单位出来，冯军口袋里只有200多块钱。他跑到中关村的商场，在6平方米柜台里摆一张桌子，占1/3的面积，付1/2的租金，从此就开始了推销键盘和机箱的个体小生意。冯军的机箱品种很多，他一天抱一款机箱给客户看，每天都是新的。

冯军一次用三轮车载四箱键盘和机箱去电子市场，但他一次只能搬两箱，他将两箱搬到能看到的地方，折回头再搬另外两箱。就这样，他将四箱货从一楼搬到三楼，再从三楼搬到二楼，如此往复。在中关村和冯军干一样活儿的人，大多数是来自安徽、河南的农民，冯军要成天与这些人打交道，需要很好的心理承受能力。不仅如此，为了让人家代理自己的产品，见人就得赔笑脸说好话。

和别人不同的是，从校园出来就练摊的冯军一开始就给自己的公司注册了一个商标"华旗"，取"中华的旗帜"之意，而当时公司只有他和一个搬运工。最初，冯军推销的键盘和机箱都是"小太阳"品牌。经过两年的努力，"小太阳"占领了中国北方市场的70%，后来他又开始做彩显推销。在中关村，冯军是第一个将彩显、机箱、键盘品牌统一起来的人。

1996年的中关村，满眼都是"小太阳"的仿冒品，于是，冯军在"小太阳"商标旁边打上了一个新商标——"爱国者"。从此开始为这个新品牌奋斗。2003年3月，冯军推出了花100多万元请奥美设计的华旗国际LOGO——"aigo"，还推出了包括移动存储、数码视听产品在内的多款数码消费电子产品。从此，"爱国者"品牌进入人们的视野。

从那时起，冯军就提出华旗要试着走美国通用电气公司（GE）的路线，希望像他们一样在行业领域内做到"数一数二"。"因为做不到数一数二，就是死路一条，只是或早或晚。"冯军说，"全球市场的最终结果是只有两个品牌能很好地活下来，如可乐市场的可口可乐和百事可乐。"对于三星、SONY这样的品牌，冯军首先希望能追上它们，追上还不是最终目标，华旗还想做这个领域的领跑者。

资料来源：从"冯五块"到"数一数二"，http：//www.cyzone.cn.

3.1 创业环境相关概念

【创业家语录】

对于企业的发展来说，周边的环境也极其重要。对于一个鸡蛋孵出的小鸡来说，37.5～39摄氏度的温度最为合适。那么，40～41摄氏度的时候，鸡蛋是不是能孵出小鸡呢？我想生命力顽强的鸡蛋还是能孵出小鸡来，但到了100摄氏度的温度就一定不行了。……今天的温度大概是40摄氏度左右，也不是最好的温度。因此，生命顽强的鸡蛋就在研究自己的周边环境，一方面促使环境更合适，一方面加强自己的生命力、顽强地孵出小鸡。——柳传志（联想集团创始人）

3.1.1 创业环境基本概念

创业环境是指与创业公司及创业组织活动相关的、在创业公司系统内外的一切物质和条件的复杂综合体。创业环境是创业公司生存与发展的土壤，任何一个创业公司离开创业环境便不能生存，创业环境对创业公司的生存和发展起着决定性的作用。正确分析创业公司所面临环境中的各种组成要素及其状况，是任何一个创业者进行成功创业活动不可或缺的前提条件。

【军事家语录】

战略学告诉我们，最重要的一条，是要经常保持固定的目标，而在追求这个目标时，则应该适应环境，并随时改变路线。——利德尔·哈特（英国军事理论家，《战略论》作者）

3.1.2 创业环境的特征

1. 客观性

创业环境是客观存在的，不以创业者的主观意志为转移，不论创业者是否愿意，创业环境都是客观存在的，而且制约着创业者的创业活动。

2. 系统性

创业环境是由与创业公司相关的各种外部事物和条件相互有机联系所组成的整体，它也是一个系统。创业公司所处的社会是一个大系统，创业公司的外部环境和内部环境构成了不同层次的子系统。创业活动就是在这种整体性的环境背景中进行的。

3. 动态性

组织环境的各种因素是不断变化的，各种组织环境因素又在不断地重新组合，不断形成新的组织环境。因此，组织必须及时修订自己的经营策略，以适应不断变化的环境，来促使创业环境更加有序化，并朝着有利于创业公司生存和发展的方向运动。

【创业家语录】

我们每年谈形势的时候，都是讲我们现在是在海图上的什么位置，我们这个船要往什么地方走，前面这个水域是什么情况，有哪些暗礁，有哪些风险、风浪，我们应该怎么绕过，怎么前进。从宏观来看，所谓形势，就是看别的公司发生的情况，那就是历史，研究这些历史就是要让自己不要再犯错误，摔了跟头才知道疼痛。我觉得摔跟头是不可避免的，每个人都会摔，进入商海中没摔跟头的人绝对不可能成功，但可以摔得少，摔得小。如果小摔一下就立刻进行总结，是可以避免摔大跟头的。——柳传志（联想集团创始人）

3.1.3 创业公司与创业环境的关系

【创业家语录】

成功90%取决于环境，个人努力只占10%，但这10%你错过了，给你90%的环境也没用。机会不等人，你在寻找它的同时要去培养自己的潜力。我的理想并不是做一名企业家，而是做一名医生，但环境不允许我成为医生，30岁的时候我还很压抑，33岁来到特区，给了我一个环境，我就成功了。——王石（万科公司董事长）

创业不是为了好玩，也不是为了博得舆论的好评，创业是为了赚钱。做事不要贪大嫌小，不要抱怨环境，创业的第一步是存活，你必须得要活下去，否则你肯定完蛋。——郭广昌（复星集团创始人）

对于创业公司来说，外部环境是不能控制的，因此它的影响是相当大的，有时甚至能影响到整个组织结构的变动。但是，创业公司与创业环境的关系又不是仅仅做出单方面的适应性反应，公司对环境也具有积极的反作用。主要表现为：创业公司应该主动地了解创业环境状况，获得及时、准确的创业环境信息；通过调整自己的目标，避开对自己不利的环境，创造和开拓新的创业环境，选择适合自己发展的环境；建立公司与环境新的相互作用关系，提高创业成功率。

【创业小贴士】　企业与地区之间的关系

评价地区环境的关键因素是创办的企业相对这个地区内其他企业的规模，以及这个地区本身的规模。你的企业在地区内的重要性部分取决于企业的营业额、员工数量和纳税额。还要考虑到你对该地区所做的其他贡献。一个地区对创业者的支持程度取决于创业者对该地区的承诺、忠诚和贡献。这种承诺、忠诚和贡献的程度越高，创业者从该地区所获得的支持程度就越高。

3.2　创业环境分类

3.2.1　从创业公司边界视角分类

【创业家语录】

在我看来，创业要想摆脱失败的厄运，必须满足两个条件：第一，要在创业氛围浓厚的地方创业。第二，要遇到愿意提供创业帮助的人。满足这两个条件的关键在于创业者周围的创业人数。——保罗·格雷厄姆（Y Combinator 创始人）

1. 创业内部环境

创业内部环境是指创业公司管理的具体工作环境。影响创业管理活动的内部环境包括：物理环境、心理环境、文化环境等。

（1）物理环境：是指公司内部的物理环境。主要包括创业公司工作场所的空气、光线和照明、声音（噪音和杂音）、色彩，等等，它对于团队成员的工作安全、工作心理和行为以及工作效率都有极大的影响，创业者应该创造一种适应团队成员生理和心理要求的工作环境。

（2）心理环境：是指公司内部的精神环境。主要包括公司内部和睦融洽的人际关系、人事关系，组织成员的责任心、归属感、合作精神和奉献精神等。心理环境制约着创业团队成员的士气和合作程度的高低，影响着创业团队成员积极性和创造性的发挥，进而决定了创业公司管理的效率和管理目标的达成。

（3）文化环境：包括两个层面的内容。一是创业公司的制度文化，包括公司的工艺操作规程和工作流程、规章制度、考核奖励制度以及健全的组织结构等；二是创业公司的精神文化，包括公司的价值观念、经营管理哲学以及精神风貌等。一个良好的公司文化是公司生存和发展的基础和动力。

【创业家语录】

创业者要时刻对自己驾驭局势的能力有清晰认知与深刻自省，不要轻易把自己与企业带进没有把握驾驭的情境，包括运营规模、股东结构、烧钱速度等。这就像赛车：看舒马赫开350公里，就错误地觉得自己也能驾驭350。如果开奥拓，油门到底80，那谢天谢地它救了你。怕就怕泡沫期有人真给你F1，一脚下去飞出跑道。——郭去疾（LightIn TheBox创始人）

2. 创业外部环境

创业外部环境是指创业公司所处的社会环境，它影响着创业公司的管理系统。《全球创业观察（GEM）报告》将创业环境要素分为一般创业环境要素和特定创业环境要素。

（1）一般创业环境要素：包括开放程度（对外贸易）、政府（国际地位）、金融市场（有效性）、技术和研发（程度、密度）、基础设施、管理（技能）、劳动力市场（灵活性）、制度（无歧视、法律的地位）。

（2）特定创业环境要素：该要素分为金融支持、政府政策、政府项目支持、教育与培训、研发转移效率、商业和专业基础设施、进入壁垒、有形基础设施、文化和社会规范等9个方面。其中，技术、资金和人才环境要素是直接匹配环境要素，它们直接提供创业企业所需的资源。政策法规、文化等是间接匹配环境要素，它们保障了创业企业获取所需资源的途径和信息。

【创业家语录】

创业之初，我们就讲守正出奇，所谓守正就是要遵守各项法律政策，70%要做正，30%可以变通。所有企业在成长中都面临很多灰色的东西，我只能这样说，万通在这些企业里面是做的最少的，而且是能不做就不做，所以，我们一直没有出事。——冯仑（万通集团创始人）

3.2.2 从对创业企业影响的范围和深度的视角进行分类

1. 宏观环境

【经济学家语录】

安全、自由、平等是政府吸引投资的最大保障和吸引力，企业家需要的是不做亏心事、不怕鬼敲门。——张维迎（北京大学教授）

宏观环境是指那些给企业造成市场机会或环境威胁的主要社会力量，内容包括政治、经济、社会、技术、自然和法律等因素。一个国家或地区的市场开放程度、政府的国际地位、信誉和工作效率、金融市场和劳动力市场资源配置的有效性、法律制度的完善性和公平性等都会对创业企业的生存和发展产生重要影响。此外，宏观环境中产生的某种趋势也会创造许多创业机会，从而激发创业活动。

（1）**人口环境**：创业者首先要衡量的因素是人口因素，因为市场需求是由人产生的。人口规模和增长率、年龄分布和民族组合、教育水平、家庭类型等都会影响市场需求的产生和变化。随着人口地理迁移的便利和越来越多的人在追求个性化需求，大众市场日益转变为更加分散的，具有年龄、性别、地理、生活方式、民族、教育等差异特征的小众市场。创业者对于这些差异的深刻认识和有效把握很可能会创造出新的创业机会。

（2）**经济环境**：创业机会不仅需要人口带来的需求，还需要人口的购买力。实际购买力取决于可支配收入、储蓄、债务和信贷等。经济环境会直接影响家庭的收入分配，从而影响人们的消费支出能力。消费者的支出还受到消费者储蓄、债务和信贷适用性的影响。比如，在高储蓄国家和地区，创业企业相对容易获得资本，也能以较低的资金成本来开展创业活动。

（3）**自然环境**：自然环境是指在一定的时间、地点条件下，存在于自然界，能为创业者利用的自然条件。通常包括矿物资源、土地资源、水资源、气候资源与生物资源等。它同创业者有着密切联系，既是创业者赖以生存的重要基础，又是创业公司生产的原料、燃料来源和生产布局的必要条件与场所。企业自然环境的发展变化也会给企业带来市场机会或环境威胁。因此，对自然环境的变化也应该加以密切关注。

（4）**技术环境**：技术环境指科学技术的进步以及新技术手段的应用对社会进步所产生的推动作用。技术是改变人类命运最富戏剧性的因素之一，在新材料、生物工程、计算机技术和信息技术等方面，将是那些掌握知识资本创业者驾驭的领域。同时技术变化对组织机构、管理思想、合作方式等都产生了直接的影响。创业者要保持自身的竞争力，就必须关注技术环境的变化，以及时采取应对措施。

（5）**政治-法律环境**：政治与法律环境是由法律，政府机构和社会上对各种组织和个人施加影响和制约的压力集团组成的。政策和法律环境可以为创业者创造新的市场机会。例如，政府制定的税收优惠政策、贸易政策、金融政策、福利政策等都会直接影响企业的选择，也会直接影响创业者的决策。

（6）**社会-文化环境**：人们赖以成长和生活的社会形成了人们的信仰、价值观和行为规范。人们几乎是不自觉地接受了规定着他们与自己、与其他人、与组织、与社会、与自然和宇宙之间关系的世界观。不同的社会与文化环境，影响着消费者的生活方式和消费方式，产生了不同地区、不同群体的消费需求，因此而产生了不同的市场。社会、文化环境也是影响创业选择的重要因素。

【创业小贴士】　地区环境评价因素

- 创业者对该地区的熟悉程度。
- 创业者在这个地区内的影响力。
- 拟创立企业在这个地区内会产生什么正负面影响？
- 有影响力的地区成员支持或反对你要创办的企业吗？
- 创业者有特别的人际关系技能来培养关键的地区关系吗？
- 可以采取什么实际步骤来加强地区支持和使当地创业机会最大化？
- 可以采取什么实际步骤来减少地区的反对或使当地问题最小化？

2. 行业（中观）环境

【创业家语录】

互联网公司就像蚊子，唯一的竞争优势就是数量多，作为种族可以生存下来，作为个体九死一生。——保罗·格雷厄姆（Y Combinator 创始人）

只有不赚钱的企业，没有不赚钱的行业。一个企业做得不好，有时候就把这个归罪于行业不行，这个我是觉得不合理。——丁磊（网易公司创始人）

要学会听天气预报，但是预报要辩证地看，不能一味地听。——朱新礼（汇源公司创始人）

（1）产业环境钻石分析模型。行业是指提供同一类产品或服务，或提供具有可替代性产品或服务的企业群。行业分析的内容包括行业的生命周期阶段、行业的进入与退出障碍、行业的需求及竞争状况、行业主导技术的发展趋势及行业的发展前景。竞争战略之父迈克尔·波特认为，企业在竞争中生存并发展的首要条件是选择能创造并保持企业竞争力的产业环境。由于地点会强烈地影响企业的竞争优势，企业应该根据产业环境钻石体系的四大要素（见图 3-1）和钻石体系本身的互动性来选择满足地点竞争力的国家和地区。

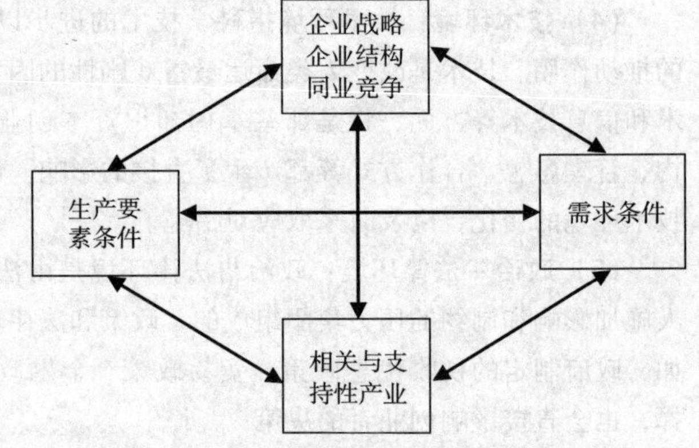

图 3-1 产业环境钻石体系的四大要素

①**生产要素条件**。生产要素包括人力资源、自然资源、知识资源、资本资源和基础设施的完善程度。这些生产要素通常是混合出现的，不同的行业对他们的依赖程度也随着行业性质而不同。

②**需求条件**。每一种行业几乎都可以看到本国或本地区市场的影响力。内需市场是其行业发展的动力，并能够刺激企业改进和创新。

③**相关与支持性产业**。在很多行业，一个企业的潜在优势是因为它的相关产业具有优势，因为相关行业的表现与能力，自然会带动上、下游的创新。

④**企业战略、企业结构与同业竞争状态**。第四个要素就是企业，包括应该如何创建、组织和管理公司，以及竞争对手的条件如何。企业的目标、战略和组织结构往往随着行业和国情的差异而不同。

这些单一或系统性的环境因素都关系到新创公司的竞争模式。比如，新创公司是否能拥有资源和技术以在产业中形成竞争优势；能否取得相关信息以捕获市场机会并整合本身的资源和技术；能否建立管理者、员工的共同目标并促使员工发挥竞争力；以及最重要的推动企业持续投资和创新的压力。该模型意味着新创公司的价值链可以根据需要分散在满足条件的不同国家和地区中。

（2）五力分析模型。哈佛大学教授迈克尔·波特提出了著名的五力分析模型，是分析产业结构的有效框架。波特认为，决定企业获利能力的首要因素是“产业吸引力”。企业在拟定竞争战略时，必须要深入了解决定产业吸引力的竞争法则。如图 3-2 所示，竞争法则可以用五种竞争力来具体分析，分别是潜在进入者的威胁、客户的议价能力、替代品或服务的威胁、供应商的议价能力及现有企业竞争。这五种竞争力决定着行业竞争强度和市场吸引力，影响着产品的价格、成本与创业投资，还决定了产业结构。创业企业如果要想拥有长期的获利能力，就必须塑造对其有利的产业结构。

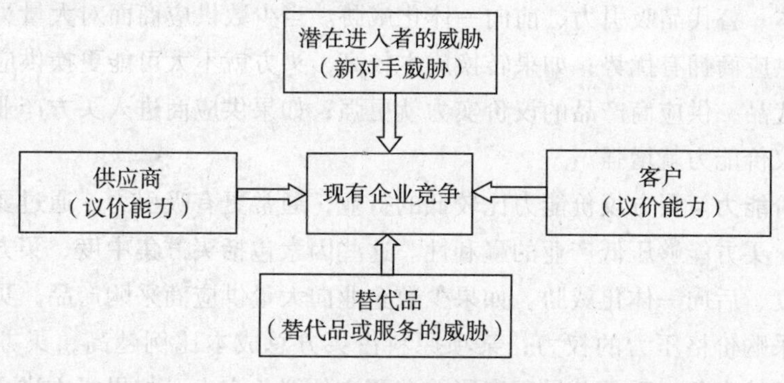

图 3-2　五力分析模型

①**替代品或服务的威胁**。两个处于不同行业中的企业，可能会由于所生产的产品互为替代品，从而在它们之间产生相互竞争行为。一般来说，替代威胁比较低的行业更具吸引力。这意味着，来自其他行业的产品或服务，不能轻易充当本企业产品或服务的替代品。如果某产品存在相近的替代品，产业赢利性就会受到强烈挤压，因为消费者不会为产品支付过高的价格。如果替代品免费或接近免费，这个问题就更加明显。替代品对产业赢利性的侵蚀程度，取决于买方在替代品与原产品之间选择的偏好。

②**潜在进入者的威胁**。新进入威胁比较低的行业，通常更具吸引力。这表明，竞争者不能轻易进入某行业以模仿行业内企业的行为。已进入者可能会通过规模经济、产品差异化、规模资本需求、成本领先优势、分销渠道的可接近性、政策和法规障碍等进入壁垒阻止新创公司进入某个行业。如果新创公司试图进入一个具有强大进入障碍的产业，它就必须制订跨越这些障碍的行动计划。

如果新创公司开辟了一个新行业或在已有行业中开发了新的利基市场，迫在眉睫的事情就是建立进入障碍来抵制新进入威胁。新创公司往往资本紧张，它难以塑造一些代价昂贵的进入障碍，如规模经济。新创公司生存的最大威胁是资金雄厚的大公司涉足并模仿新创公司的业务。比较理想的进入障碍是专利、商标和版权，这在一定程度上能够阻滞其他企业模仿新企业的活动。除这些选择外，新创公司还可以依赖组建战略联盟、组建优秀管理团队等措施减弱新进入威胁，这是其他公司难以企及的。

③**现有企业竞争**。在大多数产业中，产业赢利能力主要取决于产业内现有企业之间的竞争强度。有些产业内的竞争十分激烈，导致整个产业都将蒙受损失；在另一些产业中，由于克服了价格竞争，产业内竞争相对缓和。竞争对手数量和力量对比、产品间差异化程度、产业增长率、固定成本水平等因素决定了行业内现有企业之间竞争的特征和强度。产业内竞争对手数量越多，竞争强度越大；行业内产品之间差异程度越小，产业内竞争强度越大；行业增长越缓慢，现有企业竞争强度越大；与固定成本较低的企业相比，高固定成本企业存在着释放所有产能的迫切需要，必然导致降价行为。

④**供应商议价能力**。供应商议价能力比较低的行业，通常具有吸引力。在某些情况下，

通过提高供应品价格或降低供应品质量，供应商可以压低产业的利润率。如果供应商降低供应品质量，那么最终产品的质量也会因此受害，制造商就不得不降低最终产品价格；如果供应商较产业内的买方企业处于强势地位，产业赢利能力就会受损。一系列因素影响着供应商向买方施压的能力，进而影响到供应商压低买方产业赢利性的程度。这些因素包括供应商集中度、转换成本、替代品吸引力、前向一体化威胁。当少数供应商面对大量买方而提供某种关键产品时，供应商拥有优势；如果转换成本较高，买方就不太可能更换供应商；如果缺乏有吸引力的替代品，供应商产品的议价实力就更强；如果供应商进入买方产业的可能性非常大，供应商的议价能力就增强。

⑤**客户议价能力**。买方议价能力比较低的行业，通常更有吸引力。通过要求产品价格让步或质量提升，买方能够压低产业的赢利性。这些因素包括买方集中度、买方成本、供方产品的标准化程度、后向一体化威胁。如果少数企业向大量供应商采购产品，买方就拥有向供应商施加降低采购价格压力的权力；某项原料占买方总成本比例越高，买方对价格就越敏感；供应商产品较竞争对手的差异程度影响着买方的议价实力；如果买方进入供应商产业的可能越大，买方的议价实力就越强。买方议价能力无处不在，因此在买方议价能力很明显时，有些新创企业退出了相应的产业。

(3) 五力分析模型在创业活动中的价值。五力分析模型除了可以帮助创业公司了解准备进入的产业动态特征外，还可以帮助企业决定是否应该进入特定产业，以及帮助企业确定能否取得产业内有吸引力的定位。第一，通过识别每种力量对产业赢利水平的侵蚀程度，五力分析模型能够用于评价产业吸引力或分析产业内的具体定位。第二，企业借助五力分析模型回答一些关键性问题，有助于确定是否该进入某个产业。这样，新企业就可以评价在特定产业获得成功所需要面对的门槛高低。

(4) 行业类型与创业机会。不论何种行业，也不论其处在何种生命周期阶段，都存在着创业机会。对处在不同生命周期阶段的行业特征和创业机会进行分析研究，对创业者和新创公司都有十分重要的意义。

①**新兴产业**。新兴产业是指随着新的科研成果和新兴技术的发明与应用而出现的新部门和行业。他存在着没有显性需求、没有成型的技术与产品、没有成熟的上游产业链、市场面临不确定性等特点。在新兴产业中，那些先驱企业或领导企业往往能获得先发优势。由于新兴产业存在着高度不确定性等诸多特征，商机可能转瞬即逝。尽管如此，由于新兴产业进入障碍较低，也没有成型的竞争规则，许多新创企业仍比较容易进入，快递公司和团购网站等在我国的兴起就是例证。

【创业家语录】

创业者的成功85%要靠运气，但要坚持不懈，顺势而为；像凡客黄晓明刚做的广告，“挺住，意味着一切！”今天是泡沫的市场，一头猪站在门口都能被吹起来。要找到吹得起猪的风口，而不是盲目地冲上去行动。——雷军（小米手机创始人）

②**成熟产业**。成熟产业是指产业在经历了高速增长以后逐步过渡到有节制地增长或者平稳增长时期的产业。成熟产业具有市场竞争激烈、产业增长速度下降、买方市场形成、产业赢利能力下降、经营策略面临调整等特征。创业者却作为市场新进入者，可以通过市场渗

透战略，也可以通过技术创新、产品创新或市场创新策略进入该市场。

③**衰退产业**。衰退产业是指一个地区或一个国家的产业结构中不适应市场需求变化、不具备区位优势、缺乏竞争力、陷入停滞甚至萎缩的产业。衰退产业具有产品技术含量低、受到新兴产业替代的威胁、优秀人才流失严重、行业产能持续过剩等特征。一般来讲，创业者对衰退产业避而远之。然而，如果新创企业能够打破常规惯例的思维模式，也能够在衰退产业中建立竞争优势。

针对衰退产业，创业企业可以采纳三种不同战略。第一种是领导战略，即努力成为产业主导者，但在衰退产业中，新创企业很少采纳它；第二种是利基战略（Niche strategy），即专注于产业内狭窄的细分市场，并通过产品或流程创新而获得成长；第三种是成本缩减战略，即通过流程再造实现比产业内现有企业更低的成本。

④**分散产业是由大量规模相近企业所组成的产业**。对新创企业而言，分散产业内蕴涵的主要机会是通过产业整合建立行业领导者地位。产业整合最常用的办法是地域覆盖战略，企业开始逐渐收购不同地域的同类企业。在经济型酒店行业，如家就是通过产业整合迅速实现了规模的扩张。

3. 微观环境

【风险投资家语录】

真正伟大的企业不是靠欲望，而是靠激情创立起来的。现在的市场环境是很好的过滤器，他可以筛选出具有强烈热情的企业家。——威廉·格利

创业微观环境是指创业企业的顾客、竞争者、营销渠道和有关公众等对企业营销活动有直接影响的各种因素。

创业企业的顾客是接受创业企业产品或服务的组织或个人。创业能力就是发现顾客潜在需求及其变化并满足其需求的能力。创业者可以通过对行业、科学技术、顾客和消费行为的变化趋势的前瞻性判断，借助市场调查与预测分析工具对消费市场的调查研究，来发现顾客潜在需求和变化趋势。

竞争者分析是对企业竞争状况的细致考察，它有助于企业了解竞争对手的定位，以及在一个或更多领域中能带来竞争优势的可得机会。竞争者可以分为直接竞争者、间接竞争者、潜在竞争者等。直接竞争者是那些提供相同或相似产品的企业；间接竞争者是这些竞争者提供与本企业产品相近的替代品；潜在竞争者虽然不是本企业的直接或间接竞争对手，但他们在某些时候可能变为企业的直接或间接竞争者。

营销渠道就是商品和服务从生产者向消费者转移过程的具体通道或路径。在创业过程中，营销渠道设计与创新直接关系到创业的成败。我国许多创业公司的成功，在一定程度上得益于营销渠道。所以，应该根据公司的产品或服务的特征，制定营销渠道策略。

【创业家语录】

我相信关系特别不可靠，做生意不能凭关系，做生意不能凭小聪明，做生意最重要的是你明白你的客户需要什么，实实在在创造价值，坚持下去。这世界最不可靠的东西就是关系。——马云（阿里巴巴创始人）

现在创业变得很容易，你也很容易遇到竞争。但是，你参与的并非一个零和游戏。

事实上，成功者的数量是没有任何极限的。初创公司要取得成功，就必须为社会创造出财富，来满足人们的欲望。而人类的欲望实际上是无限的，至少在短期看来如此。创业者数量的增加，意味着你不能抱着一个想法不动。其他人也会想到你的创意，并将其投入实践的可能性会变得越来越大。——保罗·格雷厄姆（Y Combinator 创始人）

3.3 企业孵化器

3.3.1 企业孵化器的产生与发展

1. 企业孵化器的概念

企业孵化器（business incubators）是一种为初创型小企业提供所需的基础设施和一系列支持性综合服务，使其成长为成熟企业的一种新型经济组织。孵化器以协助企业成长，降低创业企业的风险和成本，将创造出成功的企业、实现财务资助和独立经营作为最主要的目的。

初创企业失败的主要原因是资金不足和管理不善，这说明小企业还没有一个良好的发展环境。企业孵化器正是适应这种社会需求而诞生的组织，企业孵化器的目的正是为小企业创造一个良好的成长环境，对处于初创状态的小企业提供全面的发展支持，为企业提供可租用的场地、商业服务设施等。企业孵化器是一个创造成功的创新型企业的综合系统，旨在创造一批充满活力的企业，并有组织地适时为企业提供其成长所需要的“营养”。

企业孵化器的创立，对社会经济发展带来了积极的影响。企业孵化器通过政策引导和资金导入，帮助一些新成立的、相对较弱的企业和公司成长，增强了小企业生存和发展的能力；通过渠道沟通和平台架设，为风险资金提供优质的投资项目和新创企业；同时也解决了部分社会就业问题。企业孵化器在实践中取得了卓越的成果：据美国统计，经过企业孵化器孵化的企业，其成活率能达到80%。

【创业小贴士】 创新工场李开复和 Y Combinator 创始人保罗·格雷厄姆

创新工场由李开复博士于2009年9月在北京创立。创新工场是一家致力于早期阶段投资并提供全方位创业培育的投资机构，旨在培育创新人才和新一代高科技企业。创新工场通过针对早期创业者需求的资金、商业、技术、市场、人力、法律、培训等提供一揽子服务，帮助早期阶段的创业公司顺利启动和快速成长。同时帮助创业者开创出一批最有市场价值和商业潜力的产品。创新工场的投资方向立足信息产业最热门领域：移动互联网、消费互联网、电子商务和云计算。

Y Combinator 创始人保罗·格雷厄姆（Paul Graham）是所有新创企业孵化器之父。(Dropbox，一家估值40亿美元的文件托管公司，连同其他新崛起的高科技明星，都是由该公司孵化出来的)。格雷厄姆于2005年创办 Y Combinator 至今，已经成功将约100家企业推到全球各地的舞台上。

2. 孵化器的发展历史

企业孵化器的概念起源于美国。1959 年，约瑟夫 R. 曼库索在纽约州的贝特维亚建立了世界上第一个企业孵化器——贝特维亚工业中心。1956 年，贝特维亚地区最大的企业，大型设备制造商 Massey Ferguson 公司倒闭，破产后仅留下一栋闲置的综合大楼以及大量的失业工人。曼库索家族创办的曼库索商业发展集团接手了闲置的大楼，曼库索将大楼分隔成许多个小单元，分别承租给不同的小企业，并共享办公场地。曼库索还向承租的企业提供融资、咨询等服务来促进承租企业的成长。他偶然间从楼内一家养鸡企业活蹦乱跳的小鸡中得到灵感，将这种经营模式命名为“企业孵化器”。1980 年代，孵化器开始在美国本土快速发展，并经英国和欧洲传向世界，孵化器也出现了创新中心、企业苗圃、科技园、创业中心等多种形式与名称。

中国的企业孵化器也称高新技术创业服务中心，1987 年，我国第一家企业孵化器——武汉东湖创业者中心宣告成立，企业孵化器事业从此在中国发展起来。以初创的科技型中小企业为服务对象，为企业提供研发、中试生产、经营的场地和办公方面的共享设施，提供政策、管理、法律、财务、融资、市场推广和培训等服务，以降低企业的创业风险和创业成本，提高企业的成活率和成功率，促进科技成果转化，培养科技企业家和专门人才。目前有服务于留学回国人员创业为主的“国家留学人员创业园”，服务于境外技术研发机构、科技型企业及创业者的“国际企业孵化器”，服务于大学生的“大学科技园”等多种形式的孵化器。

3. 企业孵化器的作用

(1) 节省时间。一个小企业要想获得必要的硬环境条件，除了要有相当的投资，还要筹备很长时间。而企业孵化器把这一切都准备好了。一般一个小企业从入驻企业孵化器到开始正常运转，只需 10 天左右的时间。

(2) 少走弯路。对于一个新创企业，在创建以及运营之初，会面临许多的问题，需要做出抉择。如起草公司章程、确定产权关系和企业性质、决定人员组合、合理利用资金、进行市场开拓，等等。富有经验的企业孵化器管理人员及有关专家的咨询服务，可以及时帮助企业家做出正确的选择。不是任何企业或创业者都可以入驻孵化器的。每家企业孵化器都有严格的接纳标准。能够被孵化器接纳的，都是有良好市场竞争力和发展潜力的企业。

(3) 创业者集聚效应。企业孵化器努力创造条件，使同时被孵化的创业者很方便地进行交流，分享经验和信息，互相鼓励，甚至结成业务合作伙伴。

(4) 加速发展，提高了创业的成功率。一个成功的孵化器离不开五大要素：共享空间、共享服务、孵化企业、孵化器管理人员、扶植企业的优惠政策。企业孵化器为创业者提供良好的创业环境和条件，帮助创业者把发明和成果尽快形成商品进入市场，提供综合服务，帮助新兴的小企业迅速长大、形成规模，为社会培养成功的企业和企业家。

【创业家语录】

如果创业成本降低，表面上，硅谷那样的创业园区似乎没有存在的必要了。但是，你要做的并不仅仅是开始干活。你必须让你的项目获得成功。在创业园区，你更可能获得成功。——保罗·格雷厄姆（Y Combinator 创始人）

3.3.2 企业孵化器的种类

1. 综合性企业孵化器

综合性的孵化器服务的种类包括实体设备功能、管理支持功能、技术支持功能、财务获得功能、法律协助功能、关系网络协助功能，共六大类。对于新创企业而言，孵化器可以为其合理分摊创业成本和创业风险，帮助创业者少走弯路，降低当地创新成本的作用。

2. 专业性企业孵化器

专业性的企业孵化器针对特定产业领域的企业提供专业孵化服务，包括专业技术人才、专家技术咨询、市场信息服务体系等，还拥有专业技术平台的支持，能够为特定领域的项目孵化提供研发、测试、中试等专业化的实验平台，是孵化器发展到一定阶段后出现的新型组织形式。专业孵化器内聚集的是一批以专业化分工和协作为基础的同一产业或相关产业的科技型中小企业群，通过信息交流，逐渐形成一个创新群落，在创新中发挥集群优势。

3. 特定创业对象的孵化器

不同方面的创业者，在创业时所需要提供的服务有所差异，所以出现了针对特定创业者服务的孵化器建设。例如针对大学创业者的大学科技园企业孵化器，面对生产型企业创业者和小众市场的创业者孵化器。

3.3.3 企业孵化器的服务内容

【创业家语录】

美国天使趋势是天使＋孵化器。虽然过去孵化器很难成功，近年因为产品周期缩短，那些真的能够提供战略、产品、人脉、招聘等关键服务的孵化器，可以大大提高创业者的成功概率。美国最著名的就是YC，曾达到93%的毕业项目拿到投资概率，现在已经100%了，因为有投资者愿意“包下任何YC项目的下一轮”。——李开复（创新工场创始人）

孵化器建设作为促进科技成果转化和高新技术产业化的重要手段，从综合性孵化器向专业化方向发展，出现面向特定技术领域和特定创业群体的多种新型孵化器组织形式。据美国孵化器协会统计，北美洲的孵化器有54%属于综合性的，39%属于专业性的，还有7%属于服务于特定创业对象的，如面向利基市场的企业、生产型企业等。

孵化器的服务项目包括：提供场地、商务设施等一般性服务；提供网络支持，互联网或信息技术服务，咨询、联系战略合作者；获得政府资金，申请担保贷款，商业计划支持，直接向企业进行投资，协助获取天使投资或风险投资；联系大学研发机构，帮助可靠的学生实习或就业；管理团队发展；财务管理支持；知识产权支持；法律服务支持；提供专业实验设施；人力资源管理支持；产品或技术开发支持；与技术相关工艺的支持；国际贸易支持等。

3.3.4　企业孵化器的运营模式

【创业家语录】

美国最成功的“孵化器”是由有经验的创业者办的。对创业者来说，最大的价值其实是在趋势、产品方面，其次是人才、人脉，最后才是场地、法务、财务。——李开复（创新工场创始人）

1. 企业孵化器的基础条件

孵化器为创业者提供创业孵化的共享环境，必须具备一定的软硬件，主要包括：

（1）**孵化场地**。孵化场地是孵化器的壳体，是创业者租用的生产、科研和办公场地。孵化场地的大小决定了企业孵化器的规模。

（2）**基本公共服务设施**。为减少创业者在后勤、办公等方面的人力、物力、财力投入，企业孵化器为创业者提供一些包括餐饮、员工住宿、公共会议室、打字、复印、通讯、邮政、保安、秘书等共享服务设施。

（3）**孵化管理队伍**。孵化器必须具备一支有丰富管理经验、有专业技能的管理队伍，为创业者提供物业、信息、咨询、中介、代理、融资等方面的服务。管理队伍应具备物业管理经验、企业管理经验、投资决策能力、中介咨询能力及善于将各种社会资源组织起来的能力。根据孵化企业的需要，接受孵化企业的委托，解决孵化企业的技术、管理、资金、法律等各方面的问题。

（4）**孵化资金**。在创业初期，创业资金来源主要靠自有资金和权益性融资。如果孵化器能够向创业者提供一定的孵化基金进行权益性投资或者债务性投资，则可以选择一些有潜力、有发展前景的项目进行孵化，也可发挥其引导作用，吸引风险投资和其他投资。孵化基金是企业孵化器的一个“抓手”，引导创业者朝企业孵化器的目标发展。

2. 孵化器的运营模式

【创业家语录】

每个年轻的创业者都应该找到自己的师傅，在精神上、在创业上能够真正给你帮助，因为不管这个行业怎么变，商业的本质没有变，商业模式没有变，公司的治理没有变，这些东西我认为老人家们是有经验的。年轻的创业者要自我突破、自我成长，但是这种成长不能靠自己去悟，这样太慢了，也不能靠摔跟头，因为万一一个跟头摔不起，可能你就再也爬不起来了。——周鸿祎（奇虎 360 公司创始人）

企业孵化器的运营工作围绕确立目标、设定入孵标准和毕业标准、挑选入孵企业、提供孵化服务、促成入驻企业顺利毕业、考核孵化成果这一系统过程开展。孵化器目标决定选择什么样的企业入驻和达到何种条件的企业毕业，毕业标准和入孵标准之间的差距决定孵化服务的开展空间，孵化服务的成效则是孵化器目标实现程度的体现。孵化器目标、入孵标准和毕业标准、孵化服务是否有效，对入孵企业起着决定性的作用。

创新思维游戏

游戏名称：SWOT 分析

游戏目的：在商业活动中，确定我们想要什么比较容易，但明白什么东西妨碍我们实现目标却比较困难。SWOT 分析是一种经久不衰的技术，它根据我们期望的结果，对比目前所处的状态，以此来验证哪些地方可以改进。它为我们提供机会来衡量面临的机遇与危机，并且评估这些因素对未来的影响程度。通过了解这些因素，我们可以采取下步行动。所以，需要评估团队获得成功的可能性时，可以采用该分析方法。

游戏人数：5 ~ 20 人

游戏时间：1 ~ 2 小时

游戏规则：

1. 开始前，在一张挂图纸上写下词语“理想的最终状态”，并用一幅图来描绘它。

2. 用四张挂图标示四个不同的方块，按照上下左右的顺序将他们拼起来。

3. 在左上方的方块中，写下“优势”一词，并画一幅图来描述这个概念。例如，可以简单地画某个人用一只手举着轿车来代表“优势”。留给参与者 5 ~ 10 分钟的时间，让他们思考自己拥有什么强项去实现理想的结果，并把他们的想法写在便签条上，每个想法一张便签条。

4. 在左下方的方块中，写下“弱势”一词，并画一幅图来描述这个概念。让参与者花 5 ~ 10 分钟的时间安静地思考，对于理想的结果，其短板在哪里，并将其想法写在便签条上。

5. 在右上方的方块中，写下“机遇”一词，并画一幅图来描述它。留给参与者 5 ~ 10 分钟的时间，在便签条上写下他们能够想到的机遇。

6. 在右下方的方块中，写下“威胁”一词，并画一幅图来描述这个概念。让参与者利用最后的 5 ~ 10 分钟时间思考面临的危机，并将它们写在便签条上。

7. 把写好的便签条收集起来，并把它们贴在相关方块的墙边，以便大家都能够看到。这些便签条应当依旧属于初始划定的范围：优势、劣势、机遇和威胁。

8. 从描绘“优势”的便签条开始，大家共同协作，根据它们与同类便签条中其他想法的相似程度进行排序。将类似的想法汇聚在一起，直到把大多数便签条上的想法都整理好。画线将各组想法分隔开，但是仍然将它们放在同一个方块中。按照如下顺序对其他类别重复分类和排序：弱势、机遇以及威胁。

9. 分类和排序结束后，让大家互相交流，为每组想法创建一个类别。当大家就分类提出自己的意见并达成共识后，在相应的方块中写下这些类别。

10. 类别总结基本完毕后，让他们来到画着方块的墙边进行“数点投票”，每人在每个方块中的两个或三个类别旁边画上点，标出他认为与该方块最相关的类别。让大家圈出得票最多的类别，并将它们记录下来。

11. 总结与参与者交谈过程中所收获的发现，让他们讨论这些发现对理想状态的影响。

在该游戏中，要让大家以积极的态度评估弱势和威胁，并将这些不良因素作为促成我们实现目标的一种手段。向参与者提出令人深思的问题，例如，“如果竞争对手并不存在，该怎么办?”以及“在应对这个威胁的过程中，蕴涵着哪些机遇能够促使企业变得更加强大?”

游戏策略：如果团队成员毫无保留地提供内容并加以分析，SWOT分析的效果就是最理想的。参与者可能会毫不犹豫地展示出优势，但提起弱势时就显得吞吞吐吐，因为这些弱点可能与在场的其他人员有关或者根本就是他们自己的思维盲区。构建“弱势”这一概念意味着我们找到了能够改进的地方。同样，“威胁”表明某些事物将成为增强性能的催化剂。如果大家认真仔细地考虑现有的内容，并听到他们提出以前没有意识到的深刻见解，就表明这个游戏是成功的。

本章重点

创业环境是创业企业赖以生存与发展的土壤，对创业企业的生存与发展起着决定性的作用。外部环境不容易控制，但并不意味着无所作为。内部环境是创业者可以控制的环境，必须营造一个良好的内部环境。

宏观环境会影响同一个国家和地区的每一个创业者，但影响的程度会受产业、创业企业自身的条件等因素的影响。产业分析是一种聚焦于产业潜力的商业研究。产业分析有助于创业企业决定是否进入某个产业，以及创业企业能否在产业中占据能提供竞争优势的定位。替代威胁、新进入威胁、现有企业竞争、供应方议价能力和买方议价能力是决定产业赢利水平的五种竞争力量。微观环境是相对于宏观环境与产业环境而言的，微观环境是直接制约和影响创业企业营销活动的力量和因素，包括企业本身及其市场、竞争者和各种公众，创业企业必须对微观环境营销进行分析。

企业孵化器是为初创型企业提供支持性综合服务、保护其成长为成熟企业的一种经济组织。目前我国各省市和地区都有各种类型的企业孵化器，提供各种孵化服务，创业者应根据创业的行业和需要选择适合自己的孵化器。

关键术语

创业环境；创业内部环境；创业外部环境；创业宏观环境；创业行业环境；产业环境钻石分析模型；五力分析模型；创业微观环境；企业孵化器

案例分析

精英们的创业“流水线”

大多数创业者的成功是一种偶然，工业化的创业方式就是批量地复制这些偶然的成功因素。三年内，以沈南鹏、季琦、梁建章等人的创业团队第二次带领企业在美国上市，未来三年，他们中的一部分人还可能带领新的企业到纳斯达克上市，他们不断创造了中国企业在海外上市的神话。

仔细研究这样一个创业团队的成功路径，我们不难发现，以沈南鹏、季琦为代表的新一代创业者，正在以一种“工业化”生产的方式经营中国企业海外上市之路。把这些企业的海外上市之路比作工业化生产，似乎简化了他们艰苦的创业之旅，不过这个比喻还是比较贴切的。工业化制造的特点是流水作业、批量化、标准化地生产，沈南鹏、季琦等人在做携程、如家和现在公司的时候，人们发现了一些可标准化批量复制的“成功要素”。

第一，为上市而“制造”公司。研究中国关于海外上市公司的相关法律和文件，同时也研究美国对海外公司在美国上市的法律要求，建立一个符合海外资本市场的公司治理结构和美国法律控制的公司模式；让公司的财务制度从第一天起就规范，符合国际财务会计准则。如家在建立之初，就聘请了中国香港的律师行作为法律顾问，并请普华永道做公司的财务审计，使得如家的财务非常规范，一切都在为上市做准备。

第二，建立一个能够不断扩大市场容量、具有潜在想象空间的创新商业模式，并以最快的速度扩张。不管是携程、如家，还是百度、分众，他们都有这样一个创新的商业模式，虽然所用的商业模式并不是他们首先发现的，但他们用速度超越了目前的竞争对手。如家开始创业时，锦江之星已经做了5年，但是如家用了3年的时间就超越了锦江之星，并且第一个上市。当然，有了好的商业模式之后，能不能上市还需要想象空间，需要有良好互补性的创业团队。这些都是在培育一个上市公司时可标准化进行的步骤，在培育下一个创业公司时就可当做批量化生产的产品。

现在，中国新一代创业者也开始享受工业化流程带来的丰厚回报，不断寻求创业的乐趣。沈南鹏、唐越等人经过多年的耕耘，完成了创业、融资、上市、套现、退出的循环过程，他们又开始了下一个循环。或许是美国的“连续创业者”给了中国创业者某种启示。

资料来源：桂楠.《IT经理世界》，2006年23期.

延伸阅读与相关网站

1. 延伸阅读

如需进一步了解和掌握有关创业环境领域的知识，请参阅管理学、战略管理、市场营销学方面的图书文献资料，这方面的图书版本很多，在此不一一列举。也可以直接阅读相关的电子图书。对创业感兴趣的同学，可以经常登录优米网（www. umiwi. com）、《创业家》杂志（www. zcom. com）、《创业邦》杂志（cyb. dooland. com）、《IT经理世界》杂志（ceocio. dooland. com）等网站。

2. 相关网站

创业环境 http://baike. baidu. com

美国孵化器 http://mall. cnki. net

美国十大创业孵化器 http://www. alibuybuy. com

新创企业如何选择企业孵化器 http://finance. eastmoney. com/news

复习思考题

1. 创业公司与创业环境的关系是什么？
2. 如何运用产业环境钻石分析模型对创业环境进行分析？
3. 如何运用波特的五力分析模型对创业环境进行分析？
4. 如何选择适合自己的创业孵化期进行创业？
5. 携程创业者的创业模式对你有什么启发？

Chapter4

第4章
商业模式

学习目标

- 熟悉商业模式的内涵以及构成元素
- 掌握商业模式的类型
- 掌握商业模式的设计与合理性检验方法
- 商业模式的演进和持续创新
- 商业模式的发展趋势

引导案例

关于商业模式的寓言

一只猴子在四处寻找食物。他从一个岩石的间隙中看到在岩石那边有一棵结满果子的果树。于是拼命想从岩石狭小的间隙中钻过去。如果对于猴子来说，岩石那边的果实是它渴求的利润，猴子会怎么做呢？它选择的是意志坚定地使劲钻，身体都被岩石磨破了好多处。因为劳累和饥饿，猴子瘦了。就这样，在第3天时，它竟然很轻松地钻了过去，并美美地吃上了果子。等树上的果子全部吃完后，猴子准备继续寻找食物，这时他才发现，因为太饱了，它又钻不出来了。这只可怜的猴子因为没有找到赢利模式，结局一定是很悲惨的。因为，当它终于饥饿、疲惫地从岩石的间隙中钻出来后，它甚至已经无力再去寻找新的食物了。其实它可以选择这样的赢利模式：在自己辛苦钻过去后，把果子先搬到岩石的那一边，然后再钻出来，边吃边寻找下一棵果树，他也可以叫一个小点的猴子钻过间隙，把果子运出来一起分享。显然，寻找到了赢利模式，结果就会天壤之别。

4.1 商业模式的概念

4.1.1 商业模式的定义

【创业家语录】

今天数不清的商业模式创新正在涌现。采用全新商业模式的新兴产业正在成为传统产业的掘墓人。新规正在挑战着守旧派，而有些守旧派正在慌乱挣扎中重塑着自己。——亚历山大·奥斯特瓦德（《商业模式新生代》著者）

尽管人们广泛使用商业模式这个概念，几乎都确信，有了一个好的商业模式，成功就有了一半的保证。但它一开始并没有被清晰定义，并常被误解，不同社会群体的人往往赋予它不同的含义。

1997年10月，硅谷著名风险投资顾问之一罗伯森·斯蒂文问中国著名高科技企业亚信的CEO田溯宁："亚信的商业模式是什么？"田溯宁反问罗伯森："什么是商业模式？"罗伯森说：一块钱通过你的公司绕了一圈，变成一块一，商业模式是指这一毛钱在什么地方增加的。2000年前后人们开始逐步形成共识，商业模式的核心是如何在变化的商业环境中创造价值。

泰莫斯认为商业模式是指一个完整的产品、服务和信息流体系，包括每一个参与者及在其中起到的作用，以及每一个参与者的潜在利益和相应的收益来源及方式。在分析商业模式过程中，主要关注一类企业在市场中与用户、供应商、其他合作者的关系，尤其是彼此间的物流、信息流和资金流。

咨询师米切尔和科尔斯对商业模式的定义是：一个组织在何时（when）、何地（where）、为何（why）、如何（how）和多大程度（how much）地为谁（who）提供什么样（what）的产品和服务（即7"w"），并开发资源以持续这种努力的组合。

奥斯特瓦德、皮尼厄和图斯认为：商业模式是一种包含了一系列要素及其关系的概念性工具，用以阐明某个特定实体的商业逻辑。它描述了公司所能为客户提供的价值以及公司的内部结构、合作伙伴网络和关系资本等借以实现（创造、推销和交付）这一价值并产生可持续赢利收入的要素。

维基百科将商业模式定义为：是一个事业创造营收与利润的手段与方法。或者说商业模式是指企业的员工如何面对客户，及如何拟定策略与执行该策略而获取收益。

哈佛商学院将商业模式定义为"企业赢利所需采用的核心业务"。

在学术上为多数人公认的定义是：商业模式是为实现客户价值最大化，把能使企业运行的内外各要素整合起来，形成一个完整高效率的具有独特核心竞争力的运行系统，并通过最优实现形式满足客户需求、实现客户价值，同时使系统达成持续赢利目标的整体解决方案。其中"整合"、"高效率"、"系统"是基础或先决条件，"核心竞争力"是手段，"客户价值最大化"是主观目的，"持续赢利"是客观结果，也是检验一个商业模式是否成功的唯一外在标准。

商业模式最通俗的定义是：描述企业如何通过运作来实现其生存与发展的“故事”。是关于企业做什么、怎么做、怎么赢利的问题，是商业规律在经营中的具体应用。商业模式有别于战略。第一，商业模式从为客户创造价值开始，围绕如何提供这种价值展开，当然也涉及从所创造的价值中获取收益。而战略更重视当前和潜在的威胁，关注竞争优势。第二，商业模式概念更强调为企业创造价值而不是股东。财务方面的因素在商业模式中经常被忽视，或默认早期创业资金来自企业自有资金，或风险投资。第三，商业模式假定，企业、客户及第三方的知识都是有限的，容易被早期成功惯性所影响。战略一般要求仔细分析、计算及选择，假定存在大量可获得的可靠信息。

4.1.2 商业模式的构成元素

【创业家语录】

当今企业之间的竞争，不是产品之间的竞争，而是商业模式之间的竞争。——彼得·德鲁克（现代管理学之父）

奥斯特瓦德在综合了各种概念的基础上，提出了一个包含九个要素的参考模型。

①**价值主张**：公司通过其产品和服务所能向消费者提供的价值。

②**消费者目标群体**：公司所瞄准的消费者群体。该过程也被称为市场细分。

③**分销渠道**：公司用来接触消费者的各种途径。这里阐述了公司如何开拓市场以及分销策略。

④**客户关系**：公司同其消费者群体之间所建立的联系。客户关系管理与此相关。

⑤**价值配置**：资源和活动的配置。

⑥**核心能力**：公司执行其商业模式所需的能力和资格。

⑦**合作伙伴网络**：公司同其他公司之间为有效地提供价值并实现其商业化而形成合作关系网络。

⑧**成本结构**：所使用的工具和方法的货币描述。

⑨**收入模型**：公司通过各种收入流来创造财富的途径。

哈佛大学教授约翰逊、克里斯坦森和SAP公司的CEO孔翰宁认为，任何一个商业模式都是一个由客户价值主张、资源和生产过程、赢利方式构成的三维立体模式。在这三个要素中：“客户价值主张”是指在一个既定价格上企业向其客户提供服务或产品时所需要完成的任务；“资源和生产过程”是指支持客户价值主张和赢利模式的具体经营模式；“赢利方式”，是指企业为股东实现经济价值的过程。

我们可以找到许多与组成商业模式的基本元素中任何一个相对应的商业模式创新案例，其中最明显的是价值主张的创新。例如当移动电话出现在市场上的时候，它提出了一种与固定电话不同的价值主张；早期非常流行的门户网站，比如雅虎，帮助人们在网上寻找信息；英国低成本航空公司易捷航空，把航空旅行带给了普通大众；戴尔将互联网作为分销渠道，已经取得了成功；吉列依靠其一次性剃须刀与客户建立了持续性的关系，也创造了大量的财富；苹果依靠其出色的设计和电子产品崛起；思科因对供应链活动的创新而成名；英特尔通过与合作伙伴共同建设加工平台而实现了繁荣；谷歌依靠与搜索结果相关的文字广告而赢利；沃尔玛依靠巨大的销量成为供应链的主导，借以降低成本；等等。

4.1.3 商业模式的作用

【创业家语录】

一家新兴企业，必须首先建立一个稳固的商业模式，高技术反倒是次要的。在经营企业的过程中，商业模式比高技术更重要，因为前者是企业能够立足的先决条件。——迈克尔·邓恩（原时代华纳首席技术官）

在确立商业模式时，创业者会思考一系列的问题，如企业的收入来源；顾客看重的核心价值；企业是否拥有吸引和保留每一个收入来源的能力；通过什么方式向顾客提供价值和筹集资金；在经营活动中可以扩展和利用哪些优势、能力、关系和知识等。一个好的商业模式具有如下作用。

第一，作为规划工具，商业模式的选择可以促使创业者缜密地思考市场需求、生产、分销、企业能力、成本结构等各方面的问题，将商业的所有元素协调成一个有效、契合的整体。

第二，让顾客清晰了解企业可能提供的产品和服务，实现企业在顾客心目中的目标定位。

第三，可以让企业员工全面理解企业的目标和价值所在，清楚地知道自己能做的贡献，从而调整自己的行动与企业目标相协调。这一点在高新技术企业和知识型企业中尤为重要。

第四，可以让股东更清晰、方便地判断企业的价值及其在市场中的地位变化。

4.1.4 商业模式的特征

【创业家语录】

影响公司业绩的首要因素是它的商业模式。它是公司运行的秩序，公司依据它而建立，依据它使用资源、超越竞争者、向客户提供更大的价值，依据它获利。——艾伦·阿富阿和克里斯托弗·图奇

长期从事商业模式研究和咨询的埃森哲公司认为，成功的商业模式具有三个特征。

（1）**成功的商业模式要能提供独特价值**。由于企业自身情况千差万别，这种独特性表现在它怎样赢得顾客、吸引投资者和创造利润。它往往是产品和服务独特性的组合。这种组合要么可以向客户提供额外的价值；要么使得客户能用更低的价格获得同样的利益，或者用同样的价格获得更多的利益。

（2）**成功的商业模式难以模仿**。企业通过确立自己对客户的悉心照顾、无与伦比的实施能力等，来提高行业的进入门槛，从而保证利润来源不受侵犯。如，大家都知道戴尔公司是直销的标杆，但很难复制戴尔的模式，原因在于“直销”的背后，是一整套完整的、极难复制的资源和生产流程。

（3）**成功的商业模式应建立在客户体验基础上**。成功的商业模式是在深入理解客户的基础上形成的，是建立在对客户行为的准确理解和把握上的。

【商业模式实践】　创业成功靠的是商业模式而不是概念

一位创业者自豪地发现了一个“革命性填补市场空白”的“蓝海”项目——把保健品卖到农村去。并认为：目前的营养品市场全部集中在地级市以上的大城市里，县、乡级以下的市场是一片空白。这个市场非常大，全中国有9亿农民，有1/10的人买我的产品，就是9 000万的销售量。

这个市场是否真实存在？为什么这么大的空白市场没有人进入？这样的市场要怎么才能打开？后续如何进行开发？采取怎样的销售模式？如何进行渠道建设？产品采取何种价格策略？如何保证自己的价格具有竞争优势？当专家提出问题时，创业者说：不应那么悲观，创业需要热情，有了好的概念，就要马上去做。马云就说过，创业不能停留在理念与幻想上，时间不等人，等到别人也想到这个概念，再进去就晚了。

这位创业者误读了马云的这句话。马云还说过：“创业，要真正想清楚你解决了什么问题，创造了什么独特价值。”当然，比这更重要的是：市场愿意为这个价值支付你想要的价格吗？而最重要的是：如何能够实现价值到价格的这一跳跃，即成功将价值销售出去。

有很多创业者在创业之前计算市场，往往是“9亿人，有1/10买我的产品”想法。他们先划定市场总量，然后定义出自己的目标份额，这样一乘就OK了。这是不符合逻辑的，问题在于：凭什么那1/10的人要买你的产品？真正的市场，客户是一个一个加上去，销售是一分一分加出来，利润是一分一分减出来的。要考量自己什么时候能卖出第一个产品？什么时候企业能收支平衡？

以上这些只是比概念更重要事情的一小部分。那个比概念更重要的事情就是商业模式。

资料来源：创业成功靠的是商业模式而不是概念，http：//www. sdchuangye. cn.

4.2　商业模式的类型

【创业家语录】

360和其他杀毒软件之间的“口水战”，表面看起来好像是大家在互相叫骂，但实际上它不是简单的商业利益竞争，而是商业模式的对立。——周鸿祎（奇虎360公司创始人）

4.2.1　根据商业模式在价值链中位置的视角进行划分

1. 运营性商业模式

运营性商业模式重点解决企业与环境的互动关系，包括与产业价值链环节的互动关系。运营性商业模式创造企业的核心优势、能力、关系和知识，主要包含以下两个方面的内容。

产业价值链定位：企业处于什么样的产业链条中，在这个链条中处于何种地位，企业结合自身的资源条件和发展战略应如何定位。

赢利模式设计：企业从哪里获得收入，获得收入的形式有哪几种，这些收入以何种形式和比例在产业链中分配，企业是否对这种分配有话语权。

2. 策略性商业模式

策略性商业模式对运营性商业模式加以扩展和利用，主要包括以下几种。

业务模式：企业向客户提供什么样的价值和利益，包括品牌、产品等。

渠道模式：企业如何向客户传递业务和价值，包括渠道倍增、渠道集中、压缩等。

组织模式：企业如何建立先进的管理控制模型，包括建立面向客户的组织结构，通过企业信息系统构建数字化组织和建立产业联盟赢利等。

4.2.2 根据业态的不同视角进行划分

1. 传统制造商领域的商业模式

该模式是指企业根据自己的战略性资源，结合市场状况与合作伙伴的利益要求，而设计的一种商业运行组织，一般会涉及供应商、制造商、经销商、终端商以及消费者等综合性利益。目前，制造商商业模式主要有如下7种形式。

（1）直供商业模式。主要应用在一些市场半径比较小、产品价格比较低，或者是流程比较清晰、资本实力雄厚的大公司。直供商业模式需要制造商具有强大的执行力，现金流状况良好，市场基础平台稳固，市场产品流动速度快的特点。

（2）总代理制商业模式。这种商业模式为广大中小企业所使用，可以在一定程度上占有总代理商部分资金，甚至可以通过这种方式完成最初原始资金的积累，实现企业快速发展。

（3）联销体商业模式。该模式是制造商与经销商共同出资成立联销体机构，该联销体既可以控制经销商市场风险，又可以保证制造商始终有一个很好的销售平台。格力空调就选择了与区域性代理商合资成立公司、共同运营市场的商业模式。

（4）仓储式商业模式。很多强势品牌基于渠道分级成本很好，制造商竞争能力大幅度下降的现实，选择了仓储式商业模式，通过价格策略打造企业核心竞争力。

（5）专卖式商业模式。选择专卖式商业模式需要具备三种资源中的任何一种模式或者三种特征均具备。其一是选择该模式的企业基本上具备很好的品牌认知度；其二是专卖渠道的企业必须具备比较丰富的产品线；其三是专卖商业模式需要成熟的市场环境。

（6）复合式商业模式。复合式商业模式是基于企业发展阶段而做出的策略性选择。一般情况下，无论多么复杂的企业与市场，都应该有主流的商业模式。一旦选择了一种商业模式，往往需要在组织建构、人力资源配备、物流系统、营销策略方面做出相应的调整。

（7）服务业的商业模式。服务业的商业模式就是通过提供顾客需求的服务，或在产品中增加或创新服务的方式来为产品增值的一种商业模式。最基本的商业模式就是“店铺模式”。零售行业本身不能为顾客提供决定产品的质量等物质价值，但是能够决定产品到达消费者手中的方式和途径，服务的水平、形式、内容往往能够为产品增加价值。

2. 服务业的商业模式

服务赢利模式就是通过提供顾客需求的服务，或在产品中增加创新服务的方式来为产品增值，从而更有效地满足顾客利益的一种赢利模式。最古老也是最基本的商业模式就是“店铺模式”，这在商业零售行业中应用较为广泛。目前大多数的商业模式都要依赖技术。

随着时代的进步，商业模式也变得越来越精巧。“饵与钩”模式，也称为“剃刀与刀片”模式，或是“搭售”模式，出现在20世纪早期。在这种模式里，基本产品的出售价格极低或处于亏损状态，而与之相关的消耗品或是服务的价格则十分昂贵。比如手机（饵）和通话时间（钩），打印机（饵）和墨盒（钩）等。这个模式还有许多变型：软件开发者们免费发放文本阅读器，但是其文本编辑器的定价却高达几百美元。

20世纪50年代，新的商业模式是由麦当劳和丰田汽车创造的；20世纪60年代的创新者则是沃尔玛和混合式超市；20世纪70年代新的商业模式则出现在FedEx快递和Toys R US玩具商店；20世纪80年代是Blockbuster，Home Depot，英特尔和戴尔；20世纪90年代则是西南航空、eBay、亚马逊和星巴克；进入21世纪，则是苹果itunes、腾讯QQ、奇虎360等。

3. 基于互联网的商业模式

根据企业和消费者的划分标准，可以分为：企业对企业（B2B）、企业对消费者（B2C）、消费者对企业（C2B）和消费者对消费者（C2C）等模式。

不论从何种角度对商业模式进行分类，其作为一种利润生成模式，离不开它的组成要素：利润来源、利润生成过程、利润产出形式三个要素。如果企业的经营没有利润来源就无从谈起赢利、经营和发展，从而利润生成过程和利润产出形式也就无从谈起，作为企业赢利模式的商业模式也就没有意义可言。由此也可以看出商业模式的这三个要素也是互相协同匹配的。因此商业模式的设计选择始终离不开对企业利润来源、利润生成过程、利润产出形式的研究和探寻。

【创业家语录】

你会发现那些伟大企业，它们的创始人都没读过MBA，他们在初创时期也没有说得清的商业模式。导致公司能持续发展的关键因素，是创始人的使命感和价值观变成了整个企业的文化，变成了员工行动的准则。正是那些不变的理念和激情，而不是常变的战略和产品，造就了那些伟大的企业。——陈雪频（《哈佛商业评论》中文版社群总监）

4.3 商业模式的构建与检验

4.3.1 商业模式的构建

【创业家语录】

很多人可以抄袭我们的创意，我们的模式，但是他们抄袭不了我们付出的努力、付出的汗水。别人可以拷贝我的模式，不能拷贝我的苦难，不能拷贝我不断往前的激情。——马云（阿里巴巴创始人）

设计和完善企业商业模式需要借助有效的分析手段，商业模式的五大要素。它们是利润源（即企业顾客）、利润点（即企业提供的产品或服务）、利润渠道（即产品或服务的供应和传播渠道）、利润杠杆（即生产产品或服务的内部运作）、利润屏障（即保护产品或服务的战略控制活动）。商业模式就是以上述五大要素的某一两个要素为核心，五大要素相互协同的价值创造系统。无论是构建还是完善商业模式，都应该遵循商业模式构建与完善的五步法。

1. 界定和把握利润源：顾客

企业利润源是指购买企业商品或服务的顾客群，它们是企业利润的唯一源泉。企业利润源及其需求的界定决定了企业为谁创造价值。企业顾客群可以分为主要顾客群、辅助顾客群和潜在顾客群。好的目标顾客群，一是要有清晰的界定，二是要有足够的规模，三是要对顾客群的需求和偏好有比较深的认识。一般来说，企业赢利的难度并非在技术与产品端，而主要是在顾客端。如果商业模式无法找到相对明确的顾客需求，那么这项新事业将会遭遇无法创造利润的潜在风险。

2. 不断完善企业利润点：产品

利润点是指企业可以获取利润的目标顾客购买的产品或服务。利润点决定了企业为顾客创造的价值是什么，以及企业的主要收入及其结构。好的利润点是顾客价值最大化与企业价值最大化的结合点，不仅能为目标顾客创造价值，还能为企业创造价值。微软的商业模式是国际公认最为成功的商业模式，但回顾微软不断完善企业利润点的历史，会发现微软并不是一开始就能够设计出具有竞争力产品的。

3. 打造强有力的利润杠杆，构筑商业模式内部运作价值链

打造利润杠杆，规划企业内部运作价值链，是商业模式设计与完善的重要内容，它决定了产品或服务是否为企业带来价值和带来价值的多少。很多公司意识到在一个非常长而复杂的企业内部价值链上，他们也许只能在价值链的三四个环节具有高度竞争力，但要想在所有环节上都具有竞争力是不太可能的。而一旦认识到企业内部价值中的优势环节，就应该把公司定位在那个位置，将其他部分以签约方式外包给别的公司，从而使利润杠杆更加有力。

4. 疏通拓宽利润渠道，构筑商业模式外部运作价值链

利润渠道即企业向顾客供应产品和传递产品信息的渠道，是商业模式得以正常运作必不可少的外部价值链。产品或服务的价值传递是企业把产品和服务传递给目标客户的分销和传播活动，目的是便于目标客户方便地购买和了解公司的产品或服务。戴尔的“直销模式”实质上就是简化中间商和加快资金周转速度。

5. 建立有效保护利润的利润屏障

利润屏障是指企业为防止竞争者掠夺本企业的目标客户，保护利润不流失而采取的战略控制手段。比较有效的利润屏障主要有建立行业标准、控制价值链、领导地位、独特的企业文化、良好的客户关系、品牌、版权、专利等。

4.3.2 商业模式构建的原则

【创业家语录】

众多在产品上具有创新能力的小公司发誓要革 iPod 的命，但它们很快就发现 iPod 早已不是一种产品，而是一种商业模式。iPod 的背后，是苹果建立的网上音像商店 iTunes，购买一个 iPod，等于买下一家奇大无比的音像商店。——吴伯凡（21 世纪商业评论主编）

1. 客户价值最大化原则

一个商业模式能否持续赢利，是与该模式能否使客户价值最大化有必然关系的。一个不能满足客户价值的商业模式，即使赢利也一定是暂时的、偶然的，是不具有可持续性的。反之，一个能使客户价值最大化的商业模式，即使暂时不赢利，但终究也会走向赢利。

2. 持续赢利原则

企业能否持续赢利是我们判断其商业模式是否成功的唯一外在标准。持续赢利是指既要“赢利”，又要能有发展后劲，具有可持续性，而不是一时的偶然赢利。

3. 资源整合原则

在战略思维的层面上，通过组织协调，把企业内部彼此相关但却彼此分离的职能，以及企业外部既参与共同的使命又拥有独立经济利益的合作伙伴，整合成一个客户服务系统，取得 1 +1 >2 的效果。在战术选择的层面上，根据企业的发展战略和市场需求对有关的资源进行重新配置，以凸显企业的核心竞争力，并寻求资源配置与客户需求的最佳结合点。

4. 创新原则

成功的商业模式不一定是在技术上的突破，而是对某一个环节的改造或是对原有模式的重组，甚至是对整个游戏规则的颠覆。商业模式的创新形式贯穿于企业经营的整个过程之中，贯穿于企业资源开发研发模式、制造方式、营销体系、市场流通等各个环节。在企业经营的每一个环节上的创新都可能变成一种新的商业模式。

5. 融资有效性原则

融资模式的打造对企业有着特殊的意义。资金已经成为所有企业发展中绕不开的障碍和很难突破的瓶颈。商业模式的设计很重要的一环就是要考虑融资模式。甚至可以说，能够融到资并能用对地方的商业模式就已经是成功一半的商业模式了。

6. 组织管理高效率原则

一个企业要想高效率地运行，首先要解决的是企业的愿景和使命。其次是要有一套科学高效的运营和管理系统。最后还要有一套科学的奖励激励方案。这三个主要问题解决好了，企业的管理才能实现高效率。

7. 风险控制原则

设计再好的商业模式，如果抵御风险的能力很差，就会像在沙丘上建立的大厦一样，经不起任何风浪。这个风险既包括系统外的风险，如政策、法律和行业风险，又包括系统内的风险，如产品的变化、人员的变更、资金的不足等。

【商业模式实践】　苹果皮的商业模式能够成功吗?

苹果皮的发明者潘泳，是个疯狂的“果粉”，他曾经最大的梦想就是拥有一部苹果手机。潘泳从小就是家里的“破坏狂”，总有各种各样的奇思怪想，家里的每一样电器，基本都被他拆过。中小学时期的潘泳有些“不务正业”，上了大学后却突然成了好学生，因为他学的是自己感兴趣的电脑软件开发，大多数的时间都花费在了捣鼓电脑上。

潘泳到深圳打工后开始琢磨，一款 iPod touch 从外观到功能，都与同期的苹果手机相差无几，只是缺少通信功能。是否能创造出一种产品，可以让音乐播放器摇身一变、变成手机？于是，在哥哥潘磊的支持下，兄弟俩在亲戚的一家仓库里开始试验，几经周折，试验成功。一个小小的创意竟然可以把 1000 多元的 iPod touch 改造成价值 5000 元左右的 iPhone 手机。在 iPhone4 上市销售潮愈演愈烈的时候，苹果皮和潘磊、潘泳兄弟俩一起迅速被公众以极高的热情所关注。

但是，潘氏兄弟面前摆着三道难题。一是苹果皮的入网许可、3C 认证等问题。二是苹果公司可能就专利问题向其发难，并且苹果公司不会与其合作。三是潘氏兄弟商业运营能力稚嫩，傍着苹果开发的小创意，其获利途径就是在苹果发难以及山寨抄袭之前迅速上量，日后即便因为各种问题不得不停产，也不至于一无所获。潘氏兄弟能得到他们想要的结果吗?

资料来源：中国经营报，2010-10-17.

4.3.3　商业模式合理性的基本检验方法

【创业家语录】

虽然硅谷在技术创新方面闻名于世，但商业模式的创新同样是硅谷取得惊人经济成就的重要原因。——迈克尔·内文斯（麦肯锡公司）

1. 商业模式的合理性检验

商业模式是否具有合理性，是创业能否成功的首要条件。可以通过对收入来源、成本构成、所需投资额、关键成功要素等内容进行分析，以判断其商业模式的合理性。

收入来源形式有单一的收入、多种相互独立的收入、多种相互依存的收入，具体收入模式包括会员费、基于使用量的收费、基于广告的收入、授权费、交易佣金等。

成本构成主要包括固定成本、可变成本和非再生成本等，以及成本结构分析。

投资额可以用累积现金流图来分析，创业可能需要的最大投资额，企业何时能够实现盈亏平衡、何时能够收回所有投资。

对影响创业成败的关键要素研究可以借助敏感性分析。

2. 商业模式识别坐标分析法

曾任苹果公司“软件布道师”的格威·卡瓦萨奇认为：能最终形成商业模式的创意和想法少之又少。为了帮助人们找到真正的商业模式，他提出了一个商业模式识别坐标分析方法（见图 4-1）。

这个坐标以“对客户的价值”为横轴，以“提供独特产品或服务的能力”为纵轴，由此出现了四个象限。

第 1 象限：不但你的东西对用户非常有用，而且只有你知道该怎么做。

第 2 象限：没有人觉得你的东西有用，但只有你在这么做；处于这个象限的企业，可以称为“冤大头型企业”。

第 3 象限：不但没有人觉得你的东西有特别的用处，还有一大帮人在跟你做一样的东西。这样的企业可以称为“凑趣型企业”。

第 4 象限：你其实没什么独到的能力，但你做的东西有一定的用处。这样的企业只能是惨淡经营的“平庸型企业”。

只有处于第 1 象限的企业，才可能成为拥有自己商业模式的企业。但能够处于这个象限的企业相当少。大量声称自己有商业模式的企业都可归入第 2，3，4 象限。

卡瓦萨奇的这个识别坐标对于我们判断一项设想中的商业模式是否有价值十分有用。如果能增加一个赢利维度将更为完美（见图 4-2）。因为，一个企业能为客户创造独特价值，但如果没有良好的成本结构和赢利模式，最终也只能因为持续亏损而难以为继。

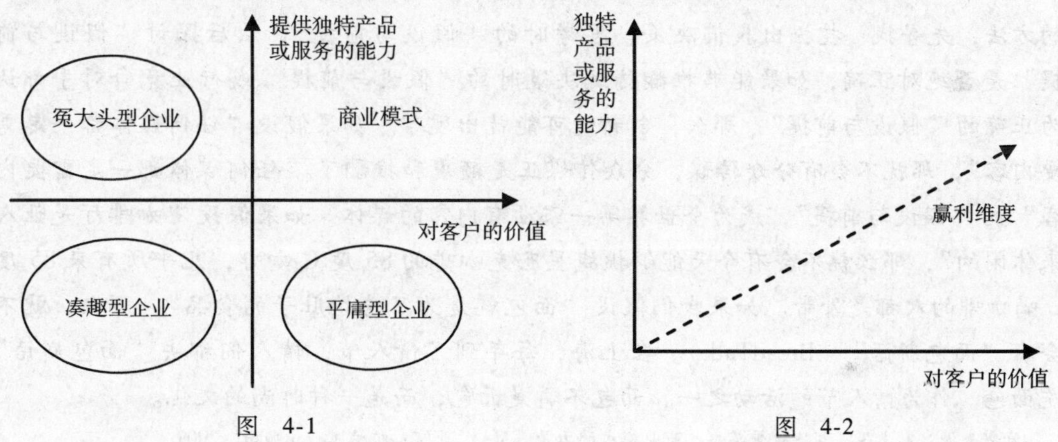

图 4-1　　　　图 4-2

3. 假设前提分析法

【创业家语录】

人类常犯的基本错误就是忽略前提。他不知道，一旦忽略了前提，在不同前提下所做的貌似正确的一切结论都是荒唐可笑的。——刘东华（中国企业家俱乐部创始人）

任何企业的商业模式都隐含一个假设成立的前提条件，如经营环境的延续性、市场和需求属性在某个时期的相对稳定性，以及竞争态势，等等。这些条件构成了商业模式存在的合理性。所以说商业模式就是一个组织在明确外部假设条件、内部资源和能力的前提下，用于整合组织本身、顾客、供应链伙伴、员工、股东或利益相关者，来获取超额利润的一种战略创新意图和可实现的结构体系以及制度安排的集合。

假设前提分析法是通过分析、评估商业模式赖以成立的前提，从而达到分析、评估商业模式本身的方法。建立商业模式的过程或者说创新商业模式的过程，就是检验所设想的经营理论是否正确的过程。该分析法的出发点是，每个商业模式的实施都是以前提假设作为先决条件，商业模式是否可行，是否有效益，关键在于前提假设条件是否成立。在讨论和选择商业模式时，可以不直接讨论商业模式本身而讨论它的前提假设。通过直接讨论其前提假设，达到判断其合理性的目的。只要商业模式的假设前提成立了，那么商业模式就有把握了。

方案前提分析法的优点有以下几方面：首先，由于只一般地讨论商业模式的前提，不讨论商业模式，可以排除设计者的偏见和干扰，使谈论者都能比较客观地分析问题，摆脱掉具体问题的束缚，增加方案的可信性和可靠性；其次，只讨论假设条件，比较容易集中正确的意见，保证商业模式的合理性和可行性；最后，通过前提分析，可以对商业模式的论据了解得更深刻，使商业模式选择更有把握，从而减少失误。

许多创业者对行业的假设过于乐观，潜在市场很大，企业何时可以拥有多少市场份额，然后可以实现多少收入和利润。其中两个重要的假设：第一是市场可以有较快的增长速度；第二是企业能够抓住机会，在足够的资本支持和合适的成本情况下，获得相应的份额，获得相应的利润。然而这些假设常常经不起推敲。

【商业模式实践】　假设！假设！

每个人在思考时都会有“假设”，而把“假设”推翻，就是创新的开始。所谓创新的方法，先寻找、挖掘出我们决策、思考时的“假设与前提”，然后探讨“假设与前提”是否绝对正确，如果能够推翻传统决策时的“假设与前提”或行业竞争对手都认为正确的“假设与前提”，那么，创新的可能就出现了。如果假设“任何媒体都一定需要内容”，那就不会有分众传媒，分众传媒正是颠覆和推翻了“任何媒体都一定需要内容”的“假设与前提”，成为全世界第一家没有内容的媒体。如果假设“咖啡厅是让人来休闲的”，那么就不会有今天能够挑战星巴克咖啡的85度C咖啡，几乎所有来85度C喝咖啡的人都是外带。如果我们假设“面包就是为了吃饱肚子的食品”，那么，就不会有“面包新语”（BreadTalk）。在上海，每年到了情人节，情人们都去“面包新语”吃面包。作为情人节的活动之一，面包不再是面包，而是一种时尚的文化。

资料来源：彭志强，刘捷，胥英杰．商业模式的力量［M］．北京：机械工业出版社，2009.

4. 数值检验

【创业家语录】

业务模式是很容易拷贝的。问题是我们怎么去理解自己的企业，你到底是一种纯粹业务模式的优势，还是有业务模式之外的优势？企业的竞争力，不是简单的一种业务模式就可以取得一切，需要从内质上细化上去挖掘，才有可能保持持续增长和发展。——周成建（美特斯·邦威创始人）

数值检验即检验商业模式能否赚钱、赚谁的钱、达到怎样的规模才能赚钱、赚多少钱。可以通过定性和定量两类方法进行检验。定性是建立在经验判断、逻辑思维和逻辑推理基础之上的，主要特点是利用直观的材料，依靠个人经验的综合分析，对事物未来状况进行判断。经常采用的定性方法有专家会议法、菲尔调查、座谈等方法。定量检验是根据历史数据找出其内在规律、运用连贯性原则和类推性原则，通过数学运算对事物未来状况进行数量预测。应用比较广泛的有时间序列预测法、相关因素预测法、成本决策、保本点预测、信用分析、流动资金预测、企业经济增长预测，等等。

对市场的规模和赢利率、消费者的消费行为和心理、竞争者的战略和行动进行分析和假设，从而估计出关于成本、收入、利润等量化的数据，评价经济可行性。当测算得出的损益达不到要求时，该商业模式不能通过数字检验。

【商业模式实践】 商业模式的失误导致企业破产

某企业主为餐馆提供饮料装置，每安装一个这样的装置将花费 2000 美元，但他每个月会从每家餐馆收到 100 美元作为提供饮料的原料费。依靠这种方式，他开创了一个看起来似乎有利可图的事业。但是生产饮料装置所需的钱是借的，而且饮料的利润非常低，根本不足以支付借钱的利息。然而他当时已经被盲目扩张迷惑住了。随着业务的不断扩张，公司很快就入不敷出，最终导致破产。

有些公司高层会因为给了销售力量一些不恰当的激励而无意中鼓励了错误商业模式的增长。一家注模公司以销售人员的销售额作为奖励依据而不论是否赢利。当公司从两家大客户手中接到价值 400 万美元新订单的时候，每个人都非常兴奋。但是随着销量的增长，利润率却出现萎缩。最后，CEO 终于意识到，让每个人兴奋的新订单事实上是一个吃钱机器。一个新的塑料封装的价钱还不足以支付生产它的花费。更加糟糕的是，销售团队每年都要不断降价以留住客户。

资料来源：栗学思，www.71peixun.com.

4.4 商业模式的演进和创新

4.4.1 商业模式的演进

【创业家语录】

创造出新的商业模式并不容易，但它是可能的。理想条件下，公司应该及时更新它的商业模式，而不是在出现财务紧张情况后被迫进行。——亨利·加斯伯

商业模式创新多从一个好的想法开始，逐渐形成有情节的“故事”，在与相关人员不断碰撞中逐步完善——“故事越讲越圆”，达到激励自己与他人的效果，形成商业计划书。随着对于新模式认识程度的加深，创业者也开始创建企业，将商业计划付诸实施。然而，从商业计划到一个成熟的商业模式，必须经过一系列的探索和演进过程，包括经营策略的试验、实践，新技术的研发、构建技术门槛、各类技术的整合和商务资源的配置，等等。

1. 商业模式的演进从模糊到清晰

创业企业在创建之初，其市场定位和商业模式常常并不明晰，甚至模糊，有的可能仅是个设想。随着商业的具体运作开展，创业者会逐渐形成清晰的市场定位和商业模式。为达到这个状态，一些创业者可能要付出辛苦的探索，甚至痛苦的失败。

即使一个企业拥有良好的商业模式，但随着时间推移，当环境出现重大变化时，如出现相关技术的重大突破、相关政策法规重大变化、消费者偏好的改变、众多模仿者在一夜之间

出现等，企业原有的商业模式不再具有竞争优势，这就需要企业及时调整。

在技术和信息方面，由于互联网的出现和迅猛发展，关于产品、价格方面更多信息的搜寻成本大大降低，企业信息更加公开，市场力量也从卖方转向买方。网络作为一种无时空限制的新媒介，催生了许多新业务，也结束了许多业务，从而改变了行业结构和收入在企业间的分配。

另外，当市场上出现一个新的商业模式后，很容易被仿效。而且，一个市场迟早会饱和，用户消费观念也会发生变化，企业增长会因此而减速，收益会达到递减点。因此，企业的商业模式并不是、也不可能一成不变，它需要在实际运作中不断演变和调整。

【商业模式实践】　“网络院线”：从模糊到清晰的新商业模式

网上在线看电影已经成为新一代网民的选择。面对数以亿计的用户群体，关键是如何最有效地启动这个发行市场，获得高成长的内容发行收益。于是，各类视频网站纷纷推出自己的“网络院线”，以图挖掘这座“金矿”。和任何新生行业一样，“网络院线”也存在一个商业模式问题。

据统计，视频网站上只有不超过1%的用户上传自己制作的视频，而剩余99%的用户都是观看用户。在全部的观看用户里面，有超过90%的用户选择观看成品的影视内容。因此版权问题是视频网站根本无法回避的问题。因此，购买版权就成为这些“网络院线”未来生存的底线。版权购买的成本问题，更主要取决于这种成本支出是否建立在一个完善清晰的商业模式的基础上，有了明确的商业模式保证，版权上的成本支出，就是一种投资而不是消费，可以为公司创造直接的收益。网络影院目前存在几种模式：收会员费、收费下载、插播广告。有的则是通过特别的资源来收费，比如网吧院线向网吧收费等。

优朋普乐采取“网络影视市场整合”的运营思路，形成了以解决方案综合提供商为核心，包括内容提供商、技术开发商、产品生产制造商和销售渠道商在内的完整产业链条，建立了最大的影视内容数字发行网，使每一块PC、TV和移动终端显示屏都变成一个电影大银幕，其模式与传统的院线发行相类似。

优朋普乐不仅是要拿到最优质的影视内容，而且要与这些内容的源头提供方确立一种可持续发展的长效机制，共赢、共生，而非单独某一方的短暂性获利。变简单的内容购买为建立顺畅的、真正有价值的影视内容数字发行渠道。维护正版，尊重内容价值，与各大影视出品机构形成一个长期、健康的战略同盟，共享透明的、高成长的发行收益。

同时，“网络院线”构建起来的产业链条是否具备资金流自循环能力是发展能否持续的关键所在。内容商和发行终端的利益关注点在哪里，如何去满足等问题也困惑着行业发展。

资料来源：杨娜．中国产经新闻报，2009-06-08.

2. 商业模式的演进从“复制”到“本土化”

国外市场经济发达的国家和地区，其产品和服务通常处于相对成熟的领先地位，也产生了很多比较成功的商业模式，值得我们借鉴参考。越来越多的在海外学习和工作的华人，希望发挥其信息和商业体验方面的优势，抓住国内的市场空缺机会，回国创业，有的已经获得了很大的成功，如搜狐的张朝阳、易趣的邵亦波等。

回国创业之初，通常是把国外成功的商业模式以最快的速度拿到中国“复制”，不过这么做容易出现“水土不服”问题。原因是国内的商业基础设施、消费者需求与国外相比可能有较大差别。那些成功者，不是采取简单的“全盘复制”，而是从“复制”到“本土化”。例如，易趣最初的创业就是模仿 eBay 的商业模式，但在执行过程中，发现中国的商业基础设施及信用环境与美国大不相同，因此根据我国的实际情况，易趣进行了许多调整，终于获得成功。

实际上，提出一个概念并不难，但建立一个商业模式的庞大系统却有相当的难度，复制国外的项目往往只是在复制外在的表象和概念，很难复制到整个企业的关键性运营系统，而真正的庞大商业模式系统还需要企业通过“本土化”去完成。从这个角度来讲，依然是一种创新，甚至是一种高难度的创新。

【商业模式实践】 网络视频网站从“复制”到“本土化”

我国目前的网络视频网站基本上是通过“复制”到“本土化”。尽管高点击率给视频网站带来了巨大的流量，但没有哪家视频网站不在经受着“商业模式”之痛，众多的视频网站不是遭受着版权的危机就是资金链存在断裂的危险。单纯依赖用户的原创视频很难吸引广告投放，对用户实行收费制几乎是不可能的，同时版权问题成为了各视频网站的阿喀琉斯之踵。

在美国，Hulu 已是最受欢迎的视频网站之一。相对于别的网站，除了 Hulu 高质量的影视剧播出内容、简洁优雅的设计和无与伦比的用户体验，单单其独一无二的商业运营模式就让人称妙。Hulu 的成功经验可以归纳为：独立发展、优良的用户体验和内容优势等三大重点理由。如果把 Hulu 模式“依 Hulu 画瓢”地引入到中国来会怎么样呢？会不会水土不服？国内版权环境的分散状态决定了无论哪个视频网站短期内都不可能形成垄断优势，导致基于用户体验的运营能力更为关键。

2010 年，百度旗下独立运营的视频网站爱奇艺，在获得来自 Hulu 的投资方 Providence 5000 万美元投资后正式上线，坚持正版、高清的发展模式，专注于高品质正版长视频领域。爱奇艺已经打好全部内容均为正版且坚持独立发展的基础，高清画质呈现视频内容是爱奇艺的一大特色，选择“悦享品质”的品牌描述透露出爱奇艺的经营方向。但还需要不断发展自己的优势。

更深层次看，Hulu 模式在中国发展将带来视频广告的革新，简单但有效的贴片广告形式有望全面普及，可能成为视频行业赢利的真正拐点。爱奇艺等视频网站采用正版高清模式可看做这一趋势的直接体现。中国 Hulu 也会是一只宝葫芦。

资料来源：视频网站陷赢利模式纷争，中国 Hulu 显生机，http：//news.163.com.

4.4.2 商业模式的创新路径

【创业家语录】

企业领导正在寻求并发现新的方法去创新他们的商业模式，以保证它们在当前产业的竞争力，或者在新的产业中寻求成长。——2006 年度 IBM 全球经理人报告

我深深地相信任何一个有用的事情，一定可以寻找到合适的商业模式，无论是靠广告还是靠电子商务，还是靠一些并购，甚至靠每月付费的方式，这个我觉得是没有任何悬念的。——李开复（创新工场创始人）

每一次商业模式的创新都能给企业带来一定时间内的竞争优势。但是随着时间的推移，消费者的价值取向从一个产业转移到另一个产业，企业必须重新思考和调整自己的商业模式。管理者可以把商业模式想象成一套积木，在搭积木的游戏中尝试用新的积木来扩大策略范围，用不同的搭配方式创造出新的赢利组合。由于行业各异，宏观和微观经济环境处于不断变化的状态中，没有一个特定的商业模式能够保证在各种条件下都产生优异的财务结果。商业模式必须根据客户需求的变化，以及市场竞争形势的演变而做出调整和变化。优秀的商业模式是丰富和细致的，并且其各个部分要互相支持和促进；改变其中任何一个部分，就会变成另外一种模式。基于与公司管理层和市场分析人员的交流，埃森哲总结出以下几个商业模式再造的途径。

1. 通过量的增长扩展现有商业模式

美国专营 B2B 业务的 William W.（Bill）Grainger 公司，向全球超过 100 万家工商企业、承包商和机构客户供货，其产品从设备、零部件到办公用具和日常劳保用品，一应俱全。该公司一直尝试通过多种途径使客户订货更加容易。这些途径包括设在各地的分支机构、电话、传真、印刷目录等，现在再加上网上订货，就更强化了其以方便顾客为价值诉求的商业模式。在原有商业模式的基础上将业务引向新的地域、增加客户数量、调整价格、增加产品线和服务种类等。

2. 更新已有商业模式的独特性

这种途径注重更新的是企业向客户提供的价值，借以抵抗价格战带来的竞争压力。以全球领先的半导体测试设备供应商美国 Teradyne 公司为例，它以创新产品赢得客户，但赢利却来自源源不断的产品升级和周到细致的服务。它向客户提供的价值自然就从尖端产品转移到了值得信赖的服务上。为了给它的商业模式注入活力，Teradyne 公司定期向市场推出突破性产品，以此提高企业竞争门槛。

3. 在新领域复制成功

有些情况下，企业用现成的手法向新市场推出新产品，等于在新条件下复制自己的商业模式，然后利用公司强有力的品牌营销能力和降低成本的运营能力，给这些品牌注入新的生命力。Gap 也是用品牌营销优势和商品管理知识，复制全新的“酷品牌”零售模式，如其旗下的 BabyGap、Banana Republic、Old Navy Clothing 等。

4. 通过兼并增加新模式

相当多的公司是通过购买或出售业务来重新为自己的商业模式定位的，Seagram 公司便

是成功的案例。该公司本来是生产葡萄酒和烈酒的公司，通过兼并变成了提供娱乐服务的公司。在这以后，它被法国 Vivendi Universal 公司收购。后者是想利用自己的移动电话、付费电视和门户网站业务向消费者提供前者内容的服务。2001 年 12 月，Vivendi Universal 将 Seagram 的葡萄酒和烈酒业务分别卖给了另外两家公司。经过几番兼并收购，Seagram 公司当初的商业模式已不复存在。

5. 发掘现有能力，增加新的商业模式

有些公司围绕自身独特的技能、优势和能力建立新的商业模式，以实现增长。加拿大的 Bombardier 公司是靠制造雪地车起家的，它通过分期付款方式向客户销售雪地车，开始涉足财务服务；进而又开展雪地车租赁业务。与此同时，制造雪地车的经验又使其能够向大规模制造业发展，包括飞机制造等。它再利用其租赁和航空业的经验，面向企业和富裕个人出售部分飞机所有权。Bombardier 利用它在一个商业模式中发展起来的能力、知识和关系，创造出一系列成功的商业模式。

6. 根本改变商业模式

这种情况在 IT 业尤其多见。大型跨国公司 IBM、惠普如此，国内公司如联想、神州数码等亦是如此。它们从卖 PC，造 PC，到系统集成、电子商务，不断改变着商业模式。此举意味着对整个企业进行改造——从组织、文化、价值和能力诸多方面着手，用新的方式创造价值。一些公司的产品逐渐失去了往日的锋芒，变成了附加值不高的大宗商品。决策者因而企图向上游或下游延伸，或者从制造业转向提供服务或解决方案，此时所面对的挑战就是从根本上改变商业模式。

每一个行业、每一家企业都有商业模式创新的可能和空间，这不是一蹴而就、一朝一夕的事情。但是只要认准了这个大方向，坚持不懈地探索、学习、研讨、头脑风暴、尝试，终将有所成就、有所突破。

【商业模式实践】　如家超越锦江的秘密

1996 年 5 月，锦江国际集团旗下的锦江之星旅馆投资管理有限公司选址上海梅陇镇，建成了中国的第一家经济型酒店。次年，梅陇店正式对外营业，仅仅 3 个月，入住率就达到了 90%，锦江之星一举成名，由此成为中国经济型酒店的鼻祖，开始了中国经济型酒店的领跑之路。

5 年之后，北京一家名不见经传的唐人酒店（后与首旅旗下建国客栈联合改名为“如家”）涉足经济型酒店领域，重点发展 3 星以下的宾馆作为连锁加盟店。仅用 4 年时间，在全国开业门店数量已达到 123 家，超越了锦江之星。2006 年 10 月在纳斯达克成功上市，奠定了如家国内行业老大地位，成为众多中国老百姓商旅的居家首选。

为什么后来者如家可以在短短的 4 年间，超越锦江之星，成为中国经济型酒店的第一品牌呢？通过如家商业模式分析，不难破解如家后来居上的秘密。

第一，准确的顾客及其需求定位。近年来，国内普通商务人士和游客的流动规模大大增加，其居住方面的需求主要是快捷、标准化的服务和明确适中的价格。

第二，产品有所为，有所不为。床品和卫生间就是如家有所为的重点所在。一方面是卫生上达到甚至超越传统酒店的条件，在房间的颜色上增加温馨感。另一方面是提升

客户在旅店中的服务质量。让如家的客户能享受到高的住宿质量、良好家具带来的舒适性、市中心区位带来的方便性，同时得到清洁和安全周到的服务。

第三，通过“幕后”运作创造独特价值。在投资运作方面，如家通过租赁和系统建设的方式，使新店的建设周期大大缩短。在人员管理方面，如家人力成本仅为同业的1/3甚至1/6。在后台运作方面，如家通过规模庞大的呼叫中心和高效的订房网站创造自身价值，降低了劳动成本，提高了服务效率。在服务运作方面，如家的标准化运作体系，确保了绝大多数顾客的满意。

第四，通过房产租赁和特许加盟实现渠道的快速扩张。在市场扩张和渠道拓展运作方面，如家采用房产租赁和特许加盟的经营方式，实现高速扩张。

第五，以标准化建立竞争壁垒。高效的资金使用方式和精确到便笺纸页数的管理操作模板，帮助如家将分店迅速开遍全国。而这一切的保障，则是酒店管理层对计划规定“无情的推进和执行”。在宏观层面，着重提高特许加盟店的比例，降低资金占用率；在微观层面，扁平化的管理结构、统一的店长培训，确保运营手册上的每一页，都能够得到落实。

资料来源：栗学思．商业模式创新，如家后来居上的秘密．www. linkshop. com. cn.

4.5 商业模式的发展趋势

4.5.1 跨行业杂交融合的趋势

现在很多不相干的企业通过融合建立了新的商业模式。移动通信与电影这两个过去没有任何联系的行业，现在也关联起来了。例如，取材于梁羽生的武侠名著《七剑下天山》的《七剑》成为2005年暑期档最引人注目的影片。尽管《七剑》首映定在7月29日，但是电影和中移动联手早在7月1日便在移动梦网的首页滚动新闻、影视频道、音乐频道、手机资讯、MO新生活等多个版块为用户开辟了“手机版《七剑》官方网站”的入口，让移动用户用手机独家体验《七剑》电影片段，提前感受真正的多媒体业务。

4.5.2 传统产业与互联网的结合趋势

传统产业与互联网的结合包含两层意思：一是传统企业如何利用互联网、利用IT、利用高科技来改造自己的商业模式，通过拓宽业务领域和赢利空间，提高自己的持续赢利能力，从而使自己更具有竞争力。二是互联网企业的落地，即与传统企业的嫁接。互联网的主角，严格来说就是传统企业，与传统企业结合得好可以产生倍增效果。如51job、携程，他们都是传统商务和互联网的结合，也就是说没有互联网他们也可以通过打电话和中介公司合作。传统产业非常巧妙地和互联网融合，由此获得超速发展。

4.5.3 行业娱乐化趋势

在互联网时代，任何行业的成长都已经离不开娱乐要素，甚至娱乐化已经成为产业升级最重要的因素和方向，有人甚至提出了“一切行业都是娱乐化”的口号。当一个行业被娱乐化的时候，其游戏规则以及核心竞争力的重构便发生了，商品的创新将更贴近人的内心，人类的物质发展将摆脱自然资源的无尽消耗。例如，微软在 21 世纪初就宣布将成为一家“家庭娱乐的平台公司”；索尼公司目前增长最快的产业板块是游戏机；苹果公司的复兴几乎就是娱乐化的经典标本；而盛大、网易、腾讯等，都宣布自己是一家娱乐公司。湖南广电集团湖南卫视策划的“超级女声”的商业模式，就是一个成功的商业模式。

【创业投资失败案例】　亿唐：无钱过冬被冻死

1999 年，第一次互联网泡沫破灭的前夕，刚刚获得哈佛商学院 MBA 的唐海松创建了亿唐公司，其“梦幻团队”由 5 个哈佛 MBA 和两个芝加哥大学 MBA 组成。凭借诱人的创业方案，亿唐从两家著名美国风险投资获得共 5000 万美元左右的融资。

亿唐宣称自己不仅仅是互联网公司，也是一个“生活时尚集团”，致力于通过网络、零售和无线服务创造和引进国际先进水平的生活时尚产品，全力服务所谓“明黄 e 代”，即 18 ~ 35 岁之间、定义中国经济和文化未来的年轻人。亿唐网迅速在各大高校攻城略地，在全国范围快速“烧钱”，除了在北京、广州、深圳三地建立分公司外，亿唐还在各地进行规模浩大的宣传造势活动。2000 年年底，互联网的寒冬突如其来，亿唐钱烧光了大半仍然无法赢利。此后的转型也一直没有取得成功，2008 年亿唐公司只剩下空壳，昔日的“梦幻团队”在公司烧光钱后也纷纷选择出走。

资料来源：企业失败教训：PPG 死于人祸，http：//pe. pedaily. cn.

4. 5. 4　从产业链的低赢利区向高赢利区移动的趋势

从产业链的低赢利区向高赢利区移动有两层含义：一是价值链的上下移动，从低价值区向高价值区流动；二是对价值链的某点替换或外包，只专注做价值链上端。企业的商业模式都有从产业链的底端向两边上移的趋势。产业链一般都由 ODM-OEM-OBM 组成，ODM（原始设计制造商）和 OBM（原始品牌制造商）都处于产业链的高利润区，而 OEM（原始设备制造商）则处于产业链的低利润区。随着竞争的激烈，产业价值链的最终端——销售商不得不进行价格战，这样的结果就是 OEM 企业的日子越来越难过。所以，企业会根据其发展战略，调整自己的运行系统，使之朝着形成自己核心竞争力的方向努力。

4. 5. 5　成熟商业模式不断扩展、复制、放大的趋势

对具有比较成熟商业模式的企业来说，不断地迅速扩展和复制，无疑是做大做强的唯一途径。全球高新技术产业发展的历程表明，一次重大技术创新往往能够激发出大量全新的商业模式。互联网的普及对原有买卖关系、购物方式、信息服务方式等产生巨大影响；移动网络的发展将原本不被人注意的短信等内容塑造为千亿规模的巨大产业；自由软件的兴起对于现有软件赢利模式提出挑战；随着网格技术的应用，将出现计算能力服务提供商等新型商业模式；下一代互联网的兴起将有可能导致语义管理服务等新型商业模式。

创新思维游戏

游戏名称：商业模式画板

游戏目的：亚历山大·奥斯特瓦德（Alexander Osterwalder）开发的“商业模式画板”，是一种可以用来检测和反思某个商业模式的工具。

游戏人数：1～6人。较好的做法是迅速独立构思并描绘出各自的想法。为了将个人的想法与某个组织现有的或是即将出现的商业模式联系起来，应该和其他人一起共同工作。参与者的背景差异越大，描述出来的商业模式就越精确。

游戏时间：建议的大体时间为，个人单独的工作时间需要15分钟，构建某个企业组织的现有商业模式需要2～4小时，开发未来的商业模式或是开发刚刚起步的商业模式需要多达两天的时间。

游戏规则：表达商业模式最好的方式就是让大家在墙上的挂图纸上画出来。打印一幅放大后的画板或是在墙上画一个画板，将讨论的条目列在上面。可以按照图4-3的式样把它画下来，首先要确保大家都有马克笔以及不同颜色和大小的便签条，其次需要用相机拍下结果。

进行这个游戏时，可以有多种不同的种类和变化。最基本的游戏是对企业现有的商业模式和自身进行评估，改进现有商业模式，参与者可以根据各自方案和目标加以调整。

1. 开始构建商业模式时，一个好的方法就是让大家描述企业所服务的客户细分市场。参与者根据客户细分的不同，将不同颜色的便签条粘在画板上。每组客户代表着一个特定的群体，比如他们有特定的需求，而你得向他们提供特定的价值观，或他们是否需要不同的渠道、客户关系或收入来源。

<table>
<tr><td colspan="6">商业模式画板</td></tr>
<tr><td rowspan="2">关键伙伴</td><td>关键活动</td><td rowspan="2" colspan="2">价值主张</td><td>客户关系</td><td rowspan="2">客户细分</td></tr>
<tr><td>关键资源</td><td>渠道</td></tr>
<tr><td colspan="3">成本结构</td><td colspan="3">收益来源</td></tr>
</table>

图4-3 商业模式画板

2. 接下来，参与者描述企业对每个客户细分的理解，反映出每个客户细分的价值主张。参与者应使用相同颜色的便签条代表价值主张，和对应的客户细分。如果一个价值观涉及两个差异很大的客户细分，那么应当分别使用这两个客户细分对应的便签条颜色。

3. 参与者利用便签条，将该企业商业模式中的所有剩余模块标示出来。相关客户细分始终坚持使用同一颜色的便签条。

4. 映射出整个商业模式后，可以开始评估该模式的优缺点。即，将绿色（优点）和红色（弱点）的便签条粘在商业模式中运行良好的模块和有问题的模块旁边。除了用颜色，也可以在便签条上标出“+”和“-”号。

5. 基于某企业业务模型的图形化表达方法，即参与者通过步骤1~4所产生的画板，或选择对现有商业模式进行改进，或创建出另外一个全新的模式。在理想情况下，参与者应使用一个或几个商业模式画板来体现改进的业务模型或新的替代模式。

游戏策略：企业现有的商业模式映射，包括它的优缺点，是一个重要的起点，可以用来增强现有的商业模式或开发出新兴的商业模式。最起码，该游戏有助于进一步理解和共享该企业的商业模式。该游戏最大的优点是，通过列出新的或是改进后的模式，帮助参与者制造今后的发展策略和方向。

本章要点

商业模式的本质就是你能给客户带来什么价值？给客户带来价值之后你怎么赚钱？你有什么资源和能力实现前两点，以及你如何来实现前两点？

商业模式是一个整体的、系统的概念，而不仅仅是一个单一的组成因素。如收入模式、向客户提供的价值、组织架构等都是商业模式的重要组成部分，但并非全部。只有将商业模式中的各组成部分有机地关联起来，使它们互相支持，共同作用，才能形成一个良性循环。

仅有产品开发是不够的，尽管开发创新产品的公司不会被淘汰。然而，同时开发创新商业模式的公司不仅能从产品上获得更高的价值，还将拥有实现差异化的持久来源。

商业模式在设计的过程中，需要通过诸多手段对其进行检验，以证明其合理性和可实现性。在商业实践中，可以发现很多在错误的商业模式基础之上的增长。很多企业家在企业处于较小规模时追求盲目的增长，失去了对那些一直伴随着他们的商业模式基本要素的把握，等发现商业模式不健康时，为时已晚。大量商业实践表明，企业在不健全的商业模式基础上的增长是极其危险的。

企业经营的本质是通过大胆创新和渐进式的演进，建立比较完善的商业模式，从而实现在正确的商业模式基础上的增长。如果没有建立相对稳定和健康的商业模式，就盲目扩张，是注定要失败的。同样，有了相对稳定和健康的商业模式，不寻求积极的扩张，也是保守的。因为随着时间的改变，消费者的价值取向从一个产业转移到另一个产业，企业必须重新思考和调整自己的商业模式。

关键术语

商业模式；赢利模式；商业模式的构成元素；商业模式的特征；商业模式的类型；商业模式设计；商业模式创新

案例分析 ITAT的商业模式存在的问题

顾客价值的重要性是显而易见的，但却有很多企业盲目追求商业模式的特殊性，忽视甚至无视商业模式的顾客价值。ITAT的问题可以很好地说明这一点。

2007年以来，ITAT及其近似“完美”的经营模式设计，受到企业界、学术界和投资商的追捧，让很多服装经营企业羡慕不已。特别是吸引了包括美国摩根士丹利在内的诸多风险投资公司高达1.2亿美元的风险投资。短短4年时间，ITAT的成长速度创造了服装零售业的奇迹。截至2008年2月，ITAT已经在中国内地开设了636家会员店，228家百货会员俱乐部店，8家时尚店，有效会员2566万人，销售额达80亿元。

其商业模式的基本操作方式是，由地产商提供店铺，服装企业供应服装商品，ITAT负责管理，服装销售收入以分成的方式作为各方的收益，其中服装供应商获得54%~60%；地产商获得10%~15%，并抵免房租；ITAT获得25%~36%。

这种模式下，ITAT无需支付店铺租金、无需承担商品库存风险，赚取资源整合的收益。而库存、租金是服装经营企业两大最主要的经营成本和经营风险，ITAT利用此模式将其全部规避掉。这种专攻渠道的商业模式，外有沃尔玛等百货零售企业，内有国美等电器卖场成功经验，一经宣传十分风光。然而，作为一个可持续的健康商业模式必须高度重视的顾客价值，却被ITAT忘到了脑后。

第一，ITAT忘记了要为谁创造价值。当有记者问到：“ITAT的定位是什么，什么样的品牌适合进入ITAT的店铺?”对方回答：“什么定位的品牌都可以!”记者反问：“富豪阶层、中产阶层、贫民阶层可以在同一家ITAT店里购物吗?”回答是：“当然可以!”

第二，ITAT不知道为顾客创造什么价值。服装为顾客创造的无非是身份、时尚、实惠、便利这四大价值。身份的价值需要品牌来支撑；时尚的价值需要品牌、设计、新颖来支撑；实惠需要低成本和压缩渠道来支撑；便利需要商业位置来支撑。

ITAT服装品牌认知度较低，难以满足顾客对身份的价值需求。而且由于其定位更大程度上是解决生产商的库存问题，因此产品时尚性就大打折扣，无法针对消费者喜好的变化及时调整商品的款式。ITAT的渠道设计和选址大多是交通不便、人流不大，购物的便利性无从谈起。另外，由于ITAT对入场商家实行从零售价倒扣一定比例作为进价的形式，商家必然提高售价，以获得更高的利润以减低人气不足带来的风险。因此ITAT门庭冷落也就不足为怪了。

不能为顾客创造价值的商业模式，不管如何受到资本的追捧，迟早都会被社会丢弃。在香港联交所第一次聆讯被否决后，ITAT的第二次聆讯再次遭到否决，而与第一次因为商业模式问题遭质疑不同，此次ITAT被否决的理由是其销售数据造假。

一个无法为顾客创造价值的商业模式，无论如何风光，如何受投资者追捧，终究还是会昙花一现，因为他们忘记了，是谁为商业模式买单!

资料来源：栗学思. ITAT的商业模式为何失败. http://blog. sina. com. cn.

延伸阅读与相关网站

1. 延伸阅读

如需进一步了解和掌握有关商业计划书领域的知识，请阅读《商业模式创新》（乔为国著，上海远东出版社，2009），《发现商业模式》（魏炜，朱武祥著，机械工业出版社，2010）《最佳商业模式》（刘旗辉著，清华大学出版社，2008），《商业模式——企业竞争的最高形态》（李振勇著，新华出版社，2007），《商业模式新生代》（亚历山大·奥斯特瓦德，伊夫·皮尼厄，机械工业出版社，2011）《2010商业模式：企业竞争优势的创新驱动力》（孔翰宁等著，机械工业出版社，2008），《商业模式的力量》（彭志强等著，机械工业出版社，2010）等文献资料。

2. 相关网站

商业模式 http://wiki. mbalib. com

商业模式 http://www. hudong. com

经理世界网 http://www. ceocio. com. cn

复习思考题

1. 商业模式的构成要素是什么？
2. 商业模式的主要类型有哪些？
3. 商业模式的构建原则有哪些？
4. 如何对商业模式合理性进行检验？
5. 商业模式的创新应该遵循的路径有哪些？
6. 设计自己创业项目的商业模式。

Chapter5

第5章 商业计划书

学习目标

- 了解创业计划书及其作用
- 熟悉创业计划书的编写原则
- 掌握创业计划书的内容
- 掌握创业计划书的制订步骤
- 熟悉编写和更新创业计划应注意的事项

引导案例

乔布斯亲自撰写的苹果商业计划书首页

苹果电脑公司（以下简称“苹果”）于1977年1月3日在加利福尼亚州注册成立。我们销售非商用的个人电脑、相关配件以及软件产品（注：非商用是指那些不具体地在严格的商业环境中的应用。比如，卖给一个五金商店用来管理库存和记账的电脑就被认为是商用，而一个医生在家里备一台电脑用于更新、存储处方数据，且这些数据不直接用于开单收费，就可以被视为非商用；基于爱好、娱乐、教育和常规家用之列都可被视为非商用）。

在创建苹果公司之前，史蒂夫·乔布斯和斯蒂夫·沃兹尼亚克合作设计、生产了第一代苹果电脑，在1976年1月和1977年1月苹果注册成立之前，共售出了200台第一代苹果电脑。

苹果现在准备生产第二代苹果电脑，这是第一代电脑的升级版。预计在5月下旬可以发售。苹果还正在全国范围内建立零售网点，目前已有180家零售网点。我们正在与分销商探讨如何建立独家授权的销售体系。

资料来源：苹果商业计划书还原乔布斯创业的第一步，http：//digital. sz. js. cn.

5.1　商业计划书概述

5.1.1　商业计划书的概念

【创业家语录】

如果你想踏踏实实地做一份工作的话，写一份创业计划，它能迫使你进行系统思考。有些创意可能听起来很棒，但是当你把所有细节和数据写下来的时候，它自己就崩溃了。——克雷那（著名投资家）

商业计划书又叫创业计划书，是创业者就某一项具有市场前景的新产品或服务，向潜在投资者、风险投资公司、合作伙伴等游说以取得合作支持或风险投资的可行性商业报告。商业计划书的编写一般是按照相对标准的文本格式进行的，是全面介绍公司或项目发展前景，阐述产品、市场、竞争、风险及投资收益和融资要求的书面材料。它主要用来解决想要干什么，怎么干，面向的目标客户是谁，市场竞争状况及对手如何，经营团队怎样，股权结构如何安排，营销安排，财务分析以及退出机制等一系列问题。

这些问题不仅是投资人或合作伙伴所关心的，也是创业者本人应该非常清楚的，商业计划书的编写实际上就是对这些问题的回答。尽管不同行业的商业计划书内容和形式可能不同，但其本质都是对这些投资人所关心问题进行分析与论证。

而如果有了一份详尽的商业计划书，就好像有了一份业务发展的指示图一样，它会时刻提醒创业者应该注意什么问题，规避什么风险，并最大限度地帮助创业者获得来自外界的帮助。一份好的商业计划书也会成为衡量创业者未来业务发展的标准。但是，在现实生活中，却经常有人在几乎没有任何商业管理经验的情况下，不制订详细的创业计划就开始创业。创业时的盲目行动对创业者而言，就如同没有经验的飞行员在冒险飞行一样危险，其结果有可能是彻底的毁灭。

5.1.2　商业计划书的作用

【创业家语录】

没有商业计划你不能筹集到资金……就它本身而言，一份商业计划就是一项艺术性的工作。它是表达企业和赋予企业人性化的证明。每个商业计划如同雪花，个个不同。而每个都是艺术品。每个都是企业家个性的反映。就像不能复制别人浪漫的方式，你也需要寻求你的计划与众不同之处。——约瑟夫 R. 曼库索（Joseph R. Mancuso）《怎样写作一个制胜的商业计划书》

1. 帮助创业者理清思路，准确定位

商业计划书能够帮助投资者在一个充满不确定性的商业环境中建立起长远眼光，能够针对现今商业环境中的各种变化以及如何适应这种变化而做出前瞻性的商业决策。制订商业计划可以使创业者将总体思考与随机的思路连贯起来。许多创业者在刚开始投入一项事业中时具有一个好的创意和热情，然而当真正着手去做一些事情的时候，才会发现需要考虑的地方何止一两处，也许有一些创业者只是在自己的脑海里形成一幅蓝图，但是如果未雨绸缪，就需要制订一份商业计划书，这样会更不容易偏离自己原先预定的方向。

2. 吸引风险投资和战略合作伙伴的重要媒介和工具

对于风险投资家来说，商业计划是评价创业企业是否真正有投资或者经营价值的重要依据。商业计划书的好坏往往决定了融资的成败。所以，商业计划书的另外一个重要作用就是帮助创业者把计划中的企业推销给风险投资家。它还可以帮助企业的出资者、供应商以及销售商等了解企业的经营状况和经营目标，说服出资者为企业的进一步发展提供资金。

3. 凝聚团队的沟通工具

商业计划书可以用来介绍企业的价值，从而吸引投资、信贷、员工、战略合作伙伴，或包括政府在内的其他利益相关者。一份成熟的商业计划书不但能够能描述出公司的成长历史，展现出未来的成长方向和愿景，还将量化出潜在赢利能力。这都需要创业者对自己公司有一个全面了解，对所有存在的问题都有所思考，对可能存在的风险做好预案，并能够提出行之有效的工作计划。

4. 承诺工具

商业计划书也是一个承诺的工具。和其他法律文档一样，在企业和投资人签署融资合同的同时，商业计划书往往作为一份合同附件存在。与这份附件相对应的是主合同中的对赌条款。对赌条款和商业计划书，共同构成了一个业绩承诺：当管理人完成或没有完成商业计划书中所约定的目标，投资人和企业家之间将在利益上如何重新分配。在辅助执行公司内部管理时，商业计划书仍是一个有效的承诺工具。在上级和下级就某一特定目标达成一致以后，他们合作完成的商业计划书就记录下了对目标的约定。这样的约定，将成为各类激励工具得以实施的重要基础。

【创业小贴士】 对赌协议

对赌协议就是收购方（包括投资方）与出让方（包括融资方）在达成并购（或者融资）协议时，对于未来不确定情况进行的一种约定。如果约定的条件出现，投资方可以行使一种权利；如果约定的条件不出现，融资方则行使另一种权利。所以，对赌协议实际上就是期权的一种形式。

在国外投行对国内企业的投资中，对赌协议已经应用，在创业型企业投资、成熟型企业投资中，都有对赌协议成功应用的案例。摩根士丹利等机构投资蒙牛，是对赌协议在创业型企业中应用的典型案例。摩根士丹利投资上海永乐电器公司，是对赌协议在成熟型企业中应用的典型案例。

资料来源：对赌协议，http：//baike. baidu. com.

5. 取得政府和相关机构支持

在我国，大量的创业活动离不开政府和相关机构的支持。政府每年都会在科技资金等方面选择一些潜力项目并提供支持。要取得政府的支持，必须借助公共关系和完整的商业计划，展现创业活动所具有的积极社会意义，让政府机构充分了解创业思路和所需要的具体支持。国内以前常常用可行性报告和项目论证书代替和行使这一作用。

【创业家语录】

企业邀人投资或加盟，就像向离过婚的女士求婚一样，而不像和女孩子初恋。双方各有打算，仅靠空口许诺是无济于事的。——美国投资家（佚名）

大部分创业者拿来的商业计划书都不靠谱，不靠谱的主要原因就是没想清楚。——薛蛮子（天使投资人）

5.1.3　商业计划书的基本要素

1. 商业模式

通过商业计划书展现商业模式，让投资者了解企业是如何赚钱的。商业模式一般贯穿在整个商业计划书中，它决定了创业企业的运作，关系到企业的发展战略。投资者特别关注商业模式是否蕴涵巨大利益，是否对现有的和潜在的利益进行重新组合和再分配。因此，除了要向投资者阐明选择的商业模式，还要让投资者确信商业模式能够获得成功，能够随着市场和自身条件的变化进行创新等。

【创业家语录】

在朗科的业务结构中，专利授权是公司的暴利业务。“研发－申请专利－专利授权－收取专利费”，朗科科技创造了以专利费为主要利润来源的商业模式。如果朗科公司产品不能占据市场主动，单纯依靠专利授权收入，这种商业模式要想可持续很难。——顾文军（iSuppli资深分析师）

2. 市场

商业计划书还要向投资者提供对目标市场的深入分析和理解。因为对于投资者来说，最关心的还是产品或服务有没有市场，市场容量有多大，顾客为什么要买产品或服务。要打消投资者的顾虑，要在商业计划中对消费者购买本企业产品或服务的行为进行细致的分析，说明经济、地理、职业和心理等因素如何影响消费者行为，并通过营销计划说明企业将如何通过广告、促销和公关等营销手段来达到预期的销售目标。

3. 产品（服务）

在商业计划书中，还要提供产品（服务）的所有相关细节，包括企业所实施的所有调查。还需向投资者说明产品（服务）所处的发展阶段、它的独特性、企业销售产品的策略、企业的目标顾客、产品的生产成本和售价、企业开发新产品或新服务的计划，等等。应该努力让投资者相信，企业的产品会在市场上产生重要的甚至革命性的影响，同时也要使他们相信，商业计划提供的证据是真实可信的，最终让投资者认识到，投资这个产品（服务）是值得的。

4. 竞争

在商业计划书中还必须就竞争对手的情况展开细致分析，向投资者清楚地阐述如下问题：现有的和潜在的竞争对手有哪些？产品是如何实现其价值的？和竞争对手相比有哪些优势？顾客为什么偏爱企业的产品和服务？企业如何应对潜在竞争对手的挑战？总之，商业计划书要使投资者相信，企业不仅是行业中的有力竞争者，而且将来还会是确定行业标准的领先者，企业的竞争战略完全能够应对即将面临的竞争。

5. 管理团队

投资者对创业团队的关注甚至超过产品本身，因为要把一个好的商机转化为一个成功的风险企业，关键要有一支强有力的管理队伍。因此，在商业计划书中，要向投资者完全地展现创业团队，描述整个管理队伍及其职责，分别介绍每位管理人员的特殊才能、特点和造诣，细致描述每位管理者能对公司做出的贡献，并明确企业的管理目标和组织机构。要让投资者对企业的管理团队充满信心，相信企业的管理队伍是刚好适合创业企业的“梦之队”。

6. 行动

再好的理念，也只有通过行动才能实现。行动的无懈可击才可能赢得投资者的青睐，商业计划书应该有清晰的企业设计、生产和运营计划，切实可行的企业营销计划和准确的财务计划。企业将如何把产品推向市场？如何设计生产线，如何组装产品？需要哪些原料？企业拥有哪些生产资源，还需要哪些生产资源？生产和设备的成本是多少，如何定价？所有这些问题，都要在商业计划中说清楚。

5.2 商业计划书的内容

【创业家语录】

商业计划绝对不是一个销售计划，里面会涉及无数细节，无数人才的运营。——马云（阿里巴巴创始人）

5.2.1 创业计划书的基本规范

创业计划书就是把创业者的创业想法，通过文字记录下来。一份好的创业计划书，可以是针对投资者的，可以是针对银行的，可以是针对合作伙伴的，也可以是针对自己的，针对不同对象，创业计划书的写作侧重点都会有所不同，不过，创业计划书也有自己的一般格式，我们称之为创业计划书的6C规范。

（1）概念（Concept）。就是让别人知道你要卖的是什么。

（2）顾客（Customers）。顾客的范围要很明确，比如说你认为顾客是女性，那50岁以上或者5岁以下的女性也是你的客户吗？

（3）竞争者（Competitors）。需要问，你的东西有人销售过吗？有替代品吗？竞争者跟你的关系是直接还是间接的？

（4）能力（Capabilities）。要卖的东西自己懂不懂，比如说开眼镜店，如果师傅不做了找不到人，自己会不会验光配镜？如果没有这个能力，至少合伙人要会做，再不然也要有鉴赏的能力，不然最好是不要做。

（5）资本（Capital）。资本可能是现金，也可以是有形或无形资产。要很清楚资本在哪里、有多少，自己有多少资金，需要借贷多少资金。

(6) **持续经营**（Continuation）。如果当你的事业发展很好时，将来的计划是什么。

5.2.2　商业计划书的内容

【创业家语录】

商业计划书最好是 10 页篇幅：第 1 页市场介绍；第 2 页分析市场问题；第 3 页解决问题的方式；第 4 页调研市场；第 5 页分析竞争对手；第 6 页介绍核心竞争力；第 7 页赢利模式；第 8 页近期目标；第 9 页资金预算；第 10 页介绍团队。——丁磊（网易公司创始人）

1. 封面和目录

封面应该包括公司名称、地址、联系电话、网址、日期以及核心创业者的联系方式等内容。封面底部可以放置警示阅读者保密等事项信息。如果公司已经有独特的商标，应该把它放在靠近封面中心的位置。目录页紧接着封面，它列出了商业计划和附录的组成部分及对应页码。

2. 摘要

摘要是商业计划中最重要的部分，是打开风险投资之门的钥匙。可以向忙碌的风险投资商提供他必须了解的新企业独特性质的所有信息。在某些情况下，投资者只有在摘要有足够吸引力时才会要求阅读详尽商业计划。阅读完摘要后，投资者应该能比较明确地感觉到整个计划的大致内容。

3. 企业描述

企业描述是商业计划的主体部分。它向商业计划审阅者展示了你知道如何将创意变成一家企业，企业是否拥有某些合作伙伴关系。许多商业计划依靠建立合作关系才能得以实施。

企业历史部分应该简明，但要解释企业创意从何而来以及企业创建的驱动力量。如果企业创意起源的故事真实感人，那就把它写出来。

使命陈述界定了企业为何存在，以及企业渴望成为什么。产品与服务部分应包括对产品或服务的解释，这部分应包括对产品或服务独特性的描述，以及在市场中的定位。当前状况部分应该显示企业进展到何种程度，可以根据里程碑来考察企业状况。里程碑指的是企业显著的或重大事件。如果你选择并注册了企业名称，完成了可行性分析，撰写了商业计划，创建了法律实体，你就算越过了几个重要的里程碑。法律状况和所有权部分，应该阐明谁拥有企业，企业所有权如何分配。

4. 行业分析

行业分析应该首先考察企业试图进入的产业，比如产业规模、增长率和销售预测等。在企业选择目标市场之前，应该充分理解所在行业。行业结构指的是产业集中或分散化的程度。行业趋势包括环境趋势和业务趋势。这可能是行业分析中最重要的部分，因为它经常是新商业创意的基础。最重要的环境趋势是经济趋势、社会趋势、技术进步和政治与法规变革。业务趋势包括产业利润率的增减、投入成本的升降等方面。

5. 市场分析

行业分析之后，通常是市场分析。行业分析关注企业进入的整个产业，而市场分析将行业划分为若干细分市场或区域，它们是企业试图进入的目标市场。市场分析的首要任务是细分企业即将进入的产业，然后识别特定的目标市场。市场细分是将整个市场划分为不同部分的过程。一般企业会按照多个维度划分市场，并逐步选出适合自身能力的特定市场。市场分析也应该包括竞争者分析，它是对企业竞争对手的详细分析。这有助于企业了解主要竞争对手的行业地位，也向商业计划审阅者表明，你对企业竞争环境有全面的理解。

6. 营销计划

营销计划关注企业如何宣传和销售它的产品或服务，涉及价格、促销、分销和销售等营销方面的具体细节。企业营销计划首先要清楚地阐明营销战略、定位和差异化，然后讨论它们如何被价格、销售渠道和促销组合策略所支撑。

7. 管理团队和公司结构

创业团队通常包括企业创建者和关键管理人员。商业计划应该提供每个管理团队成员的个人简介。个人简介包括职位头衔、职位的职责与任务、先前产业和相关经验、先前的成功经历、教育背景等信息。商业计划应该概述企业当前的组织结构，以及成长过程中企业结构将会如何变化。商业计划中的组织结构图可以展示企业如何构建权责链条的最有效方式。

许多风险投资者会首先浏览摘要，然后直接翻到管理团队部分来评价企业创建者的实力。因此，赢得融资支持往往不是因为创意或市场，而是创业团队为开发创意做了更充分准备。

8. 运营计划

运营计划部分应描述企业如何运作，以及产品或服务如何生产。首先要描述企业在最重要业务方面的一般运营方法。其次，运营计划部分应该描述企业的地理位置，及企业的设施与装备。最后，你要列出最重要的设施与装备，并简要描述它们的获得途径。如果生产设施是无法描述的（如电脑程序员的工作空间），就不要做过多解释。

9. 产品（服务）设计与研发计划

商业计划首先要描述产品或服务开发的当前阶段。大部分产品遵循产品概念、原型化、试生产和全面投产的研发路径。你应该着重描述产品或服务所处的发展阶段，并提供后续步骤的进度安排。如果处于企业早期阶段、仅仅拥有创意，你应该认真解释如何制造产品原型，它是新产品的初次实物展示。应该揭示产品或服务进入市场过程中，企业可能遇到的主要设计、研发风险与挑战。

本部分还应描述企业拥有或打算拥有的专利、商标、版权或商业秘密。如果新创企业仍处于早期阶段，可能没有采取任何知识产权上的措施，但应该补充一些法律建议，以便在商业计划中讨论相关事宜。

10. 财务规划

商业计划的最后部分是企业的预计财务规划。它们涵盖了整个商业计划，并用财务数据将其表示出来。首先，财务规划包括资金的来源与使用陈述，它特别指明企业需要多少资金，资金可能从何而来，以及资金使用在什么地方。

假设清单解释了财务报表所依据的最重要假设。识别企业依据的关键假设并彻底检查这些假设，对企业成功具有重要意义。

预计财务报表是商业计划财务部分的核心内容，但是在早期的创业企业中，这是最容易被忽视的方面。预计财务报表包括预计收益表、预计资产负债表和预计现金流量表。一般应准备3~5年的预计财务报表。如果是已开业企业，应该提供3年来的历史财务报表。

11. 风险分析

成功地消除和减轻投资者的顾虑，将有助于获得投资者的青睐。不同企业有各自不同的情形和各自不同的风险。这些风险可以分为机会风险、技术风险、市场风险、资金风险、管理风险、生产风险和环境风险等多个方面。要想融资成功，就要说明企业将怎样对这些风险因素实施控制，证明创业企业具有较强的抗风险能力。

12. 退出策略

风险投资者通常对创业投资的退出策略极为关注。在商业计划中，最好考虑设计适当的退出路径。常见的创业投资退出方式主要包括公开上市、兼并收购和回购等。创业企业应该对3种退出方式的可能性进行可信的预测，当然，任何一种可能性都要让投资者清楚投资的回报率。

（1）公开上市。上市后公众会购买企业股份，风险投资者持有的部分或全部股份就可以卖出。目前这条退出途径在国内因法律和股市不完全的因素而很不畅通。

（2）兼并收购。可以把企业出售给大公司或者大集团。采用这种方式时，一定要提供几家对本企业感兴趣并有可能采取收购行动的大集团或大公司。

（3）回购。回购可以给投资者提供一种“偿付安排”。在偿付安排中，投资者会要求企业根据预定的条件回购投资者手中的权益。

13. 附录

不适宜放入商业计划正文而又十分重要的材料都应放在附录中，如高层管理团队简历、产品或产品原型的图示或照片、具体财务数据和市场调查计划等。

5.2.3　商业计划书的基本要求

【创业家语录】

如果你的商业计划书落实不到产品、市场和优先发展的方面，那你就一无所成。——本·特里戈（凯普纳-特里戈公司创始人）

要想让企业的商业计划书引起投资者的关注，首先就要了解商业计划书写作的基本要求，不犯低级错误，并在此基础上把商业计划做得更加出色。

1. 力求准确

向投资者全面披露与企业有关的信息，无论是优势还是困难都要讲到位，体现出与投资合作的诚意，隐瞒实情、过分乐观甚至夸大其词往往会适得其反。

2. 简明扼要

商业计划书首先要简洁，最好开门见山，直奔主题，让投资者觉得阅读每一句都是有意义的。许多创业者常犯的毛病是把商业计划书写得像一部企业管理大全，面面俱到，忽视了应有的侧重点。商业计划在30~50页为佳，太短或太长都不好。

3. 条理清晰

商业计划书看起来似乎是很高深很复杂的东西。实际上，无论创业企业是做高科技还是传统产业，投资者真正关心的问题都是一样的：做的是什么产品？怎么赚钱？能赚多少钱？为什么？在制订商业计划书之前，要能够清晰地就这几个问题解释清楚：商业机会、所需要的资源、把握这一机会的进程、风险和预期回报。

4. 注意语言

良好的语言水平并不能挽救创业企业不成熟的创业理念，但是一个好的创业理念却可能因为语言水平不高而导致融资的最终失败。因此，需要对商业计划书的语言进行锤炼，一方面商业计划不是学术论文，应该力求语言生动；同时，要让读者容易理解商业计划书的内容，所以应尽量避免使用过多的专业词汇。

5. 强调可信性

商业计划描述的前景可能很动人，但要真正打动投资者，还要让他确信这幅图景是可实现的。要做到这一点，需要在商业计划书撰写之前进行充分的市场调研，了解顾客、竞争对手、市场前景等问题，在调研数据的基础上进行财务分析，来说明企业将获得的收益。在商业计划书中，数据越充分越翔实，就越容易让投资者相信预测是可信的。

【商业计划书小贴士】 IDG认可的商业计划书要素

企业简介：包括公司名称、发展历史、产品或服务以及各股东方。

业务模式：企业的核心产品或服务，市场中的竞争优势。

市场分析：包括行业市场规模，目前公司的市场份额、市场地位，主要竞争对手的情况。

管理队伍：公司的管理架构，以及创始人、主要管理人员和技术骨干的介绍。

财务数据：过去两三年的资金及管理运作的简单财务报告，以及今后两年的销售预测。

融资需求：一两年之内的融资计划，包括资金需求量，具体融资方案及其他相关需求。

5.3 商业计划书的制订

5.3.1 商业计划书的制订步骤

【天使投资人语录】

商业计划书是个非常重要的东西，所有伟大的事业都是最简单的事业，微软做Windows，腾讯是QQ，李彦宏是搜索，一句话就搞定了，这件事你只有想清楚才能做得清楚。——薛蛮子（天使投资人）

制定商业计划书的创业者在事后总会跟看过牙医的病人一样，着重于谈论痛苦而不是结果。商业计划书的制定并不是件浪漫的事，但是，既然打算写一份优秀的商业计划书，那么就必须做好思想准备，准备好将要花费的时间、耐心和思考，准备好不断地辩论，并做好进行长时间研究、写作和编辑的准备。

1. 将商业计划构想细化

创业团队需要对创业活动进行总体规划，明确企业的竞争对手、客户、技术和企业的赢利模式等内容。

2. 市场调研

创业团队需要对企业所处的行业、环境和政策背景进行调研，需要就企业的竞争对手展开研究，需要就客户展开调研，调研的细致准确将为下一步的工作奠定扎实的基础。

3. 商业计划书写作

根据企业的构想和市场情况，制定明确的目标、市场和竞争战略，拟定实施战略的具体措施，并说明企业团队的执行能力，再对公司的未来做一份完整的财务分析。在此基础上构成商业计划书的基本框架。

4. 商业计划书的检查和调整

在商业计划书写完之后，最好采用模拟辩论的方式，从商业计划中发现存在的问题。另外，当局者迷，最好再求助于融资顾问，就商业计划能否对投资者关心的问题做出清楚的说明，准确回答投资者的疑问。如果不能，就要做出相应的改进。

5. 商业计划“答辩”

这是推销商业计划的时机，记住，简洁的市场分析和可靠的分析数据是有益的，对一些可能的提问也要事先做好应付的准备。

5.3.2 商业计划书的制订原则

【创业家语录】

描绘你的组织最终会落实到如下问题：你提供什么样的产品或服务？向谁提供？以下是完成一份商业计划书的简单方法：第一，问你自己，我们能做什么，擅长什么，请尽可能地列出详细清单；第二，在你所在的市场或希望进入的市场里，有哪些需求还没有得到满足，或是没有得到充分满足；第三，列出在进入市场后，与你的竞争对手抗衡时，你的优势所在。——本·特里戈（凯普纳－特里戈公司创始人）

1. 逻辑原则

商业计划书的编写在逻辑上要遵循以下四个原则。

（1）**可支持性原则**。即给投资者一个充足的理由，说明投资的可行性。

（2）**可操作性原则**。即解释以什么来保证创业及投资成功。

（3）**可赢利性原则**。即告诉投资者带来预期回报的概率有多大，时间有多长。

（4）**可持续性原则**。即告诉投资者我们这个企业能生存多久。

2. 内容原则

（1）**结构完整**。经常见到缺乏财务预估、市场状况及竞争对手数据的商业计划书，这样的商业计划书导致的自然是投资方对方案评估速度减慢，投资可能性减小。

（2）**结构清楚**。清晰的逻辑结构会给人一种思路清晰的感觉，看到这样的商业计划书，投资人可以最简洁地了解你的构思与想法。

（3）**深入浅出**。把艰深难懂的想法、服务与程序以浅显的文字表现出来是一种自我营销方式，尤其是当你的资金来自银行或一群不具备专业知识的投资者时更需如此。

（4）**顾客导向**。简单地说，针对口味调酱加料就是了！最好连行文的语调、章节的编排、数据的呈现、重点的强调等，都能根据需要募资的对象进行适当调整。

5.3.3 编写创业计划书应注意的几个问题

【风险投资商语录】

有些商业计划书请了平面设计师精心设计排版，粗看一眼会为之眼睛一亮，但是反复看了几遍，除了精美的 PPT 画面以外，找不到实质性的内容。极少会有一个 VC（venture capital，风险投资）在商业计划书阶段上当受骗，VC 犯错误，多半是投资以后的风险管理，而不是投资前的分析和判断。VC 的看家本领就是看商业计划书，VC 个个都是火眼金睛。——一个职业 VC 眼中的商业计划书

1. 明确创业计划书是干什么用的

一是对未来的创业活动做出计划和预期，以规范创业过程当中的各种行为；二是用来吸引投资人，这可能是创业计划书最为实际的功用。所以创业计划书的撰写要尽可能迎合投资者的心理和要求。写一份计划书就像做一次演讲，一个好的演讲者应该讲听众感兴趣的，这样才能吸引听众的注意力。创业计划撰写的切入点不同，可能不会对创业者的行为产生影响，但却会直接影响创业融资的结果。创业计划书中的计划摘要就显得十分重要。它必须能让读者有兴趣并渴望得到更多信息。

2. 避免一些容易犯的错误

有技术背景的创业者往往缺乏营销经验，更没有如何建立、维持企业竞争优势的经验。即使意识到市场的重要性，却把重点放在描述市场有多么巨大，前景有多么广阔上，而没有注重思考、描述竞争与营销策略的问题。而如何建立、维持企业的竞争优势，采用何种营销策略是投资人最想听的。

3. 创业计划书还应当简洁明了

创业计划应当做到让外行也能看懂。一些创业者认为他们可以用大量的技术细节、精细的设计方案、完整的分析报告打动读者，但大多数时候并不是这样。只有少量的技术专家参与创业计划的评估，许多读者都是全然不懂技术的门外汉，他们更欣赏一种简单的解说，也许用一个草图或图片作进一步的说明会更好。如果非要加入一些技术细节，你可以把它放到附录里面去。

4. 创业计划书的写作风格应前后一致

在创业计划书的编写过程中一些细节方面也同样重要，一份创业计划，通常有几个人一

起完成，但最后的版本应由一个人统一完成，以避免写作风格和分析深度不一致。而且，好的创业计划必须正确、清楚。所谓正确就是必须注意数字准确性，只要提到数字必须有根据，如果是参考别人的数据应注明出处，如果是假设必须说明假设条件。所谓清楚就是容易懂，让拿到创业计划书的人不必再经口头解释，就可以容易地了解整个投资构想。

5.4 创业计划书的评价

5.4.1 风险投资商关注的要点

【创业家语录】

我每天看三四十份计划书，会非常认真地看3分钟，如果没有引起我的感觉，我会放弃。有人会说，你是否埋没了我们的英雄。但是VC有个理论：天下不是只有一个成功的公司。也许这个公司非常好，但是我今天没有看到，我会有机会投其他公司。一定有其他公司会成功。这样VC会有很好的收获。大家在写商业计划书的时候，一定要用最简单的语言、最明确的图表说明问题。——周鸿祎（奇虎360公司创始人）

1. 关注产品

在商业计划书中，关于产品的介绍应该是重中之重。在商业计划书中，应提供所有与企业的产品或服务有关的细节。应包括产品处在生命周期的哪个阶段？它的独特性怎样？企业分销渠道是什么？谁会使用企业的产品？产品的生产成本是多少？售价是多少？企业发展新产品的计划是什么等诸多问题。

在商业计划书中，创业者应尽量用简单的词语来描述每件事。商品及其属性的定义对创业者来说是非常明确的，但其他人却不一定清楚它们的含义。制定商业计划书的目的不仅是要让出资者相信企业的产品会在市场上产生革命性的影响，同时也要使他们相信企业有证明它的论据和能力。

2. 要敢于竞争

在商业计划书中，创业者应细致分析竞争对手的情况。竞争对手都是谁？他们的产品怎样？竞争对手的产品与本企业的产品相比有哪些相同点和不同点？竞争对手所采用的营销策略是什么？要明确每个竞争者的销售额、毛利润、收入以及市场份额，然后再讨论本企业相对于每个竞争者所具有的竞争优势，要向投资者展示顾客偏爱本企业的原因。商业计划书要使它的读者相信，本企业不仅是行业中的有力竞争者，而且将来还会是确定行业标准的领先者。在商业计划书中，创业者还应阐明竞争者给本企业带来的风险以及本企业所采取的对策。

3. 了解市场

商业计划书要给投资者提供企业对目标市场的深入分析和理解。要细致分析经济、地理、职业以及心理等因素对消费者选择购买本企业产品这一行为的影响，以及各个因素所起的作用。商业计划书中还应包括一个主要的营销计划，计划中应列出本企业打算开展广告、促销以及公共关系活动的地区，明确每一项活动的预算和收益。商业计划书中还应简述企业的销售战略，即企业使用怎样的营销渠道，并特别关注销售中的细节问题。

4. 表明行动的方针

企业的行动计划应该是无懈可击的。商业计划书中应该明确下列问题：企业如何把产品推向市场？如何设计生产线？如何组装产品？企业生产需要哪些原料？企业拥有哪些生产资源，还需要什么生产资源？生产和设备的成本是多少？企业是买设备还是租赁设备？解释与产品组装、储存以及发送有关的固定成本和变动成本的情况。

5. 展示你的管理队伍

把一个思想转化为一个成功的创业企业，其关键因素就是要有一支强有力的管理队伍。这支队伍的成员必须有较高的专业技术知识、管理才能和多年工作经验。管理者的职能就是计划、组织、控制和指导公司实现目标。在商业计划书中，应首先描述整个管理队伍及其职责，然而再分别介绍每位管理人员的特殊才能、特点和造诣，细致描述每位管理者对公司所做的贡献。商业计划书中还应明确管理目标以及组织机构图。

6. 出色的摘要

商业计划书中的摘要也十分重要。它必须能让读者有兴趣并渴望得到更多信息，要能给读者留下深刻的印象。计划摘要将是创业者所写的最后一部分内容，但却是出资者首先要看的内容，它是从计划中摘录出的与筹集资金最相干的细节：包括对公司内部的基本情况、公司的能力以及局限性、公司的竞争对手、公司的营销和财务战略、公司的管理队伍等情况简明而生动的概括。如果公司是一本书，它就像是这本书的封面，做得好就可以把投资者吸引住。

【天使投资人论商业计划书】　周鸿祎对商业计划的解读

我对三类计划书是最反感的。第一，没有强有力团体的计划书。没有创意的事情我们也可以投，这个时候对团体的要求会非常高，你最好可以证明你在哪个公司做过，做过什么事情，有什么成功的纪录，你的团体如何有执行力。第二，只有创意，没有实际经验，没有细节的计划书。很多年轻创业者有一个非常大的误解，认为有一个创意，加上了钱一定可以成功，如果是这样，这个世界上都是成功者了。第三，超过10页的计划书。因为做投资的人有一定的经验，我们的判断是只要告诉我你在做什么，你的产品提供了什么价值给什么样的用户，用户为什么要用你的东西及你的东西怎样面对竞争。如果有同行竞争，你和他们相比如何？你应对未来市场竞争的办法？曾成功投资雅虎等著名公司的VC公司认为，哪怕是业务非常简单的小公司，只要能为客户创造价值，客户会喜欢用你的东西，并且可以说服VC，你能做到全球最好或者中国最好，这个公司就有价值。我们会考虑投资这样的公司。我希望大家在构思自己商业模式的时候，不是把计划书写得多么宏大，你们就踏实地告诉我们，如果我是你的客户，你会为我们带来什么样的价值。10页的篇幅说不清怎么办，如果可以引起我们的兴趣，我们会和你联系，可能会给你3个小时的时间进行讨论。

资料来源：风投谈眼中的完美计划书，http://elab.icxo.com/htmlnews.

5.4.2 创业计划书的自我测验

【创业家语录】

我给创业者的建议：①概念不重要，讲概念并试图用一套逻辑来分析用户是不行的；②商业模式不重要，永远要先关注产品对用户产生什么价值，脱离产品谈商业模式是空谈；③布局不重要，号称在很多领域布了大局仍然失败了，就是因为没有找到用户的体验点。——周鸿祎（奇虎360公司创始人）

管理学大师Bruce Judson博士对创业计划书的测验提出了以下11条标准。

1. "电梯"测验

电梯测验是广为人知的电梯销售演讲的变本。创业者需要一个"电梯商业演讲"，因为创业者必须清楚公司如何赚钱，检验新公司的一个测验就是看公司被解释得难易程度。如果一个创业者能在其名片后面概括出他的公司计划，这就意味着他能向员工、顾客和利益相关者描述公司的目标。思科公司创始人只用了三个单词解释他们的使命"思科连接网络"。

2. "最多三件事情"测验

成功有赖于创业者将其能力集中在有限几个关键领域的能力。当创业者审视一个商业创意时，需要问自己如下问题：这里决定我成功的三件事是什么？一个显然的问题就是我具备在这个范围内成功的必备能力吗？如果没有，如何获得？

3. "假如你是顾客"测验

把自己放在潜在顾客的位置上。问自己一系列问题：在已有选择的基础之上，我会买这个公司的新产品和服务吗？如果是，为什么？作为一个潜在的买家，我是唯一的，还是很多人和我一样？我会以现在的全价购买产品和服务吗？购买服务有多快，多容易？我会立刻购买，还是先了解一下？然后再回到企业家的角色。

4. "差异化和市场领导权"测验

无论何时有人说，"这是一个巨大的市场，我们只需占领一小部分就能成功"，请赶紧转身离开。不惜一切代价避开这个陷阱，成功需要自己的业务与竞争对手有明显的差异并具有竞争能力。定义自己的市场，即使它只是更大市场的一小部分，这样你自己才有与众不同之处吸引这部分顾客，让你占领这个领域。

5. "我会被包围吗"测验

在创业之前，你必须估计很常见的现象带来的风险，以及妨碍长期成功的可能性。公司有一些结构特征能够使得供应商和合伙人难以竞争。从一开始就要考虑你是否能有效构建公司，阻止合伙人和供应商复制你向顾客提供价值的企图。

6. "成本翻番"测验

"成本翻番"测验本质上是测验检查你犯错误的回旋余地。你预料到会出现比预期费用要高，需要更多时间实现收益流的问题。问你自己如下的问题：如果成本翻番，这还是一份好的商业计划吗？如果第一年的收益只有预期收益的一半，成本又翻番，这还是一个好创意吗？

7. 留下“犯错误试验的空间”测验

好的商业创意通常留给自己很大的犯错误空间。最后挣的钱不一定来自打算挣钱的地方，所以留下试验的空间。在投入时间和精力检测你的公司前，使用这个测验最有价值。一旦已经完善了自己的业务模式，就没必要选择如此大胆的假设。

8. “依赖性”测验

任何公司的重要风险来源之一就是对某个供应商或者顾客的巨大依赖。应遵循单一顾客不能占据一个公司销售额35%的原则。所以，需要问自己：我的公司是否严重依赖某个公司，是否有办法减少这种依赖性。

9. “多股收入流”测验

尽可能控制你的风险。控制风险的传统方法之一就是多样化，涉及公司收入，这就是说公司有从多个渠道获得收益的能力。

10. “脆弱性”测验

“脆弱性”测验是一种用来分析商机的“最坏的情况是什么”的方法，是在开始时问这样一些问题：如果公司开业运转了，什么事情会让我的公司瞬间倒塌？我如何预测现有的和潜在的竞争者对我的公司做出的反应？是否有竞争者有能力将我的公司立刻扫地出门？为什么现有竞争者不会对我的进入做出反应？

11. “不只是一条路”测验

这种简单的测试并启动新产品和服务的能力通常反映了创业者的经验。如果你的公司或者你将使用的技能能够灵活地朝多个方向发展，你将更有可能成功。但是如果你正在启动一个只有一条路可走的公司，那么停下来，反复思考，你没有多少犯错误的机会。

【创业知识小贴士】 VC是怎么思考的

第一步，需要一份尽可能详尽的筹资申请和商业计划书。每个风投都提供有商业计划书的样本，其基本结构和内容差别不大。

第二步是尽职调查，即对初步筛选过的申请者进行进一步审查。审查内容基本涵盖业务背景、人事背景、财务声明、法律事务的审查，业务回顾与价值评估，业务现状及预期等。尽职调查的方法主要是询问、走访、查询和取证，相关对象包括申请人、员工、供应商和竞争对手、客户、专家、会计师、律师以及其他有关人员和机构。

第三步是综合预测和评价，主要是对风险的测定和收益的预算。除了很多定性分析方法之外，还采用定量分析方法。使用的分析方法取决于风险投资公司的惯例、风险投资人的偏好以及案例的实际需要。测定的风险包括市场、技术、管理、财务和政策方面的风险。

第四步，通过上述评估的项目还要面临最后关键的选择，即选择怎样的投资切入点和怎样的投资方案，这对于降低风险和保留足够的回旋余地十分重要。当此事确定后，风险投资的决策过程就告一段落了。

资料来源：风险投资公司运作的程序，http：//www.doc88.com.

5.5 商业计划的陈述

如果商业计划成功吸引了潜在投资者的兴趣，下一步就是与投资者会面并向他们当面陈述商业计划。投资者往往要面见企业创建者，因为投资者最终投资的新企业非常少，所以新企业创建者应尽可能给投资者留下良好印象。

与投资者的初次会谈通常时间很短，大约1小时。投资者一般要求企业使用幻灯片做二三十分钟的口头陈述，然后利用剩余时间进行提问。如果投资者印象深刻而打算了解更多企业信息，他与合伙人会邀请陈述人进行第二次会谈。这次会谈通常会持续更长时间，进行更充分地陈述。

【创业家语录】

很多创业者认为，我有一个好点子，这个点子就是一切。甚至有一些人认为，我这个点子要藏起来，不能让别人知道，不让风投和天使投资知道。真正这种改变一切的点子是非常非常少的，点子非常多，相对来说点子是不值钱的，诸位如果仔细想想，都可以想出一二十条不错的点子，而且足够好让风投来投资的点子，所以点子不是最值钱的。——李开复（创新工场创始人）

我们相信我们能做，没有网络就没有生意。如果我们把时间花在写商业计划书上、等候融资和风险投资上、寻找猎头公司上，就不会有今天的敦豪。——拉里·希尔布洛姆（敦豪DHL创始人之一）

5.5.1 商业计划的口头陈述

【创业家语录】

美国人问我，360是什么意思？我说中国人讲圆满，我们做安全保护，要给提供360度的保护。他们就理解了。另外，我们说过去几年给中国网民提供终端服务，网民碰到木马、欺诈的时候我们就解决，他们就认为我们是110，但是我们又是免费，同行认为是250，是傻子，所以110+250那就是360。——周鸿祎（奇虎360公司创始人）

一个人也许有全世界最棒的想法，完全新奇，与众不同。但如果他无法说服其他人去相信这个想法，一切都是白搭。——格雷戈里·伯恩斯（埃默里大学的神经科学教授）

与投资者会面之前，创业者要准备好幻灯片，并以会议预定的陈述时间为限。口头陈述的首要原则是遵守安排。如果投资者给创业者1小时的面谈时间，包括30分钟陈述与30分钟问答。那么，口头陈述就不应该超过30分钟。陈述应该流畅通顺，幻灯片应简洁鲜明，切忌堆砌资料。

会面时，创业者应守时并做好充分准备。陈述应通俗易懂，避免使用技术术语。新企业创建者常犯的错误是，花费太多时间纠缠于产品或服务的技术，却没有时间陈述企业自身的情况。口头陈述最重要的事项以及陈述技巧如表5-1所示。这种陈述形式只需要用12张幻灯片。创业者通常犯的错误是准备了太多幻灯片，他们在30分钟陈述期间急切地翻阅图片。

表5-1 口头陈述包括的12张幻灯片

主 题	解 释
1. 标题	介绍公司名称、创建者名字、公司图标，开始陈述
2. 问题	简述企业要解决的问题或满足的需求
3. 解决方案	解释企业如何解决问题，或如何满足未实现的需求
4. 机会与目标市场	阐明特殊的目标市场，讨论推动目标市场发展的业务或环境趋势
5. 技术	这张幻灯片可随情况选用。讨论技术或产品/服务的独特方面。不要过分以技术方式来讨论，让描述简单易懂
6. 竞争	着重解释企业的市场竞争优势，企业如何与竞争对手展开竞争
7. 营销与销售	描述总体的营销战略。讨论销售流程。如果你已进行了购买意愿调查或其他的产品初步调研，在此要汇报调查结果
8. 管理团队	描述现在的管理团队。解释团队如何构建，他们的背景与技能如何对企业成功至关重要。如果你有顾问委员会或董事会，简要介绍关键的个人。如果你的团队有差距，解释如何弥补、何时弥补差距
9. 财务规划	简要讨论财务情况。强调企业何时获得利润、达到赢利需要多少资本、现金流何时达到盈亏平衡。如果需要展示数据信息，可多使用几张幻灯片，但不要太多
10. 当前状况	描述企业当前的情况，企业已经达成的里程碑时间。不要忽视已有成绩的价值
11. 融资需求	说明你要寻求多少融资，你如何使用这笔资金
12. 总结	结束陈述。概述企业与团队的最重要方面。征求听众反馈

资料来源：Bruce R Barringer. Preparing Effective Business Plans：An Entrepreneurial Approach. Prentice Hall，2008：242-253.

5.5.2 投资者的预期问题与反馈

【创业家语录】

伟大的企业可以用3秒钟说清楚，比如世界最大的计算机公司IBM，最好的软饮料公司可口可乐。万科现在还不能这样说，但我可以用6秒说清楚：中国城市住宅开发商、上市蓝筹股、受尊敬企业。——王石（万科公司董事长）

创业者如果不能30秒内回答："顾客为什么要买我的产品？"那他很可能就会失败。另外一个数字就是6~8分钟应该能够描述产品并作演示。因此，美国的Demo大会给一个产品6~8分钟。——李开复（创新工场创始人）

无论是初次会面还是后续讨论，潜在投资者都会问创业者很多问题，创业者应该敏锐地预见到这些问题并为之做准备。因为投资者往往带着挑剔的眼光来看商业计划，尤其在投资者对商业计划每个部分都挑刺时，创业者很容易泄气。如果创业者理解投资者只是在做自己的分内工作，这可能会有所帮助。实际上，那些指出商业计划或陈述中有缺陷的投资者是在帮助创业者，因为根据投资者的反馈，创业者可以改进商业计划或陈述。

在第一次会面时，投资者主要关注机会是否真正存在，以及管理团队是否有足够经验和技能来创业。投资者还试图感受管理者是否对新企业高度自信。问答阶段非常重要，此时投资者会考察创业者如何思考这个新企业及其对新企业的了解程度。

5.6　商业计划书包装与更新

5.6.1　商业计划书的包装

【创业家语录】

计划写得再漂亮，遇到环境变动便失去意义，有没有即时应变的能力才是重点。计划写得再好、再仔细，商场情势却未必如你所想。——马云（阿里巴巴创始人）

一定要做商业计划书去跟投资人谈，这个好处有几个。第一，打掉不切实际的幻想，让每一笔营收都有根据。第二，让你真正知道所谓的商业味道或者游戏规则。第三，如果你是独一无二的人才，会更清楚地认识到自己和公司的价值。——王利芬（优米网创始人）

写好商业计划书以后，你还需要考虑到几个问题，它们能帮你给潜在的贷款者或投资人留下良好的印象。良好的包装也能让你的商业计划更便于使用。

1. 装订和封面

一份随时使用的商业计划书，最好用大活页夹把它夹在一起。这样便于增加、更新和替换其内容。随时使用的计划书应该有一整套证明文件副本。你提供给潜在投资人的商业计划书需要有个精美的封面。

2. 长度

创业者提供给贷款者的商业计划书通常应在三四十页（包括证明文件部分），写每一个部分的时候，应当想到要把它写成概述。投资人没有时间或耐心翻阅大量的材料去获得所需的信息。你自己的文件夹里可以保存一份更为详尽的商业计划书，包括全部证明文件。

3. 外观

创业者应当尽量使商业计划书的外观精美。一般不要去找专业的文字处理服务公司。贷款者或投资人对看到一份外观昂贵的商业计划书并不感兴趣，甚至会怀疑创业者可能会在使用贷款或投资上缺乏理性。他们要看的是创业者用文字和数字表达的商业计划。

4. 目录

商业计划书一定要有目录页。它可以按照经营概述（或目标陈述报告）的顺序写。目录要足够详细，能使创业者、贷款者或投资人找到计划书中提到的任何一部分内容。目录中还必须包括证明文件及其页码。

5. 文本序号

给你自己和你准备求助的每位贷款者分别复印一份商业计划书。应当注意每个副本的去处。不要同时和过多的潜在贷款者或投资人接触。如果贷款申请被拒绝，你一定要取回自己的商业计划书。

5.6.2 商业计划书的更新

【创业家语录】

为了能有效地引入宝贵水源，挖渠者在挖渠前要制订一份挖渠计划，对渠要开多大、多深，水源的方位和流量，以及挖渠过程中可能会碰到的危险和困难等，要有清楚的了解。如果说财富就是水的话，企业家就是挖渠者。而一份好的商业计划书就像一份挖渠计划，它能帮助创业者对自己所创立的企业、所面对的市场以及潜在的风险等做出清晰的分析和判断。——北京华亿慧洋管理咨询有限公司

1. 商业计划书的更新原因

修正计划应该是一个连续不断的过程。创业者无法预见未来，却可以掌控过程。虽然说艰难的局势难以掌控，企业当然不该坐以待毙。创业者应该经常重温一下商业计划书，冷静思考。特别是要根据现今的经济形势修改商业计划书的假设和背景。公司业务会发生变化。要让你的商业计划对你的公司、未来的贷款者或投资人都切实有效，创业者就必须定期更新它。这些变化可以来自以下 3 个方面。

公司内部的变化：公司机构内部会出现数量上的变化。可能增加或减少员工人数，更新技术或者增添新的服务项目，可能会增加新的合伙人。就需要在商业计划书里反映这些修正。

来自顾客的变化：由于顾客需求或趣味的变化，公司的产品或服务可能出现热卖或滞销。一些公司生意失败，显然是因为它们坚持提供它们自己喜欢的产品或服务，而不去考虑顾客的需要和欲望。对正在扩大的新顾客群进行营销，同样需要谨慎地考虑新顾客群与现有顾客群在人口统计学和心理因素方面的差异。

技术方面的变化：公司所处行业的技术进步不断把新产品和新服务带进市场，因此，你就必须跟上形势，否则就会落后。产品开发者每天都面临着挑战，因为他们必须解决使其产品始终领先的难题，否则就会失去市场的空间。

2. 商业计划书变更落实

作为创业者，必须意识到所处的行业、市场和公众中发生的变化。首先必须确定需要进行哪些修正，才能达到你为公司制定的目标。要做出这个决定，就必须审查目前的计划，以确定必须做哪些修止才能反映出以上提到的那些变化。

如果一个人很难完成这项工作，就利用公司员工去跟踪各自专业的商业走向。公司的每个部门都有责任去搜集与其特定业务有关的信息，并定期汇报。也可以聘请专业顾问公司去分析公司目前的计划与公司目标之间的关系。

许多创业者往往在必须去筹借资金时，才花大量时间去撰写商业计划书。当公司发展起来时，商业计划书就被放进了抽屉里。一定要记住经常修正你的商业计划。意识到行业中发生的变化，修正你的商业计划，使之能反映出那些变化，这样做将使你受益匪浅。

完成了这项工作、写好了商业计划书以后，还要按照你的计划执行。预计出未来的变化。修正你的计划，及时更新。只要做到了这些，在未来的发展进程中，才有机会成功。

创新思维游戏

游戏名称：电梯演讲游戏

游戏目标：电梯演讲游戏适用于探讨公司愿景、新服务讨论，以及商业计划演讲和推销等活动。电梯演讲不但需要相当精简，足以在电梯上升的短短几十秒内表达清楚，还要生动地描述正在解决的问题，为谁解决这个问题，你的想法有哪些与众不同的亮点。

游戏人数：单人或小规模团队

游戏时间：整个游戏需要 90 分钟的时间，有了最初的想法后，在为演讲确定优先级和提炼演讲词之前，给大家留出休息时间。在小规模团队中构思演讲词相对简单。在某些情况下，当我们在游戏中制定出重要决策后，需要指定一个人完成最终版的商业计划演讲稿。

游戏规则：整个游戏分为两个阶段：构思和定稿。为了方便构思，将以下标题按顺序写在挂图板上。

☆ 目标客户是谁？

☆ 客户需求是什么？

☆ 产品名称是什么？

☆ 市场类别是什么？

☆ 关键收益是什么？

☆ 竞争对手（产品）是谁（什么）？

☆ 产品有哪些与众不同之处？

这些将成为电梯演讲词的要素。它们按照图 5-1 所示的电梯演讲句型结构顺序排列。在准备游戏之前，先向大家解释这些要素以及它们之间的相互关系。

电梯演讲的句型结构

对于＿（目标客户）＿，谁拥有＿（客户需求）＿，（产品名称）＿是一种＿（市场类别）＿它拥有＿（关键收益）＿。不像＿（竞争对手）＿，该产品拥有＿（独特优势）＿。

图 5-1　电梯演讲句型结构

“目标客户”和“客户需求”之间的关系简单明了，任何好一点的想法或产品都会吸引许多潜在客户。在构思演讲词的阶段，所有这方面的想法都是颇受欢迎的。

事先确定“产品名称”有助于限定谈话范围，把参与者的注意力集中到演讲主题上。允许大家在游戏过程中对产品的名称自由诠释。

“市场类别”是对想法或产品类别的描述，是为目标客户提供一个重要的参考框架，是比较和实现价值的基础。

“关键收益”是形成演讲词定稿时团队最难搞的地方。在电梯演讲时，没有时间用 N 种收益来混淆主题，只能有一个令人印象深刻的解释，那就是“为什么要接受你的建议？”

“竞争对手”和“独特优势”为电梯演讲画上了最后的句号。“竞争对手”从理论上讲可能是另一家公司或产品。“独特优势”应该是同竞争对手相比，这个想法或方式是独一无二的。

形成阶段：一旦理解这些要素，参与者就可以集思广益，并将自己的想法写在便签条上。开始的时候，他们不应该互相讨论和分析，而应针对各个类别，独自思考各种各样的想法和说辞。接下来，运用“贴出”游戏，将他们的便签条贴到挂图板上共享。

按下来，团队可以讨论现有的演讲词中最难对付的地方，我们是否充分了解竞争对手，进而宣布我们具有独特的优势？我们是否就目标客户达成共识？我们的市场类别是已确定，还是在试图定义新的东西？我们需要将重点放在哪里？

在进入正式的定稿阶段之前，大家可以使用“数点投票”、“亲和图”或其他方法来确定优先顺序，并在每个类别中挑选合适的想法。

定稿阶段：遵循讨论结果，回想演讲中可能出现的要素，接下来“尝试”在真实情况下出现的各种可能性。根据参与者人数，可以将大家分为几个小组，每组两人或一人。给每个小组指定一个任务，即根据挂图中的想法写一个电梯演讲稿。

经过一段时间（大约15分钟），大家再次集合并开始陈述他们起草的电梯演讲稿。参与者可以扮演目标客户，倾听演讲并加以评论，或向演讲者提出不同的问题。

团队成员一致认同演讲词中应该包含哪些内容，应该舍弃哪些内容之后，就可以结束该游戏。一种可能的结果是针对不同的客户对象精心雕琢演讲词；在定稿阶段，可以将大家的注意力集中在上面。

游戏策略：不要期望能够在一大群人里敲定最终的演讲词，但这并不是关键，因为在游戏之后还可以继续修改演讲词。在游戏中最重要的是，让大家决定在演讲词中应该包含或者不包含哪些要点。

角色扮演是测试电梯演讲的最快方式。假想目标客户有助于去掉那些妨碍我们清晰表述观点的细枝末节。如果演讲真的令人信服和引人入胜，那么参与者就会自如地在客户面前把它变成真正的电梯演讲。

“电梯演讲”是风险资本圈的一个传统习俗，它的基本出发点是，如果你要阐述一个商业想法，它应该简单到能够在电梯上升的短短20秒内表达清楚。

本章要点

商业计划是创业者的路标。商业计划包含目标、预测和企业描述。换句话说，商业计划是一次旅行的蓝图和飞行计划，经过这次旅程，想法变成了商机，风险和回报得到了阐述和管理。商业计划的篇幅长短不一，但所有商业计划都必须包括详细的研究，这些研究可以清晰地说明企业理念、市场因素、管理结构、重大风险、财务需求和预算、阶段性发展目标。

创业者会在商业计划的每一部分对企业的运营进行描述。很多创业者发现，在计划中首先说明他们将会如何创办企业并解决创办过程中遇到的问题是大有裨益的。这两个方面都与企业的财务问题有关。在完成销售额预算、支出预算以及利润预算后，新创企业的所有者就可以开始制订管理和市场营销计划。财务预算数据对管理和市场营销计划起支持性作用。在计算出相关财务数字后，潜在所有者可以很轻松地完成这两部分内容。

商业计划不等于企业。实际上，有一些最成功的企业创建时根本没有正式的商业计划，或者即便有，也被认为是不具说服力或是有缺陷的计划。准备商业计划并把它提交给准投资者，是团队尝试合作、学习企业战略、并判断谁能增加最大价值的最好方式之一。

没有一份计划是完整且一成不变的，创业者可以在必要时对原计划进行修改。

关键术语

商业计划书；商业计划的内容；商业计划的制订；风投对商业计划的评价原则；商业计划的自我检测；商业计划的包装与更新

案例分析

1995年上半年，杨致远和费罗开始与硅谷的风险投资公司接触。聪明的杨致远认识到，自己必须制订一个周密的商业计划。杨致远找到自己正在哈佛商学院读书的老同学布拉狄，杨和布拉狄参考HotWired公司发布广告赢利的经验，迅速起草了一份商业计划。带着这份计划书，他们到处寻找风险投资者。

他们一边维护日益膨胀的网络资源，一边寻找商机，每天只睡4个小时。随后美国在线(America Online，AOL）找上门来，这家世界上最大的商业在线服务公司正好缺少一个搜索引擎，希望雅虎能担此重任。美国在线的用意是收购雅虎，使杨和费罗都成为他们的雇员，保证可以让他们成为富翁。两个人担心把雅虎出售给AOL，最终也许会葬送雅虎，经过慎重考虑，拒绝了AOL。随后杨致远又与MCI、微软以及CNet谈判，但只得到了网景公司的资助。

最后杨致远找到了曾投资过苹果和思科等公司的红杉资本（Sequoia Capital）公司，它是硅谷最负盛名的风险投资公司。但红杉公司的莫里兹（Michael Moritz）起初有些犹豫，因为雅虎本身只是“在网上提供服务”，而且是免费的，其商业潜力在哪里呢？

莫里兹回忆起1995年1月走访Yahoo！最初“办公室”的情景，“那里一片狼藉。杨致远与他的伙伴坐在狭小的房间里，服务器散发着热量，比萨饼盒扔得满地都是，高尔夫球棒随便地搁在角落里，电话机扔在地板上，整个屋子里连张椅子都没有，满屋子黑乎乎的，到处是脏衣服。”

不过，莫里兹并没有被吓跑，杨致远和费罗最终使他相信，“这几个小子的确有眼力，抢先占据了网上的有利位置，如果发展顺利，其战略优势十分明显。这种新生事物之中蕴藏着巨大商机！”1995年4月红杉投资雅虎近200万美元。它是雅虎的首家风险资本投资者，也是唯一的风险资本投资者。后来，红杉的股本已升值到了34亿美元。

红杉资本公司决定投资后，杨致远在1995年放弃即将完成的博士学位，成立Yahoo！公司和Yahoo！品牌，杨致远名片上印着的头衔是：Yahoo！酋长（Chief Yahoo!）。同时红杉资本还找来了一位合适的总经理人选——蒂姆·库格，也是斯坦福的校友。由库格来负责管理事务，费罗和杨致远就可以专注于研究工作。后来费罗负责技术开发，杨致远负责对外公关。

资料来源：杨致远详细资料，http：//finance. ifeng. com.

延伸阅读与相关网站

1. 延伸扩展

如需进一步了解和掌握有关商业计划书领域的知识，请阅读《商业计划书详解》（琳达·品森著，肖章译，中国商业出版社，2007），《商业计划书编写指南》（国家科技风险开发事业中心/长春市科技局编，电子工业出版社，2002），《创业计划书》（布莱克韦尔著，褚芳芳、闫东译，机械工业出版社，2009），《商业计划宝典：如何撰写结果驱动型商业计划书》（菲利普斯著，戚安邦等译，机械工业出版社，2011）等相关文献资料。

2. 相关网站

商业计划书 http://wiki. mbalib. com

商业计划书范文大全 http://office. icxo. com

商业计划书 PPT 模板 http://wenku. baidu. com

商业计划书写作指南 http://gs. buct. edu. cn

复习思考题

1. 商业计划书是一份怎样的计划？计划中包括哪些内容？
2. 商业计划书的摘要部分应包括哪些内容？
3. 商业计划书的制订步骤是什么？
4. 怎样使自己的商业计划更加精彩？
5. 完成一份自己创业项目的商业计划书。

Chapter6

第6章 创业融资

学习目标

- 了解创业融资困境的原因
- 熟悉创业企业不同阶段的融资需求
- 掌握债务融资与权益融资的区别
- 熟悉创业融资的渠道
- 熟悉创业融资的流程

引导案例

惠普的创立过程

威廉·休利特（William Hewlett），1913年5月20日出生在美国密歇根州安阿伯（Annarbor）市，3岁时随父亲来到旧金山，在此长大。他的父亲是斯坦福大学的医学教授，家庭教育良好，生活富裕。在中学里，休利特的自然科学学得非常出色，毕业时由于校长的推荐进入斯坦福大学。休利特在中学参加了很多课外活动，对无线电表现出浓厚的兴趣，并在物理方面显示出才能。

1930年秋天，休利特在斯坦福大学注册入学时，结识了戴维·帕卡德（Dave Packard）。戴维·帕卡德的父亲曾希望儿子继承父业学习法律，但帕卡德对自然科学更感兴趣，在斯坦福两人都参加了新生橄榄球赛，加深了了解。到大学二年级，两人成为好朋友。1938年夏，特曼为他俩争取到斯坦福的奖学金，两人重返校园攻读电子工程博士学位。

他们在老师特曼的帮助下，利用向老师特曼借来的538美元和从帕洛阿尔托银行贷款的1000美元着手创业。他俩租用一间仅能存放一辆汽车的车库作为最早的车间，创业时的工具异常简陋原始，只有一个工作台、一套老虎钳、一台钻床、一把螺丝刀、一把锉刀、一只烙铁、一把钢锯以及一些在外面买来的元件。直到1940年，两人才从这间车库中搬出。1987年，这间车库被官方正式评定为加利福尼亚州发展史上里程碑式的建筑物，成了名扬四海的"硅谷诞生地"。

1939年1月1日，两人决定正式成立合伙企业，并用掷硬币的方式决定谁的名字排在公司名称之前。结果产生了HP。公司成立后，首要问题是确定生产什么，特曼建议生产音频振荡器，样品于当年11月推出。根据特曼教授提供的名单，他们把产品介绍送给大约25家可能的客户，订单很快就来了，有的还附有支票。迪士尼公司也看中了这个产品，并向他们订购了8台改进型HP200B，用于一部电影《幻想曲》（Fantasia）的制作。

第一年收入为5369美元，利润1563美元。从此以后，惠普公司每年都在赢利，从未亏损，可谓企业界的奇迹。

资料来源：企业历史博物馆系列：惠普完全历史. http://zt. blogchina. com/2012zt/hp.

6.1 创业者面临的难题

6.1.1 创业融资的困境

【创业家语录】

遇到一个大型银行高管，问为什么民企贷款这么难？他说：贷款给国企，坏账不担责；贷款给你们民企，有了坏账就丢了饭碗！这就是根源，即体制问题！而民企解决了中国70%的就业啊！——刘强东（京东商城创始人）

美国的银行也不会贷款给创新企业，因为没有任何可抵押的东西，所以创业企业发展一定是靠风投来支持。美国的风投已经非常成熟，他们对创业团队认可和尊重，比如投了很多钱只愿意当一个小股东。中国今天很多有钱的老板听说投资很热，拿点钱来投，投了就觉得这个企业是他的了，要控制这个企业，背后实际是社会的价值观和文化的问题。——周鸿祎（奇虎360公司创始人）

创业融资的困境是相对于既有企业融资而言的。统计调查显示，企业规模和贷款申请被拒绝次数呈现负相关关系，企业年龄与贷款被拒绝次数的比例也是负相关关系。企业的规模越小、成立的时间越短就越难以获得银行资金的支持，对创业企业而言，融资困境更为显著。

首先，创业企业缺少甚至没有资产。根据美国人口调查局1987年对企业的调查，在所有公司中，有30%的企业创业资本不到5000美元，只有1/3的企业创业资本超过50000美元。在我国的调查也发现同样的情况，创业者的启动资金极为有限。既有企业在获得银行贷款资金时，可以用企业的资产作为抵押，而创业企业几乎没有可以提供抵押的资产。为创业企业提供资金比为其他企业提供资金面临更大的风险。

其次，创业企业没有可供参考的经营情况。对既有企业来说，可以通过分析其已有的赢利能力来预测未来的经营情况，银行或其他投资人在向企业提供资金时也都会对企业的财务报表进行分析。而创业企业既缺少资产，又没有以往的经营业绩，所能提供的资料仅仅是一份商业计划书，未来的营业情况具有很大的不确定性。

最后，创业企业的融资规模相对较小。当创业企业向银行申请借款时，其金额往往比既有企业要小，而银行办理一次业务的成本相差不大，使得创业企业的单位融资成本远远高于既有企业。据调查，以贷款规模比较，对中小企业贷款的管理成本平均为大型企业的5倍左右，银行理所当然地愿意向大企业而不是向创业企业贷款，这加剧了创业企业融资的难度。

6.1.2 创业融资难的理论解释

创业融资难源于创业活动的高风险性。这种风险包含了两部分：一部分来自创业活动本身固有的风险，即创业企业的不确定性；另一部分来自外部投资人对创业活动风险的感觉，即信息不对称。

1. 不确定性

创业活动本身面临非常大的不确定性，尽管既有企业也面临环境的不确定性，但创业企业的不确定性比既有企业面临的风险和不确定性要高得多。创业企业缺少既有企业所具备的应付环境不确定性的经验和组织竞争能力。缺乏创办新企业的经验，缺乏进行创业管理的知识和经验，在商机把握和资源组织方面能力不强等，进而加剧了创业企业的不确定性。据统计，我国新创企业的失败率在70%左右。国外有学者估计，新创企业在2年、4年、6年内的消失率分别是34%、50%、60%。创业企业的高失败率给投资者带来很大的风险，导致了创业融资难度增加。

2. 信息不对称

信息不对称是经济生活中普遍存在的现象。在创业融资中同样存在着信息不对称。一般来讲，资金需求者比投资者对自己、企业的产品、企业的创新能力、市场前景更加了解，处于信息优势的地位，而投资者则处于相对信息劣势的地位。投资前的不对称可能导致逆向选择，那些质量不高的创业企业可能包装得很漂亮，而真正优秀企业有可能没做好这方面的工作。投资后的不对称则与道德风险有关，被投资公司的创业者可能通过股权稀释、关联交易、滥用资金、给自己过高报酬等侵害投资者的利益，投资者对创业者的行为却很难监控。

【创业投资失败案例】 PPG：死于人祸

PPG于2005年10月成立，业务模式是通过互联网售卖衬衫。轻资产、减少流通环节的概念，加上狂轰滥炸的电视、户外广告，迅速让PPG建立起市场领导者的地位，到处都是“Yes！PPG”的广告语和吴彦祖自信的微笑。2006年第三季度至2007年年底，PPG获得三轮4600万美元的风险投资。2008年，PPG模式出现了凡客诚品、优衫网、CARRIS等几十家模仿者，PPG不但丢掉了行业老大的地位，还官司缠身、高管流散，更传出创始人李亮卷款潜逃一说。

PPG失败的真正原因：创始人李亮表面上是做电子商务，但配套的物流、仓储都是自己的公司，或间接与他有关，他不停地向这些公司打钱，投资人的钱作为费用变相进入他自己的名下。钱转移光了，李亮也没了。他从一开始就是有预谋、有准备地圈钱，他很聪明、勤奋，执行力也够，但就是出发点不纯。PPG的失败再次证明，在企业经营中，人是十分重要的因素。

资料来源：企业失败教训：PPG死于人祸．http：//pe.pedaily.cn.

企业显示信息的能力又可以用企业的规模，财务状况，现有可抵押、质押的财富水平等指标来反映。新创企业一般成立时间短、规模小、缺少过往记录、经营活动透明度差、财务信息具有非公开性，潜在的投资者很难了解和把握创业者和创业企业的有关信息。国内由于创业环境、产业的不成熟，没有能够培育出成熟的投资者群体，他们对这个产业的认识和判断都有待于进一步的提高。所有这一切均加深了创业融资中信息不对称的程度。

【创业家语录】

不要从创业第一天起就想着融资，在没有赢利之前也不要去想，绝大部分企业在没有赢利之前融资是不正常的。做企业，首先要想到的是没有融资我也能赢利，等你赢利了，想扩大赢利的时候，那时就会有人想要投钱了。没有赢利的时候想说服别人投资，投资人多半会说：等你赢利了再说吧。——马云（阿里巴巴创始人）

6.2 创业融资的特点与种类

6.2.1 创业融资的特点

【创业家语录】

风投在意什么？Business Insider 的总结：①信赖的引荐人；②初次见面先介绍自己，然后再说产品；③应像足球解说员那样有煽动力和热情；④如果是科技公司，VC更注重技术稳定性；⑤不太在乎你是否曾在大公司工作，至少没你想的那么重视；⑥VC也不知谁是下个“巨头”，所以如被拒绝，请别气馁。——《环球企业家》杂志

1. 创业融资决策的不确定性高

创业企业由于客观上的信息不对称和主观上的知识积累不足，其创业融资存在着与一般企业融资不同的理念、原则和路径。创业融资与守成阶段融资相比，创业融资的决策常常具有变化速度快和不确定性高的特点。

2. 创业融资的偏好依赖较单一

企业在创业阶段综合实力弱，风险承受能力有限，风险管理及风险预警预控在其管理活动中占据重要地位，从而导致单一融资偏好依赖更明显。

3. 创业融资的网络资源较简单

融资网络主要指企业与银行等金融部门、创业投资者等之间形成的一种相互认知关系、

合作关系和信用网络关系。创业企业的融资网络呈现单一化、简单化的特点。

4. 创业融资的阶段性与组合化

创业型企业在不同的发展阶段，面临的技术风险程度也不相同，投资者的投资风险也有所区别。技术风险和投资风险的最大值分别出现在创新过程的初期和中前期，中后期的风险逐步减少。根据技术创新风险收益的阶段性特征，创业型企业在融资过程中，应当实施阶段融资组合化，合理、有效地融资组合不但能够分散和转移风险，而且能够降低企业的融资成本和债务负担。

目前，在发达国家，非正式权益资本市场、风险投资体系和“创业板市场”的发展，在很大程度上缓解了中小企业的“权益资本融资缺口”。而银行等金融中介机构在收集和分析信息技术方面的进步、在确认抵押品价值并保护信贷安全方面的经验积累和技术的发展，以及政府的信贷担保体系的健全与完善等，则在多方面缓解了困扰中小企业融资中的“信息不对称”和“道德风险”问题，在一定程度上弥合了“债务资本融资缺口”。

6.2.2 创业企业不同阶段的融资需求

【创业家语录】

创业的童鞋请记住：创业≠融资，融资只是创业途中的一个备用选项。创业上路，必须屏蔽“融钱”二字，建立在先要有VC投资才能启动的创业项目大多是不靠谱的。——查立（乾龙创投创始合伙人）

创业融资具有鲜明的阶段性特点。创业融资不仅仅是筹集创业的启动资金，而是包括了整个创业过程的所有融资活动。了解不同阶段的融资需求，做到融资阶段、融资数量与融资渠道的合理匹配，才能有的放矢，化解融资难题。不同阶段的创业融资循环见图6-1。

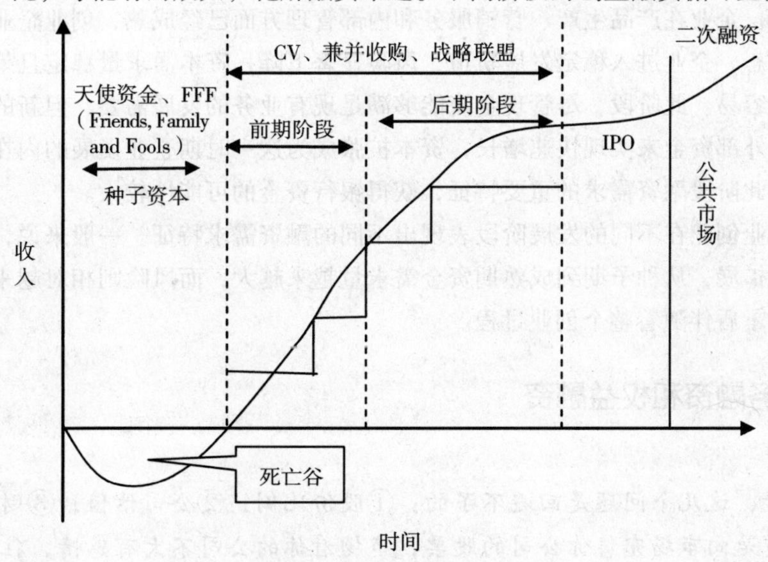

图6-1 创业融资循环图

1. 种子期的融资需求特征

在种子期，创业企业尚处于孕育阶段，需要投入资金进行开发研究，以验证商业模式的可行性。此时，对资金的需求主要体现在企业的开办费用、可行性调研费用、部分技术研发费用等。总体而言，资金需求较少，同时，企业没有任何收入记录，资金来源有限，面临技术、市场、财务以及创业团队不稳定等风险。因此，该阶段外部资本一般不会介入，只能依靠自我融资或亲戚朋友的支持，亦有可能获得天使投资。

2. 创业期的融资需求特征

创业期资金量需求逐步增大，主要用于购置生产设备、产品开发及产品营销费用等。由于市场处于拓展阶段，市场占有率低，企业资产规模小，缺乏赢利记录，缺少抵押、担保能力，企业仍面临较大的风险。传统的投资机构和金融机构很难提供足够的资金支持。此时，创业者应根据企业的实际情况修正商业计划书，充实相应的企业战略规划，调整组织机构，完善企业营销策略，规划未来销售收入和现金流量。该阶段仍然需要依靠自我融资或亲戚朋友的支持，或亦有可能获得天使投资。

3. 成长期的融资需求特征

在成长初期，收入仍然少于开支，企业现金流为负，现金需求量增大。此时，企业的市场风险和管理风险尚未解除，未能形成足够的抵押资产以及建立较好的市场信誉。在中期，企业销售迅速扩大，收入大幅增加，收支趋向平衡，并出现正的现金流，但资金需求量急剧增加，需要大量资本投入生产营运。在成长阶段后期，实现规模效益的欲求使企业迫切需要吸纳外部资本。对资金的需求主要表现在企业的规模营运资金，如扩大固定资产投资、扩大流动资金、增大营销的投放等。此时，企业表现出高度的成长性，形成较好的市场声誉，且具有一定的资产规模，现金流处于较好状态，但为了提高市场占有率，扩大企业规模，仍然需要大量资金，有可能获得风险资金的投资。

4. 成熟期的融资需求特征

在成熟期，企业在产品生产、营销服务和内部管理方面已经成熟，创业企业的管理与运作处于较优状态，企业进入稳定发展轨道，风险显著下降，资本需求量稳定且筹资较前面任一阶段都更加容易。此阶段，尽管现金流能够满足现有业务的发展需要，但新的机会不断出现，企业仍需外部资金来实现快速增长，资本扩张成为这一时期企业发展的内在需要，因而规模扩大成为此阶段融资需求的重要特征，获得银行资金的可能性较大。

总之，企业创业在不同的发展阶段表现出不同的融资需求特征。一般来说，随着新创企业生命周期的扩展，从种子期到成熟期资金需求量越来越大，而风险则相对越来越小，资金供给和需求的矛盾伴随着整个创业过程。

6.2.3 债务融资和权益融资

【创业家语录】

创业融资，这几个问题是回避不了的：①股份比例；②公司估值；③财务预测。股权融资的本质是向市场兜售你公司的股票，市场看你的公司不太有感情，往往只用一般的衡量标杆：年收入，毛利，净利……早期公司这些都比较困难，所以你要设法找到相信你的投资人。——查立（乾龙创投创始合伙人）

在融资前，创业者还需要了解资金来源的性质。从资金的性质来看，分为债务融资

（也叫债权性资金）和权益融资（股权性资金）两种。债务融资是借款性质的融资，资金所有人提供资金给资金使用人，然后在约定的时间收回本金并获得预先约定的固定利息，所获得的利息也不因为企业经营情况的变化而变化。权益融资是投资性质的资金，资金提供者占有企业股份，按照提供资金的比例享有企业的控制权，参与企业的重大决策，承担企业的经营风险，一般不能从企业抽回资金，其获得的报酬根据企业经营情况的变化而变化。因为不同性质的资金对企业的经营有不同的影响，所以创业者应该合理安排各种资金的比例。表6-1是对这两种融资方式的比较。

表6-1 债务融资与权益融资的比较

	债务融资	权益融资
本金	到期从企业收回	不能从企业抽回，可以向第三方转让
报酬	事先约定固定金额的利息	根据企业经营情况而变化
风险承担	不承担	承担
对企业的控制权	无	按比例享有

6.3 创业融资渠道

对创业者而言，所有可以获得资金的途径都成为创业资金的来源，创业者需要开动脑筋，广泛收集信息，挖掘一切可能的融资渠道。

创业融资的渠道按融资对象可分为私人资本融资与机构资本融资。私人资本融资指创业者向个人融资，包括创业者自筹资金、向亲朋好友和天使投资人融资；机构融资指创业企业向相关机构融资，包括向中小企业间的互助机构贷款、风险投资机构、银行金融机构甚至发行股票公开上市等渠道融资。此外，还有政府的扶持资金，主要包括税收优惠、财政补贴、贷款援助等融资渠道。

6.3.1 私人资本融资

【创业家语录】

点子是不需要钱的，做出一个样品也花不了多少钱，应该自己掏钱，最初的用户测试可以找你的朋友同学，也花不了多少钱……等到有这些结果时，这个项目的潜力已经看出端倪，这时找钱很容易，用户都说好的产品很容易找到“天使”，用户反应一般的找钱困难。太多人以为有个概念就在创业，到处寻找启动资金，不，这是“想”创业。真的创业必须自己先跳进去，动手做起来，不然可能“想”一辈子，到临终都没动手。这类人太多，投资人哪有时间一个个见？所以别抱怨没有机会。创业融资最好的方法不是抱着概念去跟投资人辩论，而应抱着样品去给投资人做演示！——查立（乾龙创投创始合伙人）

1. 自我融资

每一个创业者都应该明白，创业是有风险的。当准备创业时，必须放弃原有的待遇，将自己的所有精力和智慧都投入到新创企业中。同时，还需要将自有资金的大部分投入到新创的企业中。

一方面，创办新企业是捕捉商业机会、实现价值的过程，将尽可能多的自有资金投入其中，可以在新创企业中持有较多的股份，创业成功后，将获得较大的创业回报。另一方面，自我融资是一种有效的承诺，它告诉其他投资者，创业者对自己认定的商业机会十分有信心，并且会谨慎地使用新企业的每一分钱。这种信号会适度缓解信息不对称的负面作用，增加其对新创企业投资的可能性。

当然，对很多创业者来说，自我筹资虽然是新企业融资的一种途径，但它不是根本性的解决方案。一般来说，创业者个人的资金对于新创企业而言，总是十分有限的，特别是对新创大规模企业来说，几乎是杯水车薪。

2. 向亲朋好友融资

亲朋好友是创业融资的重要来源。家庭成员和亲朋好友出于与创业者的个人关系而愿意给予投资，这有助于克服非个人投资者面临的一种不确定性：缺乏对创业者的了解。在创业初期，创业者往往缺乏正规融资的抵押资产，缺乏社会筹资的信誉和业绩。因此非正规的金融借贷，即从创业者的家人、亲戚、朋友处获得创业所需的资金是非常见效、十分常见的融资方法。有调查发现，企业在初创期75%以上的资金来源于自身积累和民间借贷，在企业发展阶段，其资金来源主要为初创时的自有资金、留存收益以及银行借贷。

虽然从家庭成员和亲朋好友处获得资金相对比较容易，但也存在着许多弊端。在使用家庭成员和亲朋好友资金时，创业者必须明确所获得资金的性质是债权性资金还是股权性资金。必须告诉他们存在的风险，对债权性资金要讲明其利息率和还本付息计划，对股权性资金不能承诺未来支付红利的时间。必须要用现代市场经济的游戏规则、契约原则和法律形式来规范借贷或融资行为，保障各方利益，减少不必要的纠纷。创业者还需要在接受投资之前仔细考虑投资对家庭成员或朋友的影响。家庭成员和朋友对新企业的投资应该建立在他们对投资成功的信心之上，而不是因为他们认为有这个义务。

【创业家语录】

不需要一天到晚在外忽悠，其实认识那么多人没什么用。正常情况下人的一生最多有60个人你是能够同时了解的，这其中30个人是能保持联系的，当你真有难时，真能帮你，能张口借到钱的人不会超过10个，包括父母亲朋在内。所以把人生这关键的60个人的人际关系处好，就很不错了！——冯仑（万通集团创始人）

我一直鼓励年轻人创业，如果没有年轻人创业就没有比尔・盖茨和Facebook的Zuckerberg，但是有个前提条件，千万不要以败家子方式去创业，把父母的钱花光了，创业的前提是失败可以承受，现在的年轻人不怕失败，一般来说失败也可以承受，前提是不要过分，真的不要做“脑残”的行为，让父母卖了房子去创业。——俞敏洪（新东方学校创始人）

6.3.2 天使投资

【创业家语录】

什么是天使投资？柳传志当年从中科院出来创业，借了国家20万元，创办了联想公司，这20万元，就是他的天使投资。天使投资者在所有投资行为中风险最高，所以硅谷说天使是三个F：Family，friends and fools，即家人、友人和傻人。但傻有傻福，偶尔的高回报会激励很多人去做天使投资。——徐小平（“真格”天使投资基金创始人）

天使投资（Angel Investment），是指自由投资者或非正式机构出资协助具有专门技术或独特概念的原创项目或小型新创企业进行一次性的前期投资。与其他投资相比，天使投资是最早介入的外部资金，即便还处于创业构思阶段，只要有发展潜力，就能获得资金。一般认为天使投资起源于纽约百老汇的演出，原指富有的个人出资，以帮助一些具有社会意义的文艺演出，后来被指投资于非常年轻的公司以帮助这些公司迅速启动的投资人。在这过去的几十年里，硅谷的天使投资市场规模随着美国经济的增长和创新科技驱动的创业企业一起迅猛扩张。

天使投资有以下三个方面特征：一是直接向企业进行权益投资；二是不仅提供现金，还提供专业知识和社会资源方面的支持；三是天使投资的金额一般较小，而且是一次性投入投资，程序简单，短时期内资金就可到位。天使投资者的类型有以下几种。

（1）公司型天使。公司型天使是指已提前退休或辞职的大公司的高级经理人员。除了可以获得资金外，企业家还可以劝说这些后台老板做某些高级管理职务，如在企业发展部门。

（2）企业家型天使。这是最多的一种投资者，他们中大多拥有和成功地经营过企业。由于这种投资者都有其他收入来源而且从IPO和部分整体收购中取得收益，所以他们愿意冒更大的风险，投资更多的资本。所以企业家型天使很少投资自己专业领域外的企业，这种投资者几乎总是在董事会占有席位，但却很少尽到管理方的义务。

（3）狂热型天使。这种投资者的年龄较大，他们从自己创建的事业中取得独立的财富并且有简单的工作安排。对他们来说投资是一种爱好。他们很少在董事会中任职，也不参与管理。他们的投资额相对较小。一般为1万美元，甚至几千美元。

（4）微观管理型天使。这是一种非常谨慎的投资者。他们大多曾经创建过企业，所以他们会把自己的工作策略强加给所投资的公司。虽然，他们并不要求发挥管理方的作用，但他们往往要求是董事会的成员。如果企业经营得不太好的话，他们就会采用新的经理人。

（5）专家型天使。这里的“专家”是指投资者的职业，如医生、律师或会计。这种投资者喜欢对那些提供自己熟悉的产品或服务的公司进行投资。他们很少要求成为董事会的成员，但在企业经营困难时，他们会变得很难相处。

【天使投资小贴士】　找到天使投资人的8大秘诀

①确定投资人是可信的。就是说“有钱到永远不需要计较几个小钱”。

②确定投资人经验老到。你需要的是天使投资口袋里的钱，同样需要他们的专业眼光。

③不要低估他们。天使投资人扮演散财童子的可能从来没有到来过。

④理解他们的动机。天使投资人已经成功了，现在想要回馈社会，帮助新一代创业者。

⑤请他们参与体验。天使投资人的收获之一就是和你一起感受创业的过程。

⑥要让天使投资人的配偶也能明白你的理念。天使投资人“决策委员会”只有一个成员：配偶。

⑦拉天使投资人听过的人加入。天使投资人很喜欢与朋友一起投资新企业。

⑧谦逊有礼。他们可能会觉得创业者有些地方很像自己的儿女。

资料来源：《创业邦》杂志.

6.3.3 金融机构融资

【风险投资商语录】

IDG 在选择项目的时候，遵循的三个基本要素：行业竞争力、企业产品竞争力、团队竞争力。这三者中，我们最看重团队，产品可以变，但是卖东西的人不能变。——熊晓鸽（IDG 资本创始合伙人）

1. 风险投资

（1）创业投资的起源。风险投资，其实把它翻译成创业投资更为妥当。创业投资概念最早是由 1973 年美国创业投资协会成立时所给出的，所谓创业投资是指由专业机构提供的投资于极具增长潜力的创业企业并参与其管理的权益资本。

其起源最早可以追溯到 15 世纪英国等西欧国家创建远洋贸易企业时期。到 19 世纪美国西部创业潮时期，创业投资一词在美国开始流行。1946 年，美国哈佛大学教授乔治·多威特和一批新英格兰地区的企业家成立了第一家具有现代意义的风险投资公司——美国研究发展公司（AR&D），开创了现代风险投资业的先河。风险投资在美国兴起之后，很快在世界范围内产生了巨大影响。1985 年 1 月，我国第一家专营新技术风险投资的全国性金融企业——中国新技术企业投资公司在北京成立，目前有众多国内外风险投资机构在培育企业成长。

（2）风险投资的投资特点。

①**投资对象**。投资对象多为处于创业期的高成长性中小型企业，除了种子期融资外，风险投资人一般也对被投资企业以后各发展阶段的融资需求予以满足。

②**投资期限**。投资期限至少 3 ~ 5 年以上，投资方式一般为股权投资，通常占被投资企业 30% 左右股权，而不要求控股权，也不需要任何担保或抵押。

③**投资决策**。投资决策建立在高度专业化和程序化的基础之上。

④**风险投资人**。风险投资人一般积极参与被投资企业的经营管理，提供增值服务。

⑤**投资回报**。由于投资目的是追求超额回报，当被投资企业增值后，风险投资人会通过上市、收购兼并或其他股权转让方式撤出资本，实现增值。

（3）风险投资的运作程序。虽然每一个风险投资公司都有自己的运作程序和制度，但总的来讲包括以下步骤。

①**寻找和筛选项目**。寻找投资项目是一个双向的过程，可以是风险企业提交商业计划书，由风险投资机构进行评审遴选，也可以是风险投资机构主动去寻找投资项目。这一阶段

在国外被称为协议起源。在美国，一个很重要的风险投资协议来源是“工作分派系统”。各种投资协议可能通过他们的上级机构、贸易伙伴或朋友等委托给风险投资公司，约占整个风险投资协议总量的65%。第二个重要的协议来源是中介组织或中间人，约占25%。协议的第三个来源是网络关系、贸易活动、会议和专家讨论会等。

风险投资公司要对申请的投资项目进行最初的筛选，筛选的根据先是一些概括性标准，然后再进一步深入分析。在美国，最初的筛选过程趋向于风险资本家所熟悉的投资领域，并规定投资规模，说明提供基金的步骤。一般说来，获得风险投资机构青睐的项目必须具有巨大的市场潜力、先进的技术、持久的竞争优势等特点。

②详细评价。一旦某一申请项目通过了最初的筛选，风险资本家就会对该项目进行更详细地评估。评估项目涉及项目的技术水平、市场潜力、资金供给、经营管理人员的素质乃至政策、法律等复杂因素，需要由各方面专家组成的专门班子来完成。在挑选项目的标准中，技术是重要的，但更重要的是产品的市场和经营管理人员的品质。对经营管理人员的考察，主要侧重于以下几个方面：管理者在经营一个处于成长阶段的公司方面经验如何，在所从事行业的技术水平方面有多高，以及在管理工作中是否有过成功的纪录等。

评估项目还有一个重要的方面是投资风险评估。需要对风险项目的全过程中可能存在的一系列风险进行充分地估计和考虑，并提出相应的对策。风险投资家对风险企业发展不同阶段上的考察重点是有区别的，在首轮投资中投资者考察的因素依次是：管理队伍、技术和产品的特性。而后续投资中则注意企业实施计划的效果。另外，不同的投资者由于其知识背景、信息掌握、投资偏好和项目的不同，在排序和权重上亦存在差别。

【创业家语录】

大部分人都在红海里，真正的蓝海项目是非常少见的。如果说去投蓝海项目，我宁可去赌“黑天鹅”。在投资上，黑天鹅寓意着不可预测的重大稀有事件，它可能是正面的，也可能是负面，它在意料之外，却又改变一切。——章苏阳（IDG资本合伙人）

③谈判阶段。一旦某一协议经过评价后认为是可行的，风险资本家和潜在的风险企业就会在投资数量、投资形式和价格等方面进行谈判，确定投资项目的一些具体条件。这一过程在国外被称为“协议创建”。协议还包括协约的数量、保护性契约和投资失利协定。

风险投资公司和风险企业各自追求自身利益的最大化，因此该阶段要确立相互协作的机制，平衡各自的权益。一般来说，风险投资公司关注的问题是：在一定风险情况下投资回报的可能性，对企业运行机制的直接参与和影响，保障投入资金一定程度的流动性，在企业经营绩效不好时对企业管理进行直接干预甚至控制。而风险企业关注的则是：保障一定的利润回收，基本上可以控制和领导企业，货币资本能够满足企业运转的要求。因此谈判阶段所要解决的问题是确定一种权益安排，以使双方互惠互利，风险共担，收益共享。

谈判的最终结果，即未来的操作安排及利益分享机制，体现在双方商定并共同形成的契约上，契约条款一般包括：投资总量；资金投入方式及组合，包括证券种类、红利、股息、利息及可转换债券的转换价格；企业商标、专利、租赁等协议；投资者监督和考察企业权利的确认；关于企业经营范围、商业计划、企业资产、兼并、收购等方面的条件确认；雇员招聘及薪酬确定；最终利润分配方案。

④投资生效后的监管。风险投资公司和风险企业之间达成某种协议以后，风险资本家就要承担合伙人和合作者的任务。风险投资的一个重要特点就是其“参与性”。这种参与性不仅表现在对风险企业的日常运营进行监督管理，还表现在风险投资者对风险企业的经营战略、形象设计、组织结构调整等高层次重大问题的决策上。风险投资机构对风险企业的监管主要通过以下方式：定期审阅公司的财务报表，向风险企业推荐高水平的营销、财务等专业管理人员，向风险企业提供行业发展分析报告，协同企业寻求进一步发展所需的资金支持，并为公开上市创造条件、进行准备。

一般情况下，风险投资公司对投资的日常管理加以控制的做法是不受风险企业欢迎的。如果风险企业发生财政或管理危机，那么风险资本家有可能干预甚至任命一个新的经营管理班子。如果企业家管理企业并没有任何先见的管理经验，那么风险投资公司在董事会中的代表权将增加。另外，当企业家在某种“组织危机”中被取代时，风险投资公司的监督变得更加重要。

【创业小贴士】　尽职调查

尽职调查（due diligence investigation）又称谨慎性调查，一般是指投资人在与目标企业达成初步合作意向后，经协商一致，投资人对目标企业一切与本次投资有关的事项进行现场调查、资料分析的一系列活动。其主要是在收购（投资）等资本运作活动时进行，但企业上市发行时，也会需要事先进行尽职调查，以初步了解是否具备上市的条件。尽职调查内容一般包括：目标企业所在行业研究、企业所有者、历史沿革、人力资源、营销与销售、研究与开发、生产与服务、采购、法律与监管、财务与会计、税收、管理信息系统等。

资料来源：尽职调查，http：//baike. baidu. com.

⑤风险投资的退出。风险投资的退出一般有四种方式。

第一种方式是公开上市。公开上市（initial public offering，IPO）是指将风险企业改组为上市公司，风险投资的股份通过资本市场第一次向公众发行，从而实现投资回收和资本增值。上市一般分为主板上市和二板上市。主板上市又称为第一板上市，是指风险投资公司通过协助创业企业在股票市场上挂牌上市而退出。二板上市是指在纳斯达克（NASDAQ）创业板市场上市，约30%的美国风险投资都经由这一市场退出。例如接受摩根士丹利等风险投资的蒙牛于2004年6月在香港股票交易所顺利上市，风险投资从蒙牛成功退出。

第二种方式是股份回购。如果风险企业在渡过了技术风险和市场风险后，仍然达不到公开上市的条件，一般会选择股权回购的方式实现退出。股份回购一般包括创业者回购和风险企业回购两种回购方式。前者是通过买股期权的形式来实现的，后者则是通过卖股股权的形式来实现的。在股权回购时是采用买股期权还是卖股股权来进行，主要取决于风险企业对风险投资吸引力的大小而定。例如昌盛集团创始人邹西昌高价回购可转股并偿还每年28%的高额利息，俏江南高溢价回购鼎辉所持有的股份。

第三种方式是兼并与收购。兼并与收购（merge and acquisition，M&A）是风险资本退出的比较常用的一种方式，是风险投资商通过并购的方式将自己在风险企业中的股份卖出，从而实现风险资本的退出。兼并收购通常可以分为两种方式，即一般收购和二期收购。一般收购是指创业者和风险投资者将风险企业完全卖给另一家公司，这种方式通常是创业者完全丧失独立性。例如魏东夫妇输掉福记食品，赵鹏离开智联招聘，陈华离开酷讯等。二期收购则是指风险投资者将其所持有的股份卖给另一家风险公司，由其继续对风险企业进行后续投资，创业者并不退出风险企业。

第四种方式是破产清算。破产清算是在风险投资不成功或风险企业成长缓慢、未来收益前景不佳的情况下所采取的一种退出方式。美国由创业资本所支持的企业，有20%～30%完全失败，约60%受到挫折，只有5%～10%的创业企业可以获得成功。例如厦门进雄在引入风险投资之后经营不善，最后破产清算。

风险投资家对风险企业进行风险投资的目的不是对风险企业的占有和控制，而是为了获取高额收益，因此风险投资家会在适当的时机退出。以何种方式退出，在一定程度上是风险投资成功与否的标志。在做出投资决策之前，风险投资家就制订了具体的退出策略。

【创业家语录】

任何一个投资公司想要的是创造一个很成功的公司。帮助这个公司上市，帮助其取得更多的资金来发展，然后我们退出。退出以后，这个公司还要能够持续地发展，不仅给社会创造更多的财富，还创造更多的就业机会，这样才谈得上成功。——熊晓鸽(IDG资本创始合伙人)

2. 向商业银行贷款

向银行贷款是我国企业最常见的一种融资方式，创业者也可以通过银行贷款补充创业资金的不足。目前，我国的商业银行推出的个人经营类贷款对创业者而言是一个好消息。个人经营类贷款包括个人生产经营贷款、个人创业贷款、个人助业贷款、个人小型设备贷款、个人周转性流动资金贷款、下岗失业人员小额担保贷款和个人临时贷款等类型。除此以外，为了缓解中小企业融资困难，我国的金融机构推出了许多新的金融产品。创业者应密切关注银行贷款信息和政策的变化，以选择最适合自己的机构贷款。

3. 通过信用担保体系融资

信用担保体系主要指企业在向银行融资的过程中，根据合同约定，由依法设立的担保机构以保证的方式为债务人提供担保，在债务人不能依约履行债务时，由担保机构承担合同约定的偿还责任，从而保障银行债权实现的一种金融支持制度。信用担保可以为创业企业和经营融资提供便利，分散金融机构信贷风险，推进银企合作。

由于各个国家和地区的中小企业信用担保体系具体情况不同，其动作方式也多种多样，行为主体既有政府部门，又有协会、公司和专门银行等。但是，它们有共同的特征：一是政府出资、资助和承担一定的补偿责任：二是担保体系和机构绝大部分由政府负责，中小企业的部门负责组织和管理。

4. 国家和地方的有关创新创业融资支持

经国务院批准设立，用于支持科技型中小企业技术创新的政府专项基金，通过拨款资助、贷款贴息和资本金投入等方式，扶持和引导科技型中小企业的技术创新活动。根据中小企业项目的不同特点，创新基金支持方式主要有：

（1）**贷款贴息**。对已具有一定水平、规模和效益的创新项目，原则上采取贴息方式支持其使用银行贷款，以扩大生产规模，一般按贷款额年利息的50%～100%给予补贴，贴息总金额一般不超过100万元，个别重大项目可不超过200万元；

（2）**无偿资助**。主要用于中小企业技术创新中产品的研究、开发及中试阶段的必要补助、科研人员携带科技成果创办企业进行成果转化的补助，资助额一般不超过100万元。对少数起点高、具有较广创新内涵、较高创新水平并有后续创新潜力、预计投产后有较大市场、有望形成新兴产业的项目，可采取成本投入方式。

5. 其他融资方式

创业者本身就是创新者，他们发现了别人没有发现的机会，采用了与众不同的经营方式。同样，在融资方面，他们也没有理由发现不了创新性的融资渠道。除了前面介绍的融资方式外，还有典当融资、设备融资租赁、孵化器融资、集群融资、供应链融资等。

【风险投资实践】　红杉资本对创业项目的要求

创业的基础：创业者拥有这些特质，意味着能够获得商业上的成功，建立不朽的事业。

明确的目的：在名片的背面就能描述公司的业务。

广阔的市场：专注于现有的快速增长和变化的市场。

大量的用户：有大量的可以快速接受并且为公司提供的价值付费的目标用户。

专注：用户只肯为单一的、简单的价值主张付费。

解决方案：找到对用户最重要的一件事，然后提供一种吸引人的解决方案。

差异化思维：挑战传统思维，换一种方式思考问题。创造新颖的方案，以智取胜。

团队DNA：团队每个成员在自己的领域都是顶尖的。

敏捷：迅速的秘密行动能够帮助臃肿的大公司重获新生。

节俭：严格控制成本，把钱花在刀刃上。

小心翼翼：用很少的钱开创事业，强调纪律和专注。

6.3.4　融资渠道与创业过程的匹配

创业融资需求具有阶段性特征，不同阶段的资金需求量和风险程度存在差异，不同的融资渠道所能提供的资金数量和要求的风险程度也不相同，创业者在融资时必须将不同阶段的融资需求与融资渠道进行匹配，才能高效地开展融资工作，获得创业活动所需的资金，化解融资难题。

在种子期和启动期，企业处于高度不确定中，只能依靠自我融资或亲戚朋友的支持，以及从外部投资者处获取“天使资本”。创业投资家很少在此时介入，而从商业银行获得贷款支持的难度更大。建立在血缘和信任关系基础上的个人资金是该阶段融资的主要渠道。

企业进入成长期后，已经有了前期的经营基础，发展潜力逐渐显现，资金需求量也比以前增大。此时，依靠个人资金已无法满足企业的需要，企业也具备了进行机构融资的条件，创业投资、商业银行、政府支持计划等都成为可用的资金来源。此时，创业者应该充分发挥想象力，积极了解各方面的信息，尝试多种多样的融资方式。

企业进入成熟期后，债券、股票等资本市场可以为企业提供丰富的资金来源。如果创业者选择不再继续经营企业，则可以选择公开上市、管理层收购或其他股权转让方式退出企业，收获自己的成果。

【创业小贴士】　私募、公募

私募（private placement）是相对于公募而言，是证券发行方式的一种，是指证券发行者只面向少数特定的投资者发售证券。私募发行对象是机构投资者和个人投资者，主要是内部职工。

公募（public offering）又称公开发行，是指发行人通过中介机构向不特定的社会公众广泛地发售证券，通过公开营销等方式向没有特定限制的对象募集资金的业务模式。公募的载体包括股票、债券、基金等多种形式。

6.4　创业融资过程

6.4.1　融资前的准备

【创业家语录】

创业企业五个不要：第一，不要把资金来源重点放在投资人身上；第二，不要把业务主体放在关系户上；第三，在战略不明、市场不清时不要随便投入市场费用；第四，不要想人才一步到位，公司发展的各个阶段需要与之匹配的人才；第五，不要随意吸收股东，更不要全员持股，股份是公司未来发展的生命线。——王利芬（优米网创始人）

在现实生活中，有些人有很好的创意，但筹集不到资金；有些人虽然自己没有资金，但凭借专业、信息和技术优势以及个人信誉和人脉关系，总能一次次幸运地找到资金实现企业梦想，成就财富人生。机会总是眷顾有准备的人，创业融资不仅是技术问题，也是社会问题。在创业融资前做好以下工作，会有助于创业融资的成功。

1. 建立个人信用

个人信用亦称“个人信用的历史记录”或“个人信用记录”，它是指人们在同银行往来时，在贷款及还款行为方面的记录。它是银行决定是否贷款、贷款数量及贷款期限长短的重要依据之一。个人信用记录包括四个方面：一是个人身份情况，包括姓名、婚姻及家庭成员状况、收入状况、职业、学历等；二是商业信用记录，包括在各商业银行的个人贷款及偿还记录，个人银行卡使用等有关记录；三是社会公共信息记录，包括个人纳税、参加社会保险、交纳水电费、手机费、电话费以及个人财产状况及变动等记录；四是有可能影响个人信用状况的涉及民事、刑事、行政诉讼和行政处罚的特别记录。因此，即使个人从未向银行申请过贷款，银行也可依据个人信用记录中的其他信息评估个人信用。

为保证创业融资顺利进行，创业者应努力建立起良好的个人信用记录，早贷款、早立信。建立信用的开端，一般始于向银行贷款，越早贷款，就能越早在银行建立借款记录，为树立个人信用打基础。同时注意在日常生活中按时缴纳各项税费，遵纪守法，建立起良好的个人信用，为日后创业融资打下信用基础。

2. 积累人脉资源

【创业家语录】

给青年人的忠告：千万不要忽视了人际关系的作用，更不要让某些消极心理影响了你对别人的态度。青年人要获得更多成功机会，就要多同别人交往。——奥格·曼狄诺（美国企业家、作家）

①人欲即天理；②顺势而为，不要做逆天的事情；③颠覆创新，用真正的互联网精神重新思考；④广结善缘，中国是人情社会；⑤专注，少就是多。——雷军（小米手机创始人）

创业融资，不仅需要智商，还需要建立良好的人际关系。创业融资的过程，往往也是创业者通过建立人际关系获得融资资本的过程，许多研究表明，创业者的人脉关系对创业融资和创业绩效有直接的促进作用，这些关系在创业过程中会带来有用的信息、资源。社会网络资源是创业的生产力，创业者应充分利用人脉资源，广结善缘，建立健康、有益的人脉关系，创造和积累基于同事关系的社会资本。为创造财富人生、实现自我奠定基础。

6.4.2 测算资本需求量

1. 估算启动资金

企业要开始运营，首先要有启动资金，启动资金用于购买企业运营所需的资产及支付日常开销。对启动资金进行估算，需要具备足够的企业经营经验，并对项目的种类、规模、经营地点、市场基本情况有充分的了解。

一般情况下应该包括：公司注册资金和经营执照申办法律手续等费用，企业启动资金包括项目本身的费用，在经营过程中所需要的辅助设备和工具的购置或租赁费用，公司办公场所的租赁和装修费用，公司运营所需要的流动资金等。

创业启动资金通常只是大致估算，精确数字比较难以确定，在经营过程中可能还会出现一些不确定性情况。资金并不是越多越好，创业者在估算启动资金时，要知道需要多少资金，什么时候需要这些资金，既要保证启动资金能够满足企业运营的需要，又要想方设法节省开支，以减少启动资金的花费。

2. 测算营业收入、营业成本和利润

对于新创企业来说，预估营业收入是制订财务计划与财务报表的第一步。为此，需要立足于市场研究、行业营业状况以及试销经验，利用购买动机调查、推销人员意见综合、专家咨询、时间序列分析等多种预测技巧，估计每年的营业收入。之后，要对营业成本、营业费用以及一般费用和管理费用等进行估计。由于新创企业起步阶段在市场上默默无闻，市场推广成本相当大，营业收入与推动营业收入增长所付出的成本不可能成比例增加。

因此，对于第一年的全部经营费用应该按月估计。在预估第二年及第三年的经营成本时，首先应该关注那些长期保持稳定的支出，如果对第二年和第三年销售量的预估比较明确的话，则可以根据营业百分比法，即根据预估净营业量按固定百分比计算折旧、库存、租金、保险费、利息等项目的数值。在完成上述项目的预估后，就可以按月估算出税前利润、税后利润、净利润以及第一年利润表的内容，然后进入预计财务报表阶段。

3. 编制预计财务报表

新创企业可以采用营业百分比法预估财务报表，这一方法的优点是能够比较便捷地预测出相关项目在营业额中所占比率，预测出相关项目的资本需求量。但是，由于相关项目在营业额中所占的比率往往会随着市场状况、企业管理等因素发生变化，因此，需要根据实际情况及时调整有关比率，否则会给企业经营带来困难。

预编利润表除了可以为投资者或贷款机构提供决策依据，还可以帮助创业者明了创业项目的赢利前景，预测企业未来的现金流量；帮助创业者考核企业经营管理业绩，适时调整管理举措。在新创企业融资过程中，外部债权人和权益投资者都十分关心企业的未来赢利能力，因而预计利润表是融资文件中的一个重要内容。

预计资产负债表是预测外部融资额的一种报表。资产反映企业现有资源的分布情况，负债和所有者权益反映企业不同权利人对这些资源的要求权。通过提供预计资产负债表，可以起到以下作用：①评价和预测新创企业短期偿债能力；②评价和预测新创企业长期偿债能力和资本结构；③评价和预测新创企业财务弹性；④评价和预测新创企业绩效，为创业者做出合理的经营决策提供支持。新创企业通常需要预编未来3年的资产负债表。

预计现金流量表是反映企业一定时期现金流入和流出动态状况的报表。现金流量是新创企业面临的主要问题之一。因此，对于新创企业来说，逐月预估现金流量非常重要。在编制预计财务报表时需要假设各种情境，比如最乐观的估计、最悲观的估计以及现实情况估计。这样的预测既有助于潜在投资者更好地评价新创企业未来的现金生成能力、偿还债务能力和支付投资报酬的能力，也可以提高创业者应对不同的环境、熟悉经营的各种因素、防止企业陷入可能灾难的能力。

4. 结合企业发展规划预测融资需求量

上述财务指标及报表的预估是创业者必须了解的财务知识，即使企业有专门的财务人员，创业者也应该大致掌握这些方法。需要指出的是，融资需求量的确定不是一个简单的财务测算问题，而是一个将现实与未来综合考虑的决策过程，需要在财务数据的基础上，全面考察企业的经营环境、市场状况、创业计划以及内外部资源条件等因素。

【创业家语录】

如何在最短的时间内获得投资人的认同与支持？①真诚；②实话实说；③多说你自己，自己的团队，自己的产品，自己公司目前的状况；④等投资人问了，再说市场有多大，竞争对手有多烂，前景又多好……⑤一定要想清楚自己需要多少钱，建议少融钱，不要贪婪，6~12个月需要的钱就足够了，不要多要。——查立（乾龙创投创始合伙人）

6.4.3 融资渠道的衡量

测算完融资的需求量之后，接下来的工作就是确定融资渠道和融资对象。目前融资的类型很多，如权益融资与债权融资、内源融资与外源融资、直接融资与间接融资。每种类型都各有利弊；每种融资类型又都存在若干不同的渠道和方式。因此，创业者选择融资渠道应该重点权衡以下因素。

1. 企业发展的阶段性与获得资金的可能性

【创业家语录】

一定要在尚不缺钱的时候借到下一步需要的钱。——李彦宏（百度公司创始人）

你们要记住，你一定要在你很赚钱的时候去融资，在你不需要钱的时候去融资，要在阳光灿烂的日子修理屋顶，而不是等到需要钱的时候再去融资，那你就麻烦了。所以，在你不需要钱的时候去融资，这就是融资的最佳时间。——马云（阿里巴巴创始人）

新创企业采用何种方式融资，与企业发展阶段有关。在不同的发展阶段，企业面对着不同的融资背景、融资环境和融资机会。一般而言，产品从投入市场到最终退出市场要经历产品的种子期、创业期、成长期、成熟期和衰退期五个阶段。在产品生命周期的不同阶段，由于产品的市场占有率、销售额、利润额是不一样的，新创企业的融资需求也有所不同，融资难问题则突出表现在前四个阶段。

(1) **种子期**。处于种子期的新创企业，由于技术未得到市场确认，商业模式不清晰，创业者的融资希望主要在于利用自有资金，或得到创业孵化器、天使投资人的权益融资支持。

(2) **创业期**。进入创业期后，由于缺乏经营、信用记录，在缺乏担保的情况下，申请商业银行贷款也比较困难，风险投资或设备租赁将成为可行的选择。

(3) **成长期**。处于成长期的新创企业，企业的技术风险已基本消除，但市场风险和管理风险有所加大，资金需求有所增加。处于成长阶段企业的融资来源包括：创始人贷款、核心管理层的投资、家人和朋友、天使投资人、风险投资商、资产贷款和银行等。

(4) **成熟期**。进入成熟期的新创企业，已经具备一定的品牌效应，技术成熟。现金流比较稳定，资信能力有所提高，融资选择也更为丰富。除采用成长期的各种融资手段之外，企业可以考虑通过公开发行债券或股票的方式进行直接融资，以满足增长的资金需求。符合条件的企业可以争取在创业板上市。

2. 融资成本

融资成本是创业者为取得和使用资金而付出的代价，融资成本是选择融资渠道的重要依据之一。一般来说，而在债权融资中，短期融资的成本又低于长期融资。对融资成本特别敏感的创业者，应优先使用自有资金或内源融资，然后考虑债权融资，最后才是权益融资。

3. 资金的稳定性

虽然债权融资具有成本优势，调查研究却表明，出于对资金稳定性的考虑，大多数新创企业在起步阶段倾向于吸纳权益资金。从资金的稳定性考虑，创业者自有资金、内部积累资金或股东入股资金的稳定性较好。在某些情形下，企业相当长时间内难以赢利，或实现现金净流入，权益融资将是企业唯一的融资选择。

4. 企业控制权

【创业家语录】

掌控一家企业和拥有股份多少不是绝对的，马化腾在腾讯股份不到 12%。乔布斯在苹果股份不到 1%，但不影响他们掌控企业发展。早期公司创始人是需要占有更多股份才有快速决定，对公司也是好的。但当公司进入规范化发展并公开上市，CEO 掌控能力体现在熟悉业务，驾驭管理团队，充分沟通让股东员工放心。——蔡文胜（天使投资人）

在创业融资中是采用债权融资还是采用权益融资，将会影响到企业控制权的配置。采用债权融资方式不会影响创业者对企业的控制权力，而当股东人数增加，原有股东控制权将被稀释，创业者对企业经营方向的控制力将相应减弱。因此，如果希望对企业经营掌握绝对控制权，应优先考虑债权融资，慎重选择权益融资；如果必须采用权益融资，也要慎重选择合伙人，力求找到志同道合的合作者。

5. 非资金因素

【创业家语录】

不要去拿国内传统企业的钱，也不要拿国内 VC 的钱，也不要拿一些国内企业“土财主”的钱。引入国际的风险投资，本身最重要是给他建立一个符合西方现代企业理念和现代企业精神的组织架构，而不是像中关村的很多公司那样，先天不足，先天在利益分配机制上有问题，企业不可能做大。它可以在业务挣钱的时候，通过发展掩盖所有问题，一旦碰上困难，它内部先天架构上的矛盾就会导致企业崩盘。——周鸿祎（奇虎 360 公司创始人）

除了货币，新创企业通常还需要管理和经营方面的帮助。很多创业者对项目的技术特点和市场前景非常了解，然而在管理企业方面却力不从心。这时，寻找有经验的战略合作者或风险投资者则可以事半功倍。此外，也有一些权益投资者，能够利用自身的资源优势，为企业带来更广泛的人脉关系、技术诀窍等。这些权益融资的好处不是一般债权融资所能够替代的。创业者有必要根据自身的情况，对这些融资中的非资金因素予以考虑。

6.4.4 融资推介及谈判

【创业家语录】

有些创业者担心失去融资机会，对于融资条款不敢积极谈判。抱着“钱到了我手里我就是大爷”的心态随意签署协议！这和“欠钱的人是大爷”的心态一样卑劣！你可以采取一切合法手段去争取一个有利于你的游戏规则，但是绝不能不按规则出牌！——刘强东（京东商城创始人）

创业计划是新创企业进行融资谈判的必备工具，投资者尤其是风险投资者，只有看到创业计划，才会跟创业者谈判。因此，创业者需要针对风险投资者制订专门的创业商业计划书，向风险投资者推销项目，说服风险投资者，让其充分了解企业各个方面的情况和市场前景。创业者应注意把风险投资者最感兴趣的内容醒目明了地写出来，清晰地将创业构思以书面形式表现出来，让风险投资者看到一幅美好的创业蓝图，坚定其投资信心。可以说，创业计划的好坏决定着融资的成败。

在提交创业计划并和风险投资者正式讨论计划之前，创业者需做好四个方面的心理准备：一是准备应对各种问题以考察创业项目潜在的收益和风险；二是准备应对风险投资者对企业的查验；三是准备放弃部分业务；四是准备做出妥协。

创业者必须要明白的问题是，自己的创业目标与风险投资者的目标不可能完全相同。因此，在正式谈判前，创业者要做的第一个也是最重要的决策就是：为了满足风险投资者的要求，自己能有多大的妥协空间。

另外，创业者还应该掌握必要的应对技巧。引资谈判通常需要通过若干轮次才可能完成。创业者需要特别注意的是，在谈判中要尽量让风险投资者认识到本企业的价值。

创新思维游戏

游戏名称：不可能的任务

游戏目的：要想真正有所创新，就必须挑战现有的约束。在本练习中，参与者利用现有的设计、流程或想法来改变其中一个基本项，使其在功能或可行性上变得“不可能”。例如：

☆“我们如何在一天时间内建一栋房子？”

☆“我们如何创造一个没有电池的移动设备？”

☆“如果不接入互联网，浏览器会是什么样？”

游戏人数：小型团队

游戏时间：取决于参与人数，游戏时间大约45分钟至1小时

游戏规则：当一个问题既重要又有趣的时候，我们自然会全心投入。要想设计这样的练习，事先得想好问题来调动大脑的情感和理智两部分。一个没有电池的移动设备既是个工程上的壮举，又具有使世界变得更美好的价值。为团队写下这个问题并解释面临的挑战。

在接下来的30分钟，以成对或小组的工作方式，各小组积极想办法来完成这些“不可能的任务”。他们可以考虑这些广泛的问题，或者想出一些针对这个挑战的具体问题：

☆ 在这样的约束下，会产生什么新的好处或功能？

☆ 为什么这是一个典型的约束或要求？它是否只是约定俗成的假设？

☆ 冲突的核心元素是什么？

☆ 冲突元素能否被消除、更换或以某种方式改变？

☆ 冲突元素在改变之前或之后会发生什么事情？

☆ 时间、空间、材料、运动或环境有何影响？

30分钟结束后，各小组相互演示他们的概念。接下来针对常见方法和不常见的方法分别讨论，列出可能的解决方案以供深入探索。游戏结束，下一步计划中应包括跟进工作。

游戏策略：这种挑战方法非常适合全面、透彻地思考产品或流程中的假设和障碍。当一个产品停滞不前而需要焕然一新时，这种技术有助于挑战其设计的基本假设。在流程过于缓慢或超负荷时，单刀直入地提问题可以有助于从大框架上进行思考，例如“我们如何在一天之内完成这个任务?”

本章要点

创业融资是指企业在创业初期，通过科学的预测和决策，采用一定的方式，从一定的渠道向公司的投资者和债权人去筹集资金，组织资金的供应，以保证公司正常生产和需要，经营管理活动需要的行为。如何选择合理的融资渠道和融资策略，并在此基础上有效地控制融资成本和融资风险，是创业企业能否成功设立并持续发展的前提条件。

创业企业融资是价值创造定量、分割价值、管理和抵御风险的艺术和科学。对新风险企业的成功来说，确定资本需求，制定融资和筹资战略，管理和编制财务流程十分关键。收获战略对创业过程来说，和价值创造本身一样重要。不能实现的价值可能就没有价值。寻求资本可能要花许多时间，并且你从谁那里获得资金比获得多少资金更重要。目前我国的资本市场有许多私人投资者，从“投资天使”到风险投资者都有。对创业者来说幸运的是，传统的风险资本重新蓬勃发展，它增加了公司的价值和融资渠道。知道找谁、找什么、小心谁、小心什么的创业者增加了获得成功的机会。投资者喜欢分阶段投资，以此来管理和控制风险。融资谈判是艺术又是科学，并且可以形成也可以破坏建立起来的关系。

关键术语

创业融资；债务融资；权益融资；天使投资；风险投资；IPO

案例分析

谷歌创业史

1979年，谢尔盖·布林（Sergey Brin）在他5岁那年，全家移民到美国。布林的数学天赋自幼年时期就开始显露，他同时还对电子学有浓厚兴趣。后进入马里兰大学攻读数学专业，19岁进入斯坦福大学直接攻读计算机专业博士学位。拉里·佩奇（Larry Page）在芝加哥长大，他的父亲是密歇根州立大学计算机科学教授，母亲是犹太人。在进入斯坦福大学之前，佩奇在密歇根州立大学获得计算机工程学士学位。1995年3月，布林带新来的研究生利用周末时间认识校园，偶然认识了佩奇，并成为好朋友。

1997年年初，佩奇打造了一个叫“BackRub”（返回触摸法）的搜索引擎。布林和佩奇给其起了一个Google的新名字，想用它来表达网络的浩瀚，并凸显其搜索功能的强大。该引擎首先为斯坦福大学内部的学生、教师和管理人员使用，并很快就流行起来，大学的技术认证中心开始为这项技术申请专利。

随着数据库规模越来越大，用户数量越来越多，布林和佩奇的计算机不够用了。他们没有足够的现金，所以就千方百计地省钱，自己购买零部件组装机器，还在仓库里翻找没有人认领的计算机。为了加快搜索速度，他们把大约1万台服务器连在一起，“拼成”了一部超级计算机。虽然条件艰苦，可是他们学到了非常有益的一课：通过集成和连接便宜的个人电脑部件可以做出性能优越的计算机处理系统，这个做法一直延续至今。

1998年3月，佩奇和布林在一间中国餐馆里向保罗·弗莱厄蒂（Paul Flaherty）介绍了自己搜索引擎的优点。弗莱厄蒂是他们的校友，也是当时最大的搜索引擎AltaVista（占据了当时整个搜索市场份额的54%）的设计者之一。布林和佩奇希望AltaVista公司能够以100万美元的价格购买即将获得专利的PageRank系统。尽管弗莱厄蒂认为这两个年轻人的创意很酷，最终还是决定放弃Google。之后，斯坦福的教授们和大学的技术认证办公室还同Excite以及雅虎等其他一些搜索引擎进行接洽，可是，这些公司都没有买下Google。

最终，1998年8月的一个晴朗的早晨，布林和佩奇说服了太阳微系统的共同创办人之一传奇投资人安迪·贝托尔斯海姆（Andy Bechtolsheim）。最终，贝托尔斯海姆说："这是几年来我听到过的最好想法，我希望能够成为其中一份子。"同时开出一张10万美元的支票。他们很快就弄到了大约100万美元，这些钱足够他们购买必需的计算机设备，并迈出计划中关键的一步。

1998年9月7日，是别具意义的一天，这一天Google正式诞生。它在加利福尼亚州Menlo Park开张了。在创立之初，办公室就是朋友转租的车库，公司除了佩奇和布林之外，就只有一个雇员克雷格·希尔维斯通（Craig Silverstein），即Google现在的技术总监。

车库对于硅谷创业者来说是个神圣的地方。1939年惠普首先在车库创立，接着乔布斯在车库里面发明了苹果电脑，盖茨在车库里面搞成了微软，雅虎的创办人杨致远与大卫·费洛在斯坦福大学共用一个拖车内的办公室，而亚马逊书店的贝索斯，当年也是带着4个工作伙伴在自家的车库里开始了创业梦想。

随后发生的事与其他成功的故事有共同之处，先是大笔风投资金注入，接着是惊天动地的IPO，之后是企业的无限扩张和国际化。可是Google在整个过程中却总是那么特别，它一直身披理想主义的战衣，拥有颠覆传统的赢利模式，并宣称自己的使命是"世界所有信息的有效组织者"，同时坚守着创业之初的信条：Don't be evil（不作恶）。

资料来源：谷歌创业史，http：//www. chnrailway. com.

延伸阅读与相关网站

1. 延伸阅读

如需进一步了解和掌握有关创业法律领域的知识，请参阅创业学和创业管理方面的图书文献资料，这方面的图书版本很多，在此不一一列举。也可以直接阅读相关的电子图书。

2. 相关网站

惠普完全历史 http://zt. blogchina. com

谷歌创业史 http://www. chnrailway. com

国内风险投资机构20强的项目简介和联系方式 http://www. 54288. com

上海大学生科技创业基金 http://www. stefg. org

全球知名风险投资机构公司介绍及联系方式 http://blog. 163. com

复习思考题

1. 创业融资困境的原因是什么？

2. 创业企业不同阶段的融资需求是什么?
3. 如何把握债务融资与权益融资之间的关系?
4. 创业融资的渠道有哪些?
5. 如何与天使投资和风险投资打交道?
6. 创业融资的流程有哪几项内容?

Chapter7

第7章 创业的法律与伦理

学习目标

- 掌握公司创立的各种法律形式
- 掌握创业公司治理结构设计
- 掌握创业公司的知识产权制度
- 熟悉创业过程中的法律知识
- 树立正确的企业伦理道德与社会责任理念

引导案例

王石的永不行贿源于一次未遂行贿

万科在企业经营中，一开始就奠定一条底线：绝不行贿！起因来自倒卖玉米那段时期的一段经历。

当时中央给深圳特区一些特殊政策，特区也在热火朝天的建设中，机遇比较多。经调查市场后王石了解到，只要能解决运输工具，组织来的玉米不愁没人要。王石找到广州海运局，回答只要有货源，随时开通。就这样开始了玉米生意。

在玉米畅销时，从成本的角度考虑，超过200公里距离，通过铁路运输较划算，但特区内的饲料产品并没有纳入铁道部门的货运计划，要想利用铁路运送成品饲料只有申请计划外指标。打听下来，计划外指标却很难申请到。

王石了解到笋岗北站货运主任姓姚，抽烟，也得知了他的住处。怎么同姚主任套近乎呢？王石交代手下花了20元买两条三五牌香烟给姚主任送去，“烟放下，什么也不要说就回来。”两个小时后，小伙计提着香烟回来了，“主任不收。”“真没用，两条烟都送不出去！不会赚钱，还不会花钱？”王石骂了手下一句，决定亲自出马。骑自行车到了铁路宿舍，敲门进了屋，将两条烟放到了桌子上。“要车皮的吧?”货运主任笑吟吟地问。这种开门见山的询问，让王石反而不知该怎么回答。若说“是”，突兀了点；若说“不是”，来干吗呢?姚主任将两条烟递到王石手上：“烟你拿回去，明天你或小伙计直接去货运办公室找我。别说两个车皮，就是 10 个也批给你。”王石愣住了。

“我早注意到你了，你不知道吧?在货场，常看到一个城市模样的年轻人同民工一起卸玉米，不像是犯错误的惩罚，也不像包工头。我觉得这位年轻人想干一番事业，很想帮忙。但我能帮什么呢?我搞货运的，能提供帮助的就是计划外车皮。没想到你还找上门来了。你知道计划外车皮的行情吗?”“什么行情?”王石一头雾水。主任伸出两个手指头：“一个车皮红包 100 元，两条烟只是行情的 1/10。”

带着两条烟返回东门招待所。王石躺在床上，脑海里浮现着姚主任的笑脸，是嫌两条烟太少还是真想帮忙?辗转反侧，一宿难眠。翌日，顺利办下两个计划外车皮指标。

通过这件事，王石悟出一个道理：在商业社会里，金钱不是万能的，金钱是买不来尊重和荣誉的。想通了，也就清楚了经营企业的底线：绝不行贿!

不行贿成就了万科的竞争力，这也是万科的底线，从过去到现在万科都不允许员工行贿。一些商人、企业家通过贿赂官员，获得特权或机会，确实能在短时间内赚取大量财富。问题是，一旦官员仕途中落，或者贪污被查，往往扯出萝卜带出泥，公司一蹶不振，甚至面临牢狱之灾。即使公司能幸免于难，通过这种模式，竞争力只会越来越萎缩，很难发展壮大。

在不规范的市场环境中，这或许在短期内会遇到问题和麻烦。但从长期来看，市场一旦公平化，大家都是处于同一条起跑线时，就处于一个很主动的地位。如果说要回顾万科 20 年的发展历程，最值得骄傲的事情就是在行业还有待成熟的时候，守住了职业化的底线，无论碰上什么利益诱惑，一直坚持着自己的价值观：对人永远尊重、追求公平回报和开放透明的体制。

资料来源：王石：永不行贿源于一次未遂行贿. http: //sz. house. sina. com. cn.

7.1 公司创立的法律

创业是一种高风险的活动，离不开法律的规范。创业者创业时面临的第一个法律问题就是组织法律形式，即创业者设立何种形式的组织，通过何种载体实现个人创业的梦想。

根据我国《个人独资企业法》、《合伙企业法》、《公司法》等法律规定，创业的表现形式主要有个体工商户、个人独资企业、合伙企业、有限责任公司、一人公司等形式。创业者可以根据自己的情况，选择适合自己创业的组织形式。

7.1.1 个人独资企业

【创业家语录】

我创立王安公司的原因之一，正是我自己喜欢冒险。只要由我控制，是对是错都与我有关系。我从未主张采用风险投资，因为我不希望被外部投资者缚住手脚。即使外部投资者绝对听从你的意见，掌管着别人的钱所带来的那种受人之托的责任也会使这样一家公司的最高负责人变得比较保守。——王安（王安公司创始人）

1. 个人独资企业的概念

个人独资企业是指由一个自然人依法在中国境内投资设立，财产为投资人个人所有，投资人以其个人财产对企业债务承担无限责任的经营实体。根据《全球创业观察》中国报告2005年的数据，我国无论是早期企业还是已有企业中，个人独资企业的比例都在70%以上。

2. 个人独资企业的法律特征

（1）企业的投资人只能是自然人，且只能是一个自然人。

（2）企业的全部财产归投资人个人所有。

（3）投资人完全可以按照自己的意志经营。

（4）投资人对企业承担无限责任。

3. 个人独资企业优点

（1）设立条件简单。只要一个自然人即可，比较适合起步创业者。

（2）经营效率高。投资人可以直接做出经营决策，企业可以按照投资人的理念发展和经营。

4. 个人独资企业的缺点

（1）经验不足。初次创业者一般没有企业经营的经验，没有市场经验的积累，可能做出错误的决策而影响企业的长足发展。

（2）投资人承担的风险较大。当个人独资企业的财产不足以清偿对外的债权时，就要用投资人的其他财产予以清偿，增加了投资人的风险。

（3）经营规模受到限制。个人投资企业只有一个投资人，个人的资产、能力等均有限，造成企业发展的规模受到限制。

7.1.2 合伙企业

1. 合伙企业的概念

合伙企业，是指自然人、法人和其他组织依照《中华人民共和国合伙企业法》在中国境内设立的，由两个或两个以上的合伙人订立合伙协议，为经营共同事业，共同出资、合伙经营、共享收益、共担风险的营利性组织。其包括普通合伙企业和有限合伙企业。根据《全球创业观察》中国报告2005年的数据，初创期两人合资控制的企业比例与3～5人合资企业的比例分别是13.1%和12.9%。

2. 合伙企业的法律特征

(1) **生命有限**。合伙企业比较容易设立和解散。

(2) **责任无限**。合伙组织作为一个整体对债权人承担无限责任。

(3) **相互代理**。合伙企业的经营活动，由合伙人共同决定，合伙人有执行和监督的权利。

(4) **财产共有**。合伙人投入的财产，由合伙人统一管理和使用，未经其他合伙人同意，任何一位合伙人不得将合伙财产移为他用。

(5) **利益共享**。合伙企业在生产经营活动中所取得、积累的财产，归合伙人共有。如有亏损则亦由合伙人共同承担。

3. 合伙企业的优点

(1) 合伙企业的资本来源比独资企业广泛，它可以充分发挥企业和合伙人个人的力量，这样可以增强企业经营实力，使得其规模相对扩大。

(2) 由于合伙人共同承担合伙企业的经营风险和责任，因此，合伙企业的风险和责任相对于独资企业要分散一些。

(3) 法律对于合伙企业不作为一个统一的纳税单位征收所得税，因此，合伙人只需将从合伙企业分得的利润与其他个人收入汇总缴纳一次所得税即可。

(4) 由于法律对合伙关系的干预和限制较少，因此，合伙企业在经营管理上具有较大的自主性和灵活性，每个合伙人都有权参与企业的经营管理工作。

4. 合伙企业的缺点

(1) 相对于公司而言，合伙企业的资金来源和企业信用能力有限，不能发行股票和债券，这使得合伙企业的规模不可能太大。

(2) 合伙人的责任比公司股东的责任大得多，连带责任使得合伙人需要对其合伙人的经营行为负责，更加重了合伙人的风险。

(3) 由于合伙企业具有浓重的人合性，任何一个合伙人破产、死亡或退伙都有可能导致合伙企业解散，因而其存续期限不可能很长。

【创业小贴士】

实践证明，合伙是创业的最好形式。美国的波音公司就是由合伙发展而来。B&W是波音公司制造的第一架飞机。B 和 W 分别是威廉·波音（William Boeing）先生和他的合伙人康拉德·韦斯特维尔特（Conrad Westervelt）先生姓氏的第一个字母。波音先生给他的第一架 B&W 取名为蓝凫（Bluebill）。“除了事实之外，再也没有权威，而事实来自正确的认知，预见只能由认知而来。”这句古希腊哲人希波克拉底的话曾作为座右铭挂在了威廉·波音办公室的门上。

7.1.3　有限责任公司

【管理学家语录】

现代社会最伟大的发明就是有限责任公司！即使蒸汽机和电气的发明也略逊一

筹。——尼古拉斯·巴特勒（哥伦比亚大学校长）

1. 有限责任企业的概念

有限责任公司，又称有限公司（CO.,LTD），是指根据《中华人民共和国公司登记管理条例》规定登记注册，由两个以上、五十个以下的股东共同出资，每个股东以其所认缴的出资额对公司承担有限责任，公司以其全部资产对其债务承担责任的经济组织。

2. 有限责任公司的法律特征

（1）有限责任公司的股东，仅以其出资额为限对公司承担责任。

（2）有限责任公司的股东人数，有最高人数的限制。

（3）有限责任公司不能公开募集股份，不能发行股票。

3. 设立有限责任公司的优点

（1）股东承担有限责任，仅以其出资额为限。

（2）注册资本要求低，最低注册资本金只需3万元，创业相对较简单。

（3）公司经营及财务无须公开。

4. 设立有限责任公司的缺点

（1）不能向社会募集资金，发展规模受到一定的限制。

（2）股权转让不是很容易，尤其向股东以外的人转让股权时，其过程、手续等较繁杂。

（3）因股东承担有限责任，股东之间没有连带责任关系，债权人的权利保护较差。

【创业小贴士】　离岸公司

离岸公司就是泛指在离岸法区内成立的有限责任公司或股份有限公司。当地政府对这类公司没有任何税收，只收取少量的年度管理费，同时，所有国际大银行都承认这类公司，为其设立银行账号及财务运作提供方便。具有高度的保密性、减免税务负担、无外汇管制三大特点。世界上一些国家和地区如英属维尔京群岛、开曼群岛、巴哈马群岛、百慕大群岛等纷纷以法律手段制订并培育出一些特别宽松的经济区域，允许国际人士在其领土上成立一种国际业务公司，这些区域一般称为离岸管辖区或称为离岸司法管辖区。

7.1.4　一人有限责任公司

【经济学家语录】

我认为公司最关键的特征是有限责任的概念。这一概念起源于英国，它是指当组建公司时，董事们只承担有限责任，公司借此筹资成立。股东们所承担的责任仅限于他们所投入的金额。——霍华德·戴维斯（伦敦政治经济学院院长）

1. 一人有限责任公司的概念

一人有限责任公司是指由一名股东（自然人或法人）持有公司全部出资的有限责任公司。

2. 一人有限责任公司的法律特征

（1）股东为一人。股东可以是自然人，也可以是法人。

（2）股东对公司债务承担有限责任。股东仅以其出资额为限对公司债务承担责任，公司以其全部财产独立承担责任，当公司财产不足以清偿其债务时，股东不承担连带责任。

（3）组织机构的简化。一人公司由于只有一个出资人，所以不设股东会，至于一人公司是否设立董事会、监事会，则由公司章程规定，法律未规定其必须设立。

3. 一人有限责任公司设立的条件

注册资本最低限额为人民币 10 万元，并且股东要一次足额缴纳公司章程规定的出资额。

4. 一人有限责任公司的优点

（1）一人公司可以节省时间和金钱，提高工作效率。由于一人公司内部管理结构一般比较简单，可以及时有效地做出决策以应对市场变化，提高了企业的竞争力。

（2）投资风险可控，鼓励创业投资。一人有限公司的股东亦需承担有限责任。这就使股东的投资风险预先已确定。另外，一人公司可实现公司财产和股东个人财产的分离，可以避免投资者因为一次创业投资失败而无法翻身。

（3）一人公司在保护商业秘密方面有很大优势。由于接触到商业秘密的人比较少，股东可有效地采取措施保护发明创造、专有技术。

（4）一人公司有利于社会利益。

5. 一人有限责任公司的缺点

（1）公司的组织机构难以健全，缺乏制衡机制。

（2）不利于保护债权人的权利。

（3）不利于公司的发展壮大。

7.1.5　选择公司法律形式应考虑的因素

【天使投资人语录】

我投资公司失败的原因，其中一条是：Good dream，bad bed（梦虽好，床不同）。创业者在一起创业，都是为了赚钱，如果创始人独占股份，人家凭什么为你卖命、跟你追梦？一般都做不成功。同梦必须共床，共苦必须同甘。创业团队，股份分配必须平衡合理。——徐小平（“真格”天使投资基金创始人）

精神文明还是建立在物质文明基础上的，你一定要在公司里拿出相当的股份和期权给你团队，既然你不愿意打工，为什么优秀人才为你打工？如果创始人是 1，当然我不是 2。你的团队就是后边的 0，你团队越多后边 0 就越多，创造的价值就越多。如果没有团队你就是 1，你就是 100% 股份还是 1。——周鸿祎（奇虎 360 公司创始人）

1. 经营业务所属的行业

制造业类企业因技术性较强，设备厂房投资较大，采用合伙企业或有限责任公司较好；服务类企业多采用合伙公司形式。如果是技术很强，资金投入要求不高，个人又具备良好技术条件，一人有限责任公司则是理想选择；如果是种植业、养殖业采用有限责任公司较好。

2. 创业者个人自有资金状况

个人自有资金比较充足，则选择个人独资公司或一人有限责任公司形式较易成功；个人资金不足，采用合伙企业或有限责任公司更有利于事业的发展。

3. 创业者的价值观

有主见、善于合作和整合周边资源的创业者适宜采用有限责任公司。有主见、不愿采纳别人意见、具有领导才能的创业者适宜选择个人独资公司或一人有限责任企业。

4. 创办企业所在地的环境和政策

【微博语录】

一位老外问我在北上广深的创业者有什么不同，我调侃道：北京是帝王和政治之都，所以创业者喜欢讲故事和有大局观；上海是商业和时尚之都，所以创业者关注得失和实惠；广州是贸易和服务之都，所以创业者务实和专注；深圳是山寨和淘金之都，创业者关注效率、敢于冒险。——《创业邦》杂志腾讯微博

由于我国经济发展的不平衡性，造成各地对企业发展的环境和政策有很大差异，创业者可根据当地政府对不同企业的优惠政策，选择最小创业成本的企业形式。如不少地区对私营企业和高新技术企业有优惠政策，选择有限责任公司比较合适。

股份有限公司由于注册资本要求较高，组织机构要求较复杂，不为一般创业者所采用。合伙和个人独资因创业者须承担无限责任，选择这两种企业形式的也相对较少。有限责任公司或一人有限责任公司是创业者所乐于采用的组织形式。

创业企业法律形式的选择应考虑的因素还有很多。创业者必须通盘考虑、全面把握，同时还要根据个人的事业发展需要而及时调整，才能使所创事业健康、持续发展。

7.2 创业公司治理结构设计

【天使投资人语录】

和一个创业者谈话，他说："我对股份无所谓。"这是我最恨听到的语言。因为它蕴涵着最深刻的虚伪，虚伪到了说话者自己都认为自己真诚并为之感动的地步。说这句话的人，如同战士在浴血奋战时说："我对胜败不很计较。"不懂得股份意义的创业者，不是好的创业者。——徐小平（"真格"天使投资基金创始人）

公司治理结构是为实现公司最佳经营业绩，公司所有权与经营权基于信托责任而形成相互制衡关系的结构性制度安排。简单来说，就是如何在公司内部划分权力。良好的公司治理结构，可解决公司各方利益分配问题，对公司能否高效运转、是否具有竞争力，起到决定性的作用。随着企业的发展，可能会引进更多资金，更多人才，更多合伙人，因此，整体股份结构的平衡就显得非常重要。对于新兴企业而言，股权分配是一项长期的任务。

7.2.1　创业公司产权结构设计

【创业家语录】

股东结构也是生产力。——梁信军（复星集团创始人之一）

1. 产权安排的依据

由于现代企业中所有者与经营者的职能分离以及由此导致的委托 - 代理问题，即通常所说的“控制权”与“所有权”的分离，使得所有者与经营者的目标函数很难趋于一致，而使所有者与经营者的目标函数很难趋于一致的一个主要原因是产权不清晰。因此，必须做好新创企业的产权安排。一般来说，新创企业产权安排的依据主要有以下几点。

(1) 确保新创企业拥有完整的财产权利。企业拥有完整的财产权利，这是市场经济制度对于企业财产权利结构的基本要求。一般而言，“当且仅当”企业对于自己的财产拥有独立的占有权、使用权、处置权、收益权，不受非所有者支配时，这样的企业财产权利才算是完整的；反之，企业发展中必然会遇到这样或那样的麻烦。

(2) 要有利于创业者获取所需要的资源。新创企业的产权安排一定要有利于新创企业整体上获得创业所需资源。一般而言，个人业主制企业不利于新创企业获得全部资源，因为创业者是唯一的，多数个人不可能得到他所需要的资源。合伙人可以各显其能，广寻资源。公司制企业又可进一大步，可以凭借有限责任制度，筹集到最为短缺的资金。

(3) 要有利于形成团队精神。没有团队精神，任何创业活动都不可能取得成功。团队精神强弱在一定程度上决定着企业的存续期。合伙制企业、股份制公司最忌讳的就是缺乏团队精神。因此，新创企业的产权安排，一定要有利于特定创业活动的参与者形成团队精神。否则，企业容易在发展中夭折。

【创业家语录】

分享不是慷慨，对创业者来说，分享是一种明智。——南存辉（正泰集团股份有限公司董事长）

(4) 要有利于提高创业活动的效率。高效的创业活动需要有一个合理、有效的企业产权安排。创业者应该从自己的实际情况出发，结合企业组织结构的产权特点，扬长避短，选择适当的企业产权框架，提高创业活动的效率。对于拥有足够创业资源的创业者来讲，选择业主制的产权框架可能是合适的；而对于需要联合多方资源的创业者来讲，采取合伙制或公司制的产权框架可能是合适的。

(5) 必须要保证创业者拥有剩余控制权和剩余索取权。要想使新创企业逐步发展壮大，首先应使创业者保持持久的动力。而持久动力最终来源于其对利润的追求。所以，新创企业必须从产权制度上保证创业者的“剩余控制权和剩余索取权”。所谓剩余控制权，就是控制企业剩余的权利；剩余索取权即索取企业剩余的权利。传统产权理论强调的是所有者对于资产的占有权、支配权、处置权、收益权。现代产权理论则强调的是剩余控制权和剩余索取权。实际上，只有拥有剩余控制权和剩余索取权，才能使创业者产生不断将企业做大的原始动力和冲动。因此，创业者是否拥有剩余控制权和剩余索取权，决定着创业者是否会长期努力，也就最终决定着企业的未来。

2. 股权的几种形态

（1）**股东**。按我国《公司法》的规定，有限责任公司的股东是指在公司成立时向公司投入资金或在公司存续期间依法继受取得股权而享有权利和承担义务的人；自然人投资以后，通过公司所在地的工商局注册，进行公司股权登记，这样才能成为真正意义上的股东。股东对公司经营的赢利和亏损都会按所占有股份的多少承担相应的义务。

（2）**干股**。干股是指未出资而获得的股份，干股并不是指真正的股份，而是指按照相应比例分取红利。很多创业者为了激励一些有能力的人，而向其分配一定比例的股份，并且按照这种比例进行年终分红，持有干股的人多不具有对公司的实际控制权。所以这种干股协议叫做分红协议更加贴切。干股一般不会承担公司亏损的义务，只是享受作为奖励的一种分红。

（3）**股份期权**。股份期权是企业所有者给予没有股权的高级管理人员以约定的价格，购买未来一定时期内公司股份的权利。实施股份期权的目的是激励经营管理者与员工共同努力，以实现企业的长期发展目标。期权额度没有固定的规定，是公司内部的管理行为。但期权一般不超过公司总股份的10%，对于非上市公司，采用的是“虚拟”期权形式。

【创业知识小贴士】　硅谷的创业公司股份期权分配一般原则

①外聘 CEO，5%～8%；②副总，0.8%～1.3%；③一线管理人员，0.25%；④普通员工，0.1%；⑤外聘董事会董事，0.25%；⑥期权，总共占公司15%～20%股份。期权工作1年后开始兑现，4年内完毕。利益分配公平，才能形成有战斗力的创业团队。

3. 股权安排的原则

（1）**简单原则**。为方便融资和治理，股东结构应尽可能简单，创始人团队不宜太多。通常，两三位为佳，并以一人为主。

（2）**公平原则**。持股比例相同，并不一定代表公平。创业者拥有的股份数量相同的公司，基本上以散伙收场。公平主要体现在公司章程中对各个股东商业利益的照顾，公平对待大、小股东的意见和利益，而不是按持股比例对待。

（3）**效率的原则**。企业决策需要适应不确定的市场环境，因此决策的效率非常重要。公司发展过程中，并不能始终保持所有股东利益的一致性，一个强势的控股股东可以相对地提高决策效率，更好地稳住公司发展的方向。

【企业家语录】

期权一旦授予，期权就与个人的表现毫不相关。因为，期权是不可撤销的而且是无条件的，懒汉从他们的股票期权中获得的报偿与那些明星一样。——巴菲特（波克夏·哈萨威公司行政总裁）

（4）**平衡原则**。企业的股份安排一般采取奇数合伙人结构，比如一个企业拥有三个合伙人，其中两个处于强势地位，另一个处于弱势，但也具有关键的平衡地位，任何一个人都没有决定权。彼此的制约关系是稳定的基础。经验数据证明，一把手跟二把手的股份差别应在3倍左右，这是一个比较好的平衡机制。

（5）**发展原则**。在股份分配的方式上，不必一次就将股份划分到位，可以采用由提成方式的绩效工资过渡到干股分红，再到拥有真正的股份方式处理股权问题。还可以考虑预留一部分股票或期权作为员工股份激励计划。一般标准模式是，在风险投资商投资前，公司应预留10%～15%的用于员工激励的股份池。一般原则是，越是在创业初期进来的高级管理人员的股份激励越多，离上市越近进来的高级管理人员的股份激励越少。

贯彻以上原则时，必须关注两个非常重要的“分数”，其一是1/2（50%），其二是2/3（66.7%）。因为这两个数字的安排能够充分体现对公司的控制，充分实现公司治理的高效。因为，公司治理实际上是通过对合适人员的选任进行的，持有50%表决权比例的股东就有权决定董事会人选，相应的，也就间接决定了经营管理层的人选。控制了董事会和高级管理人员的人选，也就控制了公司。另外，《公司法》还规定，对于修改公司章程、增加或减少注册资本，合并、分立、变更公司形式，必须经代表66.7%以上股份的股东表决通过。如果创业公司在吸引融资、增加注册资本时，遭到某股东反对且其持有33.4%的股权，则融资计划无法正常进行。

4. 对公司不同人员的产权安排

【风险投资家语录】

几个大学同学一起创业了，3个人各占1/3，这个模式95%肯定要失败。——徐新（今日资本创始人）

新创企业通常采取股份制的产权形式。如何给各个成员分配股份，是一个非常重要并且要认真考虑的问题。团队成员分配股份的目的，在于把成员的利益同团队的利益硬性关联起来，以此激发各个成员的能动性，促使成员为团队的长期利益考虑，从而使每个成员的利益长期最大化。股份意味着什么？从所有权角度来说，持有的股份代表对团队资产的所有量；从表决权角度来讲，股份代表说话的分量；从结果也就是利益分配角度来说，股份代表着所获得的分红量。实际上，一切关于利益和表决权分配的问题，对于创业团队来说都是足以影响全局的大问题。对不同的人员企业应采取不同的产权安排，这是一个极为重要的问题。

（1）**对创业者的产权安排**。创业者在企业投入了资源，自然应在企业占有股份。在业主制下，创业者将占有100%的资产。在合伙制和公司制下，创业者将按照自己的投资比例在企业占有股份。无论是占有100%的资产，还是占有部分股份，创业者都应拥有企业的剩余控制权和剩余索取权。

（2）**对管理人员的产权安排**。在管理人员不是新创企业所有者的情况下，管理人员应该得到一定程度的企业剩余索取权。这里，股票期权被公认为是可行的产权安排。股票期权是与企业内部激励联系在一起的。一般而论，股票期权制度可以使管理人员在企业存续期内与企业所有者利益共享、风险共担，且会使利益共享、风险共担制度化、长期化。目前，我国许多创业型企业已开始实行股票期权制度。

（3）**对技术人员的产权安排**。在技术新创企业中，技术人员是关键人员之一，对他们的产权安排十分重要。因为依赖技术的企业的发展相当程度上依赖于技术人员的稳定和努力。如果对技术人员的产权安排适当，则会促进企业的平稳发展。可以通过股票购买、股票奖励、虚拟股票等形式来实现对企业技术人员的产权安排。

（4）对一般员工的产权安排。在新创企业中，对员工的产权安排一般是采取员工持股的形式。目前，国内外不少企业已在实施或开始实施员工持股计划。所谓员工持股，即由企业内部员工出资，认购本公司部分股权，委托“员工持股管理委员会”作为社团法人托管运作，集中管理，员工持股管理委员会作为社团法人进入董事会，参与按股份分享红利的一种新型股权形式。

5. 产权安排的注意事项

【创业家语录】

在公司初创早期至少拿20%~30%做股票池，员工刚进来可能觉得不怎么样，随着公司发展发现他成长很快，刚进来可能没有给他股票，但是将来可以给他。我建议把利益公开化、透明化，每个人都知道股份不是老板口头许诺，一定落实为公司里的一个文件，一个正式的承诺。我期权的30%里就有你一份，把利益解决了，很多问题自然迎刃而解。——周鸿祎（奇虎360公司创始人）

在创业早期，能否打造一个可以走得更好的团队，是公司能否走得更好的关键。要把创业团队团结在一起，最重要的是靠商业利益。创业企业失败的重要原因不是没钱了撑不下去，也不是选择了错误的商业模式，而是因为创始团队内斗、分家，最后导致公司解散。所以，创业团队要做出必要的股权和财务安排，在一开始就把团队中每个人的商业利益安排好，并把这些君子协议文字化、法律化，使得创业团队的商业利益能够长远一致。创业者关于产权最常见的两个问题：第一，他们没有在公司创立伊始把股份的分配谈清楚，并写下来；第二，有的时候把股份的分配谈清楚了，也写下来了，但是没有考虑到如果一个创始人中途退出后的股份处理。

每个公司都要有公司章程，公司章程就是公司的宪法，拥有至高无上的地位，有关公司股东、董事、高级管理人员的权利义务、公司治理结构的安排、公司运营管理体制的确定等有关公司的重大事项，都是通过章程的约定确定的。但是，很多创业者成立公司时，常常是注册代理公司帮着填写的标准公司章程，很多关键的包括股份转让规则、股份兑现计划等都没有体现在公司章程里面，而是用口头上的君子协议或是公司内部文件来体现，这会给公司的未来发展带来很多隐患。

7.2.2 创业公司治理结构的设计

【经济学家语录】

公司治理结构的运作，在于法律手段、职业道德和激励机制。但法律解决的问题是有限的，关键还在于信誉。市场经济以诚信为本，它要求市场经济主体具备一定的道德约束。而道德约束的关键是建立信誉机制。——张维迎（北京大学教授）

1. 创业公司治理结构的形式

公司治理讨论的基本问题，就是如何使企业的管理者在利用资本供给者提供的资产发挥资产用途的同时，承担起对资本供给者的责任，利用公司治理的结构和机制，明确不同公司利益相关者的权力、责任和影响，建立委托代理人之间激励兼容的制度；是提高企业战略决策能力，为投资者创造价值管理的问题。公司治理如同企业战略一样，是创业者普遍忽略的两个重要方面。我国公司治理结构采用“三权分立”制度，即决策权、经营管理权、监督权分属于股东会、董事会或执行董事、监事会。通过权力的制衡，使三大机关各司其职，又相互制约，保证公司顺利运行。按照公司法的规定，公司法人治理结构由四个部分组成。

第一部分是股东会或者股东大会，由公司股东组成，所体现的是所有者对公司的最终所有权；第二部分是董事会，由公司股东大会选举产生，对公司的发展目标和重大经营活动做出决策，维护出资人的权益；第三部分是监事会，是公司的监督机构，对公司的财务和董事、经营者的行为发挥监督作用；第四部分是经理，由董事会聘任，是经营者、执行者。

2. 公司治理结构的原则

(1) 法定原则。公司法人治理结构关系到公司投资者、决策者、经营者、监督者的基本权利和义务，凡是法律有规定的，应当遵守法律规定。

(2) 职责明确原则。公司法人治理结构的各组成部分应当有明确的分工，在这个基础上各行其职，各负其责，保证各部分正常职责的行使，以致整个功能的发挥。

(3) 协调运转原则。公司法人治理结构的各组成部分是密切地结合在一起运行的，只有相互协调、相互配合，才能有效率地运转，有成效地治理公司。

(4) 有效制衡原则。公司法人治理结构的各部分之间不仅要协调配合，而且还要有效地实现制衡，包括不同层级机构之间的制衡，不同利益主体之间的制衡。

7.2.3 英美公司治理结构模式

1. 股东大会

股东大会是公司的最高权力机构。但是，由于英美公司的股东非常分散，股东大会将其决策权委托给一部分大股东或有权威的人来行使，这些人组成了董事会。股东大会与董事会之间的关系实际上是一种委托代理的关系。股东们将公司日常决策的权利委托给了由董事组成的董事会，而董事会则向股东承诺使公司健康经营并获得满意的利润。

2. 董事会

董事会是股东大会的常设机构。董事会的职权是由股东大会授予。英美公司的董事会在内部管理上有两个特点：其一，在董事会内部设立执行委员会、任免委员会、报酬委员会、审计委员会等委员会，以便协助董事会更好地进行决策；其二，将公司的董事分成内部董事和外部董事。内部董事一般都在公司中担任重要职务，是公司经营管理的核心成员，首席执行官兼任董事会主席。外部董事一般在公司董事会中占多数，但不在公司中任职。

3. 首席执行官

【创业家语录】

我认为董事长要做的最重要的三件事情，就是“看别人看不见的地方，算别人算不

清的账，做别人不做的事"，其他事情则可以由总经理去做。——冯仑（万通集团创始人）

首席执行官（Chief Executive Officer，CEO）是在一个企业中负责日常经营管理的最高级管理人员。首席执行官一般是由董事长兼任的。即使不是由董事长兼任，担任此职的人也几乎必然是公司的执行董事并且是公司董事长的继承人。在公司的行政序列中，以首席执行官的地位最高，其次是公司总裁，再次是首席营业官，最后是首席财务官。

4. 外部审计制度的导入

英美公司中没有监事会，而是由公司聘请专门的审计事务所负责有关公司财务状况的年度审计报告。公司董事会内部虽然也设立审计委员会，但它只是起协助董事会或总公司监督子公司财务状况和投资状况等作用。这种独立审计制度既杜绝了公司的偷税漏税行为，又在很大程度上保证了公司财务状况信息的真实披露，有助于公司的守法经营。

【股权模式实践】 腾讯的股权结构

马化腾与他的同学张志东"合资"注册了深圳腾讯计算机系统有限公司。之后又吸纳了三位股东：曾李青、许晨晔、陈一丹。这5个创始人的QQ号，据说是10001～10005，为避免彼此争夺权力，马化腾在创立腾讯之初就和四个伙伴约定清楚：各展所长、各管一摊。马化腾是CEO，张志东是CTO，曾李青是COO，许晨晔是CIO，陈一丹是CAO。

在企业迅速壮大的过程中，要保持创始人团队的稳定合作尤其不容易。在这个背后，工程师出身的马化腾从一开始对合作框架的理性设计功不可没。从股份构成上来看。5个人一共凑了50万元，其中马化腾出了23.75万元，占了47.5%的股份；张志东出了10万元，占20%；曾李青出了6.25万元，占12.5%的股份；其他两人各出5万元，各占10%的股份。

虽然主要资金都由马所出，他却自愿把所占的股份降到一半以下，即47.5%。"要他们的总和比我多一点点，不要形成一种垄断、独裁的局面。"而同时，他自己又一定要出主要的资金，占大股。如果没有一个主心骨，股份大家平分，到时候也肯定会出问题，同样完蛋。

资料来源：马化腾五兄弟：难得的创业团队，http://www.chinahrd.net.

7.3 创业企业的知识产权管理

知识产权是指人们对于自己的智力活动创造的成果和经营管理活动中的标记、信誉依法享有的权利。知识产权包括版权与工业产权。版权是指自然人、法人或者其他组织对文学、艺术和科学作品依法享有的财产权利和精神权利的总称。工业产权则是指工业、商业、农业、林业和其他产业中具有实用经济意义的一种无形财产权，主要包括专利权与商标权。

根据1967年7月在斯德哥尔摩签订的《建立世界知识产权组织公约》规定，知识产权的保护范围有下列各项：文学、艺术和科学作品，表演艺术家的演出、录音制品和广播节目，人类在各个领域的发明，科学发现，工业品外观设计，商标、服务标志和商号名称及标志，以及一切在工业、科学、文学或艺术领域由智力活动而产生的其他权利。在公约规定的知识产权范围中，还包括“未披露过的信息专有权”，这主要是指工商业经营者所拥有的经营秘密和技术诀窍等商业秘密。此外，该协议还把“集成电路布图设计权”列为知识产权的范围。此外，不断涌现的一些新型智力成果，如计算机软件、生物工程技术、遗传基因技术、植物新品种等，也是当今世界各国所公认的知识产权保护对象。

7.3.1　创业企业名称的申请与保护

【创业家语录】

取一个响亮的名字，以便引起顾客美好的联想，提高产品的知名度与竞争力。——盛田昭夫（索尼公司创始人）

企业名称是作为法人的公司或企业的名称，该名称属于一种法人人身权，不能转让，随法人存在而存在，随法人消亡而消亡。法人在以民事主体参与民事活动如签订合同、抵押货款时需要使用企业名称。构成企业名称的四项基本要素是行政区划名称、字号、行业或经营特点、组织形式。行政区划名称是指企业所在地县以上行政区划的名称。字号是构成企业名称的核心要素，应由两个以上的汉字组成。企业所起字号不能与国家法律、法规相悖，不能在客观上使公众产生误解和误认。企业名称也是一种社会文化，在确定企业名称字号时，应考虑符合社会精神文明的要求。企业名称中的行业或经营特点字词应当具体反映企业的业务范围、方式或特点。组织形式即企业名称中反映企业组成结构、责任形式的字词，如公司、厂、中心、店、堂，等等。

《保护工业产权巴黎公约》第 2 条将厂商名称与专利、商标等并列为工业产权的保护范围。我国于 1991 年颁布的《企业名称登记管理规定》中规定：企业名称在企业申请登记时，由企业名称的登记主管机关核定。企业名称经核准登记注册后方可使用，在规定的范围内享有专用权。企业名称应当冠以企业所在地省或者市或者县行政区划名称。企业名称应当使用汉字，民族自治地方的企业名称可以同时使用本民族自治地方通用的民族文字。企业使用外文名称的，其外文名称应当与中文名称相一致，并报登记主管机关登记注册。

7.3.2　创业企业商标注册的申请与保护

【管理学家语录】

拥有市场比拥有工厂更重要，而拥有市场的唯一途径是拥有占统治地位的品牌。——拉里·莱特（美国营销专家）

随便哪个傻瓜都能达成一笔交易，但创造一个品牌却需要天才、信仰和毅力。——菲利普·科特勒（现代营销学之父）

1. 商标的基本知识

商标注册是指商标使用人将其使用的商标依照法律规定的条件和程序，向国家商标主管机关提出注册申请，经国家商标主管机关依法审查，准予注册登记的法律事实。在我国，商标注册是商标得到法律保护的前提，是确定商标专用权的法律依据。

我国商标法遵循自愿注册和强制注册相结合、全面审查和申请在先、保护注册商标专用权等基本原则。注册商标的有效期为10年。注册商标有效期满后需要继续使用的，应当在期满前的6个月内申请续展注册。在此期间未能提出申请的有6个月的宽展期。宽展期内仍未提出申请的，期满后商标局将予以注销。注册商标可以通过相关法律程序进行转让。

自然人、法人或者其他组织对其生产、制造、加工、拣选或经销的商品或者提供的服务需要取得商标专用权的，均可以依法向国家工商行政管理总局商标局提出商标注册申请。任何能够将自然人、法人或者其他组织的商品或服务与他人的商品或服务区别开的可视性标志，包括文字、图形、字母、数字、三维标志和颜色组合，以及上述要素的组合，均可以作为商标申请注册。

2. 商标注册的流程

首先，必须向适当的国家或地区商标局提交商标注册申请书，该申请书中必须有一份申请注册的标志的清晰图样，包括任何颜色、形状或立体特征。该申请书中还必须列出使用该标志的商品或服务的清单。其次，该标志必须符合若干条件，才能作为商标或其他类型的标记受到保护。该标志须有显著性特征，使消费者能将其作为识别某具体产品的标志加以区别，并与识别其他产品的其他商标区分开来。该标志不得误导或欺骗消费者，也不得违反公共秩序或公共道德。最后，所申请的商标权不得与已经授予另一商标注册人的商标权相同或相似。

7.3.3 创业企业专利权的申请与保护

【名人名言】

瓦特的伟大天才表现在1784年4月他所取得的专利的说明书中，他没有把自己的蒸汽机说成是一种用于特殊目的的发明，而把它说成是大工业普遍应用的发动机。——马克思（政治家、哲学家、经济学家）

1. 专利权的概念

【名人名言】

专利制度是给天才之火加上利润之油。——林肯（美国总统）

专利权的简称，指专利权人对发明创造享有的专利权，即国家依法在一定时期内授予发明创造者或者其权利继受者独占使用其发明创造的权利，这里强调的是权利。

专利申请是获得专利权的必需程序。专利权的获得，要由申请人向国家专利机关提出申请，经国家专利机关批准并颁发证书。申请人在向国家专利机关提出专利申请时，还应提交一系列的申请文件，如请求书、说明书、摘要和权利要求书，等等。在专利申请方面，世界各国专利法的规定基本一致。

2. 专利申请的类型

在我国，专利有三种类型，发明专利、实用新型专利和外观设计专利。创业者可以根据自己对产品的保护要点进行选择保护方式。如果产品的创造性和新型性是前所未有的，那么即申请发明专利。同时生产加工制造某种产品的方法或者配方只能申请发明专利。如果需要保护产品的形状、构造或者其结合所提出的适于实用的新技术方案，一般多申请实用新型专利。如果需要保护产品的形状、图案、色彩以及三者的结合，就要申请外观专利。申请外观的产品必须是立体产品。

3. 授予专利的原则

按照专利法的基本原则，对于同一个发明只能授予一个专利权。当出现两个以上的人就同一发明分别提出专利申请的情况时，有两种处理原则：一个是先发明原则，一个是先申请原则。目前在世界上只有美国、加拿大和菲律宾等少数国家采用先发明原则。我国和世界上大多数国家都采用先申请原则。

4. 授予专利的条件

各国专利法规定不同，我国和多数国家都要求发明应具备新颖性、先进性和工业实用性。新颖性指在提出专利申请之日或优先权日，该项发明是现有技术中所未有的，即未被公知公用的。凡以书面、磁带、唱片、照相、口头或使用等方式公开的，即丧失其新颖性。有些国家采用世界新颖性，有些国家采用国内新颖性，也有些国家公知以世界范围为标准，公用以本国范围为标准。先进性也称创造性，指发明在申请专利时比现有技术先进，其程度对所属技术领域的普通专业人员不是显而易见的。实用性指发明能够在产业上制造和使用。

5. 专利权的保护期限

各国专利法的规定不同。大部分国家规定为 10 ~ 20 年，如英国为 16 年，美国为授权后保护 14 年，法国为 20 年。还有的国家规定了几个期限，申请人可以自行选择，如阿根廷、智利等。期限开始的时间，有的国家规定从提出申请之日起算，有的国家规定从授予专利权之日起算。我国的《专利法》规定，发明专利权的期限为 20 年，实用新型和外观设计专利权的期限为 10 年，都自申请日起计算。

7.3.4　创业企业著作权的申请与保护

【创业家语录】

把公司名称叫“本田”是我一生最大的遗憾。这违背了我的哲学。因为公司用我的“姓”命名会引起误会，大家会认为我把公司“私物化”，是一个独裁的经营者。实际上，我连我的儿子都不让他进入公司做事，要他自己去开一家叫“无限”的公司。并且，我在十几年前就已把本田技研工业和本田技术交给别人去经营。——本田宗一郎（本田汽车创始人）

1. 著作权的概念

著作权即版权，它是指作者（包括自然人和法人）对自己创作的文学、艺术和自然科学、社会科学、工程技术等作品，依照法律规定享有的某些特殊权利。这些权利体现在两方面，即人身权（永久性的）和财产权（法定期限内的）。

2. 著作权保护的主体与客体

著作权主体一般为作者，即直接创作作品的人。包括创作作品的公民、法人、非法人单位、外国人以及国家。著作权保护的客体有文字作品，口述作品，美术、建筑作品，摄影作品，电影作品和以类似摄制电影的方法创作的作品，工程设计、产品设计图纸、地图、示意图等图形作品和模型作品，计算机软件，法律、民间文学艺术作品，行政法规规定的其他作品。

3. 著作权保护的内容

著作权保护的内容是指著作权具体包括哪些权利。著作权法规定，著作权包括人身权（又称精神权利）和财产权（又称经济权利）。

人身权包括发表权、署名权、修改权和保护作品完整权。发表权是指决定作品是否公之于众的权利，以及决定以何种形式发表和在何时何地发表的权利。署名权即表明作者身份，在作品上署名的权利。修改权是指作者有权对其作品进行修改或者授权他人进行修改。保护作品完整权是指作者保护其作品的内容、观点、形式等不受歪曲或篡改的权利。

财产权是指能够给著作权人带来经济利益的权利。包括复制权、发行权、出租权、展览权、表演权、放映权、广播权、信息网络传播权、摄制权、改编权、翻译权、汇编权以及应当由著作权人享有的其他权利。对这些财产权利，著作权人可以许可他人行使或者可以全部或部分转让，并依照约定或者本法有关规定获得报酬。对著作权的民法保护方法主要有停止侵害、消除影响、公开赔礼道歉和赔偿损失。

4. 著作权保护的保护期限

（1）公民的作品、合作作品、电影作品和以类似摄制电影的方法创作的作品与摄影作品的保护期限为作者的终生及其死亡后50年，截至作者死亡后第50年的12月31日。

（2）法人或者其他组织的作品，以及著作权（署名权除外）由法人或其他组织享有的职务作品，其发表权和著作财产权的保护期限为50年，一般从作品首次发表时开始计算，截至作品首次发表后第50年的12月31日。

7.3.5 企业知识产权管理战略

【创业家语录】

随着知识产权在商业中变得越来越重要，公司开始关注知识管理，知识经济应运而生，它改变了商业的定义，并使得新兴经济体能在全球化中立足。——比尔·盖茨（微软公司创始人）

1. 为防止其他企业的恶意侵权与勒索，要有防御战略

市场竞争往往是企业持有知识产权的竞争。如果创业企业轻视这一问题，放弃或晚于他人获取某些知识产权，就可能在他人的“进攻性竞争”中处于十分不利的境地。另外，国内也曾发生了一些熟悉知识产权的企业为牟取商业利益，勒索知名企业的现象。近年来，又有一些小企业抢先注册知名企业的网络域名，进而勒索知名企业“回购域名”。所以，创业企业一定要有自身的知识产权防御战略。

2. 针对竞争者和你开发市场的知识产权战略

企业之间的竞争，表面上是产品的竞争，而本质上是人才、技术、拥有的知识产权之间

的竞争。因此，针对可能的技术竞争者、知识产权竞争者，创业企业需要合理安排自己的知识产权保护结构，率先就自己与他人同期或先后研发的知识性成果申请知识产权保护，借助知识产权制度，“进攻性地保护”自己未来的市场和未来的商业利益。

3. 系统考虑，适度、适时申请知识产权保护

知识产权制度是把“双刃剑”。如果创业者提出了过多的授权要求，或不符合有关知识产权制度规定的授予条件，创业者就不可能得到授权。但是，由于知识产权制度要求的“公开原则”，创业者不得不公开自己的核心技术。这样，在得不到授权的情况下，创业者的知识性成果，特别是核心技术、技术诀窍等反倒得不到保护。因此，企业在申请知识产权保护之前，一定要反复考虑获得法律授权的可能性。理性地看，对预期得不到授权的知识性成果，有时以“技术秘密”的方式加以保护，可能更为有效。

世界上不少国家在知识产权授权上实行“先申请原则”。如果创业者认为本企业需对某项知识性成果获得知识产权保护，那就应尽快申请知识产权保护。

4. 将侵权减少到最低限度

对于创业企业而言，往往是亏得起、赔不起。若是侵犯了他人的知识产权，就可能被依法强制赔偿，给企业造成巨大损失。因此，在知识产权制度日益完善和严格的今天，创业企业一定要避免发生侵犯他人知识产权的问题。

【知识产权战略实践】　仅依靠专利授权能持续发展吗?

朗科科技创造了以专利费为主要利润来源的商业模式。2006～2009年，朗科通过专利授权许可的收入占主营业务收入的比例分别为3.79%、9.37%、16.50%、10.18%，2009年该业务毛利率高达99.85%。与此相比较，占公司营业收入65%的闪存应用产品2009年的毛利率只有18.54%，同比下降5.34%。

朗科于1999年进入移动存储领域，拥有闪存盘的核心技术，被视为是国内最有机会分享行业高成长“蛋糕”的企业之一。上市前3年，朗科业绩相当稳定，2007～2009年，净利润一直接近4000万元。然而，公司在2010年1月上市后，第一季度净利润大幅下滑29.74%，上半年净利润只有957万元，同比大幅减少33.49%。

比利润下滑更严重的是商业模式。在上市前，朗科一直以自己依赖专利授权收入的赢利模式为荣，正是这种专利授权许可的商业模式，在上半年仅收入613.56万元，同比下滑了45.7%，相反，业务成本却增长了428%。朗科中报披露，“专利授权许可收入下降、产品毛利下降以及费用增加”导致上半年业绩下滑。与业内的竞争对手金士顿等厂商相比，朗科在销量上有很大差距，更多是依靠专利授权许可收入来支撑业绩。

这都是由于朗科过分依赖专利费收入所致的恶果。2010年4月，国家工商行政管理总局商标评审委员会裁定，朗科科技使用多年的“优盘”商标为商品通用名称，予以撤销注册。如果公司产品不能占据市场主动，单纯依靠专利授权收入，这种商业模式将难以为继。而从全球来看，还没有哪一家公司可以完全依靠专利生存，专利大户IBM和高通公司亦不曾如此。

创新是无止境的，一个企业有了专利，其他企业可能也会通过回避设计，形成自己更好的专利，这是专利法所鼓励的。因此，企业即使拥有了基础发明专利，也不意味着它就一定拥有竞争优势。

资料来源：朗科创始人内讧始末，http://tech.sina.com.cn.

7.4 创业过程中的法律知识

【创业家语录】

必须坦荡的面对人生，也许会有一些擦边球，但绝不能越雷池半步，一定要严守法律这条最后防线。——任志强（华远集团总裁）

在市场经济条件下，企业的经营与管理活动没有不涉及法律的。当你在组织创业企业或经营管理当前企业时，你可能不得不处理其他各种法律问题，这些具体的法律制度可能包括公司法律制度、合伙企业法律制度、个人独资企业法律制度、企业破产法律制度、反垄断与反不正当竞争法律制度、产品质量法律制度、消费者权益保护法律制度、工业产权法律制度、合同法律制度、会计与审计法律制度、广告法律制度、价格法律制度、税收法律制度、对外贸易法律制度、经济仲裁与经济诉讼法律制度等一系列法律制度。

【创业家语录】

在中国办企业，稍微不注意法律就要出问题，就要坐牢，创业的人要特别注意。比如我注册了一个公司，是不是可以把100万拿出来用，如果用了就要坐牢。中国法律上有很多红线，我们一旦不懂法，很容易坐牢。过去5~10年，凡是财务上遇到危机的民营企业，很多人最后都坐牢了，坐牢是什么原因呢？还是法制问题，资金链一紧张，他会做很多他认为合理但是不合乎规定的事，这都是要坐牢的。在创业初期的时候，就要具备极强的法律概念、法律观念，即使这样也免不了出事，一出就是大事。——史玉柱（巨人集团创始人）

创业者要充分认识学法用法的重要意义，认真学习法律知识，掌握本企业生产经营、管理决策所必需的法律知识，并能正确运用于经营管理工作之中。要依法建立资金管理、成本管理、质量管理、安全管理、合同管理、人力资源管理等企业内部管理制度，可以通过撰写法律手册或指南，逐步建立健全的企业法律顾问制度等措施，为企业依法经营管理提供制度和组织保证。

7.5 创业过程中的伦理道德与社会责任

【创业家语录】

“不作恶”，当然，不同的人对于“邪恶”的理解可能有所不同，但是大部分人的理解都是正确的。如果问100个普通人，哪一个是正确的，我想几乎所有人的想法都是一致的。——埃里克·施密特（谷歌公司CEO）

自现代企业诞生始，伦理道德就是它内在的文明因子。创业企业之所以需要伦理道德，不只是因为企业运行面临诸多伦理困境与道德风险，更不是因为伦理道德作为有效的文化工具可以帮助企业更好地达到经济目的，最根本的是，伦理道德是现代企业的核心价值构件，具有特殊的管理意义和文明意义。

一般认为，之所以需要企业伦理道德，是因为如果企业没有良好的伦理道德形象，会引起社会负面评价，使企业因深陷伦理困境与道德风险而降低经济运行的效率和效益。实际上，这是一种似是而非的狭隘企业伦理观和管理道德观，因为它不能经受这样的追问：如果与经济运行的效率和效益无关，那么是否还需要企业伦理与管理道德？这种狭隘的企业伦理观与管理道德观的直接后果，是造就了现代企业管理中的诸多伪伦理与伪道德，形成企业伦理与管理道德中的伪善。

7.5.1　创业过程中的伦理道德

【创业家语录】

首先，我相信，与我们有重要合作关系的人对信任、诚实、正直和道德行为有深刻而强烈的需求；其次，我相信，企业应该努力满足所有利益相关者的这种需求；最后，我相信，总体而言，那些最能始终不懈地坚持道德行为的企业比其他企业更能取得成功。——James Burke（前强生公司首席执行官）

1. 公司伦理道德理念

（1）理想类型论。20 世纪 20 年代，德国社会学家马克斯·韦伯在研究中发现，在欧美资本主义国家工商活动中有杰出表现的企业家大都是新教徒，由此演绎出一个在世界范围内产生重大影响的结论：现代资本主义成功的最大秘密在于其独特的伦理——新教伦理。新教伦理对欧美资本主义经济发展的根本意义在于它形成了一种独特“经济气质”或“经济精神”，并从 3 个方面影响着现代企业，尤其是企业家。

一是“天职”的观念与独特劳动价值观；二是“蒙恩”的观念与独特的财富观；三是“节俭”的观念与独特的消费观。企业家经营和工人劳动的根本目的，不是利润和工资，而是向上帝尽天职，从而培育出企业家的经营精神与生产者的劳动精神。在经营和劳动中，财富不是经营和劳动的结果，而是上帝恩宠的标志，只有符合道德的财富才可以得到上帝的拯救，由此赋予人的行为以道德的合理性与合法性。新教伦理以“天职”和“蒙恩”的观念释放了人们的谋利冲动，又以“节俭”的观念要求人们过一种节俭乃至禁欲的生活。新教伦理是它成功的秘密。

（2）文化矛盾论。20 世纪 70 年代，美国哈佛大学教授丹尼尔·贝尔发现，经过半个多世纪的发展，西方资本主义已经陷入一种“文化矛盾”困境。困境的核心是经济冲动力与宗教冲动力或道德冲动力的分离与背离。在资本主义初期，企业和企业家的经济冲动与道德冲动锁合在一起，但随着市场经济的发展，二者发生了分离。资本主义的冲动只剩下经济冲动，分期付款等制度的建立，将人们的经济冲动释放到极致，而新教伦理所造就的道德冲动则耗尽了能量。由此，资本主义企业发展的前途，在于重新建构经济冲动力与道德冲动力之间预定的和谐。

（3）最强动力 - 最好动力论。20 世纪末期，德国著名经济伦理学家彼得·科斯洛夫斯基提出一种观点。无论在社会、企业还是个人的身上，都存在两种动力，一种是谋利或经济活动的“最强的动力”，一种是道德的“最好的动力”。这两种动力往往处于矛盾之中：最强的动力往往不是最好，最好的动力往往不是最强。企业管理与社会管理的目的在于将这两种动力有机结合，形成“最强的动力－最好的动力”的合理冲动体系。道德是对“市场失灵”的补偿措施，宗教是对“道德失灵”的补偿措施。

2. 几种相关的道德观

（1）**功利主义道德观**。这种观点认为，能给行为影响所及的大多数人带来最大利益的行为才是善的。这是一种完全根据行为结果即所获得的功利来评价人类行为善恶的道德观。功利主义道德观有其合理的一面。但也存在可能采取了不道德甚至损害社会利益的手段实现最大利益，只规定了对大多数人有利，可能产生利益分配不公现象。将这种道德观移植到企业中，必须对其意义有准确的把握。

（2）**权利至上道德观**。这种观点认为，能尊重和保护个人基本权利的行为才是善的。所谓基本权利就是人权，只要是人就应当平等地享有人的基本权利。这些权利不是某个权威赐予的而是人与生俱有的。

（3）**公平公正道德观**。这种观点认为，管理者不能因种族、性别、个性、个人爱好、国籍、户籍等因素对部分员工歧视，而那些按照同工同酬的原则和公平、公正的标准向员工支付薪酬的行为是善的。这种道德观在理论上是完全正确的，但在实践中存在的问题十分复杂。

（4）**社会契约道德观**。该观点认为，只要按照企业所在地区政府和员工都能接受的社会契约所进行的管理行为就是善的。这种道德观实质上是功利主义道德观的变种。既不符合权利至上的道德观，又不符合公平公正道德观的基本原则，但却能大幅度降低企业人力资源的成本，增加企业的利润。

3. 合乎道德管理的特征

（1）合乎道德的管理不仅把遵守道德规范视作组织获取利益的一种手段，而且更把其视作组织的一项责任。

（2）合乎道德的管理不仅从组织自身角度，更应从社会整体角度看问题。

（3）合乎道德的管理尊重所有者以外的利益相关者的利益，善于处理组织与利益相关者的关系，也善于处理管理者与一般员工及一般员工内部的关系。

（4）合乎道德的管理不仅把人看做手段，更把人看做目的。组织行为的目的是为了人。

（5）合乎道德的管理超越了法律的要求，能让组织取得卓越的成就。

（6）合乎道德的管理具有自律的特征。

（7）合乎道德的管理以组织的价值观为行为导向。

4. 改善企业道德行为的途径

（1）**挑选高道德素质的员工**。人在道德发展阶段、个人价值取向和个性上存在差异，管理者应通过严格的挑选过程将低道德素质的求职者淘汰掉。

（2）**建立道德守则和决策规则**。道德守则是表明组织的基本价值观和组织期望员工遵守的职业道德规范的正式文件。

(3) **在道德方面领导员工**。高层管理人员自己就应该是一个具有高尚道德的人，至少是一个以高尚道德标准要求自己的人，而不只是一架会赚钱的机器。

(4) **设定工作目标**。员工应该有明确和现实的目标。如果在不现实目标的压力下，即使目标是明确的，也会产生道德问题。

(5) **对员工进行道德教育**。组织积极采取开设研修班、组织专题讨论会等方式，增强有关人员对职业道德的认识，提高员工的道德素质。

(6) **对绩效进行全面评价**。在对管理者的评价中，不仅要考察其决策带来的经济成果，还要考察其决策带来的道德后果。

(7) **进行独立的社会审计**。根据组织的道德守则来对决策和管理行为进行评价的独立审计，是发现不道德行为的有效途径。

(8) **提供正式的保护机制**。正式的保护机制可以使那些面临道德困境的员工在不用担心受到斥责或报复的情况下自主行事。

【创业投资失败案例】　Mysee 浮华之败

2005 年 2 月，高燃创立 MySee. com，蒋锡培投资了 100 万元人民币。2006 年年初，又获得北极光和赛伯乐等机构一共 200 万美元的投资。Mysee 是国内最早进行 P2P 视频直播研发技术的公司，是集视频直播、点播、互动娱乐、无线增值等服务于一体的宽带视频娱乐服务平台。公司曾联合各大门户网站、电信运营商，为国内外 50 余次的大型活动进行了网络直播。

但 MySee 烧钱的速度太快了，几十个人每个月要烧掉 100 多万元人民币，办公室装修就花去 100 多万元，还要花大量的资金购买视频内容。8 个月的时间，200 万美元的投资消耗殆尽。另外，作为创始人，高燃时刻最关注的都是自己的知名度和形象，他到处演讲，宣扬创富成就，但不为公司做市场。在投资人看来，高燃拿投资人的钱去包装自己，甚至还有其他用途，但就是没有用来给公司做企业。

资料来源：企业失败教训，http://pe. pedaily. cn.

7.5.2　企业社会责任

【创业家语录】

首先，我坚定地相信，为了生存下去并取得成功，任何一个组织都必须具备一整套健全的信念，来作为它一切政策和措施的前提；其次，我还认为，公司取得成功的唯一最重要的因素便是忠实地严守这些信念；最后，我认为，公司在它的生命历程中，为了迎接瞬息万变的环境挑战，必须做好改革其自身的一切准备，唯独不能改变的是它的信念。——小托马斯·沃森（IBM 公司前总裁）

企业社会责任（corporate social responsibility，CSR）这一概念最早于 1924 年由英国学者欧利文·谢尔顿提出，其基本含义是指企业在创造利润、对股东承担法律责任的同时，还要承担对员工、消费者、社区和环境的责任。尽管企业社会责任问题已经越来越多地受到企业界和理论界的关注，但是由于其含义本身的模糊性，加之不同学者研究的视角不一样，企业社会责任目前还没有统一的定义。

1. 企业社会责任的不同认识

【创业家语录】

产品的质量保证和对消费者的责任是企业的首要社会责任，如果连这个都没有，这样的企业就没有社会责任。——任志强（华远集团总裁）

(1) 企业社会责任的古典观。古典观的最重要倡导者是1976年诺贝尔经济学奖获得者、美国经济学家米尔顿·弗里德曼，他认为，在自由企业制度中，企业管理者必须要对股东负责，而股东想尽可能多地获取利润，因此，企业的唯一使命就是要力求达到这一目的。企业唯一的社会责任是在比赛规则范围内，为增加利润而运用资源、开展活动。

(2) 企业社会责任的社会经济观。持社会经济观观点的学者认为：利润最大化是企业的第二目标，企业的第一目标是保证自己的生存。为了实现这一点，他们必须承担社会义务以及由此产生的社会成本。他们必须以不污染、不歧视、不从事欺骗性的广告宣传等方式来保护社会福利，他们必须融入自己所在的社区及资助慈善组织，从而在改善社会中扮演积极的角色。

2. 企业社会责任的内容要求

【创业家语录】

如果利润下降或是总收入减少，说明我们没有对社会尽到应尽的义务。——松下幸之助（松下公司创始人）

把追求利润视为企业的至上目的，而忘了社会责任，就是忘了根本使命。——松下幸之助（松下公司创始人）

企业不赢利就是在危害社会，就是最大的不道德。——史玉柱（巨人集团创始人）

企业最大的社会责任就是赚钱，雇人。做不到这一点其他都是侈谈。经常在一些公众场合见到一些高谈阔论社会责任，捐这捐那的老板们，企业做得一塌糊涂不算，大多数都后来出事。——阎焱（软银亚洲信息基础投资基金CEO）

(1) 经济责任。企业必须承担经济责任，最直接地说就是赢利，尽可能扩大销售，降低成本，正确决策，保证利益相关者的合法权益。这也是企业社会责任最基础的层面，没有经济责任作为基石，企业社会责任这个金字塔便只能是空中楼阁。

(2) 法律责任。企业承担的法律责任具体表现在企业应遵守所有法律、法规，包括环境保护法、消费者权益法和劳动保护法。完成所有合同义务，带头诚信经营，合法经营，承兑保修允诺。带动企业的雇员、企业所在的社区等共同遵纪守法，共建法治社会。

(3) 道德责任。道德责任包括那些为社会成员所期望或禁止的、尚未形成法律条文的活动和做法。消费者、员工、股东和社区认为公平和正义的，同时也能尊重或保护利益相关者道德权利的，以及能反映信义的所有规范、标准、期望都是道德责任所包括的。

(4) 慈善责任。企业的慈善活动或行为被视为责任是因为它们反映了公众对企业的新期望。这些活动是非强制性的，取决于企业从事这些社会活动的意愿。这样的一些活动包括企业捐赠、赠送产品和服务、义务工作、与当地政府和其他组织的合作，以及企业及其员工自愿参与社区或其他利益相关者的活动。

【社会责任实践】　摩托罗拉公司的伦理道德

在 20 世纪 30 年代的大萧条时期，摩托罗拉还是一家挣扎求生存的公司，同业习惯的做法是向经销商提供虚假的财务情况，夸大产品的好处。摩托罗拉公司创办人盖文承受着不采取同行做法的压力，他的应对方式是不理会。“告诉他们真相。”他说，“第一是因为这是应该做的正确事情，第二是因为他们反正都会发现真相。”

创新思维游戏

游戏名称：NUF 测试游戏

游戏目的：该游戏改编自专利测试过程。当大家在头脑风暴中集思广益的时候，对收集到的想法做一个快速的“现状核实”会很有用。在 NUF 测试中，参与者使用三条原则来评估一个想法：新颖性、有用性和可行性。

游戏人数：小规模团队

游戏时间：15～30 分钟，取决于人数规模和讨论的深度。

游戏规则：在游戏开始前首先需要根据以下准则迅速构造一个想法矩阵。

新颖性：这个想法以前试过没有？如果一个想法明显不同于以前的想法，它的得分就比较高。新的想法会吸引大家的注意力，并增强成功的机会。

有用性：这个想法真能解决问题吗？一个完全解决问题而不会引发新麻烦的想法会得分较高。

可行性：这个想法能够完成吗？新颖而又有用的想法仍然需要评估实施成本。资源和精力要求不高的想法得分较高。

在玩该游戏的时候，大家围绕着每一个想法，根据列出的准则从 1～10 评分，并在专用记分表上登记分数。人们可以先单独写下各项分数，接着就每一个条目和准则说出自己的结果，然后记录在计分表里，详见图 7-1。打分应该迅速完成，下意识地凭直觉进行。

	新颖性	有用性	可行性	总分
推广蝙蝠侠战车	7	2	6	=15
Facebook 小组	0	3	10	=13
奥斯汀蝙蝠侠之旅	0	6	8	=14
鸟粪肥料	8	9	5	=22
蝙蝠栖息地赞助方	10	4	1	=15

图 7-1　NUF 游戏打分表

分数确定后，接下来的讨论可能会发现新的想法或低估了某个想法的不确定性。参与者随后可以选择优化某个想法。

游戏策略：该游戏的目标是衡量那些不错的想法在会议结束后将要面对的现实。它无意“扼杀”好的想法，反而是找出它们可能存在的弱点，以便在实际运用之前进行改进和增强。

本章要点

一家新创企业可以选择的法律组织形式有多种，最常见的有：个人独资企业、合伙企业和有限责任公司，创业者应根据自身的实际情况选择适合自己的企业法律组织形式。公司治理结构是导致公司内部发生纠纷的重要因素之一，创业者应认真设计公司治理结构。

创业者在创建和经营企业时，必须了解和遵守有关法律法规，保护好企业的知识产权。专利、商标、著作权和商业秘密是知识产权的主要形式。几乎所有企业都有值得保护的知识产权。要保护这种权利，企业就必须识别出知识产权。

我国对企业伦理的认识尚处于起步阶段，对企业伦理的内涵尚缺乏了解。在当今时代，如果企业只追求利润而不考虑企业伦理，则企业的经营活动会越来越为社会所不容，必定会被时代所淘汰。也就是说，如果在企业经营活动中没有必要的伦理观指导，经营本身也就不能成功。一个企业不仅应该承担法律上和经济上的义务，还承担了“追求对社会有利的长期目标”的义务和责任。

关键术语

个人独资企业；合伙企业；有限责任公司；一人有限责任公司；公司治理结构；知识产权管理；企业伦理道德；企业社会责任

案例分析一　亚信们的选择

亚信的创始人丁健在甫一听到“道德风险”一词时便说：“道德只有善恶，而无所谓风险。风险属于经营范畴，道德属于价值观范畴。”

2002 年 7 月 23 日，在美国纳斯达克的上市公司亚信发出了它在本年度第二个财务季度的报表，在这份财务报表中亚信宣布赢利预测不佳，致使其股价下挫 60% 以上，这使得该公司市值大幅缩水，仅公司 CEO 丁健个人账面损失就高达数千万美元。这一现象被投资银行界人士视为“撕心裂肺的损失”，但是亚信公司的高层谈及此事时却是淡定自然，甚至没有一点遗憾之意。当被记者问及诚实发布财务报表而蒙受巨大损失值不值时，亚信总裁兼 CEO 丁健淡然说道：“事实就是这样，数字是做不出来的，也就无所谓值与不值。”人们想象中的亚信高层该有的心理斗争、自我矛盾，被丁健以一句“数字是做不出来的”轻轻带过，仿佛亚信从来没有过财务选择方面的难题。

其实，亚信的财务选择难题是有的，不过不是在发布财务报表之时，而是早在亚信成立之初。1995 年仲夏之季，刚刚成立的亚信公司派其高层赴德勤会计师事务所谈业务，提出请德勤做其财务顾问，德勤的合伙人一听哈哈大笑：“我们是世界五大会计师事务所之一，我们的客户都是全球知名的大公司，我们的每一笔业务都以千万美元计，我们怎么可能为你们这么一个全部人员不足 10 人、全部资产加起来不过十几万美元的小公司做财务顾问？你们开什么玩笑？”亚信的高层严肃地说：“不，不是开玩笑，我们希望从一开始就正规化运作，我们确实需要你们的帮助。”德勤后来果然成了亚信的合作伙伴。

今天，德勤华永会计师事务所合伙人李展伟提醒国内中小企业，一定要从最初就做好符合国际标准的财务接口，“建立好的财务制度并不是大公司的专利，小公司也要追求好的财务制度，只有有了标准的财务接口，才能在未来的竞争中具备直飞的可能。”

资料来源：CEO的道德风险，http：//articles. e-works. net. cn.

案例分析二 宁关公司不弃原则

2010年7月，淘宝网调整商品搜索排序规则，增加卖家服务质量在搜索结果的影响权重。淘宝还公布了七大搜索作弊行为，包括炒作信用、广告商品、错放类目和属性、滥用关键词、商品价格邮费严重不符、标题图片描述不一致。但是，淘宝的“好意”却遭到了部分卖家的抵制。有部分卖家聚集杭州向淘宝讨要说法，并要求淘宝恢复原有的按照商品上下架时间排序的规则。

同年9月6日，阿里巴巴集团董事局主席兼CEO马云向员工发出内部邮件，就淘宝搜索规则调整而遭遇部分卖家反对一事做出回应。马云说：坚持做正确的事，坚持自己的理想和使命是一定要付出巨大代价的，在任何时代都一样。尤其在今天中国的商业环境里，创造开放透明、诚信责任、分享的商业文明一定会破坏大批既得利益群体。坚持还是放弃？放弃，从此以后我们就会成为一家平庸的公司，为利益而活着，我们可能会在一段时间里很轻松，会很赚钱……而坚持理想，我们也许会每天碰上今天的状况，我们要和各种势力做斗争，包括巨大的黑色产业链中的恶势力。但坚持也会让我们生存和工作得有意义，坚持也会让我们能在21世纪里成为一家真正对人类社会有贡献的公司，阿里人应该、必须也只有选择坚持原则、坚持理想、坚持使命的发展之路!! 我们将会面对任何挑战……我们宁可关掉自己的公司也不会放弃自己的原则！今后我们希望全社会来监督我们的商务政策调整，假如我们的调整政策违背了开放、透明、分享、责任的原则，我们一定会认真倾听而修改。否则我们将会犹如捍卫生命那样捍卫我们的使命！

资料来源：马云谈淘宝遭卖家抗议事件：宁关公司不弃原则，http：//finance. qq. com.

延伸阅读与相关网站

1. 延伸阅读

如需进一步了解和掌握有关创业法律领域的知识，请参阅《经济法》方面的图书文献资料，这方面的图书版本很多，在此不一一列举。也可以直接阅读相关的法律文本。如需进一步了解和掌握有关企业伦理与社会责任领域的知识，请参阅《新教伦理与资本主义精神》（［德］马克斯·韦伯著，该书在我国有多个译本），《企业的社会责任》（菲利普·科特勒，南希·李著，姜文波等译，机械工业出版社，2011）等文献资料。

2. 相关网站

中华人民共和国经济法大全 http://baike. baidu. com

知识产权 http://zh. wikipedia. org

道德哲学 http://zh. wikipedia. org

企业社会责任 http://zh. wikipedia. org

复习思考题

1. 新企业的法律组织性有哪几种？
2. 创业者如何选择新企业组织形式？
3. 如何设计新创企业的产权结构？
4. 如何有效进行新创企业的知识产权管理？
5. 创业过程中应该如何遵守企业伦理和践行社会责任？

Chapter8

第 8 章

新创企业成长管理

学习目标

- 熟悉创业企业成长的概念与特征
- 熟悉企业成长生命周期
- 掌握新创企业战略制定过程
- 掌握新创企业成长战略与竞争战略
- 掌握新创企业市场营销管理
- 熟悉新创企业市场财务管理

引导案例

五谷道场：中国式快品牌的典范，也是中国草根民企衰落的经典案例

王中旺与方便面行业的宿缘，始于大名鼎鼎的华龙。他与华龙掌门人范现国本为同乡。投奔这位同乡之前，他卖过蜂窝煤和珍珠糕，投奔这位同乡后不久，他成为华龙面的西北总经销商。

1999 年 9 月，王中旺自立门户，集合 13 位股东出资 170 万，成立河北隆尧县中旺食品有限公司，自任董事长兼总经理。在康师傅和统一占据了一级市场 80% 以上份额、中小方便面企业纷纷倒闭的情况下，仅用了 4 年多的时间，中旺以“农村包围城市”，将市场定位在农村和中小城镇二三线市场，推出“双面块”的价廉方便面，销售额冲到了 10 亿元。为了超越华龙，进军高端方便面市场，王中旺不顾公司高管团队的反对，决定上马五谷道场“非油炸”高端方便面项目。2005 年，集团总部也由隆尧迁至北京。

五谷道场的战略部署是：主打“健康方便面”这张牌，以“健康”为标签，凸显市场差异，突破市场同质化困局。2005 年年初，“拒绝油炸、留住健康”等概念被迅速推出。创业初期拿出超过总投资额 30% 的资金用于打广告，重金聘请影视明星陈宝国代言，杀气腾腾地冲入方便面市场，在短时间内开展强大的广告轰炸，制造“非油炸、更健康”的沸点，由于当时油炸食品致癌风波闹得正欢，五谷道场的出现迎合了消费者认为“非油炸、不致癌、更健康”的时尚心理。

五谷道场的战略有效地在油炸方便面市场炸开了一条缝隙，把竞争者阻隔在自己的市场区域之外，迅速成长为2006 年食品行业的一匹黑马。2006 年实现销售收入 15 亿，用极短的时间便做到了全国第 6 的位置，中旺集团也因此荣登第 5 届中国成长企业 100 强榜首。

就在公司上下陶醉在差异化的喜悦中时，问题却在不知不觉中到来，并非产品滞销卖不出去，而是根本供不上货。经销商交了货款迟迟等不到货，超市断货，销量因此持续下滑，公司内部则一直拖欠员工工资。

五谷道场启动之初，中旺集团本身没有多少可用资金。一鸣惊人之后，广告费用、原料费用、生产基地建设费用接踵而至。无奈之下，2007 年开始，不得不极力占用上下游资金，拖欠供应商货款和员工工资、广告费，资金短缺反过来又影响供货……甚至在北京、上海等重点市场都出现缺货。2008 年年初，由于长期欠薪，工人罢工，北京房山的五谷道场生产基地被法院查封。

2009 年 2 月，北京市房山区法院最终裁定，批准中粮集团收购五谷道场的破产重整方案。该方案规定，五谷道场原股东将其所持有的五谷道场公司的股份全部无偿让渡给重组方，重组投资方承诺出资 1.09 亿元专门用于五谷道场清偿债务及支付破产费用。就这样，在快速成长后，又快速跌落，五谷道场画出了一个典型的“抛物线”。

资料来源：品牌经典失败案例——五谷道场，http：//blog. xiaonei. com.

8.1 创业企业成长模式

8.1.1 创业企业成长的概念

【创业家语录】

我们创立微软的时候，丝毫没有要把它发展成一个大公司的想法。是我们所看到的远景预示了它将成为一个大公司，但是我们还是用最谦卑的态度，一步一步地来。之所以选择这个领域切入，是因为我们喜欢，而且对此很兴奋。——比尔·盖茨（微软公司创始人）

企业成长，一直是人们关心与谈论的热点话题。对于一个创业者，如果不能在创业后的一定时期内使企业健康地成长起来，将会使创业家壮志未酬。新古典经济学派创始人英国经济学家阿尔弗雷德·马歇尔（Alfred Marshall）在他的名著《经济学原理》中指出："一个企业成长、壮大，但以后也许停滞、衰落。在其转折点，存在着生命力与衰落力之间的平衡或者均衡。"成长是一个适者生存、自然淘汰的过程，强调了纯粹竞争市场条件下的企业成长。在传统企业理论中，成长的目标在于利润最大化；边际成本等于边际收益是追求这一目标的基本原理；企业成长的市场环境由完全竞争发展到垄断竞争或不完全竞争。

经理型企业理论的主要代表人物之一马里斯（Marris）认为，管理的主要目标是企业规模的增长。近年对企业成长的研究认为，现代企业增长必须赋予结构变化和创新的含义。

1. 企业成长的含义

【管理学家语录】

一个企业只能在企业家的思维空间之内成长，一个企业的成长被其经营者所能达到的思维空间所限制！——彼得·德鲁克（现代管理学之父）

每一个组织都是有生命的。——菲利普·塞尔兹尼克（加利福尼亚州大学伯克利分校教授）

现代企业成长是指现代企业在利润性和社会性相统一基础上的多目标结构引导下，为了生存和发展，与企业的经营结构、组织结构、空间结构和技术结构等结构发展变化相适应的企业规模增长的机制和行为。上述表述主要包含以下几层含义。

现代企业在成长过程中，应有确保利润、生存和成长、履行社会责任等多重目标，并力图使这些目标均衡实现。企业成长存在着内部化、实用化、机制化、结构化的趋势。结构化体现在注重企业内部经营结构、组织结构、空间结构的发展变化。当经营结构、空间结构发生变化时，组织结构也要做相应的变动。企业成长是一种增长的过程，在企业成长过程中，包括质与量两个方面，量的成长体现为规模的增长，其中包括销售额的增长、利润的增加等。质的成长包括结构特征的发展和创新。现代企业质与量的成长，动态地互相促进、互为条件。

2. 企业成长模式

企业成长模式一般指基于企业结构发展变化的企业成长方向及方式。

（1）基于经营结构发展的成长模式。基于经营结构发展的企业成长模式主要有：扩大原有产品产量，即规模型成长；在新的行业从事新的业务，即多角化成长；购买上游或下游企业，扩展生产链，即纵向成长。

规模型成长是指企业某一产品产量的增加，包括不同规格、不同包装的同一产品的产量增加；规模型成长是一种最基本的成长方式，是新创企业需要经过的成长阶段。多角化成长是指企业的产品或服务跨一个以上产业的经营方式或成长行为。纵向成长是企业沿着其投入或产出方向的扩张成长。复合型成长是多方位的成长。

【创业家语录】

创业至少需要9年。3年摸索，3年深抓，3年爆发增长。①许多你仰慕的成功企业其实都是熬出来的。②不要期望超常规提速，不要陷入成功的幻觉，不要为抢规模、抢上市，连毛利都牺牲掉。③违背了最基本的商业规律，最后就会被最基本的问题绊倒。——周鸿祎（奇虎360公司创始人）

很多创业者梦想三年就达到一个什么高度，两年就取得一个什么样的成功，其实这是不现实的。举个例子，一个人怀胎十月才能生小孩，第一个小孩有了经验，那你怀第二个小孩是不是三个月就可以生了？孕育十个月是客观规律。很多时候，企业的发展不是一个斜直线、不断地发展，它会有高潮，有低谷，会经过长时间的徘徊。当积累的能量足够了，会往上跳一个台阶，再在一个新的水平上积累一个台阶。像《从优秀到卓越》书里讲的一个道理，你很难预测企业因为哪一天做好的，哪一点做好的，企业的成功是依靠你每天踏踏实实做好每一件事。——周鸿祎（奇虎360公司创始人）

（2）基于组织结构和空间结构发展的成长模式。基于组织结构发展的企业成长模式主要有两种：分散化成长模式、集团化成长模式。基于空间结构发展的成长模式会形成多地区企业和跨国企业公司。

分散化成长主要是指企业发展到一定程度就会分化为若干个小企业，这种企业的分化能够防止企业衰老。企业集团化本质上是企业与企业之间发展的一种长期稳定的契约关系结构。企业集团化也是一种企业成长的行为。此外，企业多角化成长也多以集团形式出现。

企业空间结构发展会形成多地区企业、跨国公司，其中跨国企业是现代企业成长的重要模式。企业跨国经营不仅涉及地域变动，还涉及生产要素在国际间的流动。随着国际经济一体化趋势的发展，企业国际化经营越来越成为大企业的成长目标。

同时，企业技术结构发展、技术进步与创新也与企业成长有密切的关系。尤其是在科学技术日新月异、高技术迅速产业化的当代，技术创新是推动企业成长的重要动力。企业的技术结构和技术创新能力是企业成长的关键因素。

此外，人力资源在企业成长和经济发展中的地位越来越重要。人是企业经营中最复杂的因素，也是最核心的资源。对于企业成长而言，人力资源结构也是极其重要的因素。

3. 企业成长特征

【创业家语录】

对一个企业来讲，要想持续发展下去，关键还是我们一直在谈的如何保持持续核心竞争力问题。现在很多年轻人一开始创业就恨不得“一万年太久，只争朝夕”，一心只想把公司做大，这是不行的。万科之所以能走到今天就是稳下心态，一步一个脚印。有很多事情在这个社会上是没法超越的，不是你想多快就能多快。——王石（万科公司董事长）

（1）规模型成长的基础性。在规模型成长、多角化成长、纵向成长等企业成长模式中，规模型成长起着重要的基础性作用，体现在以下几个方面。

①企业初始时期的成长是单纯规模型成长。企业成长的初期，产品市场尚未彻底打开，企业生产能力尚未达到满负荷，市场销售增长率高。这时，企业的主要矛盾在于如何扩大生产能力，使企业实现规模经济性，是企业初创时期的主要目标。

②规模型成长是多角化成长的基础。多角化的各项业务是一种相对独立的生产经营活动。如果各业务规模不经济，必然使成本提高，使企业竞争力下降。每一单项业务要与具有同类业务的其他企业竞争，多角化不能缓解这种竞争的压力。

③规模型成长也是纵向成长的基础。纵向成长的各生产环节都需要具有一定的规模经济性。

④规模型成长有利于企业培育核心竞争力。在激烈竞争中，许多企业追求规模经济、走兼并的路子，可以迅速扩大规模，在市场竞争中占据有利地位。例如我国两大知名视频网站优酷与土豆的合并，就实现了规模效应。

（2）结构关联适应性。一般而言，一定的生产经营活动必然要由一定的企业组织来实现。随着企业成长，经营内容增多和拓展，组织结构就会趋于复杂化，表现出了企业成长过程中结构变动的关联适应性。应及时调整与合理设计组织结构，使之服务于经营结构，如果组织结构与经营结构不相适应，会导致效率低下，企业成长难以得到应有的绩效。

①内部成长与外部成长。一般而言，为了实现某种成长模式，企业存在两种选择：一是企业靠自己积累的资源或筹集的资金投资建厂，成立新的组织机构和营业场所而获得企业成长；二是外部成长，即靠收购、兼并或合并其他企业而获得成长。内部成长和外部成长的区别类似于“自制”与“购买”的选择，企业可以比较“自制”与“购买”两种方式的成本，选择成本较小者，来决定是选择内部成长还是外部成长。

②企业成长多重边界性。企业成长不可能是无限度的，也不是在任何规模下都是有效率的。企业边界是指企业成长有效率的限度或范围。事实上，企业经营者经常要面对以下四个方面的问题：第一，是否要扩大某些产品的产量，这涉及规模经济；第二，是否应该接管上游或下游企业，购买还是自己制造，这涉及交易经济；第三，是否应该变革组织结构和制度结构，这主要涉及组织经济和制度经济；第四，是否应该扩大企业所承担的社会责任范围，改变企业与政府之间的关系模式，这涉及企业、政府和其他社会组织之间的责权划分。

企业成长的多重边界性表明，企业在不同的成长维度上，有一定的效率边界，因而不可能在某一维度上无限度成长；同时各边界之间是相互联系的，某一边界变动，需及时调整其他边界来适应。

【创业家语录】

养公司跟养儿子是没有什么区别的。不是多生个儿子就会发财，一个糟儿子会把你两个好儿子所有的资产浪费得一塌糊涂。企业越大，我越累；孩子越大，担心越多。——马云（阿里巴巴创始人）

8.1.2　企业成长的生命周期性

美国管理学家伊查克·爱迪思（Ichak Adize）的企业生命周期理论认为，企业像生物有机体一样，也有一个从生到死、由盛到衰的过程，这一过程可以划分为几个不同的阶段，企业的生命周期包括成长、成熟、老化三个阶段，以及孕育期、婴儿期、学步期、青春期、盛年期、稳定期、贵族期、官僚化初期以及死亡期九个时期。

1. 成长阶段

在成长阶段所涵盖了孕育期、婴儿期、学步期等三个时期，是创业启动、起步和快速成长的关键时期。在孕育期中，主要解决的是企业“想什么”的问题，也就是要明确企业发展的思路，以及是否应该创立企业和能不能创立这类最基本的问题。在婴儿期中，要解决的问题是“干什么”，也就是企业决定投入怎样的行业领域。当企业处于学步期，企业成员豪情万丈，想成就一番事业，这个时期，新创企业出现不明智的决策与承诺，缺乏系统化的规章制度、明确的行为方针和健全的预算体系，缺乏科学的授权体系，阻碍企业的进一步发展。

【创业家语录】

初创企业的头三年比较危险，每天都在生死线上打转。创业者每天都会面临企业的各种问题。从战略上讲做企业是一个伟大的事业，但是这个伟大的事业是由每天无数的困难和问题组成，刚解决完一拨又出来一拨，只要做企业你就要日复一日，年复一年地解决这些问题。——周鸿祎（奇虎360公司创始人）

2. 成熟阶段

成熟阶段可以分为青春期、盛年期和稳定期。在青春期中，是企业成长最快的时期，企业需要强调制度、政策和行政管理，要通过引入职业经理人来改变原有的管理风格，减少决策的随意性，并注重建立良好且有特色的企业文化。盛年期是企业生命周期中最为理想的时期，这一时期既具有学步期企业的进取精神，又具备在青春期阶段所获得的对实施过程的控制力与预见力，盛年期企业面临的挑战在于如何维持这种旺盛状态。企业在稳定期则出现衰退倾向和老化前兆。创新精神衰退的原因主要在于创业者容易丧失创新品质，开始变得保守甚至固执起来。

3. 老化阶段

老化阶段可以分为贵族期、官僚化初期和死亡期。贵族期企业的特征是自我中心、缺乏创新，远离顾客群体和追求稳定，试图通过兼并其他企业以获取新的产品和市场，从而“买到”创新精神。官僚化初期的企业，内部冲突不断，充满争权夺利，人员开始流失，或成为完全官僚化企业。死亡期，也被称为“官僚期”或“官僚化晚期”，是企业生命周期的结束阶段。企业变成一个完全膨胀的官僚机构，没有成果导向的概念，没有创新，也没有团队协作，有的只是最完善且刻板的制度、程序、文件和形式。处于官僚化的企业外表看来实力雄厚，但其核心可能已经腐烂，将不可避免地走向破产或消亡。

企业生命周期的变化包括经济形态、实物形态、产品形态和组织形态等四种形态的变化。经济形态的变化涉及企业组织结构、法律环境等相关的因素；实物形态的变化则是有关创新领域的变化，包括技术改造和工艺改进等；企业不断成长，通过调整产品形态来调整产业经营方向，也可以是企业经营战略的变化；组织形态的变化，最典型的就是兼并与分立。

对企业生命周期理论的应用，首先必须判断整个企业是在成长还是在老化，其次界定其属于具体的哪一个阶段，最后才能制订发展方案。只有在正确掌握了企业生命周期的规律之后，企业才能尽快渡过成长的前期风险阶段，保持竞争力，并尽量延长企业的盛年期。

【创业家语录】

我认为最重要的原则是坚持，永不放弃。美国有句话：“成功者永不放弃，放弃者永不成功。”方向错了可以调整，但永远不要放弃自己的事业。我不主张行动太快，太着急，这样即使方向错了，调整也来得及。——约瑟夫 R. 曼库索（孵化器之父）

2004 年，中国创业公司的平均存活时间是 3.7 年，到了 2011 年，下降为 2.9 年。在中国可以活到 3 年以上的企业不到 10%。即便是在美国，活过 5 年的企业也只有 20%，在这 20% 的企业中，只有 20% 的企业能活过第二个 5 年。换句话说，在美国，能活过 10 年的企业只有 4%。——李善友（酷 6 网创始人）

8.1.3　新创企业成长的决定因素

【创业家语录】

你的愿景、使命、理念是什么？你的管理模式和你的团队如何建立？你的公信力要怎样体现？等等。进驻 NPI（公益组织发展中心）孵化器后，NPI 不断问我们这样的问题，让我们不断思考和整理。愿景是告诉人们“我们是什么”，而使命就是你存在的理由和价值，这些都是你成立一个机构所必须要有的。于是，我们在压力下有了自己的愿景、使命、理念，开始去思考、去调整自己的方向。虽然今天的欣耕还是很小，我们还未长出凤凰满身光鲜亮丽的羽毛，但是，已经褪去了麻雀的骨头。——朱柄肇（欣耕工坊创始人）

新创企业的成长常常受到多种因素的制约。一些学者从不同视角分析了新创企业成长的决定因素，主要观点如下。

1. 以企业家才能为主导的决定论

吉尔（J. Gill，1985）认为，影响中小企业成长的主要因素有：创业者团队五年以上的企业管理经验；资金的获取；市场营销经验与技能；识别和把握机遇的能力；企业内部管理效率；市场快速反应能力、控制能力、快速集中资源能力；与顾客的关系，快速准确提供服务的能力；计划和控制能力；创业者从手艺人到职业管理者的转变；创业动力。

【创业家语录】

两类人创业不容易成功。一类人是技术人员，技术人员特别自负。中国目前为止鲜有成功的程序员，因为程序员多自负，听不进忠告和建议。一类人是文人，他们老想批评别人。但这种批评不产生价值。他们并没有通过研究这些企业来学习人家的长处，任何成功的企业走到今天都一定有他的道理。当然，如果你立志一辈子做一个评论家可以这么做，但是你要想自己创业，就要研究这些企业的成败，从中汲取营养。——周鸿祎（奇虎 360 公司创始人）

2. 企业家、企业与战略相互协调的决定论

斯托里（1994）从企业家、企业和战略三个方面对以往研究成果进行了梳理，认为企业家的创业动机、行业背景及管理经验，企业的产业属性、地域位置及规模，以及企业的市场定位和出口导向等方面的因素，都会影响企业成长，并且这三方面的因素共同发生作用。只有当它们恰当地结合在一起时，企业才能实现快速成长，而当其中某些因素不起作用或配合不佳时，成长就会停滞甚至衰退。

【创业家语录】

站在整个人生的角度，管理企业与登山不无关系，同样需要坚忍的意志和不懈的精神。而登山，更如人生一样，虽时常不能预知结果，但只要坚持，终会成功。登山是人生的浓缩，之前，因为成功而有机会登山，而我仍需要继续攀登一座峰，就是每个人心中的那座峰。——王石（万科公司董事长）

一个好的企业就是一座好的庙，一个好的企业家就是一个好的大和尚，一个好的职业经理人就是一个好的小和尚。我们给客户的永远是1%的使用价值和99%的希望。管理的最高境界就在于不仅能把明确的规则搞清楚，而且也能把潜规则搞清楚，最后办好自己的庙，成为一个伟大的大和尚。——冯仑（万通集团创始人）

3. 企业与产业相互制约的决定论

奥杰斯（2000）从企业和产业两个层面分析了影响企业成长的因素。他认为，企业层面的因素包括初始规模、资本集约度、债务结构；产业层面的因素包括产业的平均企业规模、资本密集度、债务结构、边际成本、研发投入、年均增长率和新企业进入率等。这两个层面的因素共同影响着产业内每个企业的持续成长。也就是说，企业与产业的相互制约是“一荣俱荣，一损俱损”的关系。

【创业投资失败案例】　缺乏核心竞争能力的无锡尚德

无锡尚德于2005年12月成为第一个在美国纳斯达克成功上市的中国民营企业。他们生产的多晶硅薄膜太阳电池是太阳能设备的重要组件，代表了绿色、科技的发展方向。在“全球变暖”的概念恐慌中，无锡尚德受到了资本的热烈追捧，股价一度高达86美元，市值145亿美元，成为仅次于百度的明星企业。然而，随后无锡尚德股价一路下滑，截至2011年10月11日，股价跌至2.47美元，市值4.5亿美元，令人瞠目地蒸发了97%！140亿美元灰飞烟灭。

由于没有核心竞争力，虽然号称高科技，但真正有技术含量的部分，即上游的切硅片等基础部分，生产掌握在美韩企业手里。无锡尚德更像是一个组装高科技零件的加工厂，虽然比一般的加工厂更需要技术，但核心竞争力终究不在自己手里。当国内企业开始一拥而上时，市场变为惨烈红海。为了抢占市场份额而扩大产能后，又赶上金融危机，各国政府减少了对太阳能的补贴，相较于火电成本高昂的太阳能，只留下黯然的阴影。

资料来源：企业失败教训，http：//pe. pedaily. cn.

8.2　新创企业战略管理

【管理学家语录】

企业的最高战略：创造顾客。——彼得·德鲁克（现代管理学之父）

不存在万能战略。许多公司都在重复犯着一个错误，就是企图寻找一种适用于所有公司的战略。——迈克尔·波特（美国战略和竞争力研究专家）

创业首先需要明确创业的战略性问题，创业战略将给创业者指明创业方向，使其坚定不移地沿着既定的战略方向前进。新创企业的战略制定出发点不同于成熟企业，有限的资源和创业的初衷常常决定了它们需要从现有的机会出发选择战略。特别是种子期和初创期的企业，公司层面上的战略可能并无很大意义，因为它们尚未涉及公司业务多元化设计等问题，当务之急是如何在市场中生存下来，因此有效的竞争战略对于新创企业意义更大。

8.2.1　新创企业战略及其特征

【创业家语录】

当你谈及公司战略的时候，无非就是说你的价值、信念和基本目标，接着是对产品和市场的切实了解。如果不能归结到产品/市场以及先做什么，后做什么的话，你就什么也成就不了。描绘你的组织最终会落实到如下问题：你提供什么样的产品或服务？向谁提供？——本·特里戈（凯普纳－特里戈公司创始人）

1. 新创企业战略

创业战略是指创业企业在激烈的竞争环境中，根据市场的变化因素、自身的客观条件和潜能，在总结经验、调查现状和预测未来的基础上，为谋求生存和发展，寻找和制定的将来一定时期内全局性经营活动的理念、目标以及资源和力量的总体部署和规划，并根据这个规划来调配自身实力，调度、运用和整合各种资源使创业企业快速崛起的一个过程。

新创企业的战略在制定过程、表达形式、传递方式等方面与成熟企业有很大差别。阿马尔·拜德在《创业者必须问自己的三个问题》一文中阐述了这样的观点：很多创业者的目标都是为了抓住某个短期的机会，而并没有考虑到长远的战略，然而，成功的创业者能够很快地适应从战术导向到战略导向的转变，从而引导企业走向成功。所以，对于一家新创企业来说，制定一套完整的战略比其他任何问题都重要，一家策略完善的公司能够经受住组织的混乱与领导者无能所带来的考验，而再完善的控制系统和组织结构都无法弥补战略上的缺陷。

【创业家语录】

战略管理不是一个魔术盒，也不只是一套技术。战略管理是分析式思维，是对资源的有效配置。战略管理中最为重要的问题是根本不能被数量化的。——彼得·德鲁克（现代管理学之父）

2. 新创企业战略的特征

（1）战略选择更依赖于创业团队的能力与资源禀赋。与成熟企业不同，新创企业的战略选择更加依赖于创业者的能力、性格特征以及创业团队的技术能力与资源禀赋。例如，阿里巴巴和敦煌网，受同样产业机会的吸引，依靠自己不同的能力禀赋，在同一行业进行市场细分，形成了良好的市场区隔，这两家企业在发展的道路中也显现出完全不同的战略选择。

（2）战略调整更具有柔性。新创企业与大企业相比，它的优势就在于高层管理者更贴近客户，更容易感受市场上发生的变化，并能够做出更为迅速的反应。为此，创业者一定要了解企业的竞争优势，以便能够在与大企业竞争时充分发挥企业的灵活多变的优势。例如，蒙牛在创建之初，借用电子商务网以及家庭饮用水配送网建立了独特的销售网络，适应了上海牛奶消费者追求方便快捷的购买习惯，在上海市场站稳了脚。而当时在上海具有龙头地位的光明牛奶，由于在传统的渠道进行了大量投资，在渠道战略的调整方面遇到更大的困难。

(3) 战略沟通更具有投资导向性。由于新创企业管理层级少，结构简单，所以公司战略比较容易通过各种正式和非正式的渠道被员工队伍所了解，进而融入工作行为。与员工的整个战略沟通相对简单。相反，新创企业的战略在与外部投资人进行沟通时往往会遇到比较大的阻力，这种战略沟通上的障碍时常会影响投资人与创业者之间的信任关系，最终导致双方的冲突，乃至分手。

8.2.2 新创企业战略的制定

最好的战略计划要受许多因素影响，如创业者的能力、企业的复杂性、行业的特点等。无论什么特殊的环境，战略计划必须依照五个步骤：

①检查企业内部和外部的投资环境（优势、劣势、机会、威胁）。

②制定企业长期和短期的战略（任务、目标、战略、政策）。

③实施战略计划（程序、预算、步骤）。

④评价战略成果。

⑤通过连续的反馈继续采取行动。

考察环境是一个新创企业制定战略的关键因素之一。战略制定者需要对影响企业的内部和外部因素有清楚的认识，当进行环境分析的时候要考虑所有因素。这种分析通常叫做SWOT分析。

SWOT分析法又称为态势分析法，SWOT四个英文字母分别代表：优势（strength）、劣势（weakness）、机会（opportunity）、威胁（threat）。就是将与研究对象密切相关的各种主要内部优势、劣势以及外部的机会和威胁等，通过调查列举出来，并依照矩阵形式排列，然后用系统分析的思想，把各种因素相互匹配起来加以分析，从中得出一系列相应的结论，而结论通常带有一定的决策性。运用这种方法，可以对研究对象所处的情景进行全面、系统、准确的研究，从而根据研究结果制定相应的发展战略、计划以及对策等。

战略计划步骤最有价值的是“战略思想”，它是企业所有者们思想的提炼。尽管没有正式地明确表述，战略思想综合了一个创业者对未来预见的直觉和创造力。

【创业家语录】

从这个复杂的世界中找到解决办法，可以分为四个步骤：确定目标；找到最有效的方法；发现适用于这个方法的新技术；同时最聪明地利用现有的技术。不管它是复杂的药物，还是最简单的蚊帐。——比尔·盖茨（微软公司创始人）

企业制定一个战略目标不难。难的是两点：一是目标的合理性和可能性；二是制定目标之后不为其他因素所动，能够坚决地、不管不顾地去做。——柳传志（联想集团创始人）

8.2.3　新创企业的战略类型

【创业家语录】

我们常把制定战略比喻为找路。当前面草地、泥潭和道路混成一片无法区分的时候，我们要反反复复细心观察，然后小心翼翼地轻手轻脚地去踩、去试。当踩过三步、五步、十步、二十步，证实了脚下的确是坚实的黄土路的时候，则毫不犹豫，撒腿就跑。这个去观察、去踩、去试的过程是谨慎地制定战略的过程，而撒腿就跑则是坚决执行的过程。——柳传志（联想集团创始人）

1. 新创企业的成长战略

企业成长战略是指企业抓住有利机会，充分发挥自身在产品、市场和技术等方面的竞争优势和潜力，以求得企业快速成长和发展的一种战略。一般而言，企业的成长战略包括密集性成长战略、一体化成长战略、多样化战略和集团化发展战略。新创企业主要涉及密集性成长战略。密集性成长战略也称集约性成长战略，是指企业在原有生产范围内，充分利用产品和市场的潜力来求得发展。主要有市场渗透、市场开发和产品开发三种策略。

（1）**市场渗透策略**。市场渗透是指新创企业生产市场上已有的产品，并在原有市场上进一步渗透，扩大销售量。一般有三种方法：第一种是通过增加销售网点或者其他促销方式增加原有顾客的购买量；第二种是通过更低廉的价格、更周全的服务和更高的质量，或者更具说服力的广告和促销活动等争夺竞争对手的顾客；第三种是利用赠品促销和其他公关活动激发潜在顾客的需求，引起他们的购买兴趣。

虽然市场渗透可以给企业带来增加市场份额的机会，但能否采取这一战略不仅取决于企业的相对竞争地位，还取决于企业所在市场的特性。一般地说，当整体市场增长时，不仅占领先导地位的企业可以扩大市场份额，而且那些新进入行业的企业也比较容易扩大销售量。相反，在稳定和下降的市场中则很难实现市场渗透。当然这并不意味着新创企业没有市场渗透的机会，如果某一细分市场容量过小，领先者可能无利可图或疏于防守时，新创企业可以通过这一细分市场向更大的市场进行渗透。

（2）**市场开发策略**。市场开发是指用传统产品去开发新市场。当原有产品在原有市场已没有进一步渗透的余地，或者开发新市场的潜力更大，又或者新市场的竞争相对缓和时，企业都可以考虑采用市场开发战略。市场开发战略包括进入新的细分市场、为产品开发新的用途，或者将产品推广到新的地理区域等。例如，杜邦公司生产的尼龙最初是作为降落伞的原料，后来被用于妇女丝袜的生产，最后又成为男女衬衣的主要面料。每一种新用途都使尼龙这个产品进入新的生命周期，延长了产品寿命，并为公司带来了持续不断的利润。

能否采取市场开发战略来获得增长，不仅与企业所处市场的特征有关，还与产品的技术特性有关。在资本密集型行业，企业往往有专业化程度很高的固定设备和相关的服务技术，公司的核心能力主要来源于产品而不是市场，因而通过市场开发挖掘产品潜力就成为企业首选的方案。所以，拥有技术秘密和特殊生产配方的企业比较适合采用市场开发战略，如可口可乐和肯德基等。

（3）**产品开发策略**。产品开发是指用改进原有产品或开发新产品的方法增加企业在原有市场的份额。企业可以通过增加产品的规格、样式，使产品具有新的功能和用途等，以满足目标顾客不断变化的需求。产品开发和市场开发往往是同步或相继进行的，二者有着紧密的联系。一方面，进入新的细分市场，即市场开发，要求开发出现有产品的替代品或者新的功能和特性，也就是产品开发；另一方面，产品更新和再设计也需要新的细分市场作为支撑。

一般说来，技术和生产导向型的企业更乐于通过产品开发寻求增长，这些企业或者具有较强的研发能力，或者市场开拓能力较弱。但是，一旦产品开发获得成功，往往可以给企业带来丰厚的利润。然而，成功进行产品开发并非易事，它往往伴随着很高的投资风险。有研究表明，新产品开发的失败率，消费品制造业为40%，工业品制造业为20%，服务业为18%。新产品开发失败的原因很多，比如市场环境的急剧变化、新技术的出现等，但企业在开发过程中没有坚持正确的路线和原则也是十分重要的原因。

【创业家语录】

真正的战略不是大家在同一跑道上比速度，而是要选一条自己的跑道。许多战略的失败是由于没能将宏伟的计划转化为获得竞争优势的具体实施步骤。——迈克尔·波特（美国战略和竞争力研究专家）

2. 新创企业竞争战略

【管理学家语录】

最高的竞争战略是，改变游戏规则，成为游戏规则的制定者。——迈克尔·波特（美国战略和竞争力研究专家）

企业的最高战略是：能够打破正常的产业发展进程，并创造不利于别的竞争者的新的产业条件。——伊恩 C. 麦克米伦（美国企业管理学家）

(1) 总成本领先战略。总成本领先战略是指依靠强调成本控制，通过取得更低的总成本来参与竞争的战略。其核心是通过达成在某一行业中的低成本，来建立自己的竞争优势。实施总成本领先战略要求企业追求规模经济，也就是积极地获取一个相对较高的市场份额，并且通过控制直接和间接成本，压缩在研发、服务、销售、广告等方面的费用，全力以赴地降低成本，达到总成本领先的优势。

在大多数情况下，低成本战略不能单独成为创业战略，因为初创阶段的企业规模很难达到经济性的要求，只能通过成本管理和费用控制手段，最大限度地减少研发、品牌塑造、营销等方面的费用，来降低经营过程中各个中间环节的成本。因此，这种战略往往是伴随着其他战略的实施过程同时执行的。

【创业家语录】

如果没有价格上的优势与技术上的绝对优势，千万不要进入红海市场，否则你会必输无疑！——史玉柱（巨人集团创始人）

成功的第一个条件就是坚持。要成功，就要把你的竞争对手甩在后面，而有时候就是靠时间来“耗着”，等别人没有耐性，坚持不下去了，自乱阵脚了，找别的更大、更

时髦的领域去了，那么你很有可能就是坚持到最后的胜利者。——陈一舟（腾讯公司首席行政官）

（2）**差异化战略**。差异化战略是指将产品或企业提供的服务差别化，树立起一些具有独特性的东西以参与竞争的战略。其核心是通过提供给消费者一些相对于竞争对手的产品和服务而言独一无二的东西，来建立自己的竞争优势。实施差别化战略可以有许多方式，如建立品牌差异、技术差异、产品质量差异、服务差异、渠道差异等。在实际工作中，可以通过市场的差异化、产品差异化、质量差异化等方法落实差异化战略。

实施差异化战略，可以帮助企业创造出品质区别于其他竞争者的产品或服务。一旦这样独特的属性成立，用户对价格的敏感度将会降低，这样差异化就能够帮助企业，持续地赚取相当比例的利润。

（3）**聚焦战略**。聚焦战略就是指企业仅关注于某一特定的客户群，或者某一特定的地理市场，根据客户的特点为他们生产专用的产品或提供专门的服务，避免大而弱的分散投资局面，容易形成企业的核心竞争力，从而建立起企业的竞争优势。集中化战略实施的关键，是要将企业的目标锁定在一个细分市场之中。在这一市场之中，企业仍然是通过差异化战略或者是成本领先战略，完成对自身竞争优势的构建。

【创业家语录】

为什么比尔·盖茨这么伟大？我觉得不是因为他做了 office，他手里拿了这么多的现金，他没有去把纽约城买下来成为纽约城主，他没有去做房地产，这就是他的伟大之处，他专注在自己的 office 这个领域里面。——江南春（分众传媒创始人）

一般而言，大企业更愿意在成熟的行业中竞争，而新创企业资源有限，更倾向于在竞争不太激烈的细分市场内寻找机会。新创企业如果能够抢先意识到市场上存在的缝隙，并选择合适的方式进入市场填补空白，那么就能将有限的资源投入到收效最快的领域内，避免与资源雄厚的大型企业正面竞争，为稚嫩的新创企业组织创造相对宽松的生存发展环境。

【创业投资失败案例】　死于巨头挤压的博客网

2002 年，方兴东创建博客中国，之后 3 年网站始终保持每月超过 30% 的增长，全球排名一度飙升到 60 多位。两轮融资 1050 万美元，并引发了中国 Web2.0 的投资热潮。随后，“博客中国”更名为“博客网”，号称“全球最大中文博客网站”，还喊出了“一年超新浪，两年上市”的目标。于是在短短半年的时间内，博客网的员工就从 40 多人扩张至 400 多人，同时还在视频、游戏、购物、社交等众多项目上大把烧钱，千万美元很快就被烧光。博客网也拉开了持续 3 年的人事剧烈动荡，高层几乎整体流失，方兴东本人的 CEO 职务也被一个决策小组取代。到 2006 年年底，博客网的员工已经缩减到融资当初的 40 多人。2006 年年末，以新浪为代表的门户网站的博客力量超越博客网等新兴垂直网站。随后，博客几乎成为门户网站标准的配置，门户网站轻而易举地复制了方兴东们的模式。

资料来源：企业失败教训，http://pe.pedaily.cn.

8.3 新创企业市场营销管理

【创业家语录】

企业有且只有两个基本职能：营销和创新。营销和创新产生收益；其他所有职能都是成本。——彼得·德鲁克（现代管理学之父）

企业营销管理过程是市场营销管理的内容和程序的体现，是指企业为达成自身的目标辨别、分析、选择和发掘市场营销机会，规划、执行和控制企业营销活动的全过程。企业市场营销管理过程包含着下列五个相互紧密联系的步骤：树立营销理念，分析市场机会，制定市场营销战略，确定市场营销策略，市场营销活动管理。

8.3.1 树立营销理念

【创业家语录】

我们作为工业家的职责就是为大众提供便利，并使我们的用户经济更加富裕，生活更加幸福。——松下幸之助（松下公司创始人）

市场营销理念是指企业进行经营决策，组织管理市场营销活动的基本指导思想，也就是企业的经营哲学。它是一种观念、一种态度或一种企业思维方式。营销理念贯穿于营销活动的全过程，并制约着企业的营销目标和原则，是实现营销目标的基本策略和手段。市场营销理念正确与否，直接关系到企业营销活动的质量及其成效。新创企业应该建立起“以消费者需求为中心，以市场为出发点”的经营指导思想。

8.3.2 分析市场机会

【管理学家语录】

尽管战略一词通常与未来相联系，但它与过去的关系并非不重要。过日子要向前看，但理解生活则要向后看。管理者将在未来实施战略，但他们是通过回顾过去而理解这一战略的。——亨利·明茨伯格（加拿大管理学家）

在竞争激烈的买方市场，有利可图的营销机会并不多。企业必须对市场结构、消费者、竞争者行为进行调查研究，识别、评价和选择市场机会。

企业应该善于通过发现消费者现实的和潜在的需求，寻找各种“环境机会”，即市场机会。而且应当通过对各种“环境机会”的评估，确定本企业最适当的“企业机会”能力。

对企业市场机会的分析、评估，首先是通过有关营销部门对市场结构的分析、消费者行为的认识和对市场营销环境的研究。还需要对企业自身能力、市场竞争地位、企业优势与弱点等进行全面、客观的评价。还要检查市场机会与企业的宗旨、目标与任务的一致性。

8.3.3 制定市场营销战略

营销大师科特勒曾说：“现代战略营销的中心，可定义为STP市场营销，就是市场细分

(segmentation)，目标市场（targeting）和市场定位（positioning）。”

【创业家语录】

战略制定者要在所取信息的广度和深度之间做出某种权衡。他就像一只正在捉兔子的鹰，鹰必须飞得足够高，才能以广阔的视野发现猎物，同时它又必须飞得足够低，以便看清细节，瞄准目标和进行攻击。不断地进行这种权衡正是战略制定者的任务，一种不可由他人代理的任务。——弗雷德里克·格卢克（麦肯锡前总经理）

1. 市场细分

（1）市场细分的概念。市场细分是指营销者通过市场调研，依据消费者的需要和欲望、购买行为和购买习惯等方面的差异，把某一产品的市场整体划分为若干消费者群的市场分类过程。通过市场细分不仅有利于新创企业选择目标市场和制定市场营销策略，还有利于新创企业发掘市场机会和开拓新市场，在新创企业资源有限的情况下，有利于集中人力、物力投入目标市场。

（2）细分消费者市场的标准。市场细分可以采用以下四个标准。

①**地理细分**：公司按消费者的居住或办公的位置对其分类，然后针对每个地区的客户制订不同的营销组合。

②**人口细分**：按年龄、性别、家庭人口、收入、教育程度、社会阶层，宗教信仰或种族等信息对客户细分。

③**心理细分**：按个性或生活方式等变量对客户细分。

④**行为细分**：通过对消费者的消费时机、追求利益、使用者地位、产品使用率、忠诚程度、购买准备阶段、态度，对消费者行为进行评估，然后进行细分。

（3）有效市场细分的条件。企业进行市场细分的目的是通过对顾客需求差异予以定位，来取得较大的经济效益。众所周知，产品的差异化必然导致生产成本和推销费用的相应增长，所以，企业必须在市场细分所得收益与市场细分所增成本之间做一权衡。由此，我们得出有效的细分市场必须具备以下特征。

①**可衡量性**。可衡量性是指用来细分市场的标准和变数及细分后的市场是可以识别和衡量的，即有明显的区别，有合理的范围。如果某些细分变数或购买者的需求和特点很难衡量，细分市场后无法界定，难以描述，那么市场细分就失去了意义。

②**可进入性**。可进入性是指企业能够进入所选定的市场部分，能进行有效的促销和分销，实际上就是考虑营销活动的可行性。一是企业能够通过一定的广告媒体把产品的信息传递到该市场众多的消费者中去；二是产品能通过一定的销售渠道抵达该市场。

③**可赢利性**。可赢利性是指细分市场的规模要大到能够使企业足够获利的程度，使企业值得为它设计一套营销规划方案，以便顺利地实现其营销目标。并且有可拓展的潜力，以保证能按计划获得理想的经济效益和社会服务效益。

④**差异性**。差异性指细分市场在观念上能被区别，并对不同的营销组合因素和方案有不同的反应。

⑤**相对稳定性**。相对稳定性指细分后的市场有相对应的时间稳定。细分后的市场能否在一定时间内保持相对稳定，直接关系到企业生产营销的稳定性。

2. 目标市场选择

目标市场选择是指估计每个细分市场的吸引力程度，并选择进入一个或多个细分市场。目标市场选择标准应遵循有一定的规模和发展潜力、细分市场结构的吸引力、符合企业目标和能力等三个标准。

目标市场选择战略主要有无差异性目标市场策略、差异性目标市场策略、集中性目标市场策略等三种策略。

（1）无差异性目标市场策略。该策略是把整个市场作为一个大目标开展营销，它们强调消费者的共同需要，忽视其差异性。采用这一策略的企业，一般都是实力强大进行大规模的生产方式，又有广泛而可靠的分销渠道，以及统一的广告宣传方式和内容。

（2）差异性目标市场策略。该策略通常是把整体市场划分为若干细分市场作为其目标市场。针对不同目标市场的特点，分别制订出不同的营销计划，按计划生产目标市场所需要的商品，满足不同消费者的需要。

（3）集中性目标市场策略。该策略是选择一个或几个细分化的专门市场作为营销目标，集中企业的优势力量，对某细分市场采取攻势营销战略，以取得市场上的优势地位。

3. 市场定位

市场定位就是企业根据竞争者现有产品在市场上所处的位置，针对消费者或用户对该产品某种特征或属性的重视程度，强有力地塑造出本企业产品与众不同的、给人印象鲜明的个性或形象，并把这种形象生动地传递给顾客，从而使该产品在市场上确定适当的位置。

新创企业及产品与竞争者是不同的，市场定位的主要任务就是要充分突出新创企业及产品在市场上的新颖性、显著性、差别化的特征。各个企业经营的产品不同，面对的顾客以及所处的竞争环境也不同，因而市场定位所依据的原则也不同。一般来讲，市场定位可以根据产品的特点、产品的用途、顾客的利益、顾客类型等进行定位。

市场定位是一种竞争性定位，它反映了市场竞争各方的关系，是为新创企业有效参与市场竞争服务的。创业者可以选择避开竞争强手，瞄准市场“空隙”，发展特色产品，开拓新的市场领域的避强定位策略，也可以选择与竞争对手正面市场冲突的迎头定位。如果初次定位后，随着新的竞争者进入，顾客需求偏好发生转移等原因，需要进行重新定位。

【市场营销战略案例】

2004 年，在上海万科假日风景项目中，“蚂蚁工房”的客厅功能由公共走廊实现，厨房小且是开放式，一切都为了契合二十七八岁的单身、首次置业的这部分年轻客户的生活习惯。

时尚孕妇装品牌“十月妈咪”抓住 80 后准妈妈追求时尚的特点，精准定位，设计出差异化产品，并在营销上明确立足点，推出相应的营销方式，迅速抢占了少量高端人群。

5100 冰川水作为来自珠穆朗玛高原的无污染冰川融水，在某种意义上是身份和地位的象征。但是，5100 的营销策略是在和谐号动车上免费赠送，如同穿着晚礼服去下田收稻谷一样。

8.3.4　确定市场营销策略

市场营销策略，是企业以顾客需要为出发点，根据经验获得顾客需求量以及购买力的信息、商业界的期望值，有计划地组织各项经营活动，通过相互协调一致的产品策略、价格策略、渠道策略和促销策略，为顾客提供满意的商品和服务而实现企业目标的过程。

从管理决策的角度看，影响企业市场营销活动的各种因素可以分为两大类：一是企业不可控因素，即营销者本身不可控制的市场营销环境；二是可控因素，即营销者自己可以控制的产品、品牌、价格、广告、渠道等，而各种可控因素包括如下四个营销因素。

1. 产品策略

产品策略（Product）主要是指企业以向目标市场提供各种适合消费者需求的有形和无形产品的方式来实现其营销目标。其中包括对同产品有关的品种、规格、式样、质量、包装、特色、商标、品牌以及各种服务措施等可控因素的组合和运用。

【创业家语录】

我生命中的嗜好一直是制造生产那些以新奇的方式使人们愉悦的产品，从中也使我自己感到快乐和满足——沃尔特·迪士尼（沃尔特·迪士尼公司创始人）

2. 定价策略

定价策略（Pricing）主要是指企业以按照市场规律制订价格和变动价格等方式来实现其营销目标，其中包括对同定价有关的基本价格、折扣价格、津贴、付款期限、商业信用以及各种定价方法和定价技巧等可控因素的组合和运用。

【管理学家语录】

没有降价两分钱不能抵消的品牌忠诚。——菲利普·科特勒（现代营销学之父）

3. 分销策略

分销策略（Placing）主要是指企业以合理地选择分销渠道和组织商品实体流通的方式来实现其营销目标，其中包括对同分销有关的渠道覆盖面、商品流转环节、中间商、网点设置以及储存运输等可控因素的组合和运用。

【管理学家语录】

谁掌握了渠道，谁就掌握了明日帝国！——大前研一（日本著名管理学家）

4. 促销策略

促销策略（Promotioning）主要是指企业以利用各种信息传播手段刺激消费者购买欲望、促进产品销售的方式来实现其营销目标，其中包括对同促销有关的广告、人员推销、营业推广、公共关系等可控因素的组合和运用。

这四种营销策略的组合，因其英语的第一个字母都为“P”，所以通常也称之为“4Ps”。

【管理学家语录】

我曾经批评市场营销的 4P 退化成了 1P——促销，让人们误以为营销的主要活动就是销售。其实营销是一个比销售广阔得多的概念，比如说发现市场机会、测试新的产品与服务理念、度量需求、决定一种新产品的最佳特性组合、寻找渠道合作伙伴以及准备一个完美的上市计划。——菲利普·科特勒（现代营销学之父）

8.3.5 市场营销活动管理

企业营销管理的最后一个程序是对市场营销活动的管理，营销管理离不开营销管理系统的支持。需要以下三个管理系统支持。

1. 市场营销计划

既要制定较长期战略规划，决定企业的发展方向和目标，又要有具体的市场营销计划，具体实施战略计划目标。

2. 市场营销组织

营销计划需要有一个强有力的营销组织来执行。根据计划目标，需要组建一个高效的营销组织结构，需要对组织人员实施筛选、培训、激励和评估等一系列管理活动。

3. 市场营销控制

在营销计划实施过程中，需要控制系统来保证市场营销目标的实施。营销控制主要有企业年度计划控制、企业赢利控制、营销战略控制等。

营销管理的三个系统是相互联系、相互制约的。市场营销计划是营销组织活动的指导，营销组织负责实施营销计划，计划实施需要控制，保证计划得以实现。

【创业家语录】

一个企业的成功，5%在战略，95%在执行。——珀西·巴尼维克（美国ABB公司前董事长）

现在的时代，战略正确之后细节决定因素，有很多细节处理不好，你的战略正确了也会失败。——史玉柱（巨人集团创始人）

8.4 新创企业财务管理

8.4.1 财务管理的观念

1. 货币时间价值观念

创业者必须明白货币是有时间价值的，一定量的货币在不同时点上具有不同的经济价值。这种由于货币运动的时间差异而形成的价值差异就是利息。创业者必须注重利息在财务决策中的作用，一个看似有利可图的项目，如果考虑货币的时间价值，很可能会变成一个得不偿失的项目，尤其是在通货膨胀的时期。

2. 效益观念

取得并不断提高经济效益是市场经济对现代企业的最基本要求，所以在财务管理方面必须牢固确立效益观念。筹资时，要考虑资金成本；投资时，要考虑投资收益率；在资产管理上，要用活、用足资金；在资本管理上，要保值增值，既要“开源”，也要“节流”。

3. 竞争观念

对新创公司而言，竞争为其创造了种种机会，也形成了种种威胁。在市场经济条件下，价值规律和市场机制对现代公司经营活动的导向作用在不断强化，执行着优胜劣汰的原则。市场供求关系的变化、价格的波动，都会给公司带来冲击。针对来自外界的冲击，创业者必须有充分的准备，要强化财务管理在资金筹集、资金投放、资金运营及收入分配中的决策作用，并在竞争中增强承受和消化冲击的应变能力，不断增强自身的竞争实力。

4. 风险观念

风险是市场经济的必然产物。风险形成的原因可以归结为现代公司财务活动本身的复杂性、客观环境的复杂性和人们认识的局限性。从创业者的角度来看，它是现代公司在组织财务活动过程中由于不确定因素的作用，使公司的实际财务收益与预期财务收益发生差异，从而公司有蒙受经济损失的可能。

【创业家语录】

一些小公司的管理人员倾向于独立决策而不顾财务人员根据公司报表得到的决定，的确，财务人员能够得到（没有管理人员的建议和意见）对公司完全正确的评价。这是不可思议的。相反，我认为，成长型企业的最高决策者必须与独立财务人员并肩作战，通过他们准备的财务报表得到准确的资讯……——詹姆斯·麦克内尔·斯丹思(James McNeil Stancill)《管理财经综述：想象与影响》

8.4.2　新创企业财务管理目标

根据现代企业财务管理理论和实践，财务管理目标主要有以下几种观点。

1. 利润最大化

这种观点认为，利润代表了企业新创造的财富，利润越多则说明企业的财富增加得越多，越接近企业的目标。

2. 每股盈余最大化

这种观点认为，应当把企业的利润和股东投入的资本联系起来考察，用每股盈余（或权益资本净利率）来概括企业的财务目标，以避免“利润最大化目标”的缺点。

3. 股东财富最大化

这种观点认为，股东财富最大化或企业、价值最大化是财务管理的目标。大多数中外财务理论和实务工作者认为股东财富最大化是一个较为合理的财务管理目标。

8.4.3　财务管理的内容

企业的财务目标是股东财富最大化。股东财富最大化的途径是提高报酬率和减少风险，企业的报酬高低和风险大小又决定于投资项目、资本结构和股利政策。因此，财务管理的主要内容是投资决策、筹资决策和股利决策。

1. 投资

投资是指以收回现金并取得收益为目的而发生的现金流出。例如，购买政府公债、购买企业股票和债券、购置设备、兴建工厂、开发新产品等，企业都要发生货币性流出，并期望取得更多的现金流入。

2. 筹资

筹资是指筹集资金。例如，企业发行股票、发行债券、取得借款、赊购、租赁等都属于筹资。筹资决策要解决的问题是如何取得企业所需要的资金，包括向谁、在什么时候、筹集多少资金。筹资决策的关键是决定各种资金来源在总资金中所占的比重，即确定资本结构，以使筹资风险和筹资成本相配合。

3. 股利分配

股利分配是指在公司赚得的利润中，有多少作为股利发放给股东，有多少留在公司作为再投资。过高的股利支付率，影响企业再投资的能力，会使未来收益减少，造成股价下跌，过低的股利支付率，可能引起股东不满，股价也会下跌。

财务管理是在一定的整体目标下，关于资产的投资、资本的融通、经营中的营运资金以及利润分配的管理。财务管理是新创企业管理的一个重要组成部分，它是根据财经法规制度，按照财务管理的原则，组织企业财务活动，处理财务关系的一项经济管理工作。

8.4.4 财务管理过程

现代企业财务管理过程，是现代企业财务管理职能的延伸，它是由财务管理的科学性、连续性和完整性决定的，由此，它应该由财务预测、财务决策、财务预算、财务控制、财务分析五个具体环节顺次构成。

1. 财务预测

财务预测是财务管理人员在历史唯物主义观点的指引下，根据企业财务活动的历史资料和其他相关信息，结合企业的现实条件和未来可能具有的条件，采用定性和定量的方法，对企业未来财务活动的发展趋势及可能达到的状况进行判断和测算的过程。作为整个财务管理过程的首要环节，财务预测是进行财务决策的基础，编制财务预算的前提，是实施财务控制的标准，是开展财务分析的根据。

2. 财务决策

财务决策是对财务预测所提出的诸多财务方案进行可行性研究，从而选出最优方案的过程。它以资源的优化配置为目标，本着成本与效益的原则，主要研究企业经营决策中资金的筹集、投放、营运、分配的时间、方向、数量等问题，是各项经营决策的核心和综合反映，其科学性直接决定着财务预算的合理性、财务控制的有效性和财务分析的有用性，没有财务决策，财务预算、控制和分析甚至财务预测，都将失去存在的意义。

3. 财务预算

财务预算是对财务决策所选定的最优方案的数量化、具体化、系统化的反映。他为企业的各项财务活动确立目标和任务，既为财务控制提供依据，也为财务分析和业绩评价提供尺度。财务预算在现代企业财务管理全过程中起着承上启下的作用，使得企业财务管理更有秩序，它以财务预测和财务决策为前提，又是财务控制和分析的基础。

4. 财务控制

财务控制是根据一定的标准，利用有关财务信息，影响与调节企业的财务行为，使之按照预定目标运行的过程。它既是现代企业财务管理的一个环节，又是实现财务管理目标的基本手段。

5. 财务分析

财务分析是根据财务预算、财务报表以及有关资料，运用特定方法，借助有关指标来了解和评价企业财务状况和财务能力，考核企业财务效果，以便为其他管理环节反馈信息的过程。财务分析作为财务全过程的最后一个环节，标志着上一个财务管理循环的完成，也意味着下一个财务管理循环的开始，是两个循环交替的转换点。

8.4.5　财务报表基础知识

财务报表是企业向管理者和外界提供和公布企业经营情况的正式文件，对于创业者来说，财务报表更是他了解企业经营的依据，财务报表的数字能够帮助他更好地制订决策与计划。在经营过程中，不断地透过财务报表数字分析价值创造效果，而这种做法无法离开对三大报表的理解与运用。很多创业者不愿意去看财务报表，认为那是财务的事情，很多创业者对财务的理解仅仅局限于日常开销的流水日记账。其实财务报表有其特定的用途与含义，财务报表能够帮助企业衡量经营表现，能够帮助企业进行决策，更能有效地帮助企业未来的发展。

1. 财务报表的用途

（1）财务报表各有其特定的用途。每一种财务报表都有其特定的用途。资产负债表概括了在一定时间的某一特定时刻资产、负债和所有者的净资产情况，通常是在一个财政年或一年的末尾或一个季度的末尾。损益表是公司经过一个特定时间后的收入和支出，通常也是在一个财政年或一年的末尾或一个季度的末尾。而资产负债表可以看作一定时间的特定时刻，公司财务状况的一个简单快照；损益表表述了公司营运一段时间后的赢利能力。有了这两个表，就可以做出现金流量表等。

（2）衡量财务表现。通过财务报表可以很直观地表现出企业的收入以及支出。公司财务报表既反映了公司的财务状况，同时也是公司经营状况的综合反映。分析公司财务报表可以掌握反映公司经营状况的一系列基本指标和变化情况，了解公司经营实力和业绩，并将它们与其他公司的情况进行比较，从而对公司的内在价值做出基本的判断。

（3）帮助企业决策和改进。通过财务报表分析成本，分解作业活动改进作业流程；通过利润分析来帮助产品定价以及分析市场；用报表中的数字来分析企业经营的情况以及未来的优势。

（4）帮助企业未来发展。通过财务报表可以进行模拟预测，对未来的收入与支出进行测算，帮助预算的制定与进一步调整。

2. 企业经营的机理

要掌握企业财务报表的含义，需要理解企业的运营过程，企业运营过程就是利用营运性资产为企业创造利润、回收现金，再利用现金以及未来现金，为股东创造投资回报，由此形成一个循环，如图 8-1 所示。

图 8-1 中的营业资产、利润、现金流，就是企业的三大财务报表所表达的内容，分别叫做资产负债表、损益表和现金流量表。财务会计对象的财务报表及其相互关系可以概括成如下三种报表。

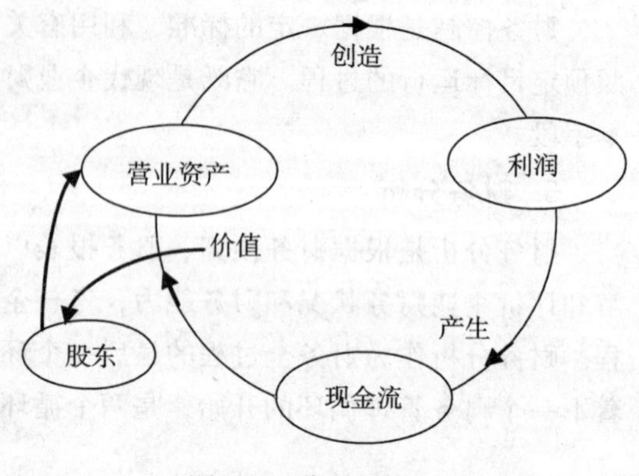

图 8-1　营业循环

估测财富——资产负债表。在一个特定日的资产、负债和股东权益的列表，通常在一个月或一年的结束日。表示的含义是：企业的钱从哪里来；企业把这些资金要投资在哪种资产上。

估测财富变化——损益表。在一个特定时间内收入与支出的概要，如一月或一年。表示的含义是：各类成本的结构以及利润的水平。

估测现金变化——现金流量表。在一个特定时间内营运、投资和金融活动的收入与支出的概要，如一月或一年。表示的含义是：营运、理财、投资等三种活动的现金流入和流出状况。

三大报表是一个有机联系的整体，各有其表述重点，忽视任何一个都无法看到企业完整的经营结果。

无论企业经营的项目是什么，它的运作都需要经过以下程序：首先通过向债权人借款或向股东要求集资的方式获得资金；其次用这笔资金给公司配置所需要的设备和固定资产，寻找供应商购进原材料，经企业的生产部门对原材料进行加工，生产出产品后进行销售；最后获得资金。这就是企业的运行机制。

企业运作的三大基本要素是：人、财、物。而三大要素中最重要的是财。企业的资金可以来自银行的借款，或者是股东的投入。

企业取得资金后，首先应把企业的设备组建起来；其次应设计企业的设备组建供应链，用于决定应该投资多少资金到固定资产里面；最后是聘请人才。

企业的运营就是把用现金购买的原材料加工制造成产品，然后把产品销售出去转化成钱再收回来。在这个过程中人力资源发挥着重要作用，使这个运转的速度加快。与此同时还必须做到成本低、高质量和与其他同类产品的差异化。这个运营的过程体现了企业运作的三大竞争优势：成本低、速度快和质量高。企业的运行机制清晰地表达在图 8-2 中。

从图 8-2 中可以看出固定资产用了多少，流动资产又用了多少，这些资产中固定资产的比重大还是流动资产的比重大。如果流动资产的比重大，则说明企业运转的资源多，因而产生收入的机会就比较大。如果固定资产偏大，则会使企业运营的能力缩小，收入减少。也就是说企业的运营是来自资金周转一圈所产生的利润，其周转速度的快慢决定了企业利润的大小。

图 8-2 的左边是说明企业的现金哪些是股东投入的，哪些是借来的，从这两种资金的来源情况中可以帮助企业权衡自己应多借外债，还是多使用股东的投入。就是说企业判定哪一

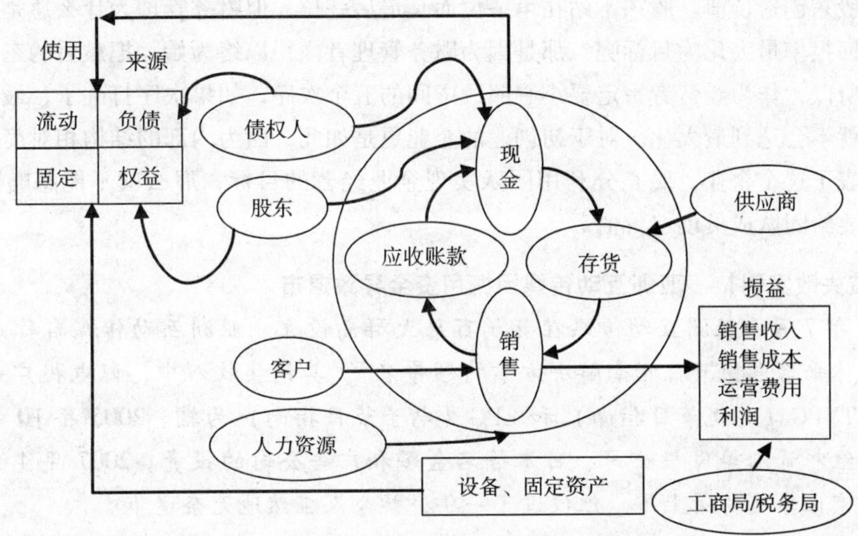

图 8-2　企业经营机理

种资金更便宜就更多地使用哪种资金。从现实经营的过程中可以得出这样的结论：如果企业的资金来自外债，则回报率大约在 5%；如企业的资金来自股东的股金，则回报率在 10% ~ 12%。企业在决定其资金来源是来自外债还是来自股东投入的过程，被称为财务杠杆效果。图 8-2 的右侧则说明企业的收入、成本、费用、利润是如何架构的，也就是企业的损益情况。

在这个过程中，债权人、股东、客户、人力资源、供应商、工商局和税务局等政府经济部门都发挥着重要作用，其中人力资源发挥着关键性的作用，它负责联系相关五大关系方的沟通与衔接。在图中，我们设定债权人、股东、客户、人力资源、工商局/税务局和供应商六大关系方都由最基础的资源资金绑定，如何使用资金便是六大关系方建立联系的核心条件。图 8-2 的信息告诉我们：资金的构成包括流动资产和固定资产，而资金来源于股东和债权人。

企业的整个运行机制，开始于债权人，结束于供应商。在这个过程中，企业主要从事了三个方面的活动：取得来自股东的权益性资本或者来自债权人的债权性资金的筹资理财活动；用资金去投资固定资产或者转而投资其他企业的投资活动；在买卖过程中进行买卖收付的营运活动。

企业实行这样的经营机理要实现的目的是什么？从图 8-2 中我们可以看到：在企业运作过程中存在着六大关系人，企业运营的目的不是在追求利润的最大化而是在追求价值的最大化。它可以分为几大方面：员工、客户、供应商、提供资金的关联方、国家和社会、股东和投资方的价值最大化。价值是一个经济层面的主题，它是可以被衡量和计算的。从员工角度看，他们作为企业中的弱势群体，在企业经营的过程中协助企业完成各项目标，所以企业主应该有这样的心态：帮助员工创造价值的最大化。价值的目的就是企业在经过一系列的生产经营活动后取得了一定的利润，如何分配和以什么样的次序分配这些利润，从而实现价值的最大化，并达到使企业健康稳定发展的目标。

理论上讲，企业创造价值的对象最先是给员工创造价值，其次是给客户创造价值，再次是给供应商创造价值，之后是给提供资金的银行创造价值，然后是给国家、社会创造价值，最后才给股东创造价值。股东不站在第一位而是最后一位。但财务管理为什么总是讲企业以股东权益回报率最大化为目标呢？那是因为财务管理者懂得以终为始，把最后的东西拿到最前面来。所以，作为经营者一定要小心照顾中间的五个次序，如果次序打乱了，最后股东的权益回报就不会达到最大化。对于初创业的企业更是如此，因为内部的结构相对简单，整个团队就代表了这个企业，要充分利用团队实现企业经营的目标，那么就不能忽略团队的成员，首先要给团队成员创造价值。

【风险投资失败案例】　亚洲互动传媒因挪用资金导致退市

2004 年 7 月，亚洲互动传媒在英属百慕大群岛设立。亚洲互动传媒自称是“中国提供跨媒体平台电视节目指南解决方案的领导者”，其销售收入中，以电视广告代理业务为主，TVPG（电视节目指南）和 EPG（电子节目指南）为辅。2005 年 10 月，公司先后获得红杉资本等风投公司、日本著名金融和广告公司的投资。2007 年 4 月，亚洲传媒在东京证券交易所上市，但仅过了一年，就令人哑然地无奈退市。

导火索源自亚洲互动传媒的会计师事务所拒绝为其 2007 年年报出具审计意见，并暴露出了 CEO 崔建平挪用公司资产的丑闻。亚洲互动传媒的退市，让 11 家财务投资人同时失手。

资料来源：失败案例教训总结，http：//blog. sina. com. cn.

8.4.6　重要财务报表

1. 资产负债表

（1）资产负债表的概念。资产负债表反映企业某个特定时点的资产、负债和所有者权益的概况。资产负债表的左栏反映了企业的资产，右栏则反映了企业的负债和所有者权益。资产按照“流动性”或变现时间长短顺序排列，负债则按照偿还顺序排列。资产负债表必须保持“平衡”，即企业资产等于企业负债和所有者权益之和。

通过资产负债表，可以看出公司资产的分布状态、负债和所有者权益的构成情况，据以评价公司资金营运是否顺畅；财务结构是否合理；分析公司资产流动性或变现能力，以及长、短期债务数量及偿债能力；评价公司承担风险的能力。利用该表提供的资料还有助于计算公司的获利能力，评价公司的经营绩效。

（2）企业资产、负债及所有者权益基本概况解读。浏览资产负债表的主要内容，可以对企业的资产、负债及股东权益的总额及其内部各项目的构成和增减变化有一个初步的认识。由于企业总资产在一定程度上反映了企业的经营规模，而它的增减变化与企业负债与股东权益的变化有极大的关系，当企业股东权益的增长幅度高于资产总额的增长时，说明企业的资金实力有了相对的提高；反之则说明企业规模扩大的主要原因是来自负债的大规模上升，进而说明企业的资金实力在相对降低、偿还债务的安全性亦在下降。

（3）重要项目财务信息解读。对资产负债表的一些重要项目，尤其是期初与期末数据变化很大，或对出现大额红字的项目进行进一步分析，如流动资产、流动负债、固定资产、有代价或有息的负债（如短期银行借款、长期银行借款、应付票据等）、应收账款、货币资金以及股东权益中的具体项目等。例如，企业应收账款过多、占总资产的比重过高，说明该企业资金被占用的情况较为严重；而应收账款增长速度过快，说明该企业可能因产品的市场竞争能力较弱或受经济环境的影响，企业结算工作的质量有所降低。此外，还应对报表附注说明中的应收账款的账期进行分析，应收账款的账期越长，其收回的可能性就越小。

又如，企业年初及年末的负债较多，说明企业每股的利息负担较重，但如果企业在这种情况下仍然有较好的赢利水平，说明企业产品的获利能力较佳、经营能力较强，管理者经营的风险意识较强，魄力较大。再如，在企业股东权益中，如法定的资本公积金大大超过企业的股本总额，这预示着企业将有良好的股利分配政策。但与此同时，如果企业没有充足的货币资金作保证，预计该企业将会选择送配股增资的分配方案而非采用发放现金股利的分配方案。另外，在对一些项目进行分析评价时，还要结合行业的特点进行。就房地产企业而言，如该企业拥有较多的存货，意味着企业有可能存在着较多的、正在开发的商品房基地和项目，一旦这些项目完工，将会给企业带来很高的经济效益。

（4）财务指标信息解读。对一些基本财务指标进行计算，计算财务指标的数据来源主要有以下几个方面：直接从资产负债表中取得，如净资产比率；直接从利润及利润分配表中取得，如销售利润率；同时来源于资产负债表利润及利润分配表，如应收账款周转率；部分来源于企业的账簿记录，如利息支付能力。

（5）财务信息综合分析。由于上述这些指标是单一的、片面的，因此，需要以综合、联系的眼光对企业资产负债表所反映的企业财务结构、偿债能力等财务信息进行综合分析和评价，因为反映企业财务结构指标的高低往往与企业的偿债能力相矛盾。如企业净资产比率很高，说明其偿还期债务的安全性较好，但同时就反映出其财务结构不尽合理。分析的目的不同，对这些信息的评价亦会有所不同。如作为一个长期投资者，所关心的是企业的财务结构是否健全合理；相反，作为债权人，就会非常关心该企业偿还债务的能力。最后还需说明的是，由于资产负债表仅仅反映的是企业某一方面的财务信息，因此要对企业有一个全面的认识，还必须结合财务报告中的其他内容进行分析，以得出正确的结论。

2. 损益表

损益表（或利润表）是用以反映公司在一定期间利润实现（或发生亏损）的财务报表，它是一张动态报表。损益表可以为报表的阅读者提供做出合理的经济决策所需要的有关资料，可用来分析利润增减变化的原因，公司的经营成本，做出投资价值评价等。

通过利润表反映的收入、费用等数据，能够反映企业生产经营的收益和成本的耗费情况，有助于评价企业经营成果；同时，通过利润表提供的不同时期的比较数字（本月数、本年累计数及上年实际数），可以分析企业今后利润的发展趋势与获利能力，了解投资者投入资本的完整性，有助于企业管理人员做出经营决策。

我国企业会计制度规定的利润表包括如下四个部分。

第一部分，主营业务利润。即主营业务收入减去主营业务成本、主营业务税金及附加后的余额。

第二部分，营业利润。即主营业务利润加上其他业务利润，减去营业费用、管理费用、财务费用后的余额。

第三部分，利润总额（或亏损总额）。即营业利润加（减）投资收益（损失）、补贴收入和营业外收入或支出后的余额。

第四部分，净利润（或净亏损）。即利润总额（或亏损总额）减去本期所得税后的余额。

3. 现金流量表

现金流量表是反映企业在一定时期内现金流入、现金流出以及现金净流量的财务报表。现金流量表显示期末企业手头有多少现金，以及现金在该会计期间内如何取得、如何花费。现金流量表的结构主要划分为经营活动的现金流量、投资活动的现金流量、筹资活动的现金流量三部分。可据此评价企业未来产生现金净流入量的能力及其偿还债务、支付股利和对外筹资的能力。帮助管理者清楚地认识到：企业是否有足够的现金用来偿还债务，或以股利形式回报股东；企业是否有足够的现金或收入进行投资活动，抑或是需依靠贷款者或投资者进行投资活动；企业是否有足够的现金用来偿还短期债务，还是企业短期债务因现金不足而不断增加等。

创新思维游戏

游戏名称：挑战卡

游戏目的：考虑并识别产品、服务或策略中的挑战、问题以及潜在的陷阱。

游戏人数：5~10人的小团队效果最佳

游戏时间：不限

游戏规则：首先将大家分成两个小组：一个小组为“方案小组”，私下对产品或方案的功能和优势进行头脑风暴，集思广益；另一个小组为“挑战小组”，私下也对同一产品或方案中的潜在问题或挑战进行头脑风暴，并将它们写在索引卡上，每张卡写一个问题或是一个挑战。

游戏开始后，将这两个小组合在一起，共同创造一个故事。挑战小组从卡片堆里抽出一张，把它放在桌上，描述该问题在实际中出现的一个场景或事件。方案小组也必须从他们的卡片堆里抽出一张，以应对这个场景或事件。如果他们有一个好的解决方案，就得1分；如果没有，那么挑战小组就得1分。接下来大家共同协作，设计一张卡片来应对该挑战。将这种方式继续下去：挑战之后是方案设计，接着又是挑战，如此反复，直到针对故事或场景的讨论得出完满的结论。

游戏策略：这个游戏的目的是通过讨论各种场景及其相应的选择方案，来提高产品或策略的质量。将该游戏转变成故事比赛，参与者会更加积极主动地将自己融入场景当中。保持这个过程的轻松和有趣会调动大家的积极性。

本章要点

美国管理学家伊查克·爱迪思认为，企业像生物有机体一样，也有一个从生到死、由盛到衰的过程，企业的生命周期包括成长、成熟、老化三个阶段，和孕育期、婴儿期、学步期、青春期、盛年期、稳定期、贵族期、官僚化初期以及死亡期九个时期。不同的学者通过不同的视角对而决定企业成长的因素进行了分析。

新创企业的战略计划环节分为检查企业内部和外部的投资环境、制定企业长期和短期的战略、实施战略计划、评价战略成果、通过连续的反馈继续采取行动等五个步骤。新创企业的战略分为成长战略和竞争战略。成长战略主要有市场渗透策略、产品开发策略和市场开发策略三类，竞争战略主要有成本领先战略、产异化战略和聚焦战略。

新创企业的市场营销管理活动，包括树立正确的营销理念、分析市场机会、确定市场营销战略、确定市场营销策略、管理市场营销活动。

新创企业的市场财务管理的目标主要有利润最大化、每股盈余最大化、股东财富最大化等几种观点，财务管理的内容主要有投资决策、筹资决策和股利决策三个方面。财务管理过程由财务预测、财务决策、财务预算、财务控制、财务分析五个具体环节顺次构成。在企业会计环节，资产负债表、现金流量表和损益表十分重要。

关键术语

企业成长；企业生命周期；影响企业成长的决定因素；新创企业战略；市场细分；目标市场选择；市场定位；市场营销策略；新创企业财务管理

案例分析

美国投资专家乔治·多里特曾来到中国考察高科技企业的发展情况，对深圳一家高科技公司感兴趣。该公司如果经营得当，将迅速扩张占领大部分市场。该公司处于成长阶段，欲扩大规模，急需大笔资金，该公司的创业者张先生非常希望从乔治那里得到大笔投资。

那天，乔治·多里特与张先生面谈了一个小时之后便走了，后来委婉地拒绝了投资。原来，乔治·多里特与张先生刚开始会谈还没有超过 5 分钟，公司总务部长走进来说："对不起打扰您，董事长，请你看看这个……"一边说，一边把纸条呈上去。乔治先生无意中看到邻座张先生手中的纸条，上面这样写着："董事长，请指示下面的问题。第一，要不要请这位客人吃午饭？第二，请他吃什么，鳗鱼饭、炸虾饭、还是快餐？"

在对该公司的考察中，这位总务部长向乔治大吐苦水："有一次，一位客人来拜访董事长，我叫了鳗鱼饭请他，事后董事长不高兴地说，'以后那种客人不必招待他吃鳗鱼饭。'又有一位顾客来拜访董事长，我叫了炸虾饭，没想到还是挨了骂。"经过这两件事以后，总务部长事事向董事长请示。事实的确如此，在当天一个小时左右的会谈中，还有两次其他中层管理人员为一些小事来请示他。所以，乔治·多里特认为，作为公司的董事长应该集中精力于公司战略，像吃饭这样的小事中层领导完全应该有权力自己决定。如果公司对员工的岗位职责没有一个清楚的认识和定位，该公司的经营管理和将来的发展一定非常糟糕。

乔治·多里特认为，这个企业撑不过一年，很可能半年后就会倒闭，与其现在投资，不如到时收购，重新换管理者。果然，半年后该公司因为内部管理混乱陷入困境，乔治收购了该公司。乔治对公司的经营管理进行了大刀阔斧的改革，对每个管理人员进行了清晰的权力与责任定位，该公司走上了健康高效的发展轨道。

张先生能开创一个在业内领先的高科技公司，说明他非等闲之辈，在起初创业阶段，对管理的要求不是太高，但随着公司规模日益扩大，张先生的管理模式显然不适应企业的快速发展。

延伸阅读与相关网站

1. 扩展阅读

如需进一步了解和掌握有关公司成长领域的知识，一方面可以阅读我们推荐的《野蛮生长》（冯仑著，中信出版社，2007），《风马牛：冯仑和他的快意人生》（潇潇等著，中信出版社，2010），《理想丰满》（冯仑著，文化艺术出版社，2012），《道路与梦想——我与万科20年》（王石，缪川著，中信出版社，2006）等企业家撰写的文献资料，另一方面可以阅读一些相关教材，登录一些相关网站资料。

2. 相关网站

企业成长知识和企业成长案例 http://www.ceconline.com

新创企业战略管理问题 http://www.douban.com

快速成长期的新创企业战略选择研究 http://jingpin.szu.edu.cn

市场营销策略制订、分析、实施及问题解决方案 http://wenku.baidu.com

服务营销 http://wiki.mbalib.com

企业财务管理目标 http:// wiki.mbalib.com

复习思考题

1. 企业成长生命周期共分为几个阶段？
2. 在互联网上寻找分析我国创业企业成功与失败的案例，并分析其成败的原因。
3. 简述新创企业战略制定过程。
4. 新创企业的成长战略有哪几种？如果你创办企业，会采取何种战略？
5. 新创企业的竞争战略分为哪几种？如果你创办企业，会采取何种战略？
6. 简述新创企业市场营销管理的过程？
7. 新创企业市场财务管理的目标和管理内容是什么？
8. 简述新创企业市场财务管理的过程。

Chapter9

第9章 创业的收获与传承

学习目标

- 熟悉公司出售的时机和出售的价值确定方法
- 熟悉商务谈判的步骤和策略
- 了解公司上市策略
- 熟悉经理人融资收购的内涵与模式
- 熟悉影响企业传承的影响因素和实施
- 了解企业传承模型

引导案例

家族制企业的传承模式

改革开放30多年，民营企业家在给自身和社会创造财富的同时，也面临着选接班人的矛盾。未来5~10年，我国300万家企业将进入接班换代。传统观点一直认为家族制企业未来最好的掌门人是儿子。但实际情况却是“两个9的矛盾”，即“中国90%的家族创始人希望子女接班，但95%的子女却不愿意接班”。一些富二代非常热爱艺术，却被父亲逼着去接班，最典型的就是江苏富二代不愿意接班自砍手指的极端案例。

家族制企业传承存在着“三种模式”。对西方家族制企业“富一代”的研究显示，孩子一生下来，家长就已考虑这个问题。具体分配是：一个儿子，从小在国内参加董事会，打小培养；二儿子送到国外去学习发展；一个女儿，用开放式引进人才（女婿）。亲子、女婿、职业经理人，三种类型利弊何在？

A. 亲子接班型

典型代表：香港李锦记

尽管有“富不过三代”的老话，但在国外及我国香港，选择亲子接班并基业长青的家族制企业并不鲜见。这种传承之下，一个核心的“家族文化建设”非常关键。香港“李锦记”有一整套关于传承的“家法”。李锦记目前已传到第4代，并对第5代接班做出硬性规定：第一，不准晚婚；第二，不准离婚；第三，不准有婚外情。同时，必须经过大学教育，并在其他企业干满3年。进入家族企业也要通过考核，从基层做起。

B. 选婿接班型

典型代表：日本三井集团

在日本，三井集团创始人三井高俊有一句名言，“宁可要女儿也不要儿子，因为有了女儿我可以挑选儿子”。亲子尽管可靠，但可能没能力，而有了女儿，可选择女婿。三井由此改革了日本家族制企业的传承方式，使儿子并不一定成为接班人。如果他选中的不是亲生儿子，就让女儿先嫁给被选中的年轻人，等女儿结婚一年后，再举行仪式，把女婿改姓三井，并由女婿宣誓作为三井家的养子，他会为了三井家族的利益而做出最大的努力。之后，家族公司就由“女婿养子”掌门。加拿大阿拉伯塔大学的兰德尔·莫克（Randall Morck）教授曾研究日本公司业绩发现，“女婿养子”管理的公司业绩最好，其次是职业经理人管理的公司，最不好的是亲子管理的公司。

C. 职业经理人型

引进职业经理人制度，避免任人唯亲，而是任人唯能，这是大势所趋。但需要注意的是，职业经理人的价值观，必须与企业高度一致。不仅要“有能力管好比自己强的人”，更要高度忠诚。引进职业经理人给企业提供具体解决方案，然后掌门人只负责最后决策“yes”或“no”，是最好方式。

资料来源：陈悠．富人为事业传承，宁生女儿不生儿子？[N]．扬子晚报，2010-05-24.

9.1 企业出售

【管理学家语录】

股份在英文中是分享的意思，中小企业融资必须学会舍得和分享。在国外很流行一个比喻，把创业者办企业喻为三种类型：一是把企业当“老婆”来养，股权100%是自己的，这种企业一辈子也只是小企业；二是当“儿子”来养，别人可以分一点股权，但控制权始终是自己的，这样的企业最终会走向家族化；三是把企业当“猪”来养，合适的时候拿出去换钱，即用股权来换取发展急需的现金。办企业的落脚点在于获利。其实最好把企业当“猪”养，你卖出股权，拿回现金，可投资更有潜力的项目。——周春生（北京大学光华管理学院院长助理）

9.1.1　企业出售的时机选择

【创业家语录】

企业应该当儿子来养，但是要当猪卖。——朱新礼（汇源公司创始人）

也许让创业者在自己事业的巅峰时期做出退出计划是一件非常困难的事情，这就好比放弃自己的“孩子”。创业者在企业的创办、成长和壮大过程中倾注了大量的不为外人所理解的情感和心血，如果没有遇到不可克服的事情，通常不会考虑出售自己的公司。然而，由于宏观经济环境变化、政府产业政策调整、技术路径变化、新竞争对手进入、创业者个人原因等，创业者所面临的不确定性增加，如果创业者没有做好出售的战略安排，公司就有可能在错误的时间以错误的价格被出售。因此，创业者应该未雨绸缪，提前做好收获战略的设计，特别是选择正确的收获时机。不要等到危机到来的时候才去考虑收获战略，而应该在恰当的时候实现收获。蒂蒙斯提出了以下一些有助于设计收获战略的原则。

第一，耐心。收获战略如果考虑了 3 ~ 5 年或 7 ~ 10 年的时间会更明智。耐心的另一方面是在突发事件面前保持镇定。在受到威胁的情况下，做出出售的决定是最糟糕的。

第二，现实的估价。贪婪将会葬送掉你的收获。科学、客观地评价企业价值，并在谈判中争取双赢的局面，是获取理想收益的保证。

第三，外部建议。寻找一位能够帮助企业在发展阶段制定收获战略的顾问，可以帮助企业进行正确的估价，发现收获商机并参与谈判，最终把握住收获的商机。

【创业家语录】

病马的主人问兽医：“您能帮助我吗？我的马有时勉强能走，有时却一瘸一拐。”兽医：“没问题，在它勉强能走的时候卖了它。”——沃伦·巴菲特（伯克希尔 - 哈萨韦公司创始人）

9.1.2　公司出售价值的确定

1. 公司估值的常见方法

【创业家语录】

网络公司价值评估标准。一个网络公司的长期价值主要来自 10 个方面：①可持续的竞争优势；②网络效应；③可预测或可预见的营收；④高置换成本；⑤毛利；⑥边际利润增加；⑦无“大客户”；⑧不过度依赖合作伙伴；⑨病毒成长无需购买客户；⑩实际客户的成长。——比尔·葛利（Benchmark Capital 合伙人）

创业企业的实际市场价值是由买卖双方商定的。但是，创业者应该清楚企业的价值，这会使创业者在谈判过程中胸有成竹。在这个过程中，只有一个合理的价格才能尽力缩短买卖双方的谈判时间。实践中，企业估值的常见方法有重置成本法、净现值法和市场法。

（1）重置成本法。重置成本法是以资产负债表为价值评估和判断的基础，按资产的成本构成，以现行市价为标准来评估创业企业的整体价值。其基本思路是一项资产的价格不应高于重新建造具有相同功能的资产的成本，否则买方将会选择后者。一般来说，重建或重新购买创业企业所拥有资产的市场价格远远低于它们的历史成本，通常情况下它是创业企业资产价值的底价。

在企业正常经营状态下，采用重置成本法对企业进行评估首先要确定评估资产范围。首先，要确保你的企业资产产权明晰；其次，在产权清晰的前提下，对闲置和无效资产进行剥离；最后，对于生产能力薄弱环节进行必要改进，以确保充分反映企业的整体价值。

在确定了资产评估范围后，即进入具体的资产评估阶段，对企业具体评估范围内的资产及负债逐一进行评估。需要确定一个评估基准日，以此为基准重新建造具有相同功能的资产，并进行适当的扣除，公式如下：

企业资产评估值＝重置成本－实体性贬值－功能性贬值－经济性贬值

重置成本法是一种静态的评估方法，从目前大多数案例来看，在兼并、收购、合资或合作经营、企业资产抵押贷款、经济担保等情况下使用比较普遍。但是在对高科技的中小企业进行整体价值评估时，该方法却存在明显的缺陷。由于这种方法是基于被评估企业现有净资产状况的静态评估方法，比较适用具有一定有形资产历史积累的资产型企业。对于那些经营历史比较短的、公司有形资产在总资产的比重中比较低的、具有高成长性的高科技企业来说，该方法显然不能反映企业全面、真实的价值。

因此，在实践操作中，在对那些具有更高发展潜力的企业，尤其是高科技企业进行整体价值评估时，往往采用净现值法。

（2）净现值法。净现值法是着眼于企业未来的经营业绩，通过估算企业未来的预期收益并以适当的折现率折算成现值，借以确立企业价值的方法。该方法以企业过去的历史经营情况为基础，考虑到企业所在的行业前景、未来的投入和产出、企业自身资源和能力、各类风险和货币的时间价值等因素进行预测，被认为是最为科学的企业价值评估方法。

在使用净现值法对企业进行整体估值时，通常会设定一定的期限 n，对企业在这段期限也就是存续期的价值进行评估。在实际操作中，由于评估的目的是着眼于企业未来的价值，这时假设企业是永存的，那么除了企业在存续期间的价值外，在存续期 n 结束后，还应考虑企业的持续价值，在这种情况通常会采用如下公式：

$$\text{企业价值}=\frac{\sum CF_t/\ (1+r)\quad +CF_{(n+1)}}{(r-g)\ (1+r)^{(n+1)}}$$

在使用公式对企业进行价值评估时，需要考虑四个主要因素。

①净现金流 CF_t 的确定。这是对企业未来现金流的预测。这需要对企业所处行业、技术、产品、战略和外部资源等因素进行深入了解和分析，并加以个人理解和判断。确定净现金流值的关键是要确定销售收入预测和成本预测。

②折现率 r。资金是有时间价值的。在应用过程中，风险较小的传统类企业，通常应采用社会平均收益率，各国不等，一般为公债利率与平均风险利率之和，目前我国通常采用8%的比率；如果是高风险、高收益的企业，折现率时常选用30%的比率。

③净利润增长率 g。在考虑企业持续、稳定发展的前提下，往往还要考虑企业在存续期 n 年后的增长情况。增长率的预测一般以行业增长率的预测为基础，在此基础上结合企业自身情况适度增加或减少。在实际应用中，一些较为保守的估计也会将增长率取为0。

④**存续期 n**。评估的基准时段，或者称为企业的增长生命周期，这是进行企业价值评估的前提，通常情况下采用5年为一个基准时段。当然也会根据企业经营的实际状况延长或缩短，关键是时段的选定应充分反映企业的成长性，体现企业未来的价值。

可见，使用净现值法是使用了未来现金流增长的预测和选取了适当的折现率，因此这种方法具有广泛的适用性，上市和非上市企业都可采用。但是，使用净现值法对企业进行评估除了要预测以上几种主要因素外，通货膨胀率、未来几年行业增长情况、利率的变化等都是一些不确定的因素。因此，虽然净现值法是以综合考虑、分析了多种因素为前提，但由于人为的主观因素，评估的结果始终带有极大的不确定性。这不仅要求评估者具有丰富的经验，更需要有审慎的态度。

（3）市场法。市场法又叫相对价值法，其理论基础是类似的资产应该具有类似的价值。可选择的对比对象可以是竞争对手或上市企业，但选择的对比企业与目标企业的关联程度越高，则企业估值越准确。在市场法中应用最普遍的是市盈率法。市盈率（P/E），是指企业股票的市场价格与其每股净收益之比，它是根据目标企业的收益和市盈率确定其价值的方法。用市盈率法来评估企业的价值时有两个因素你必须考虑——企业的每股净收益和市场平均市盈率，用公式表示为：

$$企业每股价值 = 每股净收益 \times 平均市盈率$$

应用市盈率法对目标企业估值的步骤如下。

第一步，检查、调整企业近期的利润业绩。

第二步，选择、计算企业估价收益指标。可采用的收益指标包括：企业最后一年的税后利润；企业最近三年税后利润的平均值；企业以买方企业同样的资本收益率计算的税后利润。

第三步，选择标准市盈率。通常可选择的标准市盈率有在出售时点企业的市盈率、与企业具有可比性的其他企业市盈率、企业所处行业的平均市盈率。选择市盈率时应确保在风险和成长性上的可比性。

第四步，计算企业的价值。市盈率法比较适合价值型企业。企业价值的高低主要取决于企业的预期增长率。其实，企业的市盈率就是用风险因素调整后得到的预期增长率的一个替代值。企业价值评估中运用的市盈率经常是一段时期（大约3～5年）市盈率的平均值。只有在收益有较高的预期增长时才可使用较高的市盈率值。

任何一种方法都有其优势和缺陷，各企业的情况不尽相同，方法的选择也要根据实际情况灵活运用。

【创业小贴士】　雅虎CEO杨致远的重大战略失误

20世纪90年代初期，作为最早一批搜索引擎公司，雅虎取得了突飞猛进的发展。同时，通过收购小型网络公司以及提供财经新闻等其他互联网门户服务，雅虎的发展日趋稳定，但由于未能及时意识到谷歌和FaceBook等竞争对手的迅速崛起，雅虎无法有效地从自己的业务中获利，使得公司营收不断下滑。

微软为了寻求增强互联网业务，2008年2月提出以大约470亿美元的价格收购雅虎，雅虎CEO杨致远拒绝了微软的报价，称这一价格“大大低估了”公司的真正价值，也不符合股东利益。两家公司经过数周的拉锯战，谈判最终陷入僵局。截至2011年8月，雅虎的市值已暴跌至178亿美元，远低于微软当初的报价。2009年，杨致远最终被迫下台，卡罗尔·巴茨取而代之。在巴茨的主导下，雅虎与微软达成了为期10年的合作协议，将必应用作雅虎的搜索引擎。美国《新闻周刊》网站评论指出："雅虎放弃微软收购可能是科技史上最为愚蠢的举动之一。"

资料来源：雅虎CEO杨致远拒绝微软收购要约，http：//www.chinaz.com.

2. 公司估值中的隐性要素

【创业家语录】

从逻辑上讲，当企业有形资产预期产生的价值大大超过市场收益率时，企业的价值就远远大于净有形资产的价值。这种资本化的超额收益的价值，就是经济商誉——巴菲特（波克夏·哈萨威公司行政总裁）

（1）**降低重组成本**。重组可能会带来因管理风格不兼容引起的人员流失或企业内讧，进而丢失市场。要充分认识到自己企业的重组难度及相关成本。否则，企业虽然资本质量很高、自己也很想出售，但如果被公认为重组难度大，想出售也是很难的。

（2）**考虑人员稳定成本**。在企业出售程序中，买家当然想让原来企业的所有成员继续为自己效力。这个框架由人组成，核心成员是这个框架的各个接点。如果在收购中丧失了他们，则框架的其他部分不触自溃。所以，维持收购过程中的人员稳定是决定出售成败与否的关键。维护这些员工的利益就是出售方应关注的焦点问题。现代管理理论与实践已经提出人力资源积极参与收购的初始过程的建议与要求。

【创业小贴士】 **金色降落伞**

金色降落伞是指雇用合同中按照公司控制权变动条款，对失去工作中的管理人员进行补偿的分离规定。一般来说，员工非自身的工作原因被迫离职时可得到一大笔离职金。它能够促使管理层接受可以为股东带来利益的公司控制权变动，从而减少管理层与股东之间因此产生的利益冲突，以及管理层为抵制这种变动造成的交易成本。"金色"意味着补偿是丰厚的，"降落伞"则意味着高管可以在并购的变动中平稳过渡。由于这种策略也被看做是反收购的利器之一。"降落伞"通常分金、银、锡三种，对高级管理者为金色降落伞，对于中层管理者为银色降落伞，对于一般员工为锡色降落伞。

资料来源：金色降落伞，http：//wiki.mbalib.com.

（3）**重视无形资产**。在信息时代，无形资产在企业出售中所占权重也越来越大。企业涉及的商标、关键人员、专利、土地使用权、销售网点以及渠道等无形资产的价值成为卖家定价的核心所在。在重视自己企业无形资产的同时，不要过分夸大它，否则，会丧失机会。

9.1.3 商务谈判

1. 商务谈判的概念

商务谈判是买卖双方为了促成交易而进行的活动，或是为了解决买卖双方的争端，并取得各自的经济利益的一种方法和手段。商务谈判是企业实现经济目标的手段；商务谈判是企业获取市场信息的重要途径；商务谈判是企业开拓市场的重要力量。商务谈判活动应遵循双赢原则、平等原则、合法原则、最低目标原则等诸多原则。

2. 商务谈判的特征

（1）以经济利益为谈判目的。不同的谈判者参加谈判的目的是不同的，而商务谈判则十分明确，谈判者以获取经济利益为基本目的，在满足经济利益的前提下才涉及其他非经济利益。虽然，在商务谈判过程中，谈判者可以调动和运用各种因素，而各种非经济利益的因素，也会影响谈判的结果，但其最终目标仍是经济利益。

（2）以经济利益作为谈判的主要评价指标。商务谈判涉及的因素很多，谈判者的需求和利益表现在众多方面，但价值几乎是所有商务谈判的核心内容。这是因为在商务谈判中价值的表现形式——价格最直接地反映了谈判双方的利益。而又不能仅仅局限于价格，应该拓宽思路，设法从其他利益因素上争取应得的利益。因为，与其在价格上与对手争执不休，还不如在其他利益因素上使对方在不知不觉中让步。

（3）以价格为谈判的核心。商务谈判的结果是由双方协商一致的协议或合同来体现的。合同条款实质上反映了各方的权利和义务，合同条款的严密性与准确性是保障谈判获得各种利益的重要前提。在商务谈判中，谈判者不仅要重视口头上的承诺，更要重视合同条款的准确和严密。

3. 商务谈判的步骤

在彼此存在长期合作诚意的前提下，谈判双方应遵循“商务谈判三部曲”，即谈判的步骤应该为申明价值、创造价值和克服障碍三个进程。

（1）申明价值。申明价值阶段为谈判的初级阶段，谈判双方彼此应充分沟通各自的利益需要，申明能够满足对方需要的方法与优势所在。此阶段的关键步骤是弄清对方的真正需求，因此其主要技巧就是多向对方提出问题，探询对方的实际需要，与此同时也要根据情况申明我方的利益所在。因为你越了解对方的真正实际需求，越能够知道如何才能满足对方的需求，同时对方知道了你的利益所在，才能满足你的需求。

（2）创造价值。创造价值阶段为谈判的中级阶段，双方彼此沟通，往往申明了各自的利益所在，了解了对方的实际需要。但是，以此达成的协议并不一定对双方都是利益最大化。也就是说，利益在此往往不能有效地达到平衡。即使达到了平衡，此协议也可能并不是最佳方案。因此，谈判中双方需要想方设法去寻求更佳的方案，为谈判双方找到最大的利益，这一步就是创造价值。创造价值的阶段，往往是商务谈判最容易忽略的阶段。

（3）克服障碍。克服障碍阶段往往是谈判的攻坚阶段。谈判的障碍一般来自两个方面：一个是谈判双方彼此利益存在冲突；另一个是谈判者自身在决策程序上存在障碍。前一种障碍是需要双方按照公平合理的客观原则来协调利益；后者就需要谈判无障碍的一方主动去帮助另一方顺利决策。

4. 商务谈判技巧

【创业家语录】

谈判是一门妥协的艺术，是达成共识的过程，既要坚持自己的利益，也要顾及对方

的利益。不能简单地把向对方立场的靠拢看做是让步，今天的让步可能就是明天的进步。——龙永图

永不让步，除非交换。——美国商业谈判经典语录

谈判能力在每种谈判中都起到重要作用，无论是商务谈判、外交谈判，还是劳务谈判，在商务谈判中，双方谈判能力的强弱差异决定了谈判结果的差别。对于谈判中的每一方来说，谈判能力都来源于八个方面，就是 NOTRICKS 每个字母所代表的八个单词如下。

(1) N 代表需求（need）。对于买卖双方来说，谁的需求更强烈一些？如果买方的需要较多，卖方就拥有相对较强的谈判力。你越希望卖出你的产品，买方就越拥有较强的谈判力。

(2) O 代表选择（options）。如果谈判不能最后达成协议，那么双方会有什么选择？如果你可选择的机会越多，对方认为你的产品或服务是唯一的或者没有太多选择余地，你就越拥有较强的谈判资本。

(3) T 代表时间（time）。它是指谈判中可能出现的有时间限制的紧急事件，如果买方受时间的压力，自然会增强卖方的谈判力。

(4) R 代表关系（relationship）。如果与顾客之间建立强有力的关系，在同潜在顾客谈判时就会拥有关系力。但是，也许有的顾客觉得卖方只是为了推销，因而不愿建立深入的关系，这样。在谈判过程中将会比较吃力。

(5) I 代表投资（investment）。在谈判过程中投入了多少时间和精力？为此投入越多、对达成协议承诺越多的一方往往拥有较少的谈判力。

(6) C 代表可信性（credibility）。如果潜在顾客对产品可信性也是谈判力的一种，如果推销人员知道你曾经使用过某种产品，而他的产品具有价格和质量等方面的优势时，无疑会增强卖方的可信性，但这一点并不能决定最后一定能成交。

(7) K 代表知识（knowledge）。知识就是力量。如果你充分了解顾客的问题和需求，并预测到你的产品能如何满足顾客的需求，你的知识无疑增强了对顾客的谈判力。反之，如果顾客对产品拥有更多的知识和经验，顾客就有较强的谈判力。

(8) S 代表的是技能（skill）。这可能是增强谈判力最重要的内容了，不过，谈判技巧是综合的学问，需要广博的知识、雄辩的口才、灵敏的思维……

总之，在商业谈判中，应该善于利用“NOTRICKS”中的每种能力。

9.2 企业上市

9.2.1 企业上市的利与弊

1. 企业上市的机会

【创业家语录】

阿里巴巴赢得非常好。公司就像结婚一样，好不容易有了好日子，生个孩子又苦

了。所以我们打算结婚后多过几天好日子。今天我觉得我们自己的内功还有待加强。我向往着上市，并没有不屑一顾。——马云（阿里巴巴创始人）

(1) 可获得长期无息的大量资本性资金，为企业的快速发展注入强大的动力。企业通过发行股票进行直接融资，是解决企业直接融资难的途径之一；并可获得长期稳定的资本资金，改善企业的资本结构；可以借助股权融资独特的风险共担、收益共享的机制实现股权资本收益最大化；还可以通过配股、增发新股、可转债等多种金融工具实现低成本的持续融资。

(2) 可提升企业品牌价值，扩大企业的影响力。公开发行与上市具有很强的品牌宣传效应。资本市场表明，企业的成长性、市场潜力和发展前景得到承认，本身就是荣誉的象征；同时，上市对企业的品牌建设也起到很大的宣传作用；媒体对上市企业拓展新业务和资本市场运作新动向的追踪报道，能够吸引投资者的关注，还可能带来国际合作的机会。

(3) 可加强规范管理，提高企业的管理水平。资本市场的社会监督要求企业在阳光下进行操作；保荐人的持续督导促使企业履行承诺；信息披露制度要求做到财务规范和透明；股市价格机制要求企业不断提高企业投资价值；诚信管理机制要求企业强化自我约束合法经营。通过建立现代的企业治理结构，才有可能在激烈的竞争中立于不败之地。

(4) 可吸纳优秀人才，建立科学合理的人才激励机制。企业的品牌和知名度的提升在为企业创造更大经济利益的同时，也必然能够吸引更多的人才加人企业。如果企业能够适时建立诸如股权激励机制等有效的管理方法，定能留住核心管理人员以及关键技术人才，为企业的长期稳定发展奠定坚实基础。

(5) 公司身价提高。中小企业上市之后，上市的股票一般比不通过交易所直接销售的股票具有更强的流通性，这样就提高了股票的可销售性；上市发行有利于增加股东数量，这样，就能提高股价的稳定性，以推动进一步的融资。

2. 企业上市的弊端

【创业家语录】

上市对于公司的伤害还可能在于信息披露方面的苛责，与不上市的对手相比，网易就成为一个“透明人”，“好像裸奔，一举一动对手都清清楚楚”。当年上市我还贪图那一份虚荣心，但是现在看起来“得不偿失”，“追悔莫及”。——丁磊（网易公司创始人）

(1) 无法面临信息披露的压力。任何一家上市企业都会接受相应的上市地的严格监督，尤其是在境外上市的企业，许多内地企业上市前的运作并不十分规范，上市后则完全暴露在成熟而理性的境外投资者的目光下，相对于内地资本市场而言，其及时、准确、全面披露相关信息的压力更大。

(2) 上市必须花费一定的成本。上市需耗费各种费用，包括支付给券商、投资银行的改制重组费用，支付给律师、会计师等社会中介机构的费用以及发行费用等。

(3) 上市失败的风险。如果股票的发行中，股民认购数量小，没有达到计划发行的规模，会导致发行失败。一旦发行失败，不仅是经济上的损失，也是声誉损失，消极影响会持续多年。

（4）股价变动的风险。上市后，企业的经营状况会影响到企业股价的表现，反过来，企业股价的一些不正常波动也可能为其自身经营带来一些不必要的麻烦，企业需对股民负责。股民对利润的增长有一定要求，会给管理者带来压力。还需遵守上市的有关法规与接受监督。

（5）摘牌退市风险。已经上市的股份公司如果出现经营不善或违规等情况就有可能被终止上市，即所谓摘牌退市。

【创业家语录】

看起来很漂亮，做起来很残酷，这就是创业。创业的成功是极其偶然的，失败却是必然的。我们看到的是极少数功成名就者的辉煌，看不到的是不可计数的失败者的惨淡和悲凉。——李善友（酷6网创始人）

9.2.2 企业上市时机和主承销商的选择

【创业家语录】

过去都是美国模式拷贝到中国来，这次是360免费的安全模式得到了全世界主流资本的认可，这是第一个，我们给中国互联网开了个头，也相信更多的中国创造的模式，向中国出发。——周鸿祎（奇虎360公司创始人）

1. 企业上市时机的选择

（1）企业的商业模式清晰，并可以持续发展。一个企业如果没有明确的核心运营规划，发展前景黯淡，上市就无从谈起。商业模式清晰是现实，持续发展是希望。满意的现实加上美好的前景，才是上市的较好时机。

（2）企业处于高速成长期。企业的运行是一个从婴儿期、发育期、成长期，最后到成熟期的发展过程。选择在婴儿期、发育期就上市，企业会面临很大的不确定性，投资者此时不会对企业股票感兴趣；若等到企业完全成熟再上市，会失去“神话”的溢价，此时上市也不是最好时机。企业在成长期应该是公司上市的最佳时机。

（3）社会安定，经济发展，资本市场活跃。如果社会动荡、经济萧条、市场疲软，再好的商品也卖不出好价，尤其对高风险的证券投资，人们更是退避三舍。

（4）企业财务状况良好。企业要在经营上升、财务状况宽松时上市，因为资本是逐利的，嫌贫爱富是其根本特点。企业若在揭不开锅时上市，黄金只能当铜卖。

2. 主承销商的选择

当一家企业决定发行股票后，往往会有多家证券经营机构来争取担任主承销商。企业面对众多的证券经营机构，应综合考虑各方面的因素，从中选择一家信誉好、实力强的证券经营机构作为自己的主承销商，以保证股票发行和筹资工作的顺利进行。一般来说，企业在选择主承销商时主要应考虑如下一些因素：资信状况及融资能力、专业资格和工作小组的能力、承销能力、企业上市前辅导能力、上市后的跟踪服务能力、工作建议书质量和费用等。

3. 企业上市的途径

(1) 以直接融资方式上市。上市融资分为境内上市和境外上市。境外上市同境内上市相比，门槛比较低，但维护费用较高，再融资难度较大。境内资本市场主要分为三个层次：主板，包括沪市A股、深市中小板；二板，即创业板；三板，也称为场外交易市场(OTC)，包括全国和区域市场两个层次。

境内上市是指在沪市、深市中小板、创业板公开发行股票。首次公开发行股票并上市(IPO)，是指一家股份有限公司第一次将它的股份向公众出售。它的优点是具有稳定、长期的资金来源；打造了金融工具平台；资源可以得到有效配置，便于企业发展壮大；股权资产流动性的提高，带来价值发现。

境外上市在国际上，二板市场已经受到了普遍的重视，美国纳斯达克市场（NASDAQ）、中国香港创业板（GEM）、英国的另项投资市场（AIM）、新加坡SESDAQ等，特别是美国的二板市场——纳斯达克市场，在这里上市的微软、英特尔公司的辉煌成绩更成为二板市场成功的典范，并鼓励了其他国家的二板市场的发展。一般而言，二板市场的上市标准远比主板市场低，同时对上市前的赢利要求也很低，可见，二板市场为中小型民营企业的融资提供了可能。

(2) 以借壳方式上市。买壳上市又称"后门上市"或"逆向收购"，是指非上市公司购买一家上市公司一定比例的股权来取得上市的地位，然后注入自己的有关业务及资产，实现间接上市的目的。以借壳上市的方式实现上市，是目前民营企业上市的主渠道。由于借壳上市，除了收购股权需要付出较大的代价，而且在完成以后仍然需要对原公司资产进行大规模的处理，并注入自身的优质资产，同时还要对组织机构做大的调整，所耗费的财力和精力极大。值得注意的是，虽然深沪股市已经有上百起买壳上市案例，但是成功率并不高。买壳上市获取收益的主要途径是配股融资。所以，作为收购主体的民营企业一定要明确自身的目的，通过合理规划，实现上市融资和扩大市场影响力的主要目的。

9.3 管理层收购

9.3.1 管理层收购的产生与兴起

【创业家语录】

股权激励给什么人？给三类人。第一类人：功臣，即你过去需要的人。给功臣是对历史的认可，还账是道德。第二类人：骨干，即你现在需要的人。对待骨干，要给到他们高兴和满意，给现在也给未来。第三类人：苗子，即你未来需要的人。给苗子不可多给，让他知道你重视他很重要。老板可以把苗子和骨干之间的差距当成一种激励，让苗子有目标。这也是给的重要艺术。——郭凡生（慧聪创始人）

MBO（management buy-outs），国内一般译为管理层收购或管理层融资收购，即管理层利用杠杆融资对目标企业进行收购，具体来说是指目标公司的管理者或经营层利用借贷所融资本或股权交易收购本公司的股份的行为，从而改变公司所有者结构、控制权结构和资产结构，进而达到重组本公司的目的，并获取预期收益的一种收购行为。通过收购，实现由单纯的企业管理者到企业主人的转变，是20世纪70年代在传统并购理论基础上发展起来的一种新型的并购方式，是企业重视人力资本提升管理价值的一种激励模式。

英国经济学家迈克·莱特（Mike Wright）在1980年研究公司的分立和剥离时发现了一种奇特现象：在被分立和剥离的企业中，相当一部分出售给了原先管理该企业的管理层。MBO最早是作为公司分拆的一种手段开始出现的，20世纪70年代末，管理层收购开始被视为一股重要的经济动力，并对管理者、企业组织和国民经济产生重要的影响。自20世纪80年代开始，MBO成为英国对公营部门私有化的最常见方式，英国政府广泛采用了MBO形式及其派生形式。在美国，MBO和杠杆收购在1988年达到了顶峰。东欧国家在由计划经济向市场经济转轨过程中，也在某种形式上采用MBO形式，以加快其转轨速度。

通常，上市公司管理层和员工共同出资成立职工持股会或上市公司管理层出资成立新的公司作为收购主体，一次性或多次通过其授让原股东持有的上市公司股份，从而直接或间接成为上市公司的控股股东。MBO通过设计管理层既是企业所有者又是企业经营者的特殊身份，希望企业在管理层的自我激励机制，以及在高负债的外部约束下充分挖掘企业潜力，实现企业价值最大化。

管理层收购的基本出发点是解决企业内部激励机制问题，降低企业所有者与经营者之间的委托代理成本。解决内部激励、降低委托代理成本的方式有许多种，而MBO是最直接的一种方式。

9.3.2 我国企业实施MBO的模式

1. 通过职工持股会或工会造壳收购上市公司

该模式操作要点是公司工会和持股会出资设立公司，然后由该公司出面授让上市公司股份。这种模式一般发生在集体企业，在历史上，该类企业全体职工积累了部分公有财产，所以，参与收购的人员不仅是管理层，还常常包括全体职工，因此参与收购人员比较多。鉴于我国法律原因，目前这种模式不再可行。

2. 管理层自然人直接出资设立主体收购上市公司

该模式的操作要点是参与收购的管理层和其他自然人直接出资设立有限公司，并利用公司来收购上市公司股权，实现管理层收购的目的。这是目前中国管理层收购普遍采用的形式，其优点是收购主体产权明晰，利于融资以及后续运作和资金偿还，不利之处是有限公司的对外投资受到《公司法》约束，不能超过公司净资产的50%，且有双重纳税的问题。

3. 设壳收购大股东实现间接收购

这种模式是典型的间接收购，即管理层通过设立的壳公司对目标公司大股东进行收购，并进而通过对大股东的控制来实现对目标公司的控制。这种方式在上市公司中尤其常用，其优点是规避了直接授让上市公司股权的部分繁杂程度，降低了收购难度；缺点是对目标公司控制的链条加长，弱化了对企业控制力。

4. 对公司优质资产或子公司的局部收购

管理层所收购的标的不是目标公司整体，而是针对目标公司中部分具备MBO特点的资产或子公司。这种模式的特点是操作性强，对母体庞大或整体资产不良但局部资产很好的公司，或者对收购母体时很难获得股份来源时，管理层可以考虑进行局部的MBO。在具体操作中，局部MBO有两种操作方式：一种是管理层直接收购目标公司的某一块资产；另一种方式管理层收购并控股目标公司下属子公司。

9.3.3　MBO的操作步骤

1. MBO的意向阶段

首先要对企业进行初步评估以确立目标企业是否适合于实施MBO。适合MBO的企业应具备以下几个特点：有良好的经营团队，产品具有稳定的需求，有比较稳定的现金流，有较大的管理效率提升空间，拥有高价值的资产，拥有高贷款能力等。对于适于进行MBO的企业来说，管理层同原有股东进行接触沟通，若能达成一个初步意向，则可进入下一阶段的工作。

2. MBO的准备阶段

（1）目标公司的尽职调查。MBO的准备阶段，需要对目标公司进行详尽地调查，调查的内容包括：经营状况调查及评价、财务调查及评价、法律调查及评价、治理结构调查及评价。公司治理结构调查包括控制权分配调查和激励安排调查。

（2）操作安排。该阶段的主要任务是组建团队、设立收购主体、选聘中介机构和战略投资者、安排收购融资等。组建管理团队应以目标公司现有管理人员为基础，由各职能部门的高级管理人员和职员组成收购管理团队。设立收购主体应由管理团队作为发起人注册成立一家壳公司，作为拟收购目标公司的主体。壳公司的资本结构就是过渡性贷款加自有资金。应选聘专门的中介机构以协助管理层完成收购，必要时引入战略投资者共同实施收购。在收购准备阶段，管理层需要就融资方式、融资对象做出安排，以便以最低的成本筹集所需资金。

3. MBO的实施阶段

实施阶段是MBO的关键，其中涉及收购方案的制订、价格谈判、融资、审计、资产评估，并准备相关的申报材料。在实施阶段，管理层的重点是围绕价格同原股东进行谈判，只有价格合理，才能达到管理层收购的目的。

4. MBO后的整合

MBO后对目标公司进行整合是MBO的后续工作，但其重要性却是不言而喻的。MBO本身不是目的，不是为了收购而收购，MBO是为了更大地提升公司的价值，为管理层和股东带来超过正常的收益和回报而采取的一种并购方式。MBO之后，管理层拥有了更多的自主经营权，一般会根据企业的经营状况和管理，从企业文化、企业组织结构和组织行为，到生产、销售以及战略发展等多个环节出发，对原来的经营管理进行很大的调整和改变，以使目标企业焕发出新的生机和活力。

对一个完整的MBO操作来说，都会经历以上几个操作阶段，但具体到每一项MBO，又有其自身的特点，要根据其特点施以个性化的方案设计，最终确保 MBO 的成功。

9.4 企业传承

【创业家语录】

我一直希望把联想办成一家“没有家族的家族企业”，“没有家族”是指没有血缘关系，而是通过机制、文化保障企业传承下去；“家族企业”就是指公司最高层必须是有事业心的人，“把企业当成命”。——柳传志（联想集团创始人）

9.4.1 影响企业传承的因素

1. 企业接班人的接班意愿

接班人对接手企业的兴趣和意愿对企业传承的好坏起到很重要的作用。如果接班意愿强烈，那传承就会比较顺利；相反，则传承过程将比较曲折，传承结果不理想的概率也很大。接班人对接班回报的预期在很大程度上影响到了接班意愿。进入企业带来的工作乐趣、个人满足感和金钱等回报会对潜在接班人接手企业增加吸引力。同时，接班人的职业兴趣和企业带来的机会对接班人加入企业的倾向有积极的影响，接班意愿是影响代际传承成功的一个因素。

【创业家语录】

我不培养接班人，我只建立制度、培育团队。这个团队中谁来当班长应该由制度去选择。企业的传承是靠文化不是靠血缘，第一代老板的机遇来自五湖四海，时值第二代，已经是全球化、国际化的选择平台。——王石（万科公司董事长）

我从来不认为家族化管理需要淡化，如果它能帮助我们实现理想的话。——陈天桥（盛大网络董事长兼首席执行官）

2. 企业传承的时机

如果时机选择不当，会严重影响企业传承的效果。选择企业传承时机时，通常需要考虑企业领导人的能力、企业经营状况或企业成长状况等。一般而言，当企业领导人感受到自身的能力已无法满足企业发展的需要，就应该考虑将部分或者全部职位和权力向家族内外人士进行传承；当企业竞争环境宽松，处于同行业中的领先位置，公司业务成熟，此时进行传承且成功的可能性是比较大的。相反，当企业处于激烈的竞争环境中，企业自身资源又比较有限，与同行相比不占优势，此时进行传承失败的可能性就比较大。如果在环境不好的情况下，却又不得不进行传承，就需要在较短时间内完成。

【创业家语录】

培养一个战略型人才和培养一个优秀的裁缝有相同的道理，不能一开始就给他一块上等毛料做西装，而是应该从鞋垫做起。鞋垫做好了再做短裤，然后做长裤、衬衫，最后才是做西装。不能拔苗助长，操之过急。——柳传志（联想集团创始人）

接班人的问题要早作考虑，这康熙什么都明白，就是老不让儿子接班，一直让人当老太子行吗？今天的英国女王也是这样，不过她没有什么权力。她没想明白，想明白了就早作摄政王了，到点就退。她与儿子之间的摩擦，实际上是她没有想明白造成的。——柳传志（联想集团创始人）

3. 传位人和接班人之间的关系

企业传承的一个重要特征是整个传承过程主要不是依靠市场价值来控制，而是依靠企业和家族中的关系情况决定，家族成员尤其是传接双方的关系在很大程度上影响到传承过程。如果家庭和睦，尤其是传位人和接班人之间的关系和睦，则企业传承比较顺利。此外，传位人对接班人能力是否信任也会影响到企业传承。对接班人的妒忌和敌对情绪会影响传位人退休并离开企业的意愿，大多在位者都是企业的创始人，珍爱自己的企业，表面上交出企业权杖，但不相信别人能搞好自己经营好的企业，于是通常会在背后操控企业。如果缺乏信任，接班人就无法获得继承企业的合法性，很难顺利接班。

4. 传承计划与传承准备

企业传承的计划和准备情况对接班人的业绩有正相关关系。传承是重要的，因此就有必要尽早对传承进行计划和准备。传承计划和传承准备有着密切的关系，如果没有传承计划那就不可能做好传承准备，但如果有了好的传承计划，还没有做好传承准备，那么企业传承也不可能顺利进行，只有科学的传承计划和充分的传承准备，才能有利于企业传承。

【创业家语录】

研究一下福特的接班人，一会儿是福特家族，一会儿又不是，一会儿又是。要搞一个定规，不要一定传给家里的人，也不要一定不传给家里人，传给外人。家庭里的人可以当董事长，福特最成功的就是董事会主席，是在家族和家族以外的人中，不断地交叉轮流，这样它的人才生生不息，企业才可以可持续发展。——尹明善（力帆集团创始人）

9.4.2　家族企业多代传承的理论模型

【创业家语录】

培养接班人是一种社会责任，所以我还要大胆地教、坚决地教、彻底地教。带三年、帮三年、看三年。——茅理翔（方太厨具创始人）

1. 盖尔西克的经典模型

盖尔西克（Gerisck）是美国家族企业研究专家，他首先提出了三环模型来分析家族企业，并以此为基础提出了家族企业发展的三极发展模型，理清了家族企业的发展规矩，并在前两个模型的基础上提出了传承的 9 种路径。

(1) 三环模型——盖氏理论的基础。盖尔西克提出了一个著名的描述家族企业的三环模式来分析家族企业，如图 9-1 所示。这一模型也成为他之后所有模型和论证的基础。该模型将家族企业看成是由三个独立而又相互交叉的子系统所组成的三环系统，三个子系统分别为企业、所有权和家庭。在盖尔西克看来，家族企业不是一个单纯的企业，在分析家族企业时，单独把企业、所有权和家庭分开来分析都是不全面、不可取的。

顶环代表所有权者，底部左环代表家庭，底部右环代表企业。所有所有权者在顶环中，所有家庭成员在底部左环，所有企业成员都处于底部右环中。这三个圆环又是相互交叉的，有的成员可能既是家庭成员又是企业成员，有的可能既是企业成员又是所有权者，有的可能既是家庭成员又是所有权者，有的可能三者都是，盖尔西克把这相互交叉的部分分为4、5、6、7区域。而只是单独作为家庭、所有权、企业身份的成员则分别在1、2、3区域（见图9-1）。

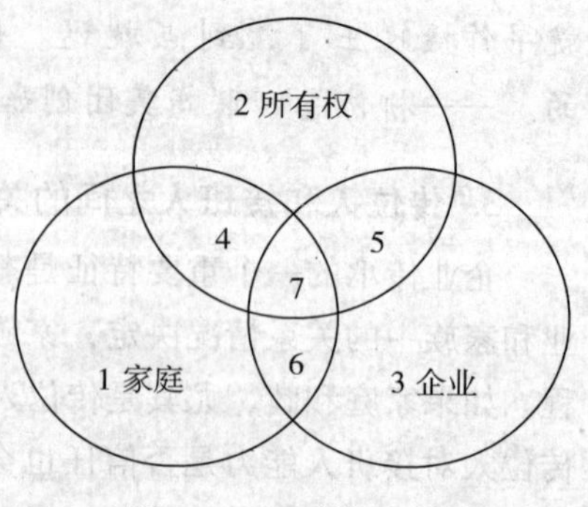

图9-1　三环模型

如果按成员划分，7个区域所代表的成员分别为：
1代表只是家庭成员的人，这部分人没参与企业，不拥有其所有权，但作为家庭成员也能对拥有所有权和管理权的其他家庭成员产生影响，进而影响家族企业；2代表只拥有所有权而不参与企业的非家庭成员，他们只是作为所有者对企业产生影响；3代表只是作为雇员而没有所有权的非家庭成员；4代表拥有所有权但不参与企业工作的家庭成员，这类成员通过所有权者和家庭成员两重身份对企业产生影响；5代表拥有所有权并参与企业工作的非家庭成员，这类成员和家庭无任何关系，只是作为一个外部参与者；6代表参与企业日常工作中，但不拥有所有权的家庭成员；7则代表拥有所有权并参与企业日常工作的家庭成员。在目前的中国家族企业中，3，6，7类型的成员比较多，大多数雇员为没有所有权的非家庭成员，管理层主要是所有权和尚未获得所有权的家庭成员。

大多数文献在从总体上分析家族企业的时候都以该模型为基础，因为通过该模型可以很明确区分家族企业中成员的不同角色，可以解释家族企业中个人间的冲突、职责、首要考虑的问题及权力界限和来源。详细描述不同的职责和系统有助于分析家族企业内部复杂的相互作用，并使人更容易明白发生了什么事和为什么会发生，从而找出解决问题的办法。

（2）家族企业三极发展模式

三环模型是分析各种利益群体以及个人之间关系的静态家族企业的剖面图。而盖尔西克等人在三环模型的基础上，提出了动态的三极发展模型来解释家族企业的成长，如图9-2所示。该模型深刻地揭示了家族成员在家族企业中的生命周期、企业的生命周期与家族企业所有权变迁的关系，以及在所有权、家庭和企业这三个极是如何发展的。

在该模型中，所有权在大多情况下会变得越来越复杂，在企业发展开始阶段，一般为创始人独自控股；当传递到第二代的时候，变成了兄弟姐妹合伙，由大家庭的第二代来共同拥有所有权；到了第三代的时候，股权进一步被稀释，家族中的堂兄弟姐妹一起拥有家族的所有权，股份非常分散。目前福特等大公司已经发展到了第三种情况，而沃尔玛还属于第二代，所有权属于第二种情况，兄弟姐妹共同拥有。在企业发展维度上，将企业发展阶段分为初建期、扩展/正规化期、成熟期，这一点和其他非家族企业的发展情况一样。在家庭发展维度上，模型提出者考察了大量不同规模的家族企业的生命周期以后，把家族企业划分为年

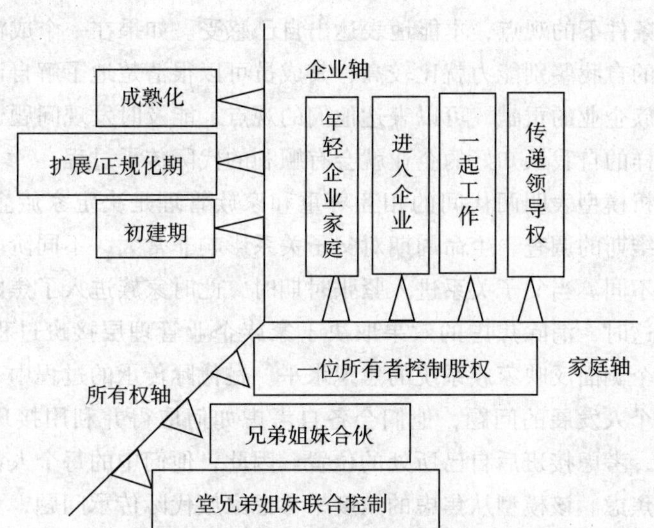

图9-2　家族企业三级发展模型

轻的企业家庭、进入企业、一起工作和传递领导权这四个阶段。

(3) 盖尔西克的所有权传承类型

盖尔西克认为，所有权转移有三种模式：一为“重新开始”继承，所有权属于循环式转移，领导个体变化，但保持基本的所有权结构；二为“渐进式”继承，即所有权结构变得更为复杂，所有权分散；三为“回归式”继承，所有权结构变得简单，原来的所有权所有者减少，所有权集中，即代际传承之后所有者减少了。每一种模式下面又各有三种不同的转移方式，共得到九种所有权转移类型，所有权形式在“一位所有者控制股权”、“兄/弟姐妹合伙”和“堂兄/弟姐妹联合控制”这几种情况下转移，如图9-3所示，图中每个箭头的方向代表一种传承类型。

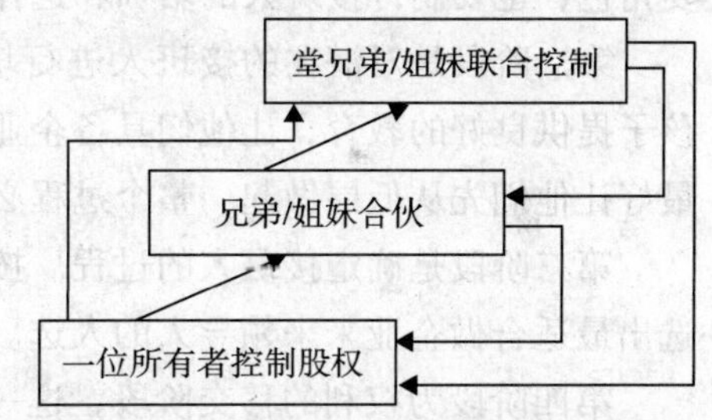

图9-3　盖尔西克所有权传承的三种类型

2. 邓恩的焦虑分析模型

【创业家语录】

培养年轻人主要是考虑把事情做大，我用的方法就是让他们参与管理。——柳传志(联想集团创始人)

我坚持认为：企业管理方式没有好坏、对错之分！民主式、家族式、职业经理人式、现代国际式、农民式！都可以获得成功！关键是你的企业是否形成了特定管理文化氛围！你的团队是否都理解并接受了某种管理方式！“理解和接受你的管理方式”才是关键！——刘强东（京东商城创始人）

邓恩（Dunn）在鲍恩等人提出的“鲍恩家族系统学说”的基础上，构建了基于个人、家族与企业需要的接班研究模型。这个模型非常复杂，设计内容丰富，要搞清楚它的内容，就要先搞清楚这个模型的基础——家族系统学说。

家族系统学说的精髓是“自我鉴别”，即家族企业中的个人必须通过有意识地思考某个问题，并产生给定条件下的观点，本能地表达出自己感受。如果在一个成员喜欢表达自己的观点的企业，那它的自我鉴别能力就比较高，其成员可以很清楚地了解自己在接班过程中的作用以及自己对家族企业的贡献，可以表达他们的观点，能及时发现问题，整个文化喜欢创新，欢迎变革，这样的自我认知好的企业就会有顺利的代际传承过程。

邓恩的焦虑分析模型表明两代间的相互尊重和家族管理是决定家族企业接班成功的最重要因素。根据戴维斯的调查，生命周期对父子关系影响非常大，不同阶段的父子关系，其融洽或紧张程度也不同。当父子关系进入紧张时期时，此时家族进入了焦虑期间，整个家族的焦虑都会上升。这时，消除焦虑的效果取决于家族企业管理层接班过程中消除焦虑的能力，这也可以从一个侧面反映家族系统的焦虑水平。在代际传承的过程中，家族中的个人也不得不忙于处理其个人发展的问题，他们会各自考虑如何取得并利用接班过程中出现的机会以促进个人发展，考虑接班后自己所处的位置。因此，他们中的每个人都不得不面对一个缓慢、逐步增强的焦虑。该模型从焦虑的角度来考虑家族代际传承问题，分析了个人焦虑和集体（企业）焦虑的相互影响，围绕焦虑描绘出了代际传承的一个模型，它包含的内容比较丰富。

3. 艾斯贝尔四阶段传承模型

艾斯贝尔（Isabelle Le Breton-Miller）、Danny Miller 和 Lloyd Steier 提出了代际传承的“四阶段模型”。和已往大多数模型不同，该模型是在更广阔的社会经济背景下考虑传承过程的。

第一阶段是建立企业的基本规则，在这阶段中企业需要设计自己的未来和企业中的主要角色，也要制订接班人的培训和选择的基本方针。

第二阶段是对潜在的接班人进行培养和锻炼，在这一阶段要对那些可能成为接班人的孩子提供良好的教育，让他们具备企业领导人的基本素质，还要积累潜在接班人工作经验，最好让他们先从低层做起。整个过程必须是在全程关注的情况下来完成。

第三阶段是确定接班人的过程。按照之前制订好的选择方针挑选，结合他们的表现，挑选出最适合做企业未来领导人的人选。

第四阶段为权利的移交阶段，这一阶段必须考虑移交的时机和移交的方式，还要做好各方面的沟通。这个模型综合了之前这方面研究的结果，考虑到了影响传承的一系列因素，充分关注环境的不确定性是它的一大特点。

9.4.3 家族企业传承的形式选择与实施

1. 家族企业传承的形式

【创业家语录】

对于接班人，我现在选好我儿子，如果将来有能力超过我儿子的优秀人员出来，只要能够把企业搞得更好，能够为农民多增加收入，为农村富裕做出贡献的，我可能会要调一个，这个是可以改变的。——鲁冠球（万向集团创始人）

第一，最终接班与否，我的女儿有选择的权利；第二，新希望已经有相当的规模，单靠一个人是不够的，我们需要更多优秀的管理者；第三，我们要适度进行两权分离，要走治理结构更加规范、严谨、透明的道路。——刘永好（希望集团创始人）

(1) **家族式继承**。依照中国人的心理，辛苦创办的企业若非让自己子女或本家族中人接班，这会很难让他们接受的。大多数家族企业的创始人内心其实都希望自己的子孙能够代代掌管企业的大权。除了子承父业外，弟承兄业、妻承夫业者也大有人在。这种接替能够了解企业，有传承性，也降低了交接成本。但这种方式主要的顾虑在于接任者在能力上是否胜任。

【企业传承案例】　李锦记的家族传承

有研究表明，约有70%的家族企业未能传到下一代，88%未能传到第三代，只有3%在第四代及以后还在经营。家族企业的平均寿命是24年，碰巧创业企业的平均寿命也是24年。即大多数家族企业甚至没有机会传给第二代，成为真正意义上的家族企业。而在已传承成功的中国百年家族企业中，李锦记堪称典范。它打破了“富不过三代”的咒语，在制度完备、有上百年商业传统的中国香港仍属孤例。

从创始人李锦裳到目前的李惠雄五兄妹，李锦记走到了家族的第四代，其传承属于“世袭”这一路径。和其他家族企业一样，李锦记也经历过兄弟反目、妯娌不和的家庭纷争，家业也曾危在旦夕。然而在经历了两次分家的动荡后，李锦记先后成立家族学习和发展委员会，制定了家族宪法，规范家族行为。如规定家族成员须在外创业或工作3~5年才能回家族企业，不要晚婚、不准离婚、不准有婚外情等。李氏“宪法”以家族永续为基础，让李锦记实现了企业永续。

资料来源：百年家族传承的“左右手”：禅让 VS 世袭．http：//www. cet. com. cn.

(2) **起用老将**。2004年，美国吉列公司当家人考尔曼·莫克勒因心脏病突发辞世。作为应变之举，公司起用老将阿尔弗雷德·泽恩任接班人，因为他在公司享有很高的威望并曾为公司做过杰出贡献。在他的领导下，吉列公司保持了稳定的增长势头。这种方式的好处：一是接任者业务熟练、上手很快；二是可以避免人事地震。但这种方式容易引起其他元老级人物不满，导致接班人难以开展工作。

(3) **聘请职业经理人**。当家族企业的第二代不具备出色的管理能力或对管理企业不感兴趣时，找一个有能力的经理人来管理企业而自己只担任公司董事，是比较理想的选择。

【企业传承案例】　美的创始人何享健交棒职业经理人方洪波

“太子不接棒，内阁终登场”，是对美的权杖交接仪式的速写。使此次的“立贤不立亲”成行，民企领导者就此改性！70岁高龄的何享健作为改革开放后第一代老企业家代表，已在商场摸爬滚打40余年。“为人低调、性情温和、心胸开阔”，是很多人对这位商业巨子的评价。此番彻底将江山交付职业经理人方洪波与“外姓”管理团队，表明了其让美的“去家族化”的决心，也让其成为内地开现代企业传承制度先河的先驱。

方洪波成为美的1号人物仅用了20年光阴。这位个性张扬、正值盛年的“新君”历史系出身，从“史官”到“近臣”，从“外藩”到“内阁”，最终执掌了帅印。表面上剑走偏锋的方洪波实则恪守何享健式的谦恭与自抑。此前“禅让”传闻传出后，其极其低调的处理方式就是明证。

何享健一开始就表达了对资本市场的偏好，而对父亲的实业并不感冒。因此，何享健的传承路径或也是不得已之举。

资料来源：百年家族传承的“左右手”：禅让 VS 世袭. http: //www. cet. com. cn.

2. 家族企业传承形式选择的总体思路

(1) 传承的时间选择。接班人的选择和培养宜早不宜迟，特别是家族企业，周期更长。因为现有的家族企业接班人除了要具备较多的市场经验外，还要对企业的生产经营，现场管理等要有综合的管理能力，因此相应的培养锻炼的时间要更长一些。一般来说，企业主从45岁左右或最起码要在现任高层管理者计划退休前4年就应逐步规划培养接班人的领袖气质和管理能力的方案了。通用电气的前CEO韦尔奇，就用7年时间斟酌挑选接班人，雀巢CEO包必达从上任第一天开始就着手培养接班人。

(2) 传承观念要创新。无论选择哪种途径方式来培养接班人，都存在各自不同的优缺点，但相信不到万不得已，很多企业家仍然希望由子女来继承家业。方太公司董事长茅理翔曾这样说过：“在中国信用缺失的经济环境中，要让那些创业者把经过多年拼搏创造出来的财富交给别人去打理，没有几个人放心得下也就在情理之中了。况且目前国内职业经理人制度尚未形成，相关的法律法规也不健全，外聘经理难度较大，还是觉得儿子比较放心。”因此，对于家族企业家来说，他们首先要进行自身观念上的创新。对于家族企业接班人，只要具备了现代化的管理能力，就可以作为接班人备选对象，如中国香港李嘉诚企业，他们跳出家族框框，才使李氏家族能够不断提高产业层次、扩大产业规模并实现跳跃式的发展。当然我们可以优先考虑家族成员继承，但如果家族企业在自身子孙无法满足企业生存和发展需要时，可考虑从外部选择职业经理人。

【创业家语录】

当一个职业经理人进来的时候，实际上落地的过程，要非常小心。虽然是甲进来和乙进来，你为甲进来准备的落地着落点和方式不同，它可能融入企业的方式也不一样。而不是一个空降兵就能在这个地方领导这个企业，因为一个企业就跟一个生命一样，它是有排异反应，绝不是说你能干他就来吸收你。就像我是一个要外部血液的人，不是所有人的血液都适合我的肌体。有些血不好的话，输进来还会得白血病。——王利芬（优米网创始人）

(3) 传承过程要有制度保证。家族企业员工的血缘、亲缘关系错综复杂，虽然企业也建立了一些规章制度，一些家族企业也有现代公司的组织结构，但是家族治理的机制还在起作用，这些组织机构实质上是“聋子的耳朵——摆设”。但是在这种以人情代替规章制度的管理方式中，其结果往往是各种规章制度仅仅是摆设，或者只对家族外人员起作用。因此要保证传承成功，就要注意规范企业的组织结构，确保制度的实施，理顺员工之间的权责关系，包括对员工的聘任标准、激励机制和监督机制等，使家族企业在进行家族管理时能够做到按制度办事。而且要注意在管理初期，在颁布新制度前，详细论证制度的可行性，成文后要由上而下造势，组织学习，并由有资历的管理者严格执行，避免出现不明新法而“法难责众”的现象，即通过规范制度，为未来接班人接任打好管理基础。

【企业传承案例】　耀华玻璃的子继父业

当了一辈子工作狂的福耀创始人曹德旺在“超期服役”4 年多后，终于在 2010 年年底将福耀的“舵”交到儿子曹晖手上。然而在交班之前，曹德旺曾对外宣称，不会传位于子女。在涉及企业发展战略时，曹德旺擅长不动声色地从长计议，而对于必经的过程，他也是极富耐心。关于退休，他至少准备了 10 年。1995 年把曹晖放到中国香港磨炼，2006 年逐步放权，这期间福耀完成了集团化与国际化转型，而在与美国的反倾销官司中，曹晖的身影开始引人注目，这对其日后驾驭福耀至关重要。

“2006 年到现在，福耀有我无我没区别，就像飞机起飞后进入自动飞行模式。”曹德旺的无为而治给儿子接班铺好了路。曹德旺心中清楚，不论曹晖如何能干，没有制度的保证，一切皆有变数。福耀海外扩张时，集团化战略同步进行，从信息系统建立到企业文化积淀成型，稳固的管理框架便是对接班人制度上的支持。

资料来源：百年家族传承的“左右手”：禅让 VS 世袭．http：//www.cet.com.cn.

创新思维游戏

游戏名称：双赢游戏

游戏目的：增强对谈判理念的理解，学会团队协作、人际关系的沟通和冲突的处理。使学员深刻领会双赢的真谛和双赢的重要作用。使学员在合作中能本着双赢的理念，达到双赢的理想结局。

游戏人数：4～8 人一组。

游戏时间：10～15 分钟。

游戏材料：计分标准的挂图或幻灯片，计分表每组一份。

游戏规则：

1. 把学员分成两组或 4 组，每组不超过 8 人不少于 4 人，每两组进行游戏。如分组为 A、B 或 C、D。

2. 出示计分标准。如 A 组选择红，B 组选择蓝，则 A 组得 -6 分，B 组得 +6 分；如 A 组选择红，B 组也选择红，各得 +3 分；如果如 A 组选择蓝，B 组也选择蓝，各得 -3 分。计分标准见下表。

选择		计分	
A	B	A	B
红	红	+3	+3
红	蓝	-6	+6
蓝	红	+6	-6
蓝	蓝	-3	-3

3. 请每组成员在充分考虑计分标准后，经过讨论决定本组选择红或蓝，并写在计分表上，把计分表交给教师。

4. 由教师宣布双方的选择结果，并根据计分标准为每一组计分，计分标准如上表。

5. 游戏分 10 轮，在第 4 轮和第 8 轮结束时，双方可作短暂沟通，但只有双方都提出这种要求才行，其他时间双方不能作任何接触，位置保持一段空间距离。

6. 第9和第10轮计分加倍。

7. 总分为正值的小组为赢家，负分为输家，两者均是正值为双赢。两组均为负分没有赢家。

游戏策略

1. 计分标准的规律已经限定了两组之间的竞争结局，即只有共赢、共输或一赢一输三种情况，所以最理想的结局是大家双赢。

2. 如果相互间一定要争个你死我活，或者讲定合作又违背诺言，那么结果要么是一正一负，要么是双负，都会存在结局为“负”的风险。

3. 在经过两轮游戏后，相对的两组已经意识到如果放弃独赢的概念，大家合作，商定相互间的选择，那么人家都可以得到正值，所以有些小组会在4轮结束时马上和对方沟通。

4. 尽管人们习惯于独赢的成就感，但是这个世界上比你聪明的人有的是，与其冒着失败的风险去追求独赢，不如与他人一起分享胜利。

游戏的思考

1. 计分标准有什么特点？在确定选择之前，是否充分考虑过这种特点可能带来的结局？

2. 如果每个小组都想自己赢，这种结局可能实现吗？

3. 当计分表上计分不太理想时，是否考虑过原因？是否想到过要与另一组进行沟通？

本章要点

家族企业多代传承的经典模型主要包括盖尔西克的三环模型、三极发展模式和所有权传承九种类型、邓恩的焦虑分析模型、艾斯贝尔四阶段传承模型。家族企业传承的形式主要有家族式继承、起用老将和聘请职业经理人，应该针对不同传承形式采取相应措施培养接班人。

创业者在自己事业的巅峰时期做出退出计划是一件非常困难的事情，蒂蒙斯提出了设计收获战略的三项原则，即耐心、现实的估价和外部建议。公司出售时的估值方法有重置成本法、净现值法和市场法。

公司上市有利也有弊，公司应该选择恰当的时机上市，选择一家信誉好、实力强的证券经营机构作为自己的主承销商，保证股票发行和筹资工作的顺利进行。公司可通过IPO和买壳两条途径上市。

MBO即为管理层利用杠杆融资对目标企业进行收购，我国企业实施MBO的模式通常有：通过职工持股会或工会造壳收购，管理层自然人直接出资设立主体收购目标公司，设壳收购大股东、实现间接控股，借助信托投资公司持股。

关键术语

公司估值方法；商务谈判步骤；商务谈判技巧；公司上市；MBO；公司传承

案例分析一 中兴侯为贵的教子方式

我们的大学老师、父母亲常常会说："你应该这样，应该那样。"常常听到"应该"，这个应该是什么意思？就是否定你的幻想，否定你的想入非非，带有一种批判在里面。而侯为贵他没有否定儿子侯正光的幻想。侯为贵的语言不是"你应该，你应该"，而是"你可以这样"，"你可以那样"。我们从小学了那么多的"应该"，有可能跟我们天性和本性是相冲突的，常常处在纠结中。如果把"应该"变成"可以"就大为不同。"可以"这两个字，"我希望我可以怎样怎样……"这么一来，一切压力就此消失，很多黑暗都立刻变成光明了，心理负担而引发的疾病有了转机，新的生命从此开始。侯为贵教子最成功的第一招在第一段显现出来了。侯为贵教子显示了中国企业家企业传承非常好的韵味。父亲要包容孩子的幻想、想入非非，不要那么多的"你应该，你应该，你应该"，而是你可以静下心来，听凭孩子可以这样，可以那样。

侯为贵曾经告诉侯正光：一万个想法不如一个做法。很多事情该做就做，要在行动中慢慢修正和思考，这句话让我坚定了创业的想法。2003年侯正光正式创业，侯为贵做了儿子的天使投资人。创业之初，侯正光和创业伙伴搞了一份计划书，从上海跑到深圳给侯为贵看。看过计划书，侯为贵没有表达任何异议，转头却塞给侯正光一本书，迈克尔·戴尔写的《戴尔战略》，并让他两天后读完跟他汇报读后感。儿子明白侯为贵的意思：公司不分大小，原理相通。但是，侯为贵用《戴尔战略》又想通过这本书告诉侯正光的是，一个小孩什么也没有时，就可以凭着创新性的想法做事、成事儿。侯为贵向儿子传授了"管理三要点"：现金流、利润、规模。公司还没开张，父亲便拉开了架势，我听的头皮有点发麻。后来，公司增开了一家工厂，侯为贵又给提了三个字——零库存。到现在，公司已经运作七年，侯正光对这四项管理要点有了深刻理解。

总体来说，侯为贵投资后就教给儿子十个字：现金流、利润、规模、零库存。上一辈企业家到了这个环节就会苦口婆心给后代说这个道理，为什么是现金流、零库存。你说多了反而他会感觉没有意义，你不说多他反而记住了。不是记住了而是他碰到事儿就会琢磨。要让他自己用自己的眼睛在现实的生活中去观察、比对。如今，侯为贵基本上还是保持"姜太公钓鱼"的态度，一般不会主动找儿子聊生活、聊创业，可是，侯正光如有疑问找他，他则呈现思如泉涌的状态。其实，作为天使投资人，侯为贵不仅在物质上支持儿子，更是侯正光的精神导师。

我国管理专家曾经问稻盛和夫，你怎么把你公司的密码植入每个员工的心中。他说我们其实还要学学《圣经》，《圣经》是靠你每天去读，并且不是读理论逻辑，是读那些故事、隐喻，故事后面一两个小点，一点就是主题，你每天重复，在实践中慢慢地就进入你的身体。这就是稻盛和夫说的要从头脑的智慧进入你身体的智慧里。

多年来，侯为贵给自己规划的散步、读书和休息的时间，在执行中分秒不差。多年如一日，其阅读习惯雷打不动，甚至每年除夕夜也不破例。怎么能够成为儿子的精神导师。你不要想到那个眼睛没在看你，你的儿子在看着你，你的员工都在看着你。当老板跟当员工不一样，员工常常没有人看到他，或者只有一双眼睛盯着。但是当老板不一样，360度所有人都在盯着你，你的家庭、家族、你的儿子，你没注意他，他就注意到你了。这个时候看到的对他的影响最重要。侯为贵知道这一点千万不能出现丝毫的偏差，就这么身体力行。这才是真正的中国式传承。

资料来源：家族企业如何进行传承：侯为贵教子有方．http：//www. chinavalue. net.

案例分析二 柳传志：不光要看前门脸，还要看后脑勺

作为一个成功的企业家，柳传志过人之处莫过于他的选人、用人之道。在柳传志心目中，年轻领导核心应该是什么样子呢？18 年前，柳传志写给杨远庆的信中给了一个答案。

第一，要有德。这个德包括了几部分内容：首先是要忠诚于联想的事业，也就是说个人利益完全服从于联想的利益。公开地讲，主要就是这一条。不公开地讲，还有一条就是能真心实意地对待前任的开拓者们，我认为这也应该属于"德"的内容之一。我的责任就是平和地让老同志交班，但要保证他们的利益。

第二，要有才。从对人的多方考核上造就一个骨干层，再从中选择经得住考验的领导核心。

第三，属于"才"和"德"边缘范围的内容是，年轻的领导者要无私，对自己严格要求，对合作伙伴要大度和宽容，具有卓越的领导能力，还能虚心看到别人的长处，不断反省自己的不足等，这些优良品质才能使人心服。

直至今日，"德才兼备，德为先"仍然是联想的选人之道。联想新一代少帅都有一个鲜明的共同点：有很高的目标追求，同时把企业的利益放在第一位。

联想选人才，先要看此人是否有工作业绩，然后给他机会给他舞台，看看他是不是真的对事情理解对了，而不是环境所助。一旦柳传志确认其物色的人选，确实是有真才实学，就会换用一种考察方式，这种方式，他称为看"后脑勺"。"所谓看后脑勺，就是看一个人的本质，这不是平时面对面笑嘻嘻的谈话就能发现的，需要生活中多方面的观察才能了解他内心真实的东西，看出表面没有显现的东西，如果确实是有德之人，就可以给他各种机会锻炼他。"

如果说，柳传志对于德才还有进一步明确的标准，那就是除了要目光高远外，关键要认同联想求实、进取的核心价值观。此外，还要以人为本，真正能调动起公司广大员工的积极性。要心胸宽广，如果真的把核心价值观研究得很透，并能够尽心尽力去做，这就是德的标准。在"才"方面，也就是我们所说的能力上，联想一直强调的是学习能力，要知道怎么去从实践和书本中学习，不断复盘总结，然后相结合，开展新的业务。

从选人，到培养人，再到用人，联想一贯讲求的是在"赛马中识别好马"，光说不练是假把式，光练不说是傻把式，要能说能练。这要经历一个很长的考核过程。在联想控股，这一考核时间超过 10 年。联想控股希望，把员工个人的追求融入企业长远的发展之中。柳传志常说的一句话是：基层要有责任心，中层要有上进心，核心层要有事业心。对于联想控股的最高管理层，只有具有事业心，才能把企业当成一个没有家族的家族企业，把企业的事业当成自己的事业。

资料来源：夏欣．柳传志：选人要看"后脑勺"［N］．中国经营报，2012-06-23.

延伸阅读与相关网站

1. 扩展阅读

如需进一步了解和掌握有创业的收获与继承领域的知识，请参阅《企业价值评估》（俞明轩主编，中国人民大学出版社，2004），《收获一个企业》（吴昊等编著，机械工业出版社，2005），《退出战略：企业的出售与继承计划》（霍基著，李亚等译，中国劳动社会保障出版社，2005），《家族企业继承计划模式研究》（刘学方著，中国经济出版社，2009）等文献资料。

2. 相关网站

企业价值评估的体系分析 http:// wiki. mbalib. com

商务谈判经典案例 http://wenku. baidu. com

企业上市 http:// baike. soso. com

管理层收购 http://zh. wikipedia. org

企业传承的科学 http://ihome. cuhk. edu. hk

复习思考题

1. 常见的公司出售价值确定方法有哪几种？除进行性定量计算还需考虑哪些因素？
2. 简述商务谈判的步骤和一般策略。
3. 简述经理层收购的内涵与模式，请收集我国MBO的案例并进行分析。
4. 影响企业传承的影响因素有哪些？请分析本章引导案例中的传承模式，并提出建议。

Chapter10

第10章 企业内创业

学习目标

- 熟悉企业内创业的含义
- 熟悉内企业家的含义
- 熟悉内企业家的类型与特质
- 掌握企业内创业的过程
- 熟悉企业内创业的模式
- 熟悉企业内创业的障碍和克服障碍的策略

引导案例

内部创业者

你说创业是你年少时的梦想，但现在你又不想放弃高薪要职；天天上班的你已经逐渐麻木，好像在等着哪天被开除。其实生活是可以更美好的，你这么自信、热情，有耐心又有人缘，为什么不尝试内部创业（intrapreneurship）呢？

布洛克（Gib Bulloch）是苏格兰人，大学时攻读造船工程。1989年毕业后加入了阿伯丁的英国石油探勘部，后来为修读MBA课程而离职，之后加入食品公司玛氏（MARS）担任销售工作。1996年进入埃森哲（Accenture Consulting）时，是一名咨询顾问，专注于石油及天然气行业。被派往世界各地工作了几年后，他发现一些发展中国家的机构及政府部门效率低下，需要高素质的顾问服务，但又无法负担高昂的费用；他看到一些与经济及社区发展有关的志愿团体在这些贫穷的地方很努力地工作，他深受感动，决心也出一份力。

有一次，布洛克利用假期参加了一个援助东欧国家重建社区的志愿者项目，他运用管理顾问的专长，协助当地居民创立民间组织。布洛克开始思考，是留下来做自己认为有意义的志愿者工作，还是回到公司，继续咨询顾问的职业生涯？布洛克为自己选择了第三条路，他有个很大胆而革命性的想法。

他准备说服 100 名以上的同事每年用 3～6 个月的时间到发展中国家提供一流的顾问服务，包括进行策略性规划、流程重整、机构改造、市场推广等，同时让公司给予他们半薪，虽然服务对象仍然要付出费用，但只是市场费用的小部分。

这样做最大的优点是，可以让管理精英不用放弃自己的事业，也可以到需要的地方贡献所长，促进当地的发展不仅是一件有意义的工作，还能给予自己新的挑战和学习机会。这还是一个可持续的方式，足以为众多有需要的非政府组织提供优质而价廉的顾问服务。

布洛克做了详细的问卷，拿出了具体的方案，受到同事的热烈欢迎。下一步，布洛克要把高层管理者视为投资者，像创业者拿出一份商业计划书一样，开始向埃森哲高层推销这个计划，功夫不负有心人，最终整个计划得到了高层一致支持。2000 年，布洛克在埃森哲旗下创立了一个全新的部门"埃森哲发展伙伴"（Accenture Development Partnerships，ADP），自负盈亏，独立运作，布洛克作为创始人和执行总裁，全职领导及推动整个计划。

该计划的第一年只有几个项目，参与的同事不足 10 人。到今天，每年有超过 100 个项目在全球不同的地方进行，参与的同事数目超过 500 人，其间只支取一半薪金，平均每人为这个计划服务四五个月。

布洛克的内部创业，并没有为企业带来更多的收入，甚至让公司在人力方面有所付出。随着 ADP 计划的开展，一些发达国家的政府机构及慈善基金也开始出资购买 ADP 的服务，埃森哲真正所得到的，却是金钱买不回来的——员工归属感的提高。管理顾问行业的人才市场竞争异常激烈，留住人才非常不易，布洛克的 ADP 推出后，员工对公司的观感及向心力都有显著的改善，从员工的意见调查表可以看出，这个计划对降低员工的流动率有重要作用。

对布洛克自己来说，他凭创意及创业精神，在公司内开创了一个崭新的事业。既可让众多同事将专长贡献于社会，又为公司维系人才，帮助别人的同时，自己又可以在一家大企业中担任主管的工作，每天都对社会做出贡献，说他是最大的赢家也不为过。

资料来源：穆一凡．内部创业者［N］．第一财经日报，2011-02-01.

10.1　企业内创业概述

近年来，公司内部创业开始在我国兴起。近年来公司内部创业变得非常流行，越来越多的企业意识到内部创业的重要性，管理学家也在倡导企业推动内部创业，有长远眼光的企业家在努力推动企业内部创业，内部创业成为各界广泛关注的话题。

10.1.1 企业内创业的含义

【管理学家语录】

创业是企业家——不管是独立地还是在一个组织内部——追踪和捕获机会的过程。——斯蒂文森（哈佛大学商学院教授）

1. 企业内创业的概念

对企业内创业的概念可以从狭义和广义角度进行界定。企业内创业狭义的界定强调企业内创业是为利用现存组织内的创业资源和雇员进行新业务活动的建立过程。而广义的界定强调企业内创业包含多类创造和创新活动的过程，包括战略的更新、经营业务的拓展或者创造、技术上的创新、组织结构、文化及管理体制的创新等。

我们认为，企业内创业是由一个企业内具有创业愿望和理想的员工，基于机会而发起的，为了获得创新性的成果，在公司授权和资源保证下承担企业内部某些业务内容或工作项目，进行创业并与企业分享成果的企业创业模式。企业内部创业表现为正式的或非正式的行为，目的是通过产品或方法的创新以及市场开拓为企业创造出新的商机。创新行为可能发生在企业公司、部门，目标都是提升企业的竞争地位和经营业绩。其核心是再造和提高企业获得创新技能的能力。

2. 企业内创业领域框架

关于企业内创业的研究在过去几年里迅速增加，形成许多分析结构框架，有助于我们去理解并且去实现企业内部的创业活动。

（1）Guth 和 Ginsberg（1990）的企业内创业框架。他们论证了企业创业的领域伴随着两种过程：内部创新（现存组织内通过新业务的产生而冒风险）和组织内改变运作的战略更新启动。图 10-1 说明了这种模式。该模型中的关键组成部分包括环境、战略领导、组织形式和绩效。每一部分代表了影响企业创业本质和结果的重要因素。

（2）Hornsby 等（1993）的互作用框架。他们强调组织因素和个体品质的相互作用，它受到突发事件的激发，导致成功的企业创业。图 10-2 说明了这种相互作用模型。突发性事件可能是企业管理的一次变革，一次并购、新技术的发展，或者其他事件引起员工个体性格同组织因素之间的冲突。

3. 企业内创业的特点

【企业家语录】

不仅仅开公司才叫创业，也可以在一个企业的内部创业。——杨叙（英特尔中国区总裁）

（1）企业内创业具有明显的资源优势。与一般个人创业比较，内部创业在本质上要优于个人创业，因为企业环境是内企业家所充分熟悉的，企业可以提供创业所需要的各种资源甚至企业品牌。内企业家不必费时地向外界筹措创业资金，失败后承担责任较低，成功的机会也较大。

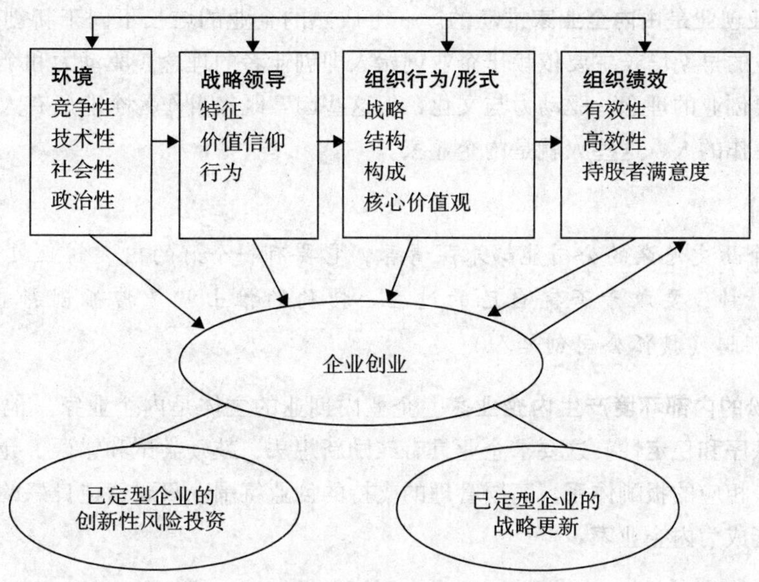

图 10-1　将企业创业融入战略管理

资料来源：Guth W D，A Ginsberg. Corporate Entrepreneurship ［J］. Strategic Management Journal （Summer），1990：5-15.

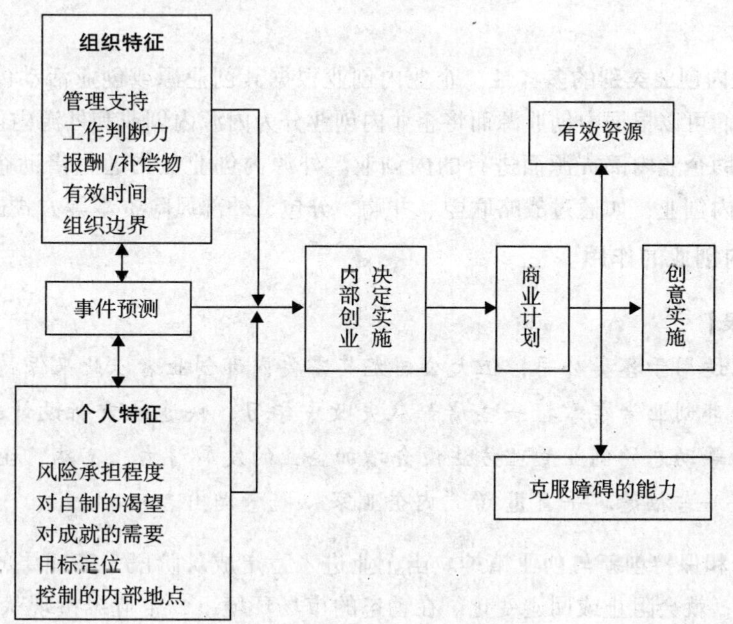

图 10-2　企业创业的融合模式

资料来源：Hornsby J S，D W Naffziger，D F Kuratko，R V Montagno. An Interactive Model of the Corporate Entrepreneurship Process ［J］. Entrepreneurship Theory and Practice 17，1993，31（2）.

（2）企业内创业活动具有较强的风险性。企业内创业活动是在企业内开创新的业务，环境的不确定性使得企业内创业活动本身的风险加大。这些风险主要包括：政策风险、经营性风险和资本风险等。

(3) 企业创业是由内企业家推动的。一个成熟的企业的增长不同于新创企业的早期增长。新创企业的早期增长主要依赖于企业创始人即创业者的理念、驱动力和个性。成熟企业的增长也需要创业的理念、驱动力与文化，但这些因素既来自作为企业所有人的管理者，也来自在企业工作的人，这些人就是内企业家。

【创业家语录】

如果一个历史悠久的公司能够永葆青春，它要有一个好的内部创业文化，各个部门都要有创新精神，要敢于否定自己的过去。搜狗的推出就是搜狐创新精神的一次体现。——张朝阳（搜狐公司创始人）

(4) 宽松的内部环境产生内企业家。企业内创业的主体是内企业家。他们会经常挑战现有组织的秩序和稳定性。这要求企业具有鼓励新想法、鼓励尝试和错误、允许失败、长期的战略眼光、相应的报酬体系、高层管理的支持的创业氛围。只要营造良好的创业氛围，任何人都有可能成为内企业家。

【创业者语录】

经营公司的关键不在于培养更好的经理，而是要让员工便显得像真正的创业家那样，把公司当成他们自己的事业。——赫维·汉比克（汤姆森多媒体公司创业高级副总裁）

(5) 企业内创业类别的多样性。企业内创业根据其创业源或创业活动内容可以分为不同的类型。我们可以根据内创业源而将企业内创业分为内源内创业和外源内创业。内源内创业是指通过借助企业内部资源而进行的内创业。外源内创业是指通过借助企业边界之外的资源来进行的内创业，如通过战略联盟、并购、分包、外部风险资本等方式进行创业活动。

4. 企业内创业的作用

【管理学家语录】

内部创业适用于各类公司，但大公司尤其需要内部创业者以此来保持公司的创新性和灵活性。内部创业者在掌握一些诸如从失败中学习、快速地重新设计、节俭的方法、尝试直到成功等动态的创业管理方法便会增加企业的发展潜力，不然，企业只是一个静态的组织。——吉福德·平肖Ⅲ（“内企业家”概念提出者）

(1) 营造和保持创新与创业精神。当企业进入稳定成长阶段，管理层的目标就会逐渐趋于保持现状，就会阻止或回避变化。在动态的市场环境下，企业维持现状就会导致失败。所以，一个大企业中的企业家要想挑战公司官僚体系，保持持久竞争能力，必须在企业内部形成创新和创业的氛围，其所在的组织必须支持、鼓励和激励内企业家行为。

(2) 运用内部创业应对外部竞争环境的变化。这是每个企业都必须始终面对的问题。当今的时代是一个巨变的时代，今天的高科技经济正面临着更激烈的竞争，企业也都面对比以前更大数量的竞争对手和更加多变的消费者需求。在这样的竞争环境中，通过内部创业应对外部竞争环境，是一种全新的竞争模式。

(3) 阻止人才流失，挖掘人才潜能。当企业提供的高薪对于优秀的人才不具有吸引力时，他们有可能独立创业。一旦失去企业中最优秀的人员，会给企业带来巨大挑战。这种激励方式不仅可以有效吸引有创新能力的核心人才，满足员工的创业欲望，还可以激发企业内部活力，改善内部分配机制，有效控制新产品的投资风险。

(4) **合理安置老员工，保持企业的新鲜血液**。企业经过多年的发展后，必定会留下大量的老员工，企业的决策者们不得不面对如下的几个问题：首先，创业的老员工们已经提升到一定的位置，他们可能对企业创新缺乏动力，造成企业新鲜血液的匮乏和创新能力的减弱；其次，随着老员工们工龄的增长，其薪水多达到较高水平，这意味着工作时间越长的员工，雇用的成本越高；最后，如果老员工的职位得不到升迁，就会打击他们的工作积极性，而任何企业不可能有大量的升迁机会。通过内部创业，这些问题可以在一定程度上得到解决。

【企业内创业实践】 "臭鼬工厂"的来历

臭鼬工厂（Skunk Works）是洛克希德·马丁公司高级开发项目的官方认可绰号。臭鼬工厂以担任秘密研究计划为主，研制了洛马公司的许多著名飞行器产品，包括U-2侦察机、SR-71黑鸟式侦察机以及F-117夜鹰战斗机和F-35闪电Ⅱ战斗机、F-22猛禽战斗机等。

"臭鼬工厂"这一绰号来源自研制F-80战斗机时代的洛克希德公司，由于厂址毗邻一家散发恶臭气味的塑料厂，团队中的工程师Irving Culver为表示对工作环境的不满，给项目小组取名臭鼬工厂，臭鼬工厂由此成名，并且成为了洛克希德·马丁公司的注册商标。臭鼬工厂有着高度自治的管理模式，避免组织内部的想法创意等由于官僚主义而被限制。

10.1.2 内企业家理论

【创业家语录】

麦金塔电脑（Macintosh）这一项目的完成其实就是一群人重回地下车库搞研发，只不过车库换成了大公司的地下室。——史蒂夫·乔布斯（苹果公司创始人）

1. 内企业家

美国学者吉福德·平肖Ⅲ（Gifford Pinchot Ⅲ）第一次引入"内企业家"（Intrapreneur）一词，其定义为"在大组织中从事企业家工作的人"内企业家就是受雇于大组织并受其约束，得到其支持的人。尼尔森（Niexen）等人认为，内企业家涉及在一个组织内独立业务单位的发展，包括创造、营销和扩展创新性产品、服务、技术或方法。莱克（Reich）发现，企业家行为不是高层管理者专有的职责，而是分布于整个公司之中。

内企业家是团队的建造者，拥有对组织的承诺和强烈的驱动力，可以将创意转化为赢利的现实。他们的工作发生在组织的工作职责和相互关系的范畴之内。对机会的洞察力是内企业家活动的一个判断标准。他们有远见的行为使得组织发现新机会，扩展其业务活动。

大型机构中的个人应像创业者一样行事，以使雇员和雇主都受益，前提是他们愿意冒一些有代价的风险，比如他们的一部分工资。这样的内部创业者可以用一个完成的项目来交换现金分红，或用于未来项目的内部投资资金。

2. 内企业家的类型与特质

（1）个人成功者。个人成功者多是那些大胆、有远见且愿意承担风险的典型创业家。他们都具有非常需要成功，需要反馈业绩，渴望制订计划和设定目标，强烈的个人创新，强烈的个人承诺以及被其所在的组织认同，自我控制，相信应当由个人目标而不是其他东西来指导工作的特质。

（2）超级销售员。是那些通过网络、销售和与人的交流沟通技巧获得成功的创业员工。他们多具有了解和感受他人体会的能力并能够心领神会，渴望帮助他人，认为社会流程、互动和人际关系很重要，需要与他人形成并保持非常良好的关系，认为销售团队对执行公司战略来说非常关键，具有销售经验的特质。

（3）真正的经理。多是那些具有高超的管理技巧与进取精神，更希望掌权，更倾向于系统地、有野心地发展一个内部风险项目的员工。他们多具有渴望成为公司的领导者，渴望竞争，渴望有决策能力，渴望权力，对权力抱有积极态度，渴望在同类中出类拔萃的特质。

（4）专业想法的制造商。他们是运用专业知识产生专业想法的投资者或创造者，他们通常都有很强的技术背景。他们在组织内负责一个新的想法直到该想法被最终实施。他们一般具有渴望创新，喜欢各种想法、好奇、思路开阔，相信新产品开发是公司战略的重要组成部分，高智商，思考在创业途径中占中心地位，希望避免冒险的特质。

内企业家一般应该具有众多特质，其中包括：理解环境，有灵活性，鼓励团队工作，采取多学科方法，鼓励公开讨论，建立一个支持者同盟，依赖于提供最初动机的感觉，服务于自己和组织，承认人的价值，运用领导能力，是优秀的问题解决者，拥有组织技能和利用发起人，沟通良好，使失败和错误最小化，做自己的市场调查，是优秀的决策者。

3. 内企业家在企业内创业中扮演的重要角色

一个企业在任何时间、任何地点都能发生创业活动。企业创业在管理上面临着如何持续进行创业的问题——如何在不断发展的基础上保持创业的预期频率和程度。如果企业开展持续的创业活动，则它要确定使创业活动成功进行的具体角色，此外，还要营造一种创业环境，使员工经常能承担其中的一项或多项角色，主要的角色定义如下。

（1）发起者：发起一项新的创业活动，它既可以是通过发现外部的威胁或机会来确定内部需求，也可以进行创新活动。该角色可以由负责人或其他人担当。

（2）资助者/促进者：赞助人或负责创新活动的高级管理人员，倡导创新，促进人们接受和完成创新活动，在活动中主要发挥咨询或指导作用，有时可能还要庇护出资者和高层管理者。这些高层人员充当了缓冲器、保护者、法规和政策修改人，并帮助风险项目获得所需资源。

（3）负责人/经理：负责指导、检查和协调项目，在项目开展过程中适时做出各种调整、保证项目遇到障碍和机会时能继续开展，最终完成项目。

（4）团队支持者：增强团队的实力，发挥次要角色作用，并为项目提供相关专业知识、情报、分析、市场计划/项目。

（5）反应者：提供市场情报和自己的见解，既能指出创业想法中的微小缺点并对可行的修改方案提出看法，也可以为是否应当实施某项创业活动提出自己的见解。

当所有这些角色都各就各位时，最重要的两个角色就是负责人和资助者。任何创业活动的发起，其焦点都在负责人身上。企业环境的独特性要求负责人必须能在同一时间内担当多种角色，但不能指望他承担所有的角色，这也体现出了组建良好的团队和强大网络的重要性。

就个人技能组合而言，内企业家通常以专家的身份来开始第一次内部创业。也就是说，个人可能在某一领域内有专长，如市场营销或研发产品，不过一旦着手进行创业活动，他就需要学习与风险项目有关的所有知识。创业家很快就成为掌握许多技能的通才。

负责人能否取得成功与寻找合适资助者的能力也有密切关系。

10.2　企业内创业的模式

10.2.1　企业内创业的过程

【管理学家语录】

内部创业意味着他们的工作内容已发生变化，更多地在于跨越界限将各组织捆绑起来，经常需要处理超越权限的问题，需要通过跨部门地说服和共享来解决问题。——吉福德·平肖Ⅲ（“内企业家”概念提出者）

1. 明晰企业的使命与愿景

清楚陈述企业未来的愿景与目标，使内部创业者从事创新活动时有一个遵循的方向，并能与企业的经营策略相结合。

推动内部创业的企业首先在政策上要能够支持与鼓励创新行为，并向员工明确传达下述政策：只要是符合企业的发展策略，有助于实现企业的远景目标，由员工主动发起的创新活动将被容许，并且可获得资源上的支持。

2. 发掘企业内部具有创业潜力的人才，并加以鼓励支持

内企业家追求的不只是金钱的报酬，还包括成就感、地位、实现理想的机会以及自由使用资源的权力。对于创业成功的奖励，除给予升迁选择外，还设计分享成果红利，以及给予可供自由支配的内部资源作为额外的奖励。同时应该宽容其失败。

【鞍钢宪法】

强调要实行民主管理，实行干部参加劳动，工人参加管理，改革不合理的规章制度，工人群众、领导干部和技术员三结合，即“两参一改三结合”的制度。——《鞍钢宪法》

3. 建立内部创业团队、寻找组织内保护人

内企业家除了具有创意外，还必须是一位优秀领导人，能够在企业内部吸引所需要的专业人才，共同组成创业团队。同时在新事业开创过程中，还需要一位具有影响力的高层支持者作为保护人，协助获得所需资源，并排除创业过程中的企业内部阻力，使创业团队能够度过艰辛的创业初始期。

4. 赋予创业团队行动自由，但同时要求对成果负责

企业对于内部创业团队的创新与创业活动，应给予很大程度的行动与决策自主，在一定额度范围内，创业团队可拥有自由支配资源的权力。但同时也对成果负责，在未实现成果以前，创业团队必须放弃分享其他部门为企业的所创造的利益。

5. 推动管理变革

贯穿内创业始终的是内创业的文化建设，在企业的快速发展过程中，内创业组织应传承原企业的文化，跟踪学习国内外先进的管理思想，适时总结适合企业发展的管理经验，不断创新管理模式，提升企业的管理水平。

【企业内创业实践】　施乐 PARC

施乐帕洛奥图研究中心（Xerox Palo Alto Research Center，PARC）最著名的研发成果是计算机图形界面。该技术后来先后被苹果和微软采用，分别使用在了第一代 Macintosh 计算机，以及稍晚出现的 Windows 操作环境中。除此之外，个人电脑、鼠标、以太网等现代个人计算机所必需的概念与技术也来源于 PARC（右图为采用 PARC 图形界面的施乐工作站 Xerox Star）。

最初，施乐为 PARC 提供了最宽松的研究环境。不设任务的工作环境，加之研究中心的组织结构扁平，为整个研究中心带来了充满活力的研究氛围。但后来，由于 PARC 的研究成果同施乐的主要业务没有关系，PARC 也被强行要求同公司业务保持一致，其结果便是大量的人才流失。

10.2.2　企业内创业模式

【创业家语录】

如果没有内部企业者的存在，公司也不可能有任何创新。几乎所有重大的革命性创新都是由充满激情的创新者推动的结果，其他人的百般阻挠也扼杀不了他对于创新的追求。——吉福德·平肖Ⅲ（“内企业家”概念提出者）

1. 阶段管理式内创业模式

该模式的代表企业是柯达公司。柯达公司内部创业体系的独到之处，在于其对创新业务分阶段的管理。大约 10% 有成功希望但与主营业务不符的创新提议，可以从 NOD（new opportunity development，即新业务开发）部门获得高达 2.5 万美元的资助。这一阶段被称为创业设想的开发阶段，发起人可以将 20% 的工作时间用于完善创业设想。

如果设想可行，便可进入业务开发阶段。这时发起人可以离开原有岗位，并可获得高达 7.5 万美元的项目资助。他此时必须组建项目小组，撰写项目规划书，开发产品模型。这时项目小组会得到 NOD 部门的咨询服务和其他支持。

如果进展顺利，创业项目可以进入运作启动阶段。在该阶段，项目可获得高达 25 万美元的资金支持，并在通过严格的项目评审后还可获得更多的资金。这时，项目从属于柯达技术公司（KTI）。KTI 此时扮演控股公司和风险投资公司的双重角色。尽管 KTI 是柯达公司的子公司，但它所管理的诸多创业项目和柯达公司已经脱钩。KTI 在此就像一个孵化器，它对创业项目的投资回报率的最低要求是 25%。如果项目运转顺利，几年后，创业项目可以通过公开上市和转让，实现资本增值。

【经济学家语录】

未来有活力的公司应当同时尝试另一种做事情的方法，与它们自己竞争。——诺曼·麦克雷（Norman Macrae，前《经济学人》副主编）

2. “事业部先庇护，公司再放手”式内创业模式

该模式的代表企业是宏碁公司。对进入公司 5 年以上的员工，宏碁公司会提供给包括通过内部创业的机会。公司鼓励员工参加内部竞标活动，让对项目感兴趣的员工参加竞标，中标者成为该项目的项目经理，负责项目的全过程实施。

由于宏碁是采用相互关联的事业体渐进共生方式多角化发展的经营模式，它的内创业公司，通常与母公司在技术、渠道、上下游或人才方面有多项关联性。

宏碁内创业有多种模式，最为成功的通常具有以下特点：一开始作为一个部门存在，新创部门在母公司的庇护下，集中优势资源开展业务，待度过了生存期后创立新公司。通常，母公司把在新公司的股份控制在 50%~80%。

3. 杯酒释兵权式内创业模式

该模式的代表企业是用友和华为公司。用友公司在合肥、武汉和温州推行了“创业计划”，鼓励那些地区分公司的员工离开公司，转为自行创业的代理商。公司为离职做代理并成立公司的员工提供资金和产品的支持。员工级可以获得 8 万元资助，经理级员工可以获得 15 万元赞助。

2000 年，华为把公司非核心业务和公交、餐饮等服务业务外包给老员工作为创业机会。华为鼓励员工离职创立新公司，帮助打通全国的分销网络，作为支持，为创业的员工免费提供价值相当于员工所持华为内部股 ×1.7 的公司产品。条件是创业公司产品不能同业竞争，并且不能挖墙脚。

用友和华为这种模式是在特定时期的特定政策，用友由于原有的渠道成本压力太大，需要变革。华为更多的是需要解决老员工的出路问题。创业不是目的，而是企业解决其他问题的工具。

4. 计划书式内创业模式

该模式的代表企业是富士通和松下公司。富士通通过设立专门的基金来鼓励内部创业。只要在富士通工作 3 年以上的员工均可申请创业基金。申请者递交创业计划书，公司每半年组织一次“大赛”，“大赛”主要考核申请者是否具有创业素质和计划书的可行性。公司成立有专门的创业评定机构，入选的员工，公司与员工的智力和技术共同创立新公司，富士通在新公司所持股份通常不超过 50%。随即，公司与创业员工解除劳动关系，但可以提供资源、业务、技术等方面的支持。

松下在2000年也投资100亿日元设立了公司创业基金，用于支持员工创业，方式也是通过商业计划书，一年有3次海选，获资助者会经过半年的面试、筛选、培训和考察。为了鼓励员工创业，松下规定，创业者初期出资比例可以在30%以下，以后再从松下公司回购股份，创业的员工可以签约成为松下的合同工，即使创业失败，5年内仍可回公司继续工作。

5. 公司风险投资式内创业模式

该模式的代表企业是壳牌和英特尔公司。英特尔等企业都成立有自己的风险投资公司或机构。这种风险投资不仅可以针对公司外部的项目，同样也针对公司内的部门或创业者。壳牌石油采用的是“游戏改变者”项目，这是该公司勘探与生产部发明的，为了给公司寻找新的市场机会，特别是突破性的机会，项目组四处收集创意，并为最有希望成功的想法提供资助。公司将10%的技术预算按“风险投资”的方法来使用。

6. 15%式内创业模式

该模式的代表企业是3M和谷歌公司。3M是企业内部创新的典范，3M公司有一条没有成文的规矩，就是研发技术人员可以不经同意，使用15%的工作时间干个人感兴趣的事。另一项不成文的规定则是“私酿酒”文化，“私酿酒”的含义就是隐瞒上司，秘密进行研究。员工有了好的创意后可以向公司申请资金支持。15%模式最大的特点是自由和开放的空间，不去对员工的任何创新进行限制，那些绝妙的创新很自然地进化到创业的实操阶段。同时，它创造了一种组织的理念，为公司的创业文化赋予了灵魂。

谷歌公司的环境更宽松。在谷歌，员工有20%的自由工作时间可参与Top100中的任何项目，Top100是个随时变动的项目列表，列表来自“想法邮递列表”，它像是一个面向所有员工的留言板，员工有了一个创意，可以写在上面，其他的员工则可以对项目发表自己的建议并投票，很多好的项目会因为高的投票率而自然的凸显出来。当然，谷歌会通过技术的手段对员工的内部创业进行支持，如千万美元级别的“创始人奖”，如将项目开放给公众测试。

【企业内创业实践】 贝尔实验室

1925年，时任美国电信总裁华特·吉弗德（Walter Gifford）收购西部电器（Western Electric）的研发部门后，成立了贝尔电话实验室公司。

该实验室的工作内容大致分为基础研究、系统研究和应用开发。其研究成果包括天文学领域的射电天文学、宇宙微波辐射，半导体技术领域的晶体管、光电池，用于数码摄影的CCD元件，以及广泛应用于计算机领域的UNIX系统和C语言。（右上图为世界上第一个晶体管的复制品，原件由贝尔实验室研发）

1996年，贝尔实验室及美国电信的设备制造部门从美国电信脱离，成立朗讯科技。部分人员则保留下来，成为美国电信实验室的成员。

10.3 克服企业内创业障碍

10.3.1 企业内创业障碍

【创业家语录】

企业里如果没有广泛存在的创业精神，没有许多团队的员工朝着一个更大的梦想努力使之成真，公司就会陷入旧的困境，逐渐衰亡。——吉福德·平肖Ⅲ（“内企业家”概念提出者）

在实际生活中，企业里存在着众多限制创业的因素，以至于我们觉得在企业内创业毫无希望。但是，即使在最沉闷、官僚气息最浓厚的公司，也可能会发生创业行为。关键是先找出对新概念或新想法威胁最大的障碍。内企业家应该考虑有哪些障碍可以排除，哪些障碍可以被化解，哪些障碍可以转换成促进创业的动力，哪些障碍可以接受或忽略不计。

莫里斯（1998）在广泛查阅大量与创新和创业有关的文献，并对许多中等规模和大型行业组织进行调查以及对3家世界500强公司深入评估的基础上，将企业内创业的障碍分成体系、结构、战略方向、政策和程序、人员、文化等6个部分（见表10-1）。

表10-1 企业创业在组织中受到的限制的类型

体系	结构	战略方向	政策和程序	人员	文化
误导的奖励和评估体系 苛刻的控制体系 缺乏灵活性的预算体系 武断的成本分配体系 过度严格、正规的规划体系	等级太多 控制幅度过窄 有责任没有权利 从上至下的管理 沟通渠道受限制 缺少责任	没有创新目标 创业活动没有正式的战略 高层没有愿景 缺少来自高层管理者的承诺 没有高层领导做榜样	冗长、复杂的审批周期 文件要求多 过分依赖已确定的靠经验得到的方法 不现实的业绩标准	害怕失败 抵制变革 地方主义 “地皮”保护 满足 短期方向 不相称的技术/才能	定义松散的价值 在问题的先后顺序上不能达成一致 缺少配合 价值与创业要求发生冲突

资料来源：Morris M H，Entrepreneurial Intensity［M］. Westport：Quoru Books，1998：97.

1. 内创业的体系障碍

成熟的组织通常依赖于一系列经多年发展所形成的正规管理体系。这些体系保证了日益复杂的企业内部环境的稳定有序和协调。而体系的不稳定则是创业的巨大障碍。例如，员工奖励和测评体系通常鼓励员工采取安全、保守的行为和能够得到短期回报的行动。在某些情况下，奖励和评估系统很模糊、前后矛盾，使人们觉得它有失公正性。

虽然规划对于企业创业来说同样很重要，但它通常会成为创业的障碍。当人们过分强调分析，重形式轻内容，重文件轻流程，注重由专业的规划者准备计划，在这种情况下问题就出现了。其结果是无法对新的机会做出快速反应、只能遵守过于严格的流程。

2. 内创业的结构障碍

当企业存在很多层级时，内企业家寻找市场机会的能力，达到管理承诺的能力，重新分配资源、承担风险或有效实施市场转移的能力都会出现问题。此外，等级制度还会带来其他两个阻碍企业创业的障碍：由上至下的管理和沟通渠道的限制性。其结果往往是组织中的各个阶层无法相互妥协，以致最终无法对创新和变革活动做出承诺。

随着企业规模的不断壮大，在管理者控制幅度不变的条件下划分各项操作。其结果是员工被牢牢地控制着，他们所拥有的创造力发挥空间非常有限。此外，员工各自为政，他们之间的交流变得越来越少。整合各个部门之间的观点和方法的能力被逐渐扼杀。在企业结构中，管理者被要求担任创业活动负责人，但却没有被授予足够的权力，这又引起了另一种障碍。管理者会变得消沉甚至愤世嫉俗。

3. 内创业的战略方向障碍

已建立的企业通常都有很严密的规划系统，各职能部门均制定相应的职能战略，而各个职能部门所承担的创新职能却模糊不清。对于一项产品或流程的创新，如果没有明确的目标以及完成这类目标的战略，内部创业活动的最终结果将难以预料。

而更普遍的情况则是缺少高级管理层对创业行动制度化的承诺。一般来说高层管理者都更为谨慎或是对别人破除传统、利用机会所做出的努力毫无察觉。中层和基层的员工则会在很大程度上受到领导榜样的影响。

4. 内创业的政策和程序障碍

内企业家的努力可能会受到一些政策和程序的破坏，而这些政策和程序是用来保障企业日常运作所需要的秩序和稳定。只有打破或转变这些政策和程序才能成功地进行创业活动。详细的运作规则的最大障碍就是对企业内创业项目复杂的审批周期和过于详细的文件要求。这些问题不仅会耗费内企业家大量的时间和精力，而且会逐步瓦解内企业家的创新精神。另外，政策或程序可能对创业项目设定了不切实际的时间表和绩效标志，在一定程度上影响到内企业家的创新进程。

5. 内创业的人员障碍

在任何试图提高组织中创业强度的努力中，第一位的考虑因素必须是如何改变人们，特别是让他们接受变革并容忍工作中发生的错误。但人们往往都有对进行变革的必要性持怀疑态度的倾向。在他们眼里变革是一种威胁，他们对变革持有警惕、狭隘的态度。当员工在变革计划中不发挥任何作用时，情况更是如此。而且员工们多表现出了一种更看重当前需要，而不是未来发展的态势。希望员工能以长远的眼光看问题或认识到持续改进的必要性十分困难。

另一个考虑因素是，在创业领域内普遍缺少相应的技术和人才。一些人认为自己没有创造力，另一些人则不愿意在自己的职责范围之外寻找新的想法或解决方案，还有一些人在寻找解决方案的过程中，缺乏应付各种规定、成功实现最终目标所需的技巧。许多领导岗位上的管理者在鼓励和管理员工创造性活动时手足无措，使各种问题相互交织在一起。

【名人名言】

再没有什么比尝试率先引入新事物和新规则更艰难、更冒险的了，因为创新不仅受到在旧环境、旧规则下做得很好的人的反对，那些可能更加适应新环境的人对创新

也表现得很冷漠。——马基雅维利（《君主论》作者）

6. 内创业的文化障碍

许多以成功的创新者而闻名的企业都会采用一种强烈的组织文化。这种文化是围绕着一系列已经对企业日常运作产生影响的核心价值建立起来的。企业需要不断向员工灌输这些价值，使员工真正接受它们，否则这样的组织难以存活。这些价值是组织的 DNA，组织根据这些价值建立了各种标准并为组织今后的成长和发展指明方向。

吉福德过去研究了 11 种内部创业文化的成功因素。这些因素包括明确的愿景和战略、专注于顾客、重视实验并承担风险、自由可支配的时间、授权的项目团队、激励创新的规则、跨组织沟通等。但创新不仅仅是创造力，创新取决于那些像所有者或企业家一样来对待自己工作的人，即便受雇于一个大的组织，他们也会将更多更好的想法付之于现实。

如果企业在价值的优先顺序问题上没能达成一致（例如顾客需求、质量、效率、服务、可靠性），创新活动就没有了明确的目标和重点。有时即使存在价值的优先顺序，但它还有可能与当前的竞争要求矛盾。此外，创业本身也是组织价值体系中的一部分。这代表整个公司对于创新、计算过的风险以及前瞻性做出了承诺。如果企业的普遍风气是模仿竞争对手、保守和自大，那么它就不可能做出这样的承诺。

【企业内创业实践】　曼哈顿计划

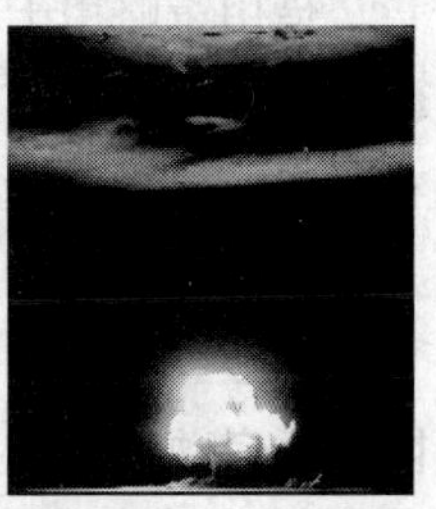

曼哈顿计划是第二次世界大战期间，由美国带头、英国、加拿大等国参与的核武器研究计划。该计划制造出了人类历史上的第一批原子弹，并成功运用于第二次世界大战战场。原子弹的使用迫使日本宣布无条件投降，结束第二次世界大战（右图为试爆第一颗原子弹的“三位一体”试验，试验的成功也标志着曼哈顿计划的成功）。

1942 年夏，针对纳粹德国对重氢元素的研究，美国国会秘密拨款 25 亿美元成立核武器研发项目。项目在新墨西哥州沙漠地区的一处绝密研究中心进行，共有超过 10 万名物理学家和技术人员参与了计划。

10.3.2　克服企业内创业的障碍的策略

【经济学家语录】

在这个世界上，让人们接受一个新概念并不是最困难的事，最难的是如何让人们忘记老观念。——约翰·梅纳德·凯恩斯（西方著名经济学家）

1. 建立社会资本

公司创业家必须通过灵活性和持之以恒的毅力来建立这种影响。他们需要建立社会资本，当新的项目需要时，可以将这些信任、感激和义务转化成现金（B1au 1964）。我们可以通过多种手段来建立这个资本，其中包括共享信息，为人们展示技能和能力创造机会；建立和使用影响网络。

2. 获得合法性

获得合法性的基本策略是使用个人影响或影响网络获得别人的认可，使支持创业的相关人员相信公司创业家的能力和可信度。创业家参与各种其他人发起的创业活动，将自己的想法成功地转化为创业活动，在得到经验的同时也得到了合法性。

3. 运用政治手段

在一个复杂的企业内创业环境中，内企业家需要运用一些政治技巧来积蓄资源，获得合法性并克服惯性和抵制。在现实生活中，如果另一个部门可能正通过提出无理要求妨碍创业团队的工作，创业家就可以采用规则型、规避规则型、个人政治型、教育型或组织相互影响型策略来抵消他们提出的不合理要求。

当公司创业家处理来自组织内其他部门不切实际的要求时，他可以采用规则型、规避规则型策略。个人政治型可用于处理不利情况。劝说、解释和澄清这类情况的教育型策略在处理不讲道理的观点方面很有用。获得更多自治权或发展部门间团队的组织互相影响型策略在多种情况下都很有效。

4. 获得必要的资源

斯塔和麦克米兰确定了4种不同的共同决策策略，它们分别是借用、祈求、净化和放大策略。

借用策略用于确保临时或定期使用资产或其他资源，最后还会归还。祈求策略是通过唤醒所有者的善意来得到资源。净化策略是提取其他人不打算使用的资源，或他们实际上希望在适当的时机分离这些资源。这种方法包括了解未被使用或未被充分使用的资源。放大策略是一种创造出的资产价值远远超过原持有人预计价值的一种能力。

靠这些手段来获取资源有3个很大的好处：创业经理利用别人未充分利用的资源，从而降低了启动项目的成本；由于对各种资源做的承诺很少，所以新创企业的风险也降低了；创业项目的资产回报率也会增加。

创新思维游戏

测试名称：你是内企业家吗

吉福德·平肖Ⅲ（Gifford Pinchot Ⅲ）列出了以下这些项目作为一次快速测试（每个回答只需回答“是”或“不是”）。

1. 你在完成你的职责并使之维持原样时，你是否希望花去你大部分的时间将工作做得更好？
2. 你对工作中将要做的事情感到兴奋吗？
3. 你在开车上班的途中或洗澡时有没有考虑过新的商业想法？
4. 当你在考虑如何实施新的想法时，你是否能描绘出行动中的具体步骤？
5. 你是否因为做了超出权限范围的事情而时不时地遇到麻烦？
6. 你是否能隐藏自己的想法，在你测试并制订了实施方案后才告诉其他人呢？
7. 当你正在干的事情看上去可能会失败时，你是否成功地度过了那段灰暗的时光？

8. 你在工作中是否有可靠的朋友关系网？

9. 当别人试图实施你的部分想法，但又做得不够好时，你是否很容易生气？

10. 你是否考虑过努力克服自然的完美主义者的天性，独自一人完成所有工作，是否考虑由团队来为你的想法分担责任？

11. 如果成功后能得到充足的回报，你是否愿意放弃部分的薪水来试验自己的想法？

如果你得到的“是”比“不是”要多，那么你的行为已经像一个创业家了。

本章要点

企业内创业是在公司环境中进行可以获利的创新过程。大多数企业已经意识到公司创业的必要性。企业内创业是由内企业家推动的，企业内创业需要宽松的内部环境，企业内创业的类型多样。企业内创业具有营造内部创新创业精神、适应外部竞争环境和避免组织人才外流的作用。内企业家是在大组织或者从事企业家工作的人。内企业家为营造创业氛围，需要扮演多重角色。

企业内创业的过程需要经过明晰公司的使命与愿景，发掘企业内部具有创业潜力的人才，建立内部创业团队，寻找组织内保护人，赋予创业团队行动自由，但同时要求对成果负责任，推动管理变革。许多公司在实践中总结出了多种行之有效的企业内创业模式，值得开展公司内部创业的公司借鉴。

莫里斯将企业内创业的障碍归纳为体系、结构、战略方向、政策和程序、人员、文化等6个部分。克服企业内创业的障碍，需要借助建立社会资本、获得合法性、运用政治手段、获得必要的资源等手段。

针对成功与失败的企业内创业的案例分析，提供给公司管理者许多值得思考的空间，作为一名读者可以测试自己身上所具备的内企业家特质，如何去培养这种特质，在进入职场后，如何成为一名优秀内企业家。

关键术语

企业内创业；臭鼬工厂；内企业家；内企业家类型与特质；企业内创业过程；企业内创业模式；内创业障碍；内企业家特质测试

案例分析一　迪士尼企业内创业活动经验分享

一些公司害怕创新想法会失去员工，而另一些公司则鼓励员工进行创新、自由组合以及完成一个项目的重新配置。迪士尼公司就是这样做的，它是世界上当之无愧的最有创造力的公司。

迈克尔·埃斯纳（Michael Eisner）和他那由主管人员、艺术家和想象家组成的团队，他们创造的主题公园，花车巡游以及媒体产品和极富娱乐性、互动性和视觉效果的网站，这些都让公众赞叹不已。到2005年时，迪士尼将在加利福尼亚、东京、巴黎和香港设立4个新的主题公园。

在迪士尼工作的员工在每年的击鼓传花活动期间有3次机会向埃斯纳和其他3位副董事

提出一个有关主题电影的想法。为了保证让最顺从的员工都有表达创造力的机会，公司会让一些同事帮助他们准备演讲，并且在必要的时候会有真人配合表演。由主管人员组成的小组每次会议都要听取40个左右的想法，且无论好坏都会立即给予反馈。20世纪90年代曾任主题动画公司董事长、沃特·迪士尼工作室主席的彼德·施耐德（Peter Schneider），强调管理者一定要告诉演讲者，为什么他们的想法切实可行或行不通。“我们不遗余力地做这件事。如果你努力地做这件事，但员工没有被解聘或降职，那么他们就开始懂得了无论想法有多好或多么糟糕，他们能表达自己的想法，他们的想法也会被接受和考虑。”热卖影片《大力士》（*Hercules*）就是击鼓传花活动的产物。员工最初的故事并没有被拍成电影，但他还是得到了施耐德所提到的“一等待遇”——从产生想法到拍成电影，这中间所有环节的员工都能得到一笔不小的现金奖励。

一旦电影进入了实际制作阶段，员工仍然有很多的参与空间。根据施耐德所言，管理层只对电影制作的最后期限和预算进行干预。当这些内容参数确定后，导演和想象家就可以进行自由发挥了。在75%的情况下，这种工作方法会创造出各种奇迹。导演有权自己选择创作班子，这使得员工在任何项目中都尽其所能。

迪士尼的员工不仅能展现自我，还能受到别人的欣赏和重视，这使得迪士尼公司充满生机和创造力。一家公司能全方位地密切联系它的顾客，这只有当高级管理层与员工紧密合作时才能办到。有一次午休的时候，迈克尔和一群按小时计算工作的艺术家进行了一场乒乓比赛。由于迪士尼公司的高级管理层与员工的关系很融洽，所以即使处于图腾柱底端的基层员工也不会让老板赢得那么轻松。

在2000年财政年中，迪士尼公司的收入达到了254亿美元，而其中的营业收入为40亿美元。迪士尼公司拥有20亿美元已公开发行的普通股，但所有的个人或团体拥有的每种等级的普通股都不会超过5%。（右图为迪士尼当时的名片）

资料来源：Joe McGowan. How Disney Keeps Ideas Coming [J]. Fortune 133 (April), 1996: 131-134.

案例分析二　谷歌：20%时间关注新创项目＋现金奖励

据知名技术博客Keso，谷歌的产品大总管Marissa Mayer表示：公司员工数量的增加，不可能让每个员工都了解所有的正在进行中的项目。他们只需要了解跟他们自己的工作相关的项目，或他们自己感兴趣的项目即可。

谷歌采取的措施：

20%自由时间，加上谷歌的品牌和平台优势，以及巨额的现金奖励，让谷歌的内部创业形成了一种有效的激励机制；

在谷歌内部，有一个随时变动的Top100项目列表，这些项目都来自20%时间，每个工程师都可以对项目投票；

谷歌通过一些手段，如将项目开放给公众测试，如千万美元级别的“创始人奖”，对员工内部创业进行支持。

以上的措施可以产生的效果：这种机制可以保证好的项目浮现出来，并获得其他工程师的支持。

Rojo的共同创始人Kevin Burton称谷歌的20%时间是“硅谷最奢侈的天使投资”，他认为，如果你有一个想法，却无法进行商业化，那么你应该去谷歌把它做出来。谷歌可以在一夜之间让你的产品面对上百万用户，这是一个初创公司完全无法想象的。

作为谷歌的工程师，可以选择开发自己的项目，也可以参与任何感兴趣的项目，甚至可以同时参与多个项目。

谷歌这种鼓励创新的内部自由生态，把整个公司变成了一个小型的硅谷。

资料来源：盘点盛大，Google等大公司内部创业模式，http：// www. techweb. com. cn.

延伸阅读与相关网站

1. 延伸阅读

如需进一步了解和掌握有关企业内创业领域的知识，请阅读《激活创新——内部创业在行动》（吉福德·平肖Ⅲ等著，郑奇峰等译，中国财经出版社，2006），《企业内创业——组织内创业发展》（迈克尔 H. 莫理斯等著，杨燕婴等译，清华大学出版社，2005），《创业学——理论、流程与实践》（库洛特克等著，张宗益译，清华大学出版社，2006），《重构持续竞争优势：面向现代服务性企业的内创业研究》（郭会斌著，中国经济出版社，2009）和一些相关网站资料。

2. 相关网站

内部创业 http://wiki. mbalib. com

内部创业：激活企业原始动力 http://www. gdpx. com. cn

内部创业者 http://jingji. cntv. cn

解读“企业内创业”模式 http://www. sino-manager. com

博士咖啡：热点话题 公司内部创业开始兴起 http://economy. enorth. com. cn

大公司内部创业与企业成长 http://www. pxtop. com. cn

优米网 http://www. umiwi. com

创业邦 http://www. cyzone. cn

创业家 http://www. zcom. com

复习思考题

1. 什么是企业内创业？企业内创业的作用是什么？
2. 什么是内企业家？内企业家的有哪些类型和特质？
3. 简述企业内创业的过程。
4. 企业内创业的模式有哪些？
5. 如何克服企业内创业的障碍？
6. 测试自己的内企业家特质。
7. 华为企业内创业失败的教训有哪些？

Chapter11

第 11 章 创业新领域

学习目标

- 了解技术创业的概念
- 熟悉技术创业的过程和风险防范
- 熟悉特许经营的运营模式
- 熟悉特许经营体系的构建路径
- 熟悉社会创业的概念与类型
- 熟悉社会创业的流程以及社会企业家的特质
- 熟悉女性创业的原因与优势
- 熟悉女性创业面临的挑战

引导案例

百度掌门人李彦宏创业故事

李彦宏，1991 年毕业于北京大学信息管理专业，随后赴美国布法罗纽约州立大学完成计算机科学硕士学位。百度公司创始人、任董事长兼首席执行官，全面负责百度公司的战略规划和运营管理，经过多年发展，百度已经牢牢占据中文搜索引擎超过 7 成的市场份额。创立百度之前，李彦宏就已经跻身全球最顶尖的搜索引擎工程师行列，最先创建了 ESP 技术，并将它成功地应用于 INFOSEEK/GO. COM 的搜索引擎中。GO. COM 的图像搜索引擎是他的另一项极具应用价值的技术创新。其拥有的“超链分析”技术专利，是奠定整个现代搜索引擎发展趋势和方向的基础发明之一。

1999 年年底，怀抱“科技改变人们的生活”的梦想，李彦宏回国创办百度。经过多年努力，百度已经成为中国人最常使用的中文网站之一，全球最大的中文搜索引擎之一，同时也是全球最大的中文网站之一。2005 年 8 月，百度在美国纳斯达克成功上市，成为全球资本市场最受关注的上市公司之一。在李彦宏领导下，百度不仅拥有全球最优秀的搜索引擎技术团队，同时也拥有国内最优秀的管理、产品设计、开发和维护团队；在商业模式方面，也同样具有开创性，对中国企业分享互联网成果起到了积极的推动作用。目前，百度也是全球跨国公司最多寻求合作的中国公司之一，随着百度日本公司的成立，百度加快了走向国际化的步伐。

资料来源：解码百度掌门人李彦宏创业故事，http：//www. 3158. cn.

11. 1　技术创业

11. 1. 1　技术创业的概念

【创业家语录】

创业关键不是科技创新，而是创造用户价值。——李开复（创新工场创始人）

1. 技术创业的含义

技术创业是指创业者为了实现其既定的创业目标而依托于技术，通过发现和捕捉一定的机会并由此创造新颖产品或服务的过程。技术创业的来源是大学、研究机构、技术企业，技术创业的潜在主体多是学生、教授、研究人员、技术企业职员，技术创业不仅包括独立研究者的创业活动，而且包括公司内的创业活动。

2. 技术创业的特点

（1）技术创业是依托于高新技术而开展的创业活动。它和一般的创业活动不同，一般的创业可能是基于一个好的市场机会，也可能是基于一个政策机会或环境机会，甚至可能是传统技术的革新，但并不完全依托于高新技术。

（2）技术创业具有高投入、高风险和高收益的特点。高投入是指创办同等规模的高新技术企业通常需要更高的资金投入。高风险是指高新技术创业会遇到技术风险、市场风险、财务风险、法律政策风险等带来的不确定性。高收益是指高新技术创业成功，可能会带来远远高于原始投资的巨大收益。

【经济学家语录】

创新就是要“建立一种新的生产函数”，就是要把一种从来没有过的关于生产要素和生产条件的“新组合”引进生产体系中去，以实现对生产要素或生产条件的“新组合”。创新的五种情况是：采用一种新的产品，采用一种新的生产方法，开辟一个新的销售市场，获得原材料或半制成品的一种新的供应来源，实现一种新的组织。——熊彼特（经济学家）

技术创新是“始于对技术的商业潜力的认识而最终将其完全转化为商业化产品的整

个行为过程”。—— 林恩（G. Lynn）（经济学家）

技术创新是一个复杂的活动过程，从新思想、新概念开始，通过不断地解决各种问题，最终使一个有经济价值和社会价值的新项目得到实际的成功应用。——迈尔斯（S. myers）和马奎斯（D. G. Marquis）（美国国家科学基金会研究专家）

11.1.2 技术创业机遇的来源

【创业家语录】

行业霸主总有衰老的一天，但它们会因为什么在何时衰落，这就是创业的机会。——雷军（小米手机创始人）

创业机会的出现往往是因为环境的变动、市场的不协调或混乱、信息的滞后、领先或缺口，以及各种各样其他因素的影响。也就是说，在一个自由的企业系统中，当行业和市场中存在上述真空时，创业机会就产生了，如技术革新、消费者偏好的变化、法律政策的调整，等等。根据技术创业的特点，其创业机会主要来源于技术、市场和政策三个方面。

（1）技术。技术变化所带来的创业机会，主要源自新的科技突破和社会的科技进步。通常，技术上的任何变化或多种技术的组合，都可能给创业者带来某种商业机会。

（2）市场。市场变化所产生的创业机会主要有以下4类：①市场上出现了与经济发展阶段有关的新需求；②当期市场供给缺陷产生的新的商业机会；③先进国家或地区产业转移带来的市场机会；④从国外比较中寻找差距，差距中往往隐含着某种商机。

（3）政策。随着经济发展、科技变革等，政府必然也要不断调整自己的政策，而政策的某些变化就可能给创业者带来新的商业机会。

11.1.3 技术创业过程

【创业家语录】

要在无线互联网上做事情，特别是能持续的事业，好比在流沙上构筑壁垒，难度相当大。但是，每次计算平台的改变和迁徙，都会产生巨大的机会：对小公司、VC而言是好事，对大公司一般来说是坏事。大公司最怕的就是革命，好比恐龙害怕温度的改变。无线互联网上未来成功的新公司，如果只能用一个形容词来形容，就是“快”。在流沙上，只有蜥蜴才能存活；在湍流里，快鱼吃慢鱼。——陈一舟（腾讯公司首席行政官）

我总结的创业十条：①能洞察用户需求，对市场极其敏感；②志存高远并脚踏实地；③最好是两三个优势互补的人一起创业；④一定要有技术过硬并能带队伍的技术带头人；⑤低成本情况下的快速扩张能力；⑥有创业成功经验的人加分；⑦做最肥的市场；⑧选择最佳的时间点；⑨专注、专注再专注；⑩业务在小规模被验证。——雷军（小米手机创始人）

技术创新和商业化从本质上说是一个重复的过程，在这个过程中技术发明家转型为创业者从错误中吸取经验，继续奋斗。技术创业的过程经历以下几个阶段。每一阶段中都包括很多非线性的行为活动。

1. 发明创造

发明创造是指运用现有的科学知识和科学技术，首创出先进、新颖、独特的具有社会意义的事物及方法，有效地解决某一实际需要。因此科学上的发现，技术上的创新等在广义上都属于发明创造活动。包括利用所拥有的专业知识进行的发明创造和在实验过程中的发明创造等。比如，一台新的仪器、一套新的工艺流程或是一种新的构成成分，这些发明中都蕴涵着巨大的市场应用或创新潜力。

【创业家语录】

创新不仅仅是技术，更是模式创新，例如戴尔在 PC 生产销售定制的结合；细节创新，例如苹果 ipod 做减法、苹果专卖店的楼梯等细节；品牌创新，例如苹果专卖店和"Think Different"广告营造品牌；跨领域结合，例如 O2O 利用互联网低价传播、移动定位帮助获取用户。——李开复（创新工场创始人）

2. 机会识别

机会是创意、市场需求或是尚未开发的市场空间的交点。一旦机会得以确认，那么它的价值主张也要随之明确。人们通常以商业概念说明书的形式描述价值主张，其中包括技术及其产品、技术所面向的顾客、技术的益处及其应用和营销策略等问题。通常情况下，当发明者发现他的发明极具市场潜力时，就会申请专利。

3. 检验技术与市场的可行性

判断一项发明或创新在商业上是否可行，就需要对行业和市场、创建中的团队能力和弱势以及创业所需的资源进行全面彻底的分析，并重点关注创新和市场之间的关系。实践证明，如果将技术因素与市场因素放到一起综合考虑，创业获得成功的机会就会大大增加。

4. 保护知识产权资产

在发明和创新过程的初期，需要发明者采用法律措施保护其初期的知识产权资产。选择合适的保护类型和能够实现商业化目标的最佳策略，同样至关重要。因此，有以下三个问题需要搞清楚：这项技术设计是否合理；要成功地实现商业化，是否必须申请专利；是否符合国家专利管理部门的要求。

5. 原型设计

在检验技术可行性时，每个新产品都要经过设计、开发和原型设计几个阶段。在迅速变化的动态环境中，设计一步到位、尽早开发出原型、外包非核心能力的业务、缩短上市时间等，这些都是有效产品开发过程中的重要组成部分。在过程的不同阶段，邀请潜在使用者对产品进行现场测试，争取降低产品推向市场后失败的概率。

6. 市场和初始顾客的检验

最理想的情况是，初始顾客在"检验技术与市场的可行性"时就确定下来，这样，该顾客就可以参与到技术产品的设计和开发中。对产品进行现场测试，简单来说，就是让顾客亲自使用样品，看产品是否实用。顾客对产品的反馈信息，将指导对原型的改进或重新设计，以更好地满足顾客需求。

7. 确定投放策略

关于投放策略，发明创造者有3个基本选择：他们可以把拥有的发明创造使用权授权给厂商；把技术全部卖给另一家公司；或者创建一家自己的公司。对于发明者来说，授权给其他企业或出售自己的发明可能则更加具有灵活性。这对于发明创造者来说是一个艰难的抉择。

8. 制订商业计划

一旦商业概念被确定可行，接下来就是为商业的开展建立雏形。这就要求制订一份商业计划，其中包括运营、政策、营销和增长计划，完整的财务报表以及对目前产业、市场和团队的可行性分析。企业的发展需要建立起相应的法律结构及股东的股权分配体系。发明创造者或创业者还要同战略伙伴进行协商，以落实整个商业计划中某些领域的具体问题。

9. 创建企业

真正的创业包括寻找设备、雇用员工、存储原材料和零件以及组织企业运作等一系列活动。从研究者向经营企业的管理者角色的转换，将对发明创造者构成巨大挑战。

11.1.4 技术创业的风险与防范

【创业家语录】

在不断变化的市场面前，不创新就意味着落后；创新带来风险，但不创新是最大的风险。——王石（万科公司董事长）

我觉得“创新”是个很危险的事情，到今天为止，我很害怕创新。我觉得创新的风险非常大，尤其对于新公司来说，一不小心创新就把一家公司搞死了。创新的风险为什么大？首先创新需要很多钱，其次创新的东西需要用户有一个逐步接受的过程，还有创新要克服很多技术难关。——丁磊（网易公司创始人）

1. 技术创业的风险

（1）**技术风险**。技术风险包括技术开发难度大，技术知识无法获得，关键技术难以突破，存在技术障碍和技术壁垒，实验基地、设备和工具缺乏等。

（2）**市场风险**。市场风险包括新产品难以被市场接受，市场开拓难度大，市场增长慢，市场定位不准，营销策略失误，新产品寿命短或开拓的市场被更新的产品代替。

（3）**财务风险**。财务风险包括技术创新资金不足和融资渠道不畅等。

（4）**政策风险**。政策风险包括不符合国家或地方的环保政策、能源政策、科技政策和外贸政策，无法获得产品、原辅材料、设备、技术的进出口许可证等。

（5）**生产风险**。生产风险包括难于实现大批量生产，工艺不合理，生产周期过长，生产成本过高，原材料供应短缺，产品质量难于保证等。

（6）**管理风险**。管理风险包括组织协调能力差，调研不充分、市场信息失真，决策机制不健全，研发过程不协调，创业者做出错误决策等。

2. 技术创业风险的防范措施

【创业家语录】

创新就是做别人没有做过的事情。但创新的风险很大，绝大部分创新最后都是失败。所以，我认为，创新的本质是不惧失败的勇气！创新还需要一个大环境：全社会理解失败者，宽容失败者。成王败寇这样的观点，是阻碍创新的因素。——雷军（小米手机创始人）

（1）**加强风险管理**。技术创新风险是技术创业企业经营管理中的一个重要组成部分，技术创新风险在某种程度上是可以防范和控制的风险，通过风险识别、风险评估、风险评价和风险控制，采取有效措施，可以提升技术创业的风险管理水平。

（2）**加强市场研究**。技术创业必须进行细致的市场研究，对用户需求有更深刻的理解，使技术产品瞄准和满足这些需求，这在技术创业中起着重要作用。许多技术创业就是失败在盲目崇拜技术，忽略市场调研，或仅做肤浅的分析，就盲目创业。

（3）**重视分析技术创业过程中的各种不确定因素**。有些新创企业希望研发的技术成果立刻实现规模生产，未待技术完善，未进行小试和中试，就融资开业。正是这种边完善技术，边建立生产线的侥幸心理，导致创新周期过长，成本过高，甚至失败的结局。因此，识别各种不确定性因素，对防范风险是至关重要的。

（4）**确保信息沟通畅通**。创新项目在执行过程中，要加强信息沟通，使企业内部各部门协调配合，加强与同行的技术协作，与用户建立密切的联系，建立信息反馈渠道，改进新产品。

（5）**重视市场营销**。当前在激烈的市场竞争中，缺乏有效的市场营销策略是许多新产品失败的直接原因。对于新产品的市场开拓，制订有效的市场营销策略，注重营销沟通，完善服务，听取用户的建议，完善新产品，是技术创业企业面临的艰巨任务。技术创业企业可以采取创造市场、标准垄断、建立产业生态网络、建立技术品牌等营销策略。

11.2　特许经营创业

11.2.1　特许经营的运营模式

【创业家语录】

简单模式易复制，越简单越容易做全国连锁。整合合作伙伴的需求加上成功的赢利模式才是连锁经营的开始。(佚名)

1. 特许经营的概念

特许经营是一种流行的企业成长模式。特许经营是指特许经营权拥有者以合同约定的形式，允许被特许经营者有偿使用其名称、商标、专有技术、产品及运作管理经验等从事经营活动的商业经营模式。它借助企业伙伴或“特许加盟商”的努力将企业的产品或者服务推向市场。由于这种模式有助于企业快速成长，缓解资金问题，对零售和服务业的新企业而言非常具有吸引力。

2. 特许经营模式

(1) 产品与商标特许经营模式。该模式是特许授权商授权给特许加盟商购买其产品和使用其商标名称的一种安排。这种方法往往能将单一制造商与零售商或分销商网络连接起来，一般更多地关注维持自己产品的完整，较少监控分销商和加油站所有者的日常活动。产品和商标特许授权商的收入主要来自溢价销售产品给它的零售商和分销商，而并非加盟费和特许权使用费。

(2) 经营模式特许经营。该模式是更为流行的特许经营方法，而且更多地为创业企业使用。在这类特许经营中，特许授权商通过培训、广告和其他帮助等形式将一种经营模式提供给特许加盟商。例如，快餐业的麦当劳把经营的每个细节都传授给特许加盟商，从炸薯条要多少时间到员工问候顾客时使用什么语言。经营模式特许授权商主要通过特许加盟商的加盟费和特许权使用费获得收入。

对两种特许经营类型来说，特许授权商和特许加盟商之间一般采用如下三种特许经营协议之一：①最为普遍的特许经营协议是个体特许经营协议，这种协议是在某特定地方只销售一个特许经营权；②区域特许经营协议允许特许加盟商在某一地区开办和经营一定数量的店面；③特许经营总经销权协议，该协议与和区域特许经营协议的差别在于，除有权在特定地区开办和经营一定数量的特许经营店面外，特许经营总经销加盟商还拥有在该地区销售特许经营权的权利。总经销加盟商有权在一个特定地区开办一定数目的商店，之后总经销加盟商可以把开办加盟店的权利再卖给同一地区的其他人。

11.2.2 构建特许经营体系

【创业家语录】

做连锁经营业务，一定要做一套傻瓜版的营销手册与管理手册，只有这样，才能实现远距离的管理。做成功一家店之后离你大的成功就不远了，所以你首先就是脚踏实地、集中精力地先做出一家，不要在将来如何做连锁方面做太多的梦，先脚踏实地做出第一家。——史玉柱（巨人集团创始人）

特许经营是一项复杂的商业实践，建立特许经营体系是一件审慎而有计划的工作。同其他商业扩张形式一样，有效的特许经营体系仍需要有计划的启动、管理和支持。在决定走特许经营之路前，创业者必须审慎地考虑各方面的问题。这个过程包含培训、支持、指导和培育加盟商等管理工作。

1. 开展特许经营的条件

创业企业开始决定把特许经营作为推动成长的手段并加以考察时，它需要确保自己及产品或者服务符合某些标准。在决策之前，企业应当考虑如下方面：

(1) 企业商业模式的精练程度。在某种程度上，特许加盟商正在购买一种已被证明有效的商业模式。所以，经营体系和程序应当被雕琢至精练程度，工作程序也应以书面形式出现。体系和程序应当易于复制给他人。

(2) 企业定位的清晰性。企业的定位应当清晰，以便潜在加盟商完全理解它们。授权商和加盟商的关系应当完全开放，他们之间的沟通也应当坦诚。

(3) 产品或服务的独特性。产品或服务在某些方面具有特色并且得到消费者高度评价的企业具有良好的扩张潜力。

(4) 产品或服务的知名度。当企业新创产品或服务具有强势或强势潜力的商标时，就可以选择特许经营实现成长。

(5) 企业赢利的稳定性。企业应当具有稳定的赢利性，而且可以预见未来良好的成长性。当发展特许经营业务时，企业应当通过自营的方式塑造若干家成功典型，以证明其商业模式的有效性。

2. 构建特许经营体系的优点和缺点

(1) 特许经营的主要优点。有助于组织低成本快速扩张。在组织生命周期的早期，组织资本非常短缺，需要快速成长以获得品牌认知和规模经济。由于加盟商提供了大多数扩张成本，授权商可以很快地扩张企业规模。

获得加盟商激励。加盟商的个人资本加入以后，加盟商有很强的动机获得成功。

获得创意和建议。加盟商代表着智力资本，他们常会给授权商提供一些建议。通过吸收这些建议，授权商可以使自己的业务更有效率。

(2) 特许经营的主要缺点。需要与加盟商分享利润。由于出售特许经营权，授权商不得不与加盟商分享产品和服务所有权带来的利润。

丧失部分控制权。对授权商来说，对加盟商的控制要比对自己员工的控制更加困难。

存在与加盟商的摩擦的可能。摩擦经常出现在费用支付、经营时间、特许经营协会中的警告条款和临时检查等方面。

管理成长比较困难。授权商一般要向加盟商持续提供类似选址、员工培训等服务，这对于在成长性产业内并有较强商标的授权商来说具有巨大挑战。

存在所需商业技能的差异。授权商在原有业务中获得成功的商业技能与管理特许经营体系的技能往往存在差异。

3. 特许经营体系的构建路径

(1) 开发特许经营商业计划。商业计划应遵循传统商业计划书的格式，还应当充分说明采用特许经营的理由，并且应成为开展特许经营的蓝图。

(2) 获取专业意见。在启动连锁经营模式之前，应当广泛征求该领域专家的意见，获取专业意见来指导整个过程是明智的选择。如果业务不适合特许经营，应该停止这个过程，从而为企业节省大量金钱和时间，避免遭遇挫折。

(3) 进行知识产权审计。一旦企业开始特许经营，其商标和商业方法将会扩散，顾客和竞争者都能更容易地看到它们。这一步对于确定企业所拥有的知识产权，以及确保该产权得到恰当注册和保护很有必要。所有原始的、书面的、录音的及录像材料都应受到保护。同时，特许授权商也应确保自己的商标没有侵犯其他企业的商标。

(4) 开发特许经营文件。潜在特许授权商应准备统一特许经营提示文件和特许经营协议。

(5) 准备工作手册。适合特许经营的企业一般都具有精练的业务体系，它可以很容易地传授给有资格的特许加盟商。特许授权商应当准备工作手册，把业务体系的所有方面都记录在案。

(6) **制订广告战略计划和培训项目计划**。潜在加盟商希望能及时看到广告战略和培训计划，这些计划的范围应当与授权商所希望的企业成长速度相匹配。

(7) **组建新特许经营单位开发团队**。为了帮助新的加盟商开办特许经营店，授权商需要组建一支有良好培训和装备的团队，给加盟商提供尽可能完备的培训和引导。

(8) **制订吸引潜在加盟商的战略计划**。可以通过特许经营交易展览会、报纸广告、特许经营出版物和网络广告等众多渠道吸引加盟商加盟。

(9) **在选址和开店庆典方面帮助加盟商**。地点选择非常重要，所以授权商应当参与和指导加盟商店面的选择。此外，授权商还应当在店面开办庆典方面给予加盟商帮助。

除这些步骤外，特许授权商务必记住，维持与加盟商的高质量关系往往决定着整个特许经营体系的最终成功。对授权商来说，兑现所有承诺并建立持久声誉是一种优势。这是授权商应当给予加盟商的持续承诺。

4. 选择和发展高效的特许加盟商

一旦加盟商被选定，授权商发展其加盟商的潜力就至关重要。加盟商必须是那些与成功的特许经营体系环境相匹配的成员。选择和发展高效的特许加盟商的进程中，加盟商的选择标准应该包括：具有良好的工作伦理，服从指导，团队导向，具有在特许竞争产业内成功经营的经验，具有足够的财务资源和良好的信用历史，以积极态度代表授权商等诸多因素。授权商在发展加盟商的进程中，可以通过提供常规培训之外的指导，提供最新的经营手册，提供最新的产品、服务和商业体系，鼓励加盟商发展特许经营协会，维持特许经营体系的统一等手段。

11.2.3 购买特许经营权创业

【创业家语录】

很多商业上的连锁，要取得成功，一定要有很多的共性而不是个性，因为要保证消费群体。——熊晓鸽（IDG 资本创始合伙人）

连锁不是做企业，而是做产业链。连锁与地产、资本是不分离的。（佚名）

1. 购买特许经营权的路径

从潜在加盟商的角度来看，会有许多合适的特许经营机会。有很多期刊、网站和协会提供有关特许经营机会的信息。潜在特许加盟商应注意参加在各大城市定期举办的特许经营机会展览会。

由于特许经营蕴含风险，一旦购买特许经营权，退出特许经营体系就非常困难，因此选择授权商应当是一个仔细而谨慎的过程。应当充分考虑究竟是购买特许经营权还是创办自己的企业更利于实现自己的使命和目标，哪一类特许经营最适合自己，是否愿意成为特许经营体系的一部分并遵守授权商所制定的游戏规则，在多大程度上愿意承担风险等。

如果准备购买特许经营权，潜在加盟商就十分有必要花时间仔细选择符合自己要求的授权商。潜在加盟商能采取的最明智的行动，就是与已经进入该特许经营体系的加盟商沟通，或在该授权商的特许经营店里工作一段时间，询问他们是否能够挣到钱，是否对授权商满意。也可以与退出该特许经营体系的加盟商进行沟通，了解退出的原因。在购买特许经营权之前的调研阶段，应该仔细研究每个特许经营机会，包括会见特许授权商、阅读统一特许经营提示文件、获得法律和财务意见。

2. 购买特许经营权的优点和缺点

（1）购买特许经营权的主要优点。特许经营使创业者能利用已通过检验的、精练的商业模式来创业，构建起了营销网络，这能降低企业失败的风险。特许经营的商标通常给企业提供了坚实的合法性。在购买了特许经营权后，授权商往往会提供培训、专业技术及其他形式的支持。

（2）购买特许经营权的主要缺点。加盟商必须支付初始加盟费，还必须支付后续的使用费，以及授权商要求的其他基金，这限制了加盟商的创造性。很多特许经营体系是刚性的，很少给加盟商提供自由发挥创造性的机会。加盟商需要承担欺骗、误解，或者缺乏授权商承诺的风险。很多特许经营协议的终止和转移非常困难，或者代价昂贵。

3. 特许经营的成本

创办特许经营企业的初始成本取决于加盟费、企业开办资本和授权商实力。在评价特许经营成本时，潜在加盟商应当考虑购买特许经营权所需要支付的成本。特许经营权的有关成本如下：

（1）初始的特许加盟费。初始特许加盟费根据加盟商的不同而有所差异。

（2）资本要求。这个成本取决于授权商，但还可能包括购买地产的成本、建筑房屋的成本、购买初始库存品的成本和获得营业执照的成本。

（3）后续特许经营权使用费。在大多数情况下，加盟商每月支付特许权使用费。这笔费用一般占总收入的5%。这笔费用以总收入而不是净收入来衡量，加盟商有可能在亏损的情况下仍需要支付该项费用。

（4）广告费用。加盟商通常要支付在一个国家或地区的广告费用的一部分。广告费用一般少于总收入的3%。

（5）其他费用。这笔费用可能用于各种活动，包括培训新雇员、提供管理技能、计算机辅导及其他项目的服务。

【连锁加盟管理失控案例】　上岛咖啡诸侯分立导致品牌弱化

1998年，台湾上岛咖啡在海南成立第一家门店的同时决定向内地拓展门店，当时的上岛董事会决定，把中国分为8个片区，由公司的8大股东分别经营，8个股东由抓阄决定各自的经营区域。这种经营决策暴露出当时上岛咖啡在管理上的缺失。当他们在决定全力拓展内地市场的时候，商标的使用和归属还未理清，各创业者的权责未能明晰，公司的远景也未思考清楚。

在通过抓阄方式划定各自在内地经营范围的时候，上岛咖啡的8位创始人间曾有过约定，即各人有权通过与“海南上岛”签订的特许经营合同，获得“上岛”商标的使用权。这一决定是希望每一名股东都能自由地通过他的亲朋好友迅速复制上岛模式，得以快速发展。但是，当各股东拥有自己的“属地”后，纷纷以相似的经营模式创立属于自己的子品牌，“迪欧”、“老树”、“两岸”等成为可与上岛抗衡的品牌。“上岛做得再好，都是属于8个人的，而自己的品牌一旦做起来则是完全属于自己的”，这是当时上岛创始人的普遍心态。

如今迪欧咖啡旗下共有400家“迪欧咖啡”，而“上岛咖啡”为250家，其他多个由上岛股东自创的品牌，其门店数量大多远超上岛。上岛创始人起初默认多品牌、子品牌，肯定有其形成差异化品牌架构和降低经营风险的考虑。但是，各个创始人急于复制上岛模式，不仅没有形成品牌差异化，反而导致许多与上岛抗衡的品牌的出现，而其创业团队在2004年前后的商标内斗，更是其创始人最初未曾想到的。

资料来源：中国经营报，2012-06-11.

4. 购买特许经营权的步骤

购买特许经营权的首要原则是避免仓促做出决策。拥有特许经营企业的成本很高，劳动强度也很大，所以购买决策应当仔细而审慎。一旦做出决策，就应当遵循如下几个步骤。

(1) 参观若干家特许授权商的店面。在正式会见授权商之前，潜在加盟商应当参观几家特许经营店，与店主和员工交流。在交流过程中，潜在加盟商应当不断问自己：“这是否就是我喜欢的，我愿意经营和管理这类业务吗？”

(2) 会见特许经营律师。潜在加盟商应拥有一个代表自己利益的律师。这个律师应当为加盟商会见授权商做准备，并审查所有特许经营文件。

(3) 会见授权商并考察其资质。潜在加盟商应当会见授权商，最好能在其总部会面。在会见的时候，他应当将从其他加盟商的所见与从授权商的所闻相比较。应当检查授权商的其他资质内容，统一特许经营提示文件就是其他资质的良好来源。

(4) 形成和审核法律文件。与律师一同审查所有特许经营文件，特许经营律师应当审查所有的特许经营文件，包括统一特许经营提示文件和特许经营协议。

(5) 签署特许经营协议。如果一切顺利，就可以签署特许经营协议了。特许经营协议是规定加盟商和授权商关系的文件。

(6) 参加培训。几乎所有的特许经营组织都提供培训。

(7) 开办特许经营企业。很多特许经营组织提供有经验的人员以帮助加盟商开办新企业，这样可以让他过渡到平稳时期。

(8) 慎重考虑加盟项目的适合性。在签署特许经营协议之前，潜在加盟商如有异议或其他想法，应当立刻停下来，直到找出合适的答案。

【特许经营创业实践】 85度C连锁经营模式

85度C的故事是从2003年年初的一个下午开始的。吴政学在一家五星级酒店喝下午茶。能不能用平民化的价格，卖出五星级酒店的咖啡茶点？这个创意促使吴政学和那天下午一同喝茶的几位朋友们开始了创业之路。在85℃时咖啡的口味最佳，创业者们由此将这一新生的咖啡、蛋糕、烘焙专卖店命名为“85度C”。除了平价，“新鲜”是85度C打出的又一张牌。在每个销售大区设立“中央厨房”，每天通过冷链将“冷面团”运送到各家门店，现场烘焙后，热腾腾的新鲜面包就摆上了货架。

凌晨三四点，85度C的冷链车开始将“中央厨房”加工好的“冷面团”和“蛋糕胚”配送至各家门店。清晨6点，冷面团在门店的厨房里发酵。早晨7点，第一批面包烘烤出炉。把制作面包最后几道工序留在门店，现场烘焙，从而确保面包的新鲜，这是85 度 C 最与众不同的地方。

除了新鲜，85 度 C 还在产品定价上颇费心思。85 度 C 的客户群是二三十岁的年轻人。面包的价格定在 5 ~ 8 元之间，咖啡的价格只有星巴克的 1/3 ~ 1/2。为了保持平民化的价格，85 度 C 采取大批量采购的方式，从而保持产品的低价。有了新鲜和低价，还需要灵活的经营策略和细节管理，才能使利润最大化。在店面装饰方面做到让所有消费者都能没有压力地走进来。

为满足年轻人喜欢新奇变化的特点，85 度 C 每月推出 5 种新饮料、五六种新的面包和蛋糕。保证每个月都有新产品。2007 年 12 月，在台湾地区创业 4 年后，85 度 C 在上海开出内地第一家分店。截至 2010 年 6 月，85 度 C 全球总店数已达到 472 家。

85 度 C 对门店理想的位置是在十字路口，被选中的门店应该是处在一个综合性的区域，既有商业中心，也有居民社区，这样可以保证 24 小时都有客流。

资料来源：台湾 85 度 C 开创冷链模式的新鲜诱惑，http：//wuliu. dg. bendibao. com.

11.3　社会创业

11.3.1　社会创业的概念

【创业家语录】

公益就是帮助别人，在过程中得到快乐。创业就是很多事情需要等你亲手去做，你要管理人才、定战略、制定发展的路径，要面临非常大的挑战，不管创业是大是小都是很复杂的。公益创业，唯一要面对的困难就是自己。——陈丹青（原联想品牌沟通部总监）

随着传统社会福利国家的发展，公有资助的减少，贫富差距的扩大，国际社会对社会创业的关注程度也日益增大。然而关于社会创业的界定，目前学术界尚未达成一致。虽然各国学者对社会创业所下的定义不尽相同，但其仍具有以下共同特点：①社会创业必须具有显著的社会目的和使命；②社会创业应该是“解决问题”导向型的，因此社会创业的重点在于创造社会价值；③社会创业的创新性主要通过组织创新来体现。

社会创业有广义和狭义之分。广义的社会创业是指采用创新的方法解决社会上的问题，采用传统的商业手段创造社会价值而非个人价值。它既包括一些营利组织充分利用资源解决社会问题，也包括非营利组织支持个体创立自己的小型公司或者企业。而狭义的社会创业主要是指非营利组织应用商业机制和市场竞争来赢利。

11.3.2　社会创业的类型

【社会创业实践】

《如何改变世界：社会企业家与新思想的威力》一书中讲述了美国等许多国家社会

创业的故事。例如，在美国，一个叫 J. B. 施莱姆的男人帮助了数以千计的来自低收入家庭的中学生进入大学。在南非，一个叫维洛尼卡·霍萨的女人发展出一种以家庭为基础的艾滋病病人护理模式，改变了政府的卫生医疗政策。在巴西，因为法维奥·罗萨的努力，数以十万计的边远农村居民用上了电。印度的杰鲁比利莫利亚创建起了为印度流浪儿童提供24小时救援热线与紧急响应的系统。还有美国人詹姆斯·格兰特领导和“行销”了一场全球儿童免疫运动，挽救了2500万个生命，也因此为自己树立了声望。再有美国人彼尔·德雷顿，他创建了一个志愿者基地“阿育王”（Ashoka），资助和支持了这些社会企业家。

1. 社会创业的类型

从事社会创业的组织一般称为社会企业。对社会企业的分类，因所坚持的标准不同而不同。

狄兹（J. Gregory Dees）创立的社会企业光谱理论，从组织动机导向的角度，认为社会企业分为使命中心型、使命相关型和使命无关型。

从社会创新的角度可以将社会企业分为就业型社会企业和创业型社会企业两类。就业型社会企业旨在吸收社会贫困人群就业，并让市场机制下的边缘人群获得就业的机会，是针对社会问题的创业形式。而创业型社会企业的创新性扩大了社会财富的总量，使其受益人群扩大到那些被长期排斥在市场机制外的个人和群体。

从参与社会创业的组织形式的角度，包括非营利组织为解决筹资困难而进行的商业性运作，及为解决某一特定的社会问题而成立的企业组织；以及商业企业为更好地践行企业社会责任而与非营利性组织合作创立的社会组织；还有整合了公共部门、私营部门和NPO的“社会目的企业”。

无论怎样的分类，我们都可以看到社会企业具有双重性的特性。社会企业产生盈余，但其并不醉心于追求利润，社会收益才是其首要目的，经济性只是其解决社会问题的手段。

2. 社会创业特征

（1）**社会性**。社会创业的本质是创造社会价值，而经济价值只是社会创业的副产品。在创造社会价值的同时可能会产生经济价值，但也可能不产生经济价值。

（2）**创新性**。社会创业应该具有明显的创新性。社会创业从根本上说是要创造新的价值而不是简单地复制已经存在的组织或者活动。

（3）**情景性**。社会创业具有强烈的社会差异性。社会创业往往最终通过制度变革达到社会目的，但是各种社会政治的立法结构、方式和框架都不一样，因此从社会创业的过程、方式和影响因素来看，社会创业都因不同的社会、政治和文化背景而异。

11.3.3 社会创业者应具备的特质

【创业家语录】

当我创办TOMS的时候，人们都认为我疯了。但是，正是“赠予”这一成分才让我们的鞋具备比商品更深的内涵。它们是故事的一部分、使命的一部分，以及任何人都能参与的活动的一部分。——布莱克·麦考斯基（TOMS创始人）

1. **社会创业者的特质**

伯恩斯坦将成功的社会创业者的特质归纳为以下六种。

(1) **乐于自我纠正**。这些社会创业者进行自我纠正的倾向，完全是出于其对一个目标的执著的追求。社会创业者的自我纠正才能使社会企业继续发展。孟加拉经济学家穆罕默德·尤努斯在20世纪90年代创始的“微贷革命”如今已遍及全球，使成千上万的赤贫者获得了借贷的权利。

(2) **乐于分享荣誉**。社会创业者与人分享的荣誉越多，就有越多的人愿意帮助他们。对社会创业者来说，乐于分享荣誉是通向胜利的必由之路。但是，如同自我纠正一样，这种品质也源自动机。如果一个社会创业者真正的动机只是为了变革社会的话，那么分享荣誉就会自然来临。

(3) **乐于自我突破**。许多为社会创造巨大价值的组织并不产生利润，或者是需要比投资者、发明家等待更长的时间，才能有所突破。社会创业者面临的现实和理想之间的较大差距，使得他们必须自我突破，超越他们领域的正统观念去看待事物，从而发现解决社会问题的方法和手段。

(4) **乐于超越边界**。面对一些整体性的问题，社会创业者毫不犹豫地超越了纪律的边界，将不同领域、有各种各样经验与专业技能的人们召集在一起，创建可行的解决方法和优质的全新方法。

(5) **乐于默默无闻地工作**。一个人必须具有非常纯粹的动机，才能长期甘于寂寞，去实践自己的理想。社会创业者必须是那些能花费时间去寻找地点和机会，以期对重大进程产生影响的人。

(6) **强大的道德推动力**。社会创业者与企业家的不同之处不在于思考问题和解决问题的方式，也不在于其解决问题的能力，而在于他们的远见以及思考问题的出发点。道德的推动力可以鼓励他们，帮助他们做他们需要做的事情，从而使社会不断发展。

2. **社会创业者应具备的能力和技能**

查尔斯·李德比特（Charles Leadbeater）认为一个合格的社会创业者必须具备三种能力。

(1) **创业能力**。社会创业者能发现那些未被充分利用的，被闲置的资源来解决那些未被满足的社会需求。他们善于发现人们没有得到满足的需求，并动员那些未得到充分利用的资源来满足这些需求。

(2) **创新能力**。通过把传统意义上互不相关的做法进行有机结合，社会创业者能创造新的服务、新的产品和新的方法来解决社会问题。一般的商业企业可能不需要“创新精神”就能取得成功，但是社会创业者一定要进行创新和变革。

(3) **改变现状的能力**。社会创业者会对自己领导的企业进行改革，也能使一个垂死的企业重现活力。最重要的是，他们能通过发掘自我发展的可能性来改变他们所服务的社区和人群。

【社会创业实践】　TOMS 鞋的“买一捐一”捐购模式

2006 年初夏，美国人布雷克·麦考斯基正在阿根廷度假。他喜欢上了当地特产的一种轻便布鞋，经常穿着它走街串巷。一天，他在路上偶遇一批都市游客正在发放为农村孩子募捐来的旧鞋。布雷克是个天生的创业者，他之前在美国真人秀节目“The Amazing Race”中获得亚军，也曾创办过几个跨越不同行业的公司。看到孩子们因为没鞋穿而感染足疫或者无法上学，他突然灵光一现：为什么不创办一家以“买一捐一”模式来解决穿鞋问题的营利性公司呢？

对制鞋一窍不通的布雷克立即注册了“TOMS”品牌商标，凭着直觉试制了一批手工样品。去洛杉矶的鞋店里一家一家地游说，用诚意的慈善意图获得了一些鞋店的试售订单。没过多久，《洛杉矶时报》生活版的头条报道给他带来了大量的零售客户，登报当天就有900多张订单，而当时他的存货只有130双。仅4个月内，他就卖出了1万多双鞋，并在开业当年遵守承诺回到阿根廷发放了第一批赠鞋。随着多家时尚媒体的连续报道，TOMS很快成为好莱坞明星们休闲装束中的最爱，也获得了不少时尚设计的奖项。

捐购模式带来的募捐效应大得惊人。截至2011年年底，TOMS公司已在包括中国在内的十余个国家送出超过200万双带有TOMS标签的新鞋，并正在把买一捐一的模式拓展到眼镜等产品线。每卖出一副TOMS眼镜，就为一个患眼疾的人提供治疗或护眼用品。布雷克希望激发下一代的社会企业家和领袖们思考如何将“给予”放到他们的商业模式中。

资料来源：买一双鞋，和贫穷孩子一起走. 南方报业网，2012-02-27.

11.3.4 社会创业过程模型

【创业家语录】

做公益与搞企业是一个道理。——王石（万科公司董事长）

慈善必须以商业的计划执行，以商业的形式执行，这样的慈善才能走得久，走得长。——马云（阿里巴巴创始人）

我对花钱、捐钱有两个定义。一个定义是从道德、情感、善意、良心方面去发掘捐款的动力。假如有一天发生了地震等自然灾害，一些有钱人动辄捐几千万、一个亿资金，这种行为属于比较冲动和随意的。另一个定义是从理性、社会建设、公民组织、NGO、社会改革方面发掘自己的责任感，然后把钱贡献到最需要的地方去。对前者，我们称之为传统慈善，而后者则是公益。民营企业家不管是参与慈善也好，还是参与公益也好，都需要在其中找到自己的定位。——冯仑（万通集团创始人）

1. 罗宾逊的社会创业过程模型

在该模型中，社会创业被看作一个逐步发现机会并排除障碍，最终运用社会创业战略来解决社会问题的过程。由于受到社会问题所处的不同社会背景以及个人经历和个人经验的影响，现实中往往只有极少数人能够发现社会创业机会。在评估社会创业机会时要充分考虑社会制度因素。这一模型的过程有两个步骤：第一步形成有成功希望的创意。这一步受到的影响因素主要有个人经历、社会需求、社会资产和变革。第二步是将有成功希望的社会创业发展成为有吸引力的机会，这是社会创业成功的关键。第一步相当于社会创业机会的识别，第二步相当于社会创业机会的评估与开发。

2. 社会创业三阶段过程模型

狄兹、埃莫森（Emerson）和伊考米（Economy）认为，社会创业是一个包括过渡、变革和稳定三个阶段的过程。在过渡阶段，主要是创立创业团队，形成创业组织雏形，而创业团队主要由来自营利性组织和非营利性组织的个体组成；在变革阶段，主要是通过协商和沟通来建立制度，旨在平衡和支持组织的正常运转；在稳定阶段，主要是通过实际运作来提升社会事业的内在能力，进而解决社会问题和应对组织的外部挑战。

综上所述，社会创业的过程主要包括了社会创业机会识别与评估、社会创业的开发、社会创业运作管理阶段。社会创业的不同阶段对社会创业者的能力有不同的要求。为了确保社会创业过程持续和稳定地演进，有必要对社会创业过程实施阶段性评估、反馈和完善。

3. 实践中的社会创业模式

在实践中，将社会目的与企业运营手段相结合，可以创新出各种社会企业的模型，以英国的一些成功案例为例，介绍七种社会创业模式。

模式一：发现并直接连接相互关联的社会需求。例如“好食物计划”，即把超市即将过期但安全可食用的食品免费拿来，通过救助站分发给流浪人员，向他们提供有营养、有质量的食物。它的经营成本也只有管理协调支出。

模式二：创造和分享利润空间。例如“大问题”杂志社创办之初的宗旨是让流浪者有尊严地生活。杂志经营利润不是被投资者拿走，而是让利给销售者，这些销售者都是失业或流浪人员。通过低价提供杂志，“大问题”杂志社已为五万多名无家可归者提供了生活自立的机会。

模式三：内部捐赠。如果说传统的慈善模式是甲捐给慈善组织，组织为乙服务，那么这种社会企业模式中的甲就是该慈善组织自身。例如“相信触觉”戏剧治疗团，让残疾人参与到表演中，改善其身心状况，帮助他们快乐健康地生活。该组织的经济平衡主要依靠它的创始者——一位已退休的著名舞台表演家，把自己的演出收入捐回组织。

模式四：救助并开发人力资源。这也是最常见的创新模式。传统对弱势群体的救助偏重单纯的“给予”式，而社会企业做得更多的是为他们提供自立生存和能力发展的机会。例如 Cyrenians 农场，收留无家可归的青年，让他们参与劳动，并用自己的工作所得负担自己的生活，从而使他们同样可以很体面地而不是被救助地生活。

模式五：合作经济。这类社会企业也很多，例如在泰晤士河边最好的地段建成廉租房的合作建房组织、“公平贸易”组织等，合作经济旨在减少中间商业环节，减少资本剥削，从而使劳动力获得最大的收益。

模式六：社区利益循环。通过利用社区场馆和其他资源，为社区居民提供就业机会、开发社区的合作经济，形成社区利益的自我循环，整体改变社区的面貌。例如 Bromley - by - Bow 社区中心是从教堂向居民开放活动开始，逐渐发展起来的集艺术、生活、居民所有医疗中心于一体的社区组织，使伦敦最不景气地区的社区发展成为兴旺的社区。

模式七：品牌授权。U2（一支活跃于全球流行乐坛的爱尔兰摇滚乐队）的主唱保罗·大卫·休森所创立的一个品牌，其主要采取品牌授权的方式和世界知名大企业合作，例如保罗将品牌授权给苹果、可口可乐、阿玛尼等知名企业，然后将这部分收入捐给非洲的艾滋病防治事业。作为一种品牌战略，保罗让自己的品牌和世界知名品牌达到合作共赢。

社会企业的运营模式还有很多可能性，无论哪一种，都离不开两点：社会关怀和企业家精神。很多社会企业源于慈善组织举办的实体，但是这些优秀的社会企业首先必须是一个优秀的企业，而不是靠好心就能维持的组织。

【创业家语录】

“多背一公斤”的核心理念是更强调快乐的公益，我们不希望把公益做成很沉重、负担很大的庄严的行动，而希望把公益引入日常行为，对日常行为造成深远的影响，通过举手之劳的方式把公益和服务做到位，同时在这样的过程中有更好的心态去帮助受助者。——安猪（多背一公斤创始人）

11.4 女性创业

【创业家语录】

上帝在赋予我们理想的同时也赋予了我们实现理想的能力，当你抛弃了骄傲并准备破釜沉舟，大干一场时，胜利就会出现在眼前。当你对准的目标远高于你确信自己能达到的高度时，你其实已经开始相信自己并正在朝这个目标前进了，想象你已经实现了这个目标。换句话说，也就是一直要有个理想，直到你实现这个理想！——玫琳凯（玫林凯公司创始人）

随着女性创业者的崛起，女性创业精英和她们的创业项目都充分结合了创新性、可持续性和社会影响力，同时也充分展示了女性创业文化的独特优势。无论从企业的数量、创造的收入还是雇用的工人数量来看，女性创业所带来的贡献在全球范围内变得日益突出，成为全球经济增长的重要驱动力量之一。

根据2005年全球创业观察项目（GEM）的女性创业报告显示，女性创业正在全球蓬勃兴起，GEM的女性全员创业活动指数为6.90%，中国女性全员创业活动指数高达11.16%，高出平均指数4.26%，排在第6位。由此可见，中国属于女性创业很活跃的国家。美国是女性创业最早的国家之一，以美国为例可以清楚地了解女性创业的发展情况。1970年，女性拥有的企业数量只占全部私人企业数量的5%，到2004年，这一比例已经达到47.7%，女性企业数量已达到1063万家，实现销售收入2.46万亿美元，雇用了大约1910万名工人，其增长速度是全美平均水平的两倍以上。

随着中国社会转型、体制转轨和经济的发展，女性创业的重要性也日益显现，女性创业者和她们的企业在创造财富和就业机会中所做的贡献越来越令人瞩目。据央视《致富经》栏目与清华大学中国创业研究中心2009年8月联合发布的《2008～2009年度中国百姓创业致富调查报告》显示，2006～2007年，我国创业者的男女比例分别为74.24%和25.76%。但2008～2009年，男性创业者的比例下降到72.96%，而女性创业者上升至27.04%。对比之前的相关数据可以看出，创业者主体还是男性，但随着时间的推移，不仅女性创业者的比例在逐年提高，而且女企业家经营的企业赢利比例比男企业家高出7.8个百分点。

11.4.1 女性创业动机

【创业家语录】

男人也好，女人也好，如果谁选择了创业，我会告诉他，这是选择了一条认识你自己、社会以及精彩人生的道路，这是太好的方式了。你不要管失败还是成功，其实无所谓。——王利芬（优米网创始人）

人都是要死的，我非常讨厌一眼见底的人生，渴望挑战不同的事情，将隐藏在自己身体里的潜能全部激发出来。我不愿求人，把尊严看得比什么都重要，如果求人让我丧失尊严，我宁肯选择去死。——王利芬（优米网创始人）

1. 经济因素

人们在劳动力市场上对各种可供选择的方案进行理性的选择，以使他们的收入最大化。尤其是当经济结构的变化使工资就业机会减少时，而自雇就业向被迫离开原工作的个人提供了既能继续获得收入，又能维持自尊的生存方式。

2. 非金钱因素

自雇就业的收入还包括从自雇就业状态下获得的非金钱的满足感、成就感、自由度等。

3. 机会因素

成为企业家往往需要机会，最常见的是获得家族企业的继承权，尤其是经营权，也有一些人是因为偶然因素而进入企业家队伍的，如亲友的馈赠，或应邀合伙办企业等。

还有许多研究以“推拉理论”来分析企业家的创业动因，这类研究把企业家的动机因素划分为“推”的因素和“拉”的因素。所谓“推”的因素往往是与当前不利形势有关而产生需要变化的动机，而拉的因素则是把新的形势看做吸引人的和积极的动机。人们走上创业之路通常是推和拉的力量共同作用的结果。女性走上创业之路的典型模式是工作上的挫折和市场机会相结合的结果。

通过对比可以发现，女性企业家创业的主要动机将经历由外部环境“推动”转为内部因素“拉动”的过程。这种转变将会产生一系列的影响，比如，它在一定程度上促成女性企业家独特管理风格的产生，并具体表现为注重个人才能发挥，具有灵活性与适应性、专注与执著精神、集体性，对组织变革具有敏感性、柔性、细致，重视女性发展，凭本能掌握工作技能等特性。

11.4.2 女性创业的优势

【创业家语录】

我在工作中基本上是没有什么性别特色的，我在中央电视台的时候，每天上厕所时必须找到那个“裙子”的标志，才知道该进哪边厕所。但有一次和制片人谈事，谈到男厕所边上时，他说：“你进那边！”以前我的工作里都没有女性意识，后来经他这么一个指示，让我觉得工作中还是要有女性意识的，比如上厕所时。——王利芬（优米网创始人）

企业领军人物，无论男女，需要的是大智慧，特别是我身处的互联网行业，女性特质与一个企业是否能做成功未见得有必然的联系。——王树彤（敦煌网创始人）

在企业界，成功的创业者拥有出众外表，其结果是使通往成功的路更容易，而且良好的外表，可以使人充满自信，敢于面对挑战。美国的普尔教授研究了168篇格林童话后发现，平均每个童话约14次提及外表，并将美丽与幸福、丑陋与邪恶联系起来。

美国得克萨斯大学的丹尼尔·哈默米什博士的研究结果显示，美貌的确与成功相关。如果应聘者各方面条件都不相上下，雇主倾向雇用漂亮的那个。他发现，在美国和加拿大，相貌丑陋者比相貌一般者收入要低，而相貌漂亮的比相貌一般者收入要高。因为，美成为一种糖衣炮弹，使一些人在接受其美感的同时不自觉地接受其行为。

美国罗格斯大学的人类学家海伦·费希尔研究发现，女性有五种优良特质，这些特质对她们取得成功非常重要。

第一种特质是沟通技巧。许多女性在清楚地阐述她们的观点和口头表达自己的想法方面要强于男性。

第二种特质是与人交往的技巧。许多女性可以非常有效地读懂其他人的面部表情，并能够解释不同姿势、态度和声调的含义。

第三种特质是使用网状思维。就是从环境中收集数据，然后在各种零散信息中建立复杂联系的能力。女性应用网状思维可以更好地看待她们身边世界的复杂性，并且能够衡量和评价更多重要的因素。也常常能更好地利用直觉和想象力进行思考，进行多任务分析，制订长期计划，并有高于平均水平的忍受混乱状态的能力。

第四种特质是建立共识的能力。成功的企业家型的女性通常是优秀的谈判者。她们抱着双赢的思想看待形势，追求的是在涉及的各方之间建立和谐的关系。

第五个特质是建立和培养良好关系的能力。维持长期的客户关系通常需要发展朋友关系和利用有效的关系网络，成功的女企业家通常擅长此道。

11.4.3 女性创业面临的挑战

【创业家语录】

努力追求理想，你不会有什么损失，只会有收获。我们需要勇气来毫不退却地面对未知，并采取行动对抗心中的恐惧，而克服恐惧的秘诀就是去做自己所恐惧的事。——玫琳凯（玫琳凯公司创始人）

我决定了的事情，如果别人强行扳过去，我一定还是要把它扳回来的，包括命运。——王利芬（优米网创始人）

1. 工作/家庭的角色冲突

女性所拥有企业的发展反映出美国社会中更广泛基础上的变化。“双收入家庭”和工作场所“职业女性”概念的含义在不断扩大。然而，这一社会性的变化也给女性提出一个至关重要的难题。角色冲突产生一种紧张状态，做企业家和做家庭主妇所面临的压力变得难以协调。经证明，角色冲突会受许多变量的影响。另外，家庭的大小会影响紧张的程度，因为不同家庭中小孩的需求有所不同。同时，家庭对于一个自己创业的女性的支持程度也可以影响冲突的水平，要么加剧要么减轻这一角色冲突。另一个很重要的影响变量是女性对她的工作、婚姻及生活的满意程度。

2. 紧缩资金缺口

许多女企业家会遭遇的一个障碍是如何获得初始创业资金。大部分男企业家更多地会依赖外部的资金帮助他们投资。然而，女企业家更多依赖个人资金和个人贷款。这种趋势随着越来越多的风险投资家为女企业家提供资金援助而开始发生变化。资金缺口是指所有女创业者可用资金的期望水平与实际水平之间的差异。由于金融业者意识到他们过去忽略了一个重要的营利性投资资源，所以这一缺口将逐渐缩小。这一缺口也将随着女性在金融领域获得经验后更能胜任财务预测、结构化资金来源及协商资金条款等工作而缩小。

3. 服务部门

随着经济的发展，服务部门将带来更多的新兴投资机会。这些企业中将有许多劳动密集型企业（餐馆、精品店、花店），并将比中等规模小一些。因此，服务行业将成为那些准企业家们的主要目标。在这些可投资领域中，有许多领域的进入和退出壁垒都比较低，这也使它们可以得到女创业者的垂青。目前，在所有的女性创业者中，大约有 60% 在服务行业，而且这一行业也不断为她们提供许多重要的机遇。

4. 不断准备

传统上，女企业家较少受过职业培训。她们可能从为别人打工起步，积累经验之后辞职，开始自己创业的生存型创业。她们也可能总是想着要开创一份属于自己的事业，在发现一个机遇后，决定迈出创业这一步。对大多数人而言，进行新的投资是一个学习的过程。与银行人士交涉、起草业务计划书、雇用和解雇员工以及制订发展计划等都是可以通过亲身经历来学习的。如今，女性创业者为创业做准备的方式发生了很大的变化。更加正式的培训、更多的商机和变化的社会风俗都在影响着创业环境。

女性企业家和男性企业家有很大差异吗？一方面，许多女性已经掌握了那些可以为她们带来竞争优势的技术。另一方面，男女企业家之间有很多共同点。在许多情况下，二者都因对目前工作不满而想改变他们的个人环境。二者都非常依赖个人资产和储蓄来创办他们的企业。二者都是目标明确、充满热情、精力旺盛，从他们的配偶和亲密的朋友那里获得强有力的支持。二者的价值观也相似，都把追求权力和经济利益放在首位。

总之，大众对女性企业家新产生的影响的理解，很大程度上会引导创业领域的未来发展。现在，女性创办的企业在男性创办的企业旁占据了一个重要的位置，在这方面她们的进步将在 21 世纪保持良好的态势。事实上，若按照所拥有企业的数量、市场份额、发展状况和赢利性来看，女企业家将在许多行业继续拥有支配地位。此外，她们正涉足越来越多的行业，朝着经济上和个人上的满足迈出了重要的步伐，并将会促进经济的发展和强大。

【创业家语录】

我曾看到过一幅海报，印象十分深刻。海报上面分别画着一个蚕茧、一条毛毛虫及一只蝴蝶。在底下则是一行文字，写着："选择——同样是一生，你愿意当哪一种？一个茧？一条虫？还是飞上枝头的蝴蝶？"只要你想做，你就能做到！——玫琳凯（玫琳凯公司创始人）

我觉得女性创业者和男性创业者没有任何差别，创业是带着一群不相干的人，你因为一个事会把各个人联系在一起，去你从来没去过的地方。两个大的变量，再加上外在环境的变化，在这三个变量当中，提升你自己的能量。这是一件非常有意思的事情，无论是男人还是女人，我觉得在这个路上你对自己和社会的认识都会变得特别透彻，实际上我非常强调这一点。——王利芬（优米网创始人）

创新思维游戏

游戏名称：记忆墙

游戏人数：10～50人

游戏时间：45分钟～1.5小时

游戏规则：

1. 在会议开始的时候，选出组长，发给组长马克笔、纸、胶带和一个平板用来画画。同时确保墙上有足够的空间来展示他们的作品。

2. 调查本组成员，并花10～15分钟写下对创业学课程正面的、印象深刻的记忆，包括一起学习、互相学习或是以某种方式参与课堂活动的情景。

3. 当参与者写下许多回忆时，让他们在A4大小的纸上分别将每个场景画下来。告诉他们有20～30分钟的时间将这些“难忘的时光”画出来。他们可以和回忆中涉及的其他人一起，共同设计场景中的细节——视觉上或文本的都可以。

4. 画画结束后，让大家把他们的图画用胶带粘在墙上，形成一个视觉上的“记忆云彩”。

5. 作为会议的领头人，首先征寻志愿者，让他们来到墙边，讲述他们自己贴出来并愿意分享的回忆。当志愿者都讲完后，你可以自己走到墙边，挑出那些吸引你的图画，并让它们的作者来分享其中的故事。

6. 总结经验，并要求大家花上一点时间，安静地回想和感激那些帮助他们工作做得更好的人。游戏结束后，接着进行“美好时光”，尽情地开心吧！

可选活动：让志愿者来到墙边，挑出一幅图，然后猜一猜是谁画的。如果猜对了，就发给他一个小奖品并让作者上来详尽地描述他的画。如果猜错了，就把问题留给听众，让大家一起猜，如果有多个人猜对，就给他们每人发一个小奖品。

游戏策略：记忆墙并不是一种策略游戏，而是一种感激方式。它唯一的规则就是参与者必须回忆并画出正面的、蓬勃向上的场景。而对于画出记忆场景有一个通用的指南：告诫参与者不要就他们或是其他人的绘画水平做出评价。告诉大家，这个活动是用来分享趣闻轶事，而不是赢得绘画大奖的。图画描绘了逝去的时光，并营造出一种美好的气氛。

如果看到有的参与者在回想过程中遇到了麻烦，就问他一些宽泛的问题，使他能够回想起脑海中的某个场景。当有人在分享回忆墙上的一段回忆时，如果其他人能够从另外一个独特的视角回想起同样的场景，你也可以让他参与描述。记忆墙也可以专注于一个项目或是一个里程碑，让大家回想工作中同它有关的那些回忆，并据此画出一大幅图画来代表该项目或里程碑。

本章要点

技术创业是指创业者为了实现其既定的创业目标而依托于技术，通过发现和捕捉一定的机会并由此创造新颖产品或服务的过程。技术创业的过程可以分为发明创造、机会识别、检验技术与市场的可行性、保护知识产权资产、原型设计、市场和初始顾客的检验、确定投放策略、制定商业计划、创建企业几个阶段。每一阶段中都包括很多非线性的行为活动。技术创业的风险可以通过加强风险管理、加强市场研究、重视分析技术创业过程中的各种不确定因素、加强信息沟通、加强市场营销等措施来防范。

特许经营是一种流行的企业成长模式。这种模式有助于企业快速成长，缓解资金问题，对零售和服务业的企业而言非常具有吸引力，特许经营有产品与商标特许经营模式和经营模式特许经营等多种模式。创业者在构建特许经营体系的时候，必须审慎地考虑各方面的问题。

从广义的视角看社会创业，就是指采用创新的方法解决社会上的问题。在实践中，将社会目的与企业运营手段相结合，可以创新出各种社会企业的模型。

随着女性创业者的崛起，女性创业精英和她们的创业项目都充分结合了创新性、可持续性和社会影响力，同时也充分展示了女性创业文化的独特优势。女性创业既有经济方面的原因，也有个非金钱和机会方面的原因，女性在创业方面有许多优良特质，但是在创业过程中，也面临许多挑战和角色冲突。

关键术语

技术创业；技术创业过程；特许经营运营模式；特许经营体系构建；特许经营成本；社会创业；社会创业类型；社会创业者特质；社会创业过程；女性创业

案例分析

玫琳凯的创业史

玫琳凯·艾施女士的梦想始于1963年，当时45岁的玫琳凯·艾施女士决定退休。在她从事了25年的直销人员培训的岗位上，玫琳凯是全公司最出色的员工，然而无论玫琳凯在公司中的工作能力和表现是多么出色，都不能得到进一步的发展。当玫琳凯看着一个个由她培养出来的男性员工纷纷被提拔到她之上的职位时，她向老板提出质疑，然而老板回答她的唯一理由是：她是个女人，而男人需要养家，因此需要被提拔。玫琳凯毅然辞去了工作退休回家。

起初玫琳凯只是想写下她销售生涯中的经历，以帮助那些需要帮助的女性。看着自己写出的清单，一个梦想在她心中渐渐形成，她想到自己的遭遇，想到千千万万个职业妇女在社会上同样受到不平等的待遇，于是，她想建立一个“梦想公司”，为所有女性提供无限机会，帮助更多妇女实现她们的梦想。为了这个梦想，玫琳凯投入了她一生的五千美金积蓄。但在公司开业的前一个月，她的丈夫却因病突然去世。眼看玫琳凯不得不放弃这一梦想时，她的儿子，理查德·罗杰斯放弃了他收入丰厚的工作，和母亲一起创建她的梦想公司。

1963年9月13日，在达拉斯的一个只有52平方米的仓库中，玫琳凯和理查德及另外9名充满热情的妇女（最早的美容顾问）成立了玫琳凯公司。公司发展至今，业务覆盖全球

40多个国家和地区，成为一家著名的跨国企业。在全球拥有近160万名美容顾问，被评为美国最适宜女性工作的10家公司之一，年销售额达40亿美元，成为全美脸部护肤品及彩妆品销量第一的品牌。玫琳凯·艾施女士的创业史使她成为享誉全球的商界风云人物。

资料来源：玫琳凯的创业史，wenku. baidu. com.

延伸阅读与相关网站

1. 延伸阅读

如需进一步了解和掌握有关本章知识的内容，请阅读《技术创业：科学家和工程师的创业指南》（凯瑟琳·艾伦著，李政译，机械工业出版社，2009），《社会创业：创造社会价值的现代方法》（布鲁克斯著，李华晶译，机械工业出版社，2009），《社会创业》（严中华编著，清华大学出版社，2008），《玫琳凯自传：一位美国最有活力的商业女性的成功故事》（艾施著，马群译，浙江人民出版社，1999）等。

2. 相关网站

高科技创业 http://www. cyzone. cn

高科技创业企业的估价 http://www. ifanr. com

中国公益创业网 http://www. gycye. com

雅诗兰黛的创业故事 http://www. 28. com

复习思考题

1. 技术创业经历了怎样的过程？
2. 技术创业的风险及防范措施有哪些？
3. 特许经营有哪几种运营模式？
4. 如何构建特许经营体系？
5. 什么是社会创业？
6. 社会创业经历那几个过程？
7. 女性创业者具备哪些优势和挑战？

参考文献

[1] 彼得·德鲁克．创新与创业精神［M］．张炜，译．上海：上海社会科学出版社，2002.

[2] 杰弗里·蒂蒙斯，小斯蒂芬·斯皮内里．创业学［M］．6版．周伟民，吕长春，译．北京：人民邮电出版社，2005.

[3] 杰弗里·蒂蒙斯．创业者［M］．周伟民，译．北京：华夏出版社，2002.

[4] 杰弗里·蒂蒙斯．战略与商业机会［M］．周伟民，译．北京：华夏出版社，2002.

[5] 杰弗里·蒂蒙斯．创业企业融资［M］．周伟民，译．北京：华夏出版社，2002.

[6] 杰弗里·蒂蒙斯．快速成长［M］．周伟民，译．北京：华夏出版社，2002.

[7] 杰斯汀，等．创业机会［M］．郭武文，等译．北京：华夏出版社，2002.

[8] 张玉利．创业管理［M］．北京：机械工业出版社，2010.

[9] 李时椿．创业管理［M］．北京：清华大学出版社，2008.

[10] 李时椿，常建坤．创新与创业管理［M］．南京：南京大学出版社，2011.

[11] Fonald F Kuratko，Richard M Hodgetts. 创业学：理论、流程与实践［M］．张宗益，译．北京：清华大学出版社，2006.

[12] 刘常勇．创业管理的12堂课［M］．北京：中信出版社，2002.

[13] 丁栋虹．创业管理［M］．北京：清华大学出版社，2006.

[14] 徐向艺．创业管理［M］．北京：化学工业出版社，2011.

[15] 贺尊．创业学概论［M］．北京：中国人民大学出版社，2011.

[16] 尤登弘．创业之初：你不可不知的财务知识［M］．北京：机械工业出版社，2009.

[17] 张文松，等．创业学［M］．北京：机械工业出版社，2012.

[18] 樊一阳，徐玉良，等．创业学概论［M］．北京：清华大学出版社，2010.

[19] 姜彦福，张玮．创业管理学［M］．北京：清华大学出版社，2005.

[20] 卡尔J施拉姆．创业力［M］．王莉，李英，译．上海：上海交通大学出版社，2007.

[21] 高建，等．全球创业观察报告——基于2005年数据的分析［M］．北京：清华大学出版社，2006.

[22] 杜跃平．创业管理［M］．西安：西安交通大学出版社，2006.

[23] 布鲁斯R巴林格，R杜安·爱尔兰．创业管理：成功创建新企业［M］．杨俊，等译．北京：机械工业出版社，2010.

[24] 王国红，等．创业与企业成长［M］．北京：清华大学出版社，2010.

[25] 卢福财．创业通论［M］．北京：高等教育出版社，2007.
[26] 刘志阳，等．创业学［M］．上海：格致出版社，上海人民出版社，2008.
[27] 林嵩．创业学：原理与实践［M］．上海：上海财经大学出版社，2008.
[28] 玛丽·库尔特．创业行动［M］．吴秀云，译．北京：中国人民大学出版社，2004.
[29] 亚历山大·奥斯特瓦德，伊夫·皮尼厄．商业模式新生代［M］．王帅，译．北京：机械工业出版社，2011.
[30] 亚瑟 C 布鲁克斯．社会创业：创造社会价值的现代方法［M］．李华晶，译．北京：机械工业出版社，2009.
[31] 凯瑟琳·艾伦．技术创业：科学家和工程师的创业指南［M］．李政，潘玉，译．北京：机械工业出版社，2009.
[32] 严中华．社会创业［M］．北京：清华大学出版社，2008.
[33] 雷家骕，王兆华．高技术创业管理［M］．北京：清华大学出版社，2008.
[34] 迈克尔 H 莫里斯，唐纳德 F 库拉特科．公司创业：组织内创业发展［M］．杨燕绥，等译．北京：清华大学出版社，2005.
[35] 李振勇．商业模式——企业竞争的最高形态［M］．北京：新华出版社，2007.
[36] 陈德智．创业管理［M］．北京：清华大学出版社，2001.
[37] 唐纳德 F 库拉特科，杰弗里 S 霍恩斯比．新创企业管理：创业者的路线图［M］．高嘉勇，刘星，译．北京：机械工业出版社，2009.
[38] 熊飞，等．创办一个企业［M］．北京：机械工业出版社，2007.
[39] 查立．给你一个亿：你能干什么［M］．北京：电子工业出版社，2010.
[40] 梅田望夫．G时代创业的 5 大定律［M］．周晓晗，译．长沙：湖南科学技术出版社，2010.
[41] 拉里·雷法尔．创业时代——唤醒个人、企业和国家的创业精神［M］．李政，等译．北京：清华大学出版社，2006.
[42] 张玉利，李政．创新时代的创业教育与实践［M］．北京：现代教育出版社，2006.
[43] 刘世英，赵举杰．就这样创业：中央电视台《赢在中国》评委精彩点评［M］．北京：中国民主法治出版社，2008.
[44] 琳达·品森．商业计划书［M］．肖章，译．北京：中国商业出版社，2007.
[45] 郑健壮．创业学与商业计划［M］．北京：科学出版社，2006.
[46] 国家科技风险开发事业中心，长春市科技局．商业计划书编写指南［M］．北京：电子工业出版社，2002.
[47] Dave Gray，Sunni Brown，James Macanufo. 创新、变革 & 非凡思维训练［M］．方敏，等译．北京：清华大学出版社，2012.
[48] 宋克勤．创业成功学［M］．北京：经济管理出版社，2002.